中国互联网营销发展报告
（2022）

主　　编：喻国明　陈　永
副 主 编：苏　同　谭北平　邵京平　丁汉青
执行主编：姚　林　刘　佳　杨　雅

人民日报出版社
北京

图书在版编目（CIP）数据

中国互联网营销发展报告.2022 ／喻国明，陈永主编.—北京：人民日报出版社，2022.11
ISBN 978‐7‐5115‐7543‐2

Ⅰ.①中… Ⅱ.①喻… ②陈… Ⅲ.①网络营销—研究报告—中国—2022 Ⅳ.①F724.6

中国版本图书馆 CIP 数据核字（2022）第 190575 号

书　　名：中国互联网营销发展报告.2022
　　　　　ZHONGGUO HULIANWANG YINGXIAO FAZHAN BAOGAO.2022
主　　编：喻国明　陈　永

出 版 人：刘华新
责任编辑：梁雪云

出版发行：人民日报出版社
社　　址：北京金台西路 2 号
邮政编码：100733
发行热线：（010）65369509　65369527　65369846　65369512
邮购热线：（010）65369530　65363527
编辑热线：（010）65369526
网　　址：www.peopledailypress.com
经　　销：新华书店
印　　刷：三河市华东印刷有限公司
法律顾问：北京科宇律师事务所　010-83622312

开　　本：710mm×1000mm　1/16
字　　数：369 千字
印　　张：31
版次印次：2023 年 1 月第 1 版　2023 年 1 月第 1 次印刷

书　　号：ISBN 978‐7‐5115‐7543‐2
定　　价：99.00 元

出品人

中关村互动营销实验室（IMZ）

联合出品人

华扬联众数字技术股份有限公司

京东零售

合作研究机构

秒针营销科学院

普华永道

北京师范大学新闻传播学院

《中国互联网营销发展报告（2022）》

编 委 会

⊢ 序言 ⊣

中国市场监督管理学会会长　刘玉亭

2021 年适逢"十四五"开局之年，世纪疫情叠加百年变局，我国经济社会发展的外部环境更趋复杂严峻。在党中央坚强领导下，全国上下共同努力、积极应对，经济社会发展保持稳中向好态势，实现了"十四五"良好开局。

互联网产业已经成为一面反映我国经济社会发展状况的镜子。互联网营销是宏观经济政策和微观行业调控的聚合落脚点，对其开展深入研究，具有重要的理论价值和现实意义。《中国互联网营销报告》通过探寻我国互联网营销的发展脉络，深度感知我国经济走势和社会生活形态变化。报告从宏观、中观与微观相结合的视角进行分析，内容翔实、数据丰富、案例鲜明，真实反映我国互联网营销的发展环境和创新特征，探索互联网营销趋势和路径，对促进互联网产业服务和推动我国实体经济高质量发展具有重要意义。

2021 年，受益于内生需求增长，我国互联网行业实现广告收入5435 亿元（不含港澳台地区），同比增长 9.31%；互联网营销市场规模约为 6173 亿元人民币，较上年增长 12.36%；互联网广告与营销市场规

1

模合计约为 11608 亿元，较上年增长 11.01%。其中，电商与视频平台是仅有的两个广告收入超千亿元的媒体平台类型。数字表明，承载着重要历史使命的中国互联网产业，2021 年，面对疫情反复和复杂多变的外部环境，以及我国经济发展诸多不确定因素，其广告收入和市场规模均实现增长，呈现出稳中向好的特点和趋势，实属难得和不易。

第一，政策层面，创新完善长效监管机制，共管共治构建健康发展新生态。

创新完善长效监管机制有助于维护国家安全和社会公共利益，营造风清气正的互联网健康发展新生态。2021 年，《中华人民共和国数据安全法》正式施行，确立了数据分类分级管理，建立了数据安全风险评估、监测预警、应急处置、数据安全审查等基本制度；《互联网信息服务算法推荐管理规定》从底层设计上改变互联网生态环境，进一步保护公民合法权益；互联网行业专项整治行动以及互联网产业反垄断工作的法治化和常态化，为互联网营销业务健康、有序、持续发展提供了政策依据和机制保障，助力释放数字经济的全局效益，提升产业创新效率，为新兴市场主体进入市场提供更多可能。

第二，技术层面，新兴科技浪潮推动互联网广告传播路径转型与层次升级，存量增长体现科技化、智能化、生态化的新经济特征。

新兴技术发展对互联网广告与营销传播产生了巨大影响，例如促进广告业务体系迭代、广告与营销融合、营销媒介多样化、传播路径交互式趋向，以及推动广告内容热点化、营销精确化和个性化等。2021 年，人工智能和虚拟现实技术在我国媒体和广告领域得到广泛应用。通过使用广告定向、内容管理和创建、动态定价、欺诈预防、用户行为预测和产品推荐等功能，广告主不仅可以借助算法预测消费者反应、生成创意作品、实施程序化广告投放，还可以通过虚拟现实技术构造沉浸式场景、获取受众的即时反馈。在新一轮科技浪潮的推动下，互联网广告的传播路径与传播层次发生了明显变化，互联网营销行业存量增长体现出科技化、智能化、生态化的新经济特征，未来将迎来新一轮行业升级。

第三，社会层面，全民健身意识和"双碳"目标给互联网营销带来新的增长点。

社会层面的宏观调控、产业结构升级与供给优化，给互联网产业格局带来巨大变化。首先，全民健身意识增强和教育"双减"为体育教育营造更多空间。《体育强国建设纲要》明确提出，到2035年体育产业将成为国民经济的支柱性产业。全民健康体育经济正成为社会经济新的增长点，未来几年，我国体育产业将日益壮大，多板块、多运动、多产业相互融合发展的万亿级市场正在形成，大众体育消费升级将为互联网经济营造更广阔的空间。其次，如期实现"双碳"目标，不仅是我国对全球的庄严承诺，也是一场经济社会发展模式向低碳转型的系统性变革。从产业结构来看，实现"双碳"目标意味着新的战略性机遇和国民经济结构的巨大变革，绿色技术创新、产业升级和能源结构调整将对互联网产业和互联网营销产生深远影响。此外，在"新国货""新青年""新消费"风潮的影响下，食品饮料与个护母婴品等领域持续涌现出具有话题性的个性化消费新品牌，而受监管影响，房地产品类于五年内首次出现负增长，教育培训行业断崖式下跌。这些变化提示互联网行业需增强行业弹性和韧性，及时调整预期和策略，释放更多增长张力，保障互联网营销基本盘稳定与持续增长。

总之，2021年的互联网营销态势体现了科技化、智能化、生态化的新经济特征。眼下，新一轮科技革命正在加剧全球科技和经济竞争，我国互联网行业必须致力于开放共赢，才能有效催生更多新技术、新模式、新业态、新产业，推动产业高质量发展。行业大考将至，转型迫在眉睫，亟须进一步增强互联网行业的弹性、韧性和活力，努力营造健康、有序、高质量发展的互联网市场生态系统，共同维护互联互通、共管共治的营销环境。

目录

第二部分

创新篇

第三部分
专题篇

第四部分

未来篇

序篇

2021年中国互联网广告
数据报告

前言：矩步方行，踵事增华

迄今为止，《中国互联网广告数据报告》（以下简称《报告》）已连续发布了六个年度，我们怀着树立客观视角与行业分析标杆的愿景，忠实记录和发现互联网营销发展轨迹，旨在与业内同人共同探索互联网服务推动实体经济发展的新方向，也为中国互联网营销产业提供一份全面且具连续性的发展概要。《报告》已成为每年伊始，政府主管部门、国内外行业机构、品牌企业、专家学者、互联网从业者等了解我国互联网营销发展最新状况的重要参考。

《报告》由中关村互动营销实验室（以下简称实验室）联合普华永道、秒针营销科学院、北京师范大学新闻传播学院与华扬联众数字技术股份有限公司共同发布。《报告》沿袭了此前的统计口径、基本分析逻辑、数据来源和一贯坚守的品质，除互联网广告领域以外，从 2020 年开始连续两年追踪统计了互联网营销产业的规模与发展趋势，使其更具前瞻性及实用价值。

刚刚过去的 2021 年，在世纪疫情冲击下，百年变局加速演进，外部环境更趋复杂严峻和不确定。我国沉着应对百年变局，经济发展和疫情防控仍然保持着稳中向好的态势，实现了"十四五"良好开局。然而值得注意的是，面对疫情的反复与复杂多变的多边环境，我国经济发展还面临着诸多不确定因素。时至今日，互联网产业已然是社会发展的一面镜子，互联网营销作为宏观经济政策和微观行业调控的聚合落脚点之一，有着十分重要的研究价值和现实意义。探寻互联网营销的脉络，便可深度感知经济走势和社会生活形态的变化。

凡是过往，皆为序章。2021 年恰逢"十四五"规划的开局之年，全球聚焦"中国时区"，作为承载着重要历史使命的中国互联网产业，也迈入了新的征程。在这个继往开来的变革时代，我们希望继续分享在互联网广告与营销领域的知识成果，并借此机会，衷心感谢各级主管部门、互联网广告经营单位、广告主及各学术研究机构所给予的指导与支持，衷心感谢各位领导、专家与工作人员所贡献的心力与智慧！

一、中国互联网广告行业 2021 年度趋势分析

基于 2021 年中国互联网广告数据报告所提供的基本数据，2021 年中国互联网广告市场呈现出如下关键特点和趋势。

（一）互联网广告市场稳中向好，新发展格局迈出坚实新步伐

2021 年全球经济在疫情以及诸多不确定性因素影响下，中国经济在国家政策有效引导与防疫抗疫举措得力的支撑下，实现了全社会各行业的稳步复苏。互联网行业受益于内生需求的增长，实现了广告收入 5435 亿元人民币（不含港澳台地区），同比增长 9.31%，增幅较上年减缓了 4.54 个百分点。从不同发展脉络来看，上下半年呈现不同的动态趋势：上半年受疫情影响较小，社会经济呈现恢复性增长，民众对未来预期也较为乐观；下半年受新冠病毒变种的侵袭，加之多边关系等复杂因素的影响，在需求收缩、供给冲击、预期转弱的三重压力下，互联网

广告行业恢复性增长受到影响，明显放缓。

（二）网民规模增长见缓，流量价值体系转向盘活存量

2021 年 6 月，中国互联网络信息中心（CNNIC）发布的第 48 次《中国互联网络发展状况统计报告》显示，我国网民规模已达 10.11 亿，较 2020 年 12 月增长 2175 万，互联网普及率达 71.6%。中国已形成了全球规模最大、应用渗透最强的数字社会，互联网应用和服务的广泛渗透构建起数字社会的新形态：8.88 亿人看短视频、6.38 亿人看直播、8.12 亿人网购、4.69 亿人叫外卖、3.25 亿人用在线教育、2.39 亿人用在线医疗……网络流量增速正逐年放缓，新增流量红利趋弱，互联网流量价值已由追求增量转向盘活存量，结构性创新已经成为互联网营销必须深入探寻的发展方向。

（三）创新完善长效监管机制，共管共治市场迎来新发展拐点

2021 年 9 月 1 日，《中华人民共和国数据安全法》正式施行。该部法律体现了总体国家安全观的立法目标，聚焦数据安全领域的突出问题，确立了数据分类分级管理，建立了数据安全风险评估、监测预警、应急处置、数据安全审查等基本制度，并明确了相关主体的数据安全保护义务，是我国首部数据安全领域的重要基础性法律。《互联网信息服务算法推荐管理规定》也将于 2022 年 3 月 1 日起正式施行，其将在规范互联网信息服务算法推荐，维护国家安全和社会公共利益，保护公民、法人和其他组织的合法权益，促进互联网信息服务健康发展等方面发挥重要作用，并对大数据"杀熟"、诱导用户沉迷、过度消费、刷量控评及未成年人等特殊群体权益保护等予以依法监管和规范。

上述法规的实施，标志着互联网行业野蛮生长时代的结束，行业调整与规范运营的时期到来。无论是媒体、广告主，还是其他参与方，都

必须基于合法合规的范畴内使用数据展开营销活动。这将是互联网经营者必须面对的新课题。创新长效监管机制，公管共治才能迎来互联网广告新的发展拐点。

（四）"互联互通"打破垄断壁垒，营造互联网健康发展新生态

2021 年 7 月，工信部启动互联网行业专项整治行动，将屏蔽网址链接列为重点整治问题之一；9 月，工信部再次就屏蔽网址断链问题召开行政指导会，要求分步骤分阶段解决相关问题。主管部门的一系列重大举措获得社会的广泛关注，各界希望通过市场治理，让互联网回归互联互通的初衷本质。在此之前，2021 年 4 月，国家市场监管总局依照《中华人民共和国反垄断法》对阿里巴巴集团处以 182.28 亿元人民币罚款，开出了建构互联网新时期市场秩序以来，为打破行业垄断的最大罚单。国家反垄断局于 2021 年 11 月正式挂牌成立，标志着反垄断工作的法治化和常态化。"赢者通吃"的平台垄断格局被打破，阿里巴巴、美团等因滥用市场支配地位、强迫商家"二选一"的行为受到反垄断行政限制。这使行业内中小企业获得新的发展机遇。"互联互通"只有打破垄断壁垒，才能营造风清气正的互联网健康发展新生态。

（五）宏观调控、优化供给，带来互联网产业格局的巨大变化

以教育产业为例，"双减"政策助推产业格局重构：2021 年 7 月 24 日，"双减"政策落地，中办、国办印发的《关于进一步减轻义务教育阶段学生作业负担和校外培训负担的意见》明确要求减轻学生作业负担和压减学科类校外培训机构，受此影响，教育产业进入发展调整期。从互联网的角度观察，教育培训类广告由 2020 年全市场第一的增幅（57.1%）骤然下降至负 69.64%，广告收入也低于五年前水平，成为 2021 年降幅最大的产业。同时，为避免炒房投机现象的抬头，房地产继续受到政策严格监管，房地产品类广告出现了近五年内的首次负增长，并且降幅较 2020 年超过 50%，收入也下滑至五年前的水平。宏观经济结构调整，带来互联网产业格局的巨大变化。

（六）直播带货等创新形式助推广告与营销边界进一步融合

在直播带货潮的蜂拥下，互联网广告与营销的边界得到进一步的融合与拓展，昔日电商的价格战已变为以构建消费场景为主要营销手段的能力比拼。直播行业在游戏和秀场内容逐渐遇到天花板后，发挥自己隐藏的互联网"工具"功能，与电商相结合，挖掘出全新变现途径和发展方向。而电商行业在遇到直播这种能立体展现商品属性、堪比线下促销环境的商业场景后，则一改以往销售略显疲软的状态，重新回到新闻和话题的巅峰。因此，电商与视频平台成为 2021 年唯二的两个广告收入超千亿的媒体平台类型。值得关注的是，当前直播电商生态圈呈现寡头垄断的格局，而监管部门已开始着手治理野蛮生长的乱象，预计行业未来头部集中的局面将逐渐被打破，整个生态发展更健康、更平衡。

二、2021 年互联网广告的主体数据

（一）2021 年中国互联网广告收入总体情况

• 2021 年中国互联网广告市场规模预计约为 5435 亿元人民币，较 2020 年增长 9.31%，增速较上年继续下滑 4.54 个百分点；

• 2021 年中国互联网营销市场规模预计约为 6173 亿元人民币，较上年增长 12.36%，广告与营销市场规模合计约为 11608 亿元，较上年增长 11.01%；

（亿元）

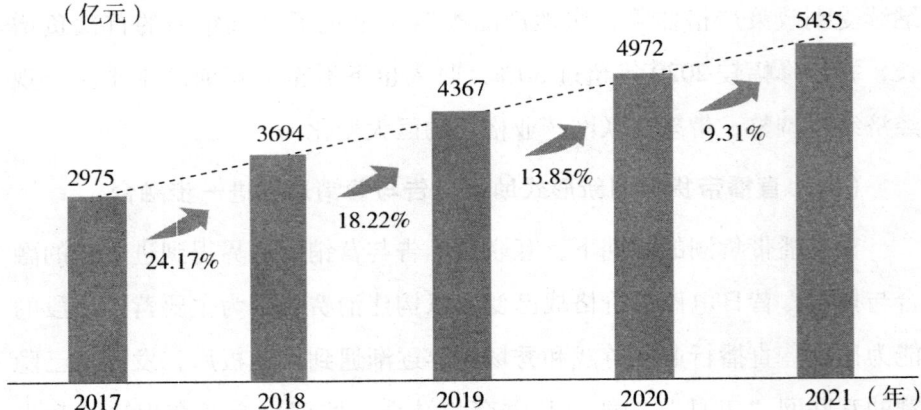

图1　2017—2021年中国市场互联网广告收入总体情况

数据来源：中关村互动营销实验室

● 从广告形式收入占比情况看，电商广告维持了2020年的市场份额，展示类广告近五年来首次出现6.58%的下降，市场份额也由上年的34%下滑至今年的29%；搜索类广告持续式微，市场占比连续三年下滑至11.9%；由于视频直播市场的持续火爆，视频类广告继续强势增长，市场占比已达20.4%，年增速也较上年进一步提高，达52.68%。

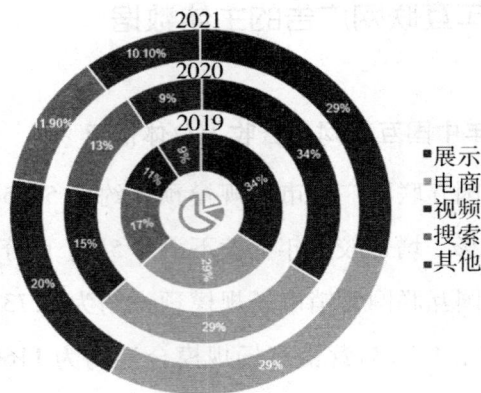

图2　2019—2021年各广告形式收入占比情况对比

数据来源：中关村互动营销实验室

（二）2021 年中国互联网广告收入类型结构变化分析

· 从平台类型收入占比看，电商平台继续把控广告渠道头把交椅，近五年来市场份额持续增长，2021 年继续占据市场收入总量的三分之一强；

· 借由视频直播的迅猛发展，视频类平台广告收入持续大幅增长30.28%，市场份额提升至 21.66%，遥遥领先搜索类平台（10.43%）与社交类平台（9.77%），连续第二年成为第二大类别广告平台；

· 搜索类平台连续第三年在广告收入与市场份额两方面出现下滑，但广告收入降幅较上年有所收窄（降幅为 3.04%）；社交类平台收入跟随整体广告市场的增长步伐，市场份额在近几年一直趋于稳定（9.77%）；

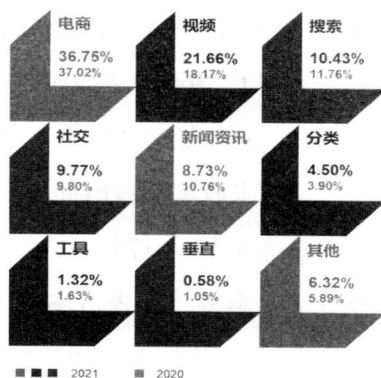

图 3　2020—2021 年各媒体平台互联网广告收入占比情况

数据来源：中关村互动营销实验室

· 在广告计价类别方面，各种广告计价形式的市场份额近几年来都没有大的变化发生，意味着整体广告市场的运营模式趋于稳定，暂未有变革出现。

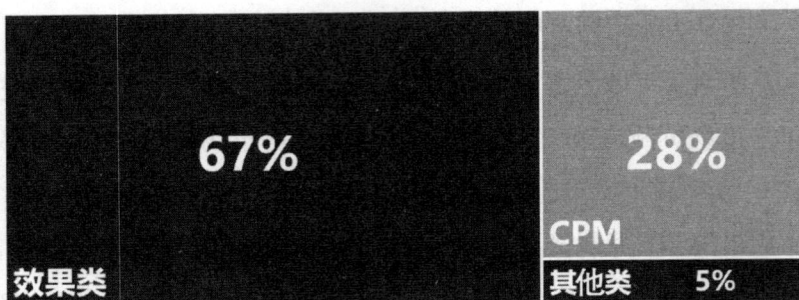

图4　2021年各计价方式收入占比情况

数据来源：中关村互动营销实验室

（三）2021年中国互联网广告收入的集中化趋势分析

●得益于国家防疫抗疫的有效举措与对宏观经济的稳健有效调控，2021年全年互联网广告规模已突破5000亿元大关至5435亿元人民币，且营销市场总规模的增长率（12.36%）高于广告市场的增长率，广告与营销市场总规模整体达到11608亿元，但由于全球抗疫局势仍然受诸多不确定的因素影响，以及需求收缩、供给冲击、预期转弱的压力，广告市场增长率较去年继续下降4.53个百分点，放缓至9.31%；

●受疫情与整体经济情况影响，广告市场集中度较去年不降反升，行业前十公司的市场份额占比由2020年的92.42%反弹至2019年的水平（94.85%），而行业前四的巨头公司市场份额占比则进一步提升至78.2%；

●在行业TOP4企业中，前三位增速均在减缓，受市场监管与反垄断大势的影响，阿里巴巴的广告业务收入增长步伐进一步放缓；字节跳动增速虽有减缓但市场份额仍进一步扩大，其2021年广告收入已破千亿，正逐步缩小与阿里巴巴的差距，大有迎头赶超的趋势；腾讯的广告收入增长也有所放缓，但稳定在第三的位置；百度广告收入在经历上年下滑后，2021 年恢复增长，保持了第四的位置；

• 在行业 TOP5—10 企业中，京东第二梯队领头羊的位置已受到美团点评的威胁，今年美团点评广告收入大幅增长，收入规模与京东基本持平；快手借短视频广告势头于去年首次挤进榜单前十后，今年继续发力，广告收入规模持续增长，与京东、美团点评已成为同一梯队；由于奇虎 360 广告收入的持续负增长，已被拼多多挤出前十的位置。

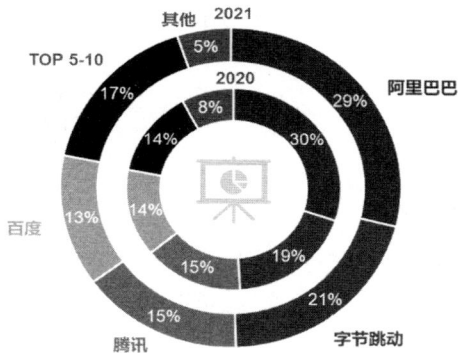

图 5 2020—2021 年互联网广告收入头部公司占比变化分析

数据来源：中关村互动营销实验室

（四）2020—2021 年主要行业互联网广告收入品类占比及变化分析

• 从行业与品类看，食品饮料与个护及母婴品类合计市场占比已从 2020 年的 50% 提升至 2021 年的 62%，并且两大品类在 2021 年均呈现了大幅度的增长，这与市场在近两年持续涌现新的消费品牌不无关系；个护及母婴品类更是交出了 58.7% 的增长答卷，以 1787.48 亿元的市场规模于五年内第一次反超食品饮料，成为互联网广告市场第一大品类；

● 受监管影响，房地产品类于五年内首次出现负增长，并且降幅较去年高达 47.3%，收入下滑至五年前的水平，排名也跌至第五位；

● 受全球芯片短缺影响，交通行业也出现了 13.2% 的下滑，收入降至 465.3 亿元，而网络与通信类收入则一改上年增长放缓的趋势，2021 年出现增幅上扬，收入达到 418.99 亿元，与交通行业共同组成第二梯队；

● 受相关政策影响，教育培训行业 2020 年还是收入增幅最大的品类，同比增幅达 57.1%，2021 年则出现断崖式下跌，全年收入下跌 69.6%，收入规模也跌回至五年前的水平。

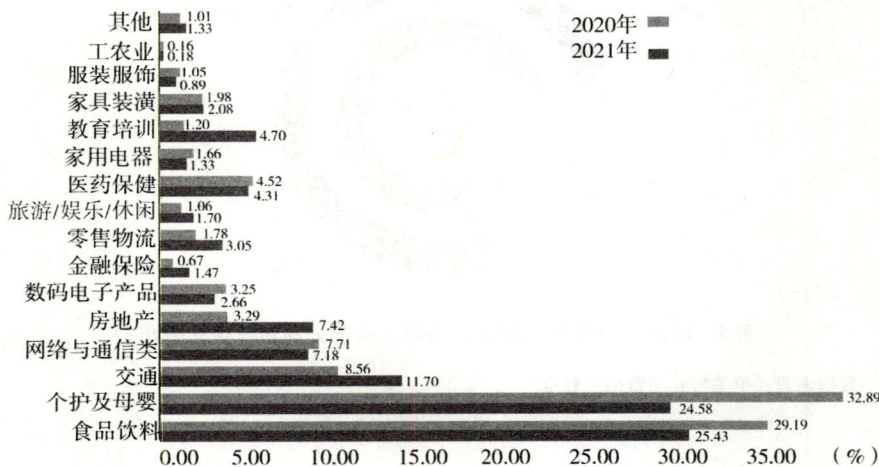

图 6　2020—2021 年主要行业互联网广告收入占比

三、趋势展望：行业大考将至，转型迫在眉睫

2021 年全球经济几经震荡，而得益于国家有效政策的引导与防疫抗疫举措得力的支撑，国民经济保持韧性增长，供给侧结构性改革不断

深化，为广告产业持续发展奠定了基础。在"十四五"开局之年，国家继续实施系列重大发展战略，加快建设现代化和高标准市场经济体系，优化营商环境，各项法规不断完善，监管机制不断创新，尤其是文化事业建设费减免征收等一系列政策的出台，将进一步增强广告产业发展活力。同时，数字技术创新驱动数字经济蓬勃发展，带动广告产业全面实施数字化转型升级，促进广告产业跨越式发展。

（一）监管：监管与发展

即将在 2022 年 3 月 1 日正式实施的《互联网信息服务算法推荐管理规定》，将从底层设计上改变互联网的生态环境，拓展互联网的生态视野，在保障安全合法的情况下，为社会及实体经济发展营造一个更健康的网络环境。

2022 年，国家将出台《"十四五"广告产业发展规划》等一系列促进新时代广告业高质量发展的指导意见。这一系列顶层设计的出台将为行业发展带来更多的政策红利，为广告业市场主体特别是小微企业健康发展营造良好政策环境，以此持续推动广告产业高质量发展。

可以预见的是，在未来一年，文娱领域综合治理行动将继续，明星代言、网络直播活动将得到依法规范；"双减"政策将助力清理整治校外培训广告：变相发布校外培训广告以及夸大培训效果、误导公众教育观念等虚假违法广告行为将受到严厉打击；医疗、药品、保健食品等重点领域的广告乱象将得到整治，广告市场环境将得到进一步净化。

（二）生态："互联互通"有力释放更多增长张力

2021 年，工信部启动的互联网行业专项整治行动向全社会释放了整治根治"屏蔽断链"顽疾的信号。"互联互通"可以大幅降低社会重复投入、促进信息高效流通、推动数字经济高质量发展。新一轮科技革命带来的是更加激烈的全球科技竞争，中国互联网行业必须避免"内卷"，致力于开放共赢，才能实现高效率、高质量的发展，推动更多新技术、新模式、新业态、新产业不断前进。

另外，近两年来包括中国在内的多国持续不断加强互联网反垄断力度，打破大型平台的数据壁垒，加速信息流通、提升数据价值，充分发挥数字经济的全局效益。国家反垄断局的成立也将为市场健康发展保驾护航，为新兴市场主体进入市场提供更多可能，全面提升产业创新效率。

（三）科技：多样化与个性化的权衡，广告传播的模式丰富

新兴科技对当前的广告传播产生了巨大影响。不论是广告业务体系的迭代、传播媒介的多样化、传播路径的交互式趋向，还是传播内容的热点化、个性化，处处都得益于新科技的不断发展与运用。以 AI 为例，其在媒体和广告方面的应用异常广泛，从广告定向、内容管理和创建，或动态定价、欺诈预防、用户行为预测和产品推荐，到程序化购买、销售预测，再到个性化网页和 APP 制作等都可以发现 AI 的"智慧"。AI 和互联网大数据的结合的结果就是——广告主不仅能够凭借这些技术预测到每位客户的反应，还能生成创意作品，制造投放计划，即实施程序化广告投放并获取受众的即时反馈。因此在新一轮科技浪潮的推动下，互联网广告的传播路径趋向与传播层次将发生明显变化，行业将迎来新一轮升级。

关注一：冬奥引领，体育产业或将成为广告业重要增长点

国务院第【46 号文】明确将全民健身上升成为国家战略，这标志着中国体育产业步入黄金发展时期。《体育强国建设纲要》明确，"到2035 年，体育产业将成为国民经济支柱性产业"。在此背景下，我国体

育产业发展步入快车轨道，并正向着专业化、规范化、产业化的方向发展。

2021 年，中国体育健儿在东京奥运会的出色表现，再次激发着全民的健身意识。教育"双减"为体育教育营造了更多空间。北京冬奥会、杭州亚运会、成都大运会纷至沓来，全民健康体育经济正成为社会经济新的增长点。

未来三年将步入"中国体育时区"，世界的目光将聚焦在中国体育。这不仅涉及经济、文化，更可以满足人们对美好生活的期许。因此，我们有理由相信，大众体育消费升级将为互联网经济营造更广阔的空间。多板块、多运动、多产业相互融合发展的万亿级市场正在形成，值得关注。

关注二："双碳战略"将深刻影响互联网产业格局

"双碳"目标不仅是我国对世界的承诺，更是一场"系统性变革"。从产业结构来看，"双碳战略"的实施意味着我国将迎来新的战略性机遇。清洁能源的开发与运用将为人类社会带来一次史无前例的产业变革，也预示着我国国民经济将发生结构性转变，进而对互联网产业、互联网营销产生深远影响。

汽车是传统的国民经济支柱性产业，也是受"双碳战略"影响最为直接的产业之一。我国是全球最大的单一汽车市场，产销量已连续 13 年位居全球第一，但在传统的燃油车时代，中国的汽车市场一直是由中外合资企业主导。当下进入新能源汽车时代后，我国的新能源技术专利位居世界前列，"中国制造"已在世界范围内具备相当的先发优势。2021 年 1—11 月，我国新能源车产销分别完成 302. 3 万辆和 299 万辆，同比均增长 1. 7 倍。截至 2021 年 9 月，全国新能源汽车保有量达 678 万辆，占汽车总量的 2. 28%。新能源汽车为互联网营销提供更多可能，并将成为我国国民经济结构转型中重要的组成部分。"双碳战略"的实施值得关注。

关注三：世纪疫情反复，短期消费收缩，国内经济增长面临严峻考验

今年开年以来国内经济遭遇诸多非预期因素冲击，在某些方面的困难程度堪比 2020 年疫情发生初期：投资增速回落，消费明显收缩，失业率走高，年轻群体就业形势尤其严峻，原材料价格猛涨，压力可能向中下游传导，贸易波动增大，人民币汇率一度呈现贬值趋向，杠杆总体风险可控的同时局部债务风险有显性化苗头，稳增长的压力明显增大。

固定资产投资规模 1—4 月完成额大致与 2018 年同期水平相当，其中固定资产投资增速再次转负，土地购置持续疲弱；由于受疫情发散影响，3 月以来居民消费增速出现了较大幅度的下滑，3 月社会消费品零售总额同比增速由正转负（-3.53%），4 月降幅更是达到 11.1%，居民收入增速明显下滑是消费疲软的重要原因。

随着疫情好转以及稳外资相关政策落地，外贸堵点有望逐渐清除。考虑到俄乌冲突短期内难以化解，美欧货币政策和财政政策"双转向"可能导致全球流动性收缩乃至部分地区经济衰退，中国的外需仍面临较大不确定性，稳外贸压力仍然较大。

关注四：俄乌冲突，美国持续加息，国际"黑天鹅"事件使得未来预期不明朗

由于疫情和俄乌两国冲突，世界面临三大危机：粮食危机、能源危机、金融体系危机。

俄乌两国是世界主要粮食出口大国，冲突发生后，两国粮食产量和出口预期下降，国际粮食价格大幅上升，国际粮食供应链紊乱将危及世界各国的粮食安全。另外，由于西方各国对俄罗斯实施制裁，俄罗斯有

意愿向中国扩大小麦和大麦出口，总体来看，中国的粮食进口受俄乌冲突的负面影响有限。

俄乌冲突发生以来，原油供给紧张，世界原油价格和天然气价格迅速上升。俄罗斯是世界上最大的天然气出口国和第二大石油出口国。中国是石油进口大国和商品贸易大国，俄乌冲突对中国能源安全的影响较大。

俄乌冲突导致国际资本市场不确定性增加，美联储加息加剧了发展中国家资本外逃风险和债务困境。一段时间内中国债券市场出现了一定程度的外资净流出现象。

2022 年 1 月 13 日

第一部分

环境篇

第一章　互联网营销的政策环境

　　过去的一年，国内外的监管部门均颁布了一系列法律法规或是提案来限制互联网营销市场出现的一系列乱象。国内市场和国外市场在监管方面的相同点在于均覆盖了用户的数据安全、未成年保护以及平台权力的制约等方面，建立了更全面的数据隐私框架，并限制广告商获取用户信息。但是不同的是，2021 年国外市场对整个广告营销市场的监管要更为严格，这主要体现在多个法案均明确了要制约以谷歌、苹果、亚马逊以及 Facebook（Meta）四大平台为首的超级平台的权力，强制规定大型平台需要履行与他们在市场上的规模与影响力相匹配的责任与义务，而那些小微企业则只需要承担与其规模和能力相匹配的责任。这些法案为小微企业提供公平竞争的市场环境。而国内市场的监管重点则更偏向于规范直播带货行业以及为刚发展起来的元宇宙、数字藏品等数字文化产业做出规范化的引导。

一、国内互联网广告行业新发布的政策和法律法规

　　"十四五"时期是我国由全面建成小康社会向基本实现社会主义现代化迈进的关键时期。为促进广告产业高质量发展，2022 年 3 月 22 日，

市场监管总局第 5 次局务会议通过了《"十四五"广告产业发展规划》，提出了广告产业向专业化和价值链高端延伸、产业发展环境进一步优化、发展质量效益明显提升、产业创新能力和服务能力不断提高、广告法制体系进一步完善、广告作品质量进一步提升、广告市场秩序持续向好等发展目标。在此规划的整体把控下，我国互联网广告行业相关政策和法律法规逐渐完善，具体体现在以下几个方面。

（一）直播数据监管：明确直播营销主体权责边界

网络直播是随着移动互联网等技术的发展诞生的新兴业态，自 2016 年以来，在国家文化政策支持、网络基础设施和移动宽带加速普及、视频技术日趋成熟、资本助推等利好因素推动下，各类网络直播平台竞相涌出，网络直播行业井喷式发展。网络直播利用互联网实现了信息的实时共享，开启了全新的社交网络交互方式，被称为拥有千亿市场的新兴产业。①

进入 5G 时代，视频营销以其更大的传播优势，获得了快速发展，直播营销和直播电商成为互联网营销中不容忽视的手段之一。2021 年 8 月 17 日，商务部发布《商务部关于加强"十四五"时期商务领域标准化建设的指导意见》，强调加强商务领域数字技术应用标准体系建设，研究建立统一的大数据全流程管理标准，推动 5G、人工智能、物联网、区块链等新技术标准化应用；加强电子商务新业态新模式标准建设，促进直播电商、社交电商等规范发展。不难看出，在"十四五"时期，建立在大数据平台基础上的直播电商等互联网营销有着重要发展价值。

但随着网络直播平台的迅猛发展和用户规模的迅速扩张，网络直播

---

① 前瞻产业研究院.2021 年中国网络直播行业市场现状及发展趋势分析［EB/OL］. https://www.qianzhan.com/analyst/detail/220/210309-99f7fdc3.html.

平台乱象丛生，我国对网络直播行业的监管和规范从未停止。一段时间以来，由于网络直播准入门槛低，大量从业者成为主播，竞争激烈，频频引发诱导打赏、恶意炒作、刻意炫富、低俗表演等不良现象，部分主播甚至罔顾公序良俗，出现违法行为，损害行业发展。2022年6月22日，国家广播电视总局、文化和旅游部联合印发《网络主播行为规范》，明确规定通过互联网提供网络表演、视听节目服务的主播人员，包括在网络平台直播、与用户进行实时交流互动、以上传音视频节目形式发声出镜的人员和利用人工智能技术合成的虚拟主播及内容，首次结合当前新技术发展，将利用人工智能技术合成的虚拟主播列入了参照执行的范围。《网络主播行为规范》第十四条对网络主播直播带货行为进行了明确规定：一是不得营销假冒伪劣、侵犯知识产权或不符合保障人身、财产安全要求的商品，虚构或者篡改交易、关注度、浏览量、点赞量等数据流量造假；二是不得夸张宣传误导消费者，通过虚假承诺诱骗消费者，使用绝对化用语，违反广告相关法律法规未经许可直播销售专营、专卖物品等；三是不得通过"弹幕"、直播间名称、公告、语音等传播虚假、骚扰广告。重点关注了公众反映强烈的虚假宣传、销售假冒伪劣商品、数据造假等损害消费者权益的问题。

除了网络主播这一主体外，对于网络直播营销涉及的其他主体，也有不少政策出台。2021年5月起施行的《网络直播营销管理办法（试行）》中，划定了网络直播营销领域的八条红线、五个重点管理环节，囊括了网络直播的"人—货—场"，并进一步明确了台前幕后各类主体的权责边界。文件第二条对直播带货各参与主体进行了明确的定义，将主体分为"直播营销平台、直播间运营者、直播营销人员、直播营销人员服务机构"，其中"直播营销人员服务机构"这一主体在之前的文件中并未做明确规定，是该文件中新增的受监管主体。2021年8月30

日，文化和旅游部发表《网络表演经纪机构管理办法》，对网络表演经纪机构的证照资质、宣传要求，以及机构的服务对象进行明确规定：机构需获得《经营性演出许可证》，不得以虚假销售、带头打赏等方式诱导用户消费；同时，不得为未满十六周岁的未成年人提供网络表演经济服务。这进一步明确了平台、主播、经纪机构三方关系，形成平台管经纪机构、经纪机构管主播的层层责任传导机制，加强网络直播行业内容源头管理，有助于推动网络直播行业健康发展。

（二）用户数据安全：提供监管依据，规范算法推荐与自动化决策

近年来，随着信息与传播技术的演进，万物互联时代来临，数据革命对社会生活的各个方面都产生了极其重要的影响。2020 年，数据作为一种新型生产要素被写入中央文件。为促进数字经济的蓬勃发展，需要深化数据安全体制，警惕数据泄露和滥用的风险。

为规范数据处理活动，保障数据安全，促进数据开发利用，《中华人民共和国数据安全法》（以下简称《数据安全法》）于 2021 年 9 月 1 日起正式施行，标志着我国在数据安全领域有法可依。这部法律分别从监管体系、数据安全与发展、数据安全制度、数据安全保护义务、政务数据安全与开放、法律责任等方面，对数据处理活动进行规制，同时也明确建立了一个数据分类分级保护制度，建立健全数据交易管理制度、安全审查制度。具体来看，针对数据处理者违背法律和社会公德滥用大数据新技术的情形，《数据安全法》第二十八条提出了开展数据处理活动以及研究开发数据新技术的三项合规义务，要求数据处理者研究开发数据技术，应当有利于促进经济社会发展、以增进人民福祉为目的、符合社会公德和伦理。

基于大数据和人工智能技术的个人数据处理与利用，也对个人权益

造成威胁，给用户数据保护带来了极大挑战。《数据安全法》第八条明确规定，数据处理活动不得损害个人、组织的合法权益。对用户个人信息和数据的保护，在 2021 年 11 月 1 日起施行的《中华人民共和国个人信息保护法》中有着更为明确的规定。《个人信息保护法》（以下简称《个人信息保护法》）紧紧围绕规范个人信息处理活动、保障个人信息权益，构建了以"告知—同意"为核心的个人信息处理规则，其中明确规定：个人信息处理者利用个人信息进行自动化决策，应当保证决策的透明度和结果公平、公正，不得对个人在交易价格等交易条件上实行不合理的差别待遇；通过自动化决策方式向个人进行信息推送、商业营销，应提供不针对其个人特征的选项或提供便捷的拒绝方式。"不得对个人在交易价格等交易条件上实行不合理的差别待遇"，关注了互联网营销中的"大数据杀熟"问题，强调"决策的透明度和结果公平、公正"和"提供不针对其个人特征的选项"，禁止平台为了最大化商业利益而通过算法进行画像产生价格歧视的结果。同时，条款允许个人选择是否接受针对个人的信息推送、商业营销，或许意味着个人在一定程度上拥有了是否走出"信息茧房"的选择权。①

　　《个人信息保护法》对自动化决策的相关规定，已然关注到算法推荐的相关问题，2022 年 3 月 1 日起施行的《互联网信息服务算法推荐管理规定》（以下简称《规定》）更将算法推荐服务从互联网应用中单独剥离出来，成为继《网络安全法》、《数据安全法》及《个人信息保护法》颁布后又一个具有里程碑意义的与数据相关的行政法规。数据处理者在数据处理活动中大量地使用智能技术和算法技术，特别是数据处理者开发的智能技术与算法的融合，其本质是建立在大数据基础上的

---

① 刘昶，金之玥. 个人信息保护与平台权力制约：传播学视角下的欧洲经验［J］. 现代出版，2021（6）.

自我学习、判断和决策的算法。算法的核心是基于网络的编程技术，目前基于智能技术的算法决策具有典型的"黑箱"特点。《规定》明确要求算法推荐服务提供者不得设置诱导用户沉迷、过度消费等违反法律法规或者违背伦理道德的算法模型；算法推荐服务提供者向消费者销售商品或者提供服务时，应当保护消费者公平交易的权利，不得根据消费者的偏好、交易习惯等特征，利用算法在交易价格等交易条件上实施不合理的差别待遇等违法行为。《规定》还对虚假流量、网络水军、刷量控评、过度推荐、操纵榜单或检索结果排序等干预信息呈现、影响网络舆论的行为做出了限制，明确算法推荐服务应遵循公开透明的原则，鼓励算法推荐服务提供者综合运用内容去重、打散干预等策略，优化规则透明度和可解释性；建立健全算法机制机理审核、科技伦理审查、用户注册、信息发布审核等管理制度，不得利用算法操纵榜单、控制热搜等干预信息呈现。算法不仅被数字资本用于构建交往环境，还被用于操纵互联网营销等传播行为，虽然相关规定在现阶段仍旨在规制数字资本平台在追求商业利益时造成的种种不公，但已然在其中确认了以实现公共性为目的的基本导向。

（三）未成年人保护：规范互联网广告内容

近年来，针对未成年人的网络营销活动越发常见，除了校外培训机构的各种广告，还有涉及近视、牙齿矫正、医美整形等的广告。我国从未成年人保护的角度，对以未成年人为对象的商业营销活动作出限制的相关法规政策也在不断完善。

2021年9月，国务院印发的《中国儿童发展纲要（2021—2030年）》中规范了与儿童相关的广告和商业性活动，禁止在针对儿童的大众传播媒介上发布医疗、药品、医疗器械、保健食品、化妆品、酒类、美容广告，以及不利于儿童身心健康的网络游戏广告；禁止在大众传播媒介发布声称全部或部分替代母乳的婴儿乳制品、饮料和其他食品广告；规范和限制安排儿童参加商业性展演活动。2021 年 11 月 26 日，市场监管总局起草的《互联网广告管理办法（公开征求意见稿）》为期一个月向社会公开征求意见，其中第十条再次强调了面向未成年人的广告内容要求。此外，市场监管总局等部门于 2021 年 11 月联合印发《关于做好校外培训广告管控的通知》，特别强调对校外培训广告的监管，指出要将校外培训广告管控纳入互联网信息管理的重点内容，对于违反政策代理、制作、刊登、播发校外培训广告的电商平台和其他互联网企业，要坚决依法处置。以上条例对面向未成年人的互联网广告的内容进行了划分和明确，减少未成年人因对商品及服务的营销内容缺乏鉴别力而受误导的风险。

此外，随着直播行业的兴起，未成年人在直播中的合法权益和身心健康保护问题也得到重视。《网络主播行为规范》在第十四条中针对此问题进行了多处强化，对网络主播提出具体要求，积极为未成年人成长营造更加健康的网络环境。一是不得介绍或者展示自杀、自残、暴力血腥、高危动作和其他易引发未成年人模仿的危险行为，表现吸烟、酗酒等诱导未成年人不良嗜好的内容；二是不得利用未成年人或未成年人角色进行非广告类的商业宣传、表演或作为噱头获取商业或不正当利益，指引错误价值观、人生观和道德观的内容；三是不得通过有组织炒作、雇用水军刷礼物、宣传"刷礼物抽奖"等手段，暗示、诱惑、鼓励用户大额"打赏"，引诱未成年用户"打赏"或以虚假身份信息"打赏"的内容。

（四）新营销方式规范：推动文化数字化的同时也需防范金融风险

近一年来，随着国家政策支持、社会各界广泛参与、经典文化消费需求旺盛、区块链技术发展等诸多机遇涌现，数字文化产品行业发展动力强劲，投资价值凸显。数字藏品似乎为各大品牌提供了崭新的玩法，通过吉祥物、虚拟人物、LOGO 等与品牌形象强相关的元素，以数字藏品的形式包装、发布，利用限量的珍贵属性结合饥饿营销玩法，正在以新的形式与用户发生关联。目前，已经有不少品牌在有重磅新品上线之时，借助限量赠送或低价销售的数字藏品，或直接发布同款，或是衍生的概念模型，用新的营销形式吸引眼球，借此展现产品科技感与品牌实力，关注 Z 世代的年轻感。在受众逐渐厌倦传统互联网营销手段后，数字藏品或将成为一种全新的互联网营销形式。

2022 年 5 月 22 日，中共中央办公厅、国务院办公厅印发了《关于推进实施国家文化数字化战略的意见》，其中指出：鼓励多元主体依托国家文化专网，共同搭建文化数据服务平台；加快文化产业数字化布局，在文化数据采集、加工、交易、分发、呈现等领域，培育一批新型文化企业，引领文化产业数字化建设方向；提供文化资源数据和文化数字内容的匹配交易、支付结算等服务并"支持法人机构和公民个人在文化数据服务平台开设数据超市，依法合规展开数据交易"。对数字藏品行业而言，这或许意味着在数字藏品、元宇宙+数字化文化等领域将会有国家队入场，有利于发挥数字藏品行业的文化价值，扩展数字藏品行业的市场空间；也意味着国家将对数字藏品行业加强监管，在激发文化消费潜力的同时逐渐完善监管体系。除此之外，数字藏品的底层技术，区块链技术的发展也得到相关政策的支持。2021 年 6 月 7 日，工业和信息化部、中央网络安全和信息化委员会办公室联合发布《关于加快推动区块链技术应用和产业发展的指导意见》，指出推动区块链融合应用，支撑行业数字化转型和产业高质量发展。这将为数字藏品的未来发展提供有力的政策支持。

数字藏品火热发展的同时也引发了一系列值得关注的问题。2021年9月央行等十部委再次发布《关于进一步防范和处置虚拟货币交易炒作风险的通知》，明确虚拟货币不具有与法定货币等同的法律地位，不应且不能作为货币在市场上流通使用。在元宇宙、NFT、虚拟货币等概念日渐火热的情况下，有些平台会效仿国外平台允许使用虚拟货币交易且允许随意转让和二次销售，又或为中国用户提供在国外平台交易NFT的中介服务。该类行为本质上是将虚拟货币作为货币在市场上流通使用，且难以避免会涉及法定货币与虚拟货币兑换业务或虚拟货币之间的兑换业务，是一种非法金融活动，存在被依法取缔甚至触犯刑事责任的风险。因此，平台应坚决杜绝虚拟货币作为NFT交易的支付货币，杜绝开通虚拟货币支付通道，以确保合规。这在中国互联网金融协会、中国银行业协会、中国证券业协会于2022年4月13日联合发起的《关于防范NFT相关金融风险倡议》中也被再三强调，坚决遏制NFT金融化证券化倾向，从严防范非法金融活动风险。

（五）平台权力制约与反垄断：互联网广告平台的权力约束

数字时代，经济腾飞的同时也避免不了产生新的经营模式和限制竞争现象。以大数据为基础的算法权力越来越成为配置社会资源的重要权力，但长期以来，掌握这一权力的是拥有强大数据提取与分析能力的数字资本。无论是被货币化的个人数据，还是算法对个人决策的不合理控制，最终似乎都是数字资本积累逻辑的实践。而当前，全球最具规模的数字资本采用了同一种经营方式——平台。平台作为一种私人主体，尤其是技术巨头主导的、具有垄断性质的超级平台，已经具备公共基础设施的属性，逐渐取代了传统组织。当头部互联网公司超越了企业的边界，成为社会和生活的基础设施，而国家监管能力极大地受到技术能力的约束之时，社会权益将受到损害。

2021 年 10 月 29 日，国家市场监督管理总局发布了关于对《互联网平台分类分级指南（征求意见稿）》《互联网平台落实主体责任指南（征求意见稿）》公开征求意见的公告，按照年活跃用户、核心业务、市值、限制商户接触消费者（用户）的能力等指标将互联网平台分为三级：超级平台、大型平台和中小平台。指南中对平台类别的界定和平台等级的划分借鉴了国际监管思路，明确提出了"超级平台"这一概念，有助于深化人们对平台经济领域反垄断问题的认识，帮助监管部门进行监管创新，引导相关平台企业更加重视自身的行为规范，同时帮助了解不同类型平台各自具备的特点，精准治理。

数字平台相比于传统企业，具有双边市场属性、网络效应、锁定效应等特征。随着数字经济向纵深发展，在世界范围内都出现了数字平台的垄断问题。2022 年 6 月 24 日，十三届全国人大常委会第三十五次会议表决通过关于修改《中华人民共和国反垄断法》（以下简称《反垄断法》）的决定，这是《反垄断法》自 2008 年实施以来的首次修改。《中华人民共和国反垄断法（修正草案）》（以下简称《修正草案》）专门增加了针对平台经济和互联网方面的基础性内容，针对互联网平台企业在滥用数据、算法、技术以及资本优势、平台规则排除竞争、限制竞争的问题上设置了专门条款，规范互联网平台的健康发展。具体来说，《修正草案》第九条明确，经营者不得利用数据和算法、技术、资本优势以及平台规则等从事本法禁止的垄断行为；第二十二条专门针对具有市场支配地位的经营者强调，不得利用数据和算法、技术以及平台规则等从事滥用市场支配地位的行为。数字经济和互联网平台的监管规范将成为未来很长一段时间的关注重点。

事实上，我国对互联网企业的反垄断执法活动自 2020 年 11 月就已经开始。2021 年 2 月 7 日，国家市场监督管理总局发布了《关于平台经济领域的反垄断指南》，将"基于大数据和算法，根据交易相对人的支付能力、消费偏好、使用习惯等，实行差异性交易价格或者其他交易条件"等定义为滥用市场支配地位、实行差别待遇。而《反垄断法》的修订，直接体现出目前我国进一步在法律层面对互联网领域进行必要约束的原则并没有改变，也体现出长期、坚定推进互联网领域反垄断工作的趋势没有改变。

利用数据资源提供数字营销服务是当今互联网平台最主要的商业模式，数字营销服务的核心形式是数字广告，数字营销平台以提供数字广告等营销服务为主要收益来源，主要目标是积聚网络价值和将网络价值转化为收益。① 在积聚网络价值过程中，由于网络效应作用，数字营销平台往往在消费者端占有极高市场份额，容易形成垄断。《2021 年中国互联网广告数据报告》显示，2021 年度互联网广告行业前十公司的市场份额占比由 2020 年的 92.42% 反弹至 2019 年的水平（94.85%），报告还显示，市场规模前十名的互联网广告公司多年来无多大变化，② 互联网广告市场新进入者的实力与规模在短期内是无法与原有平台相抗衡的，这并不利于互联网广告行业的长期发展。而新修订的《反垄断法》及一系列相关法律法规的出台，将进一步规范互联网营销平台主体的行为，要求平台主体在互联网广告海量用户行为的监测、数据存储与分析、定价、制作、精准投放等每个环节中合理利用算法技术，遵循市场规律。

---

① 张翼飞. 数字营销平台网络价值转化与反垄断问题研究 [D]. 上海交通大学，2019.
② 中关村互动营销实验室 . 2021 年中国互联网广告数据报告 [EB/OL] . https://www.nisdata.com/report/5853.

二、国外互联网广告行业新发布的政策和法律法规

（一）平台制约：明确制约"超级平台"权力，为小微企业提供公平竞争的市场环境

在移动互联网时代，平台经济迅速发展，广泛渗透到社会发展的各个领域，已经成为一种新的生产要素，催生了平台权力的崛起，影响着社会形态并且正在重新塑造新的社会权力结构。平台权力是对社会参与主体、总体资源以及信息与数据等要素的聚集与凝结，表现为对各种社会要素掌控之后所形成的一种垄断式地位，平台的权力演化以及对资源的重新分配不仅对传统的经济模式造成冲击，也影响到了营销市场的产业结构与商业模式，这主要表现在平台经济对传统交易模式与投放机制的深刻改变上，打破了传统市场的权力体系，形成了新的社会运行秩序。

随着人工智能等技术的发展，头部平台将凭借着信息优势以及资源优势让平台的垄断权力进一步扩张，由此诞生了一系列超级平台，其借助着本身的垄断地位成为数字空间中的"管理者"，并且通过设置各种规则来促进平台组织的有序运行，从而形成一定的支配效应，"越位"行为也时有发生，影响了整体市场格局与竞争生态，对此相关部门与执法机构出台了一系列法规法案，来规制平台的无序扩张，维护整体市场的稳定发展。

1. 《数字服务法案》：强制规定超大型平台应承担的责任，明确对定向广告投放的限制

2022 年 4 月 23 日，欧盟成员国与欧洲议会的谈判代表就欧盟《数字

服务法案》达成政治协议。《数字服务法案》将迫使 Meta（Facebook）、Instagram 和 YouTube 等超级平台投入更多资源进行互联网治理，治理范围包括消除其平台上的虚假信息和仇恨言论，并禁止任何针对儿童、种族、宗教或性取向的定向广告。此外，该法案也明令禁止平台使用"黑暗模式"的广告推送方式，即采用隐蔽的、带有诱导性的手段，让消费者做出违背其意图的决定，例如平台方在广告的"退订"按钮上增加消费者的操作阻碍或是隐藏整体的服务价格等。这一套标准将迫使此类的超级平台发挥自身在社会治理方面的作用，推动平台资源以及平台权力在内容审查、广告传播等方面的治理，从而实现维护社会各大平台之间公平竞争的市场格局。

目前的广告营销市场呈现出明显的"二八定律"，即不到 20% 的头部超级平台往往聚集了互联网上 80% 以上的消费用户，因此这些大型平台常常会不加限制地利用既有的用户数据开发新的服务，使得小微平台难以与其竞争，消费者也往往被他们无法理解的算法规则所摆布。《数字服务法案》致力于创建一个平台权责明晰的在线环境，因此规定了一系列平台应该履行的责任与义务。值得注意的是，法案中提出的新规则明确指向的约束主体是"超大型在线平台"（very large online platforms，VLOP）和"超大型在线搜索引擎"（very large online search engines，VLOSE），其中"超大"在线平台被定义为每月活跃用户超过 4500 万的平台，这些大型平台需要履行的责任与义务与它们在市场上的规模与影响力相匹配，而那些小微企业则只需要承担与其规模和能力相匹配的责任。

总而言之，《数字服务法案》将监管的重点放在了广告市场的平台生态治理层面，基于数字技术建立起稳定坚实的信任框架，明确了不同规模平台应该承担的责任，同时也激励平台的内部监管，为互联网平台发展提供了新的治理模式。

2.《数字广告竞争与透明度法案》：进一步明确互联网反垄断规则，数字广告市场的竞争格局或将面临重构

2022年5月19日，美国参议院两党联合小组提出《数字广告竞争与透明度法案》（*Competition and Transparency in Digital Advertising Act*）。该法案的实施对象为数字广告收入超过200亿美元的公司，包括谷歌、Meta和亚马逊等大型公司，法案设置了"所有权规则"以及"最佳利益和透明度规则"，前者明令禁止这类超级平台同时涉足数字广告生态系统的多个领域，后者则要求这些大平台"以客户的最佳利益为出发点，在数据收集、中标条款和收费方面提供更大的透明度"。

数字广告市场是买卖双方就数字广告位进行交易的场所，主要包括三大主体——广告商（广告位需求方）、出版商（广告位提供方）以及广告交易平台（广告交易所），主要通过数字广告空间的实时竞拍向需求方平台发送交易信号，最终广告服务器将根据拍卖信息选择要投放的广告。以谷歌为例，在2022年第一季度，其总收入为680.1亿美元，其中546.6亿美元来自广告，占全部收入的80%，旗下产业还包括YouTube和搜索引擎，可以说，谷歌是数字广告领域中名副其实的"领头羊"，通过对用户数据的使用获取了数字广告市场的大规模资源，从而巩固自身的支配性力量。除此之外，谷歌不仅仅是广告市场上重要的广告需求者，也是广告发布者，在整个广告产业链中扮演着除了广告主之外的所有角色，这极易发生不当的市场竞争行为。

而针对此类问题，该法案明确提出这些头部超级平台在广告营销市场不能同时涉足数字广告交易中的多个领域，例如，广告交易平台的所有者不能同时提供买方或者卖方的广告代理服务、如果提供了卖方代理服务则不可再拥有买方代理等规则。因此，《数字广告竞争与透明度法

案》的通过将进一步推动互联网反垄断的进程，为中小企业创造更大的发展与创新空间。

3. 《开放应用市场法案》：降低超级平台对旗下资源的支配权，促进市场的公平有序竞争

2021 年 8 月，美国参议院提出《开放应用市场法案》（*Open App Markets Act*）。这项法案主要针对的平台是在美国拥有超过 5000 万用户的应用程序商店，通过降低对旗下应用程序的支配权力，从而增加整体市场的选择空间，提高产品质量，让应用程序市场更有序发展。除了美国之外，韩国在同年 8 月也提出了《电子通信事业法》修正案，限制谷歌、苹果等超级平台在应用商店的高抽成行为，并对违反规定的企业处以最高其在韩国营收 3% 的罚款，成为全球首个在支付领域对超级平台进行反垄断监管立法的国家范例。

在此之前，应用程序开发商，包括游戏公司 Epic Games 和流媒体音乐平台 Spotify 在内的应用开发者都曾多次表示头部平台的垄断行为阻碍了市场的公平竞争，导致开发商无法在应用程序中以较低的价格做广告，因为诸如苹果以及谷歌之类的头部平台往往在其应用商店中的每一笔交易抽取 15%—30% 的佣金，并且禁止应用程序的开发者使用第三方的支付系统。无独有偶，国内游戏市场的渠道高抽成模式也制约了整个产业的健康生态，助长了广告营销的虚假宣传以及侵权等乱象。

从整体的市场格局上看，以谷歌、苹果为首的头部企业已经掌握了过多的权力，这有可能导致市场长尾部分的小微企业无法生存发展，从而造成社会创新停滞。因此，《开放应用市场法案》的立法宗旨是"促进竞争，减少应用程序市场中的守门人市场力量，增加选择，提高质量，并降低消费者成本"，其作用在于进一步推进互联网的反垄断进程，即限制巨头平台的自我优待权、自主决定权以及排他性行为等无序

竞争手段，制定出更合理的市场准入门槛，让平台承担公平公正的"守门员"角色。

4.《美国创新和在线选择法案》："反垄断法案"制定标准的变迁——从维护消费者经济利益到拓展小微企业的创新空间

2021 年 10 月，美国参议院发布了《美国创新和在线选择法案》（*American Innovation and Choice Online Act*），这是一项仍然以草案形式存在的法案，其规制对象除了市值达 5500 亿美元以上的平台公司外，也包括全球月活跃用户数量达 10 亿以上或年度净销售额达 5500 亿美元的平台，禁止这些头部的超级平台从事"歧视性以及自我优待"的行为。简单来说，这就是一款矛指亚马逊、谷歌和苹果以及 Meta 等超级平台的"反垄断法案"，禁止它们利用自身的市场主导地位滥用平台把关权、使用数据进行不公平竞争、偏袒旗下的产品或者服务，避免这些超级平台让市场上的其他竞争对手处于不利地位，为中小微企业创造更适合公平公正的市场竞争环境。例如，当用户使用谷歌搜索相关信息时，法案规定默认排名靠前的词条不能再是与谷歌公司利益相关的信息或者产品，除非谷歌可以自我证明这种排序方式确实公正恰当。

这不是美国第一次出台反垄断法案，而与之前的反垄断法规不同的地方在于《美国创新和在线选择方案》确立了新的判别标准：过去监管部门判断一个企业是否垄断的核心标准为"是否影响到了消费者的权益"，但是新出台的法案则将中心转向了行业竞争，即将判断标准转向了"是否影响到中小企业的生存发展与创新空间"。因此，该法案主要着眼于打破头部超级平台凭借流量与数据所形成的权力与资源优势过于集中的局面，释放中小微企业蕴含着的"长尾力量"。

（二）未成年人保护：加大对儿童广告的内容规范力度，立法监护儿童的隐私信息

未成年人是社会群体中的重要组成部分，也是广告营销活动中需要特别关照的对象。随着人们的日常生活从线下逐步转移到线上，社交活动呈现出私密信息的公共化特征，一些头部的超级平台则借助技术优势进一步将用户个人隐私提升至公共领域，使得私人场域表现出公共化的特征，被迫成为平台数据库的一部分。特别是在智能算法和人工智能等新一代技术普及的当下，营销内容的呈现形式更加生动化、多样化，投放渠道也更加个性化、精准化，但是这同时也让不良信息更加隐蔽化、海量化，在此背景下，未成年群体的隐私保护问题面临着新的挑战。

调查显示，目前已有近八成的未成年人曾受到网络上非法信息、不良信息的侵害，广告、视频、搜索引擎等内容载体是不良信息的高发地，其中，广告更是未成年人遭受有害信息侵害的主要风险来源，数据显示，有62.8%的未成年人在网络广告中遇到过不雅图片、广告推销、骚扰信息甚至是病毒信息的影响。[①] 而这些不良广告搭载了智能算法的快车，能够为用户量身定制、精准推送，进一步侵害未成年人的身心健康。上海市消费者权益保护委员会发布报告称，目前市面上有58%的App含有广告，而其中更是有67.9%的广告没关闭键。[②] 不少应用软件的未成年模式更是形同虚设，不仅仅是国内的广告市场面临着未成年人信息访问控制的议题，国外也出台了一系列法规法案来规范广告对未成

---

① 季为民，沈杰，杨斌艳，季琳.青少年蓝皮书：中国未成年人互联网运用报告（2021）［EB/OL］.https：//www.pishu.com.cn/skwx_ ps/bookDetail？SiteID=14&ID=12871736.

② 上海市消费者权益保护委员会.APP广告消费者权益保护评价报告（2020）.［EB/OL］.https：//www.cqn.com.cn/ms/content/2020-12-18/content_ 8653573.htm.

年人的保护。

1.《儿童广告与隐私》：明确广告内容的限制条款，扩张未成年人的隐私保护边界

《儿童广告与隐私》[*The Children's Advertising Review Unit*（CARU）]法规生效于 2022 年 1 月 1 日，主要的保护对象是年龄在 13 岁以下的未成年人，管控平台也从电视扩展到了游戏以及社交媒体等领域。CARU 法案的核心原则是，在所规定的平台上发布的广告必须是真实的、非误导性的，广告信息必须是清晰且易于理解的，不得强迫或者是操纵未成年人观看广告、下载安装非必要的应用程序。该法案还确保了平台或者其他广告运营商不收集未成年人的个人信息，或者是在收集之前获得其家长的同意。

从整体上看，该法案拓展了监管的平台类型并且限制了具体的广告内容，从这两个方面来保护未成年人的身心健康以及个人信息安全。在万物互联的智能传播生态中，用户信息具有高度的场景依赖性特征，特别是对未成年人披露的广告营销信息的监控标准在不断动态变化，这主要体现在数字空间中广告营销的内容类型、属性以及呈现形式在不同的渠道中更具有多变性以及不可控性，因此有必要在广告营销内容监管的过程中引入"隐私场景保护"的概念，有针对性地对不同类型平台的营销内容进行分级监控。

从报纸、广播、电视，到视频媒介，当下以 TikTok 为首的短视频平台不仅仅是广告主青睐的投放渠道，也是未成年人娱乐社交的重要场所。而短视频平台上内容充斥了误导、低俗等不良信息，其短平快以及极具感染力的特征，将直接作用于用户感官，对于这些广告内容若不加以干预，很可能引起未成年人的模仿行为。此外，该法案还明确禁止了运营商对未成年人的个人信息的收集，美国曾出台的《消费者隐私权

利法案》将个人信息定义为"能够连接到特定个人或设备的信息",指出个人信息的"关联性"特征,这在很大程度上拓展了大数据时代对个人信息保护范围的延展。

2.《适龄设计准则》:强调"儿童利益最大化原则",为不同年龄层次的未成年人树立更具针对性的隐私政策

2021 年 9 月 2 日,英国出台的《适龄设计准则》(*Age-Appropriate Design Code*)结束了长达 12 个月的过渡期,并且于当日正式开始执行。该准则是继美国《儿童网络隐私保护法》之后,在未成年人[①]信息保护方面具有示范效应的重要文件,该准则适用范围广泛,覆盖到了任何可能被英国儿童接触到的在线平台,也包括那些提供用户数据处理服务的组织,更是涵盖广告营销领域。该准则聚焦于未成年人保护的宗旨,并形成了 15 项标准:包括了"儿童利益最大化原则",明确要求各大运营商以及广告主从儿童利益至上的角度来设计产品或者推送广告,并且在处理未成年人数据时应该最大限度保护他们免受剥削与侵害风险,支持他们的需求、权利与自由;"适龄应用原则",为不同年龄层次的用户创建更加安全、更加具有针对性的隐私政策;"透明度原则",要求运营商所提供隐私条款必须简洁突出并且要考虑到未成年人的理解水平,为不同年龄层的用户准备不同的解释文本。除了这些之外,该准则还规定了广告主在收集未成年人数据时遵循"最少必要"原则,并且不得向第三方平台共享已收集的未成年人数据等。

在《适龄设计准则》的背景下,不少的平台都推出了未成年人保护新规范:谷歌宣布对未成年群体开启了"安全搜索"模式,并且停止对未成年人进行个性化广告的推荐,同时关闭对该群体的地理定位记

---

① 在英国颁布的该准则中,儿童为 18 岁以下的未成年人;而美国法案中的儿童为 13 岁以下的未成年人。

录；Instagram 禁止成年用户直接私信 18 岁以下的未成年人；TikTok 将 16 岁以下用户的账号默认设置为个人可见；YouTube 对未成年人关闭了视频的自动播放功能。

而在英国的儿童《适龄设计准则》之后，美国加州的立法机关也准备推出一项未成年人个人信息的新法案，该法案直接要求社交媒体平台关闭对未成年人的地理定位追踪、停止诱导未成年人提供他们的个人隐私信息，减少未成年人对有害内容的接触，并且限制他们与成年人建立风险联系的可能性。

（三）用户数据安全：建立更全面的数据隐私框架，限制广告商获取用户信息

在大数据时代，各种智能设备以前所未有的覆盖范围介入人们的现实生活中，实现了线上与线下空间的无缝衔接，数字技术在潜移默化之间浸透了人们日常生活，实现了真正意义上的"数字化生存"。在这个过程中，人们在线上所进行的每一项社会实践都会留下数据痕迹，而这些数据同时也成为人工智能以及智能算法迭代的催化剂，但是值得注意的是，每一个被接入互联网的用户都面临着个人信息泄露的风险，而相关平台组织对个人信息的处理与利用，也可能对个人权益造成威胁。特别是在营销市场中，为了提升广告触达率与转化率，往往需要利用用户数据进行深入分析与挖掘，在此过程中，对用户数据以及个人信息的监管就成为一个难题，因此扩大对用户数据的保护、明确用户数据在营销市场中的适用范围，就成了重心所在。对此，国外市场提出了一些法规法案来规范市场乱象。

1. 《禁止监控广告法（2022）》：严格限制在线广告对个人信息的获取

美国众议院于 2022 年 1 月 18 日提出《禁止监控广告法（2022）》（*Banning Surveillance Advertising Act of* 2022），监管对象拟覆盖市场上出现的所有营销内容，主要目的是限制在线广告对个人信息的获取，从而进一步保护用户隐私。其中，法案对"个人信息"的定义涵盖了个人的连接设备、互联网浏览历史以及通信内容等，并且法案明令禁止广告商在用户不知情的情况下利用个人数据进行广告内容的个性化推荐。

不少业界的观点认为，这是一个与"广告业为敌"的法案，呈现出浓厚的"对数字广告行业的敌意"，因为该法案禁止了任何涉及个人数据的定向广告。但是该法案并不是第一个严格限制广告主权力的规定，在 2018 年欧盟颁布了《通用数据保护条例》（*General Data Protection Regulation*），该条例成为目前全球范围内保护用户个人信息最严格的法规之一。该法规严格限制了平台或者运营商对数据的使用，这给互联网企业的运行带来巨大挑战，导致当时腾讯以及小米等企业均退出了欧洲市场。牛津大学发布的一项调查结果显示，在《通用数据保护条例》实施以后，受影响的主要是中小企业，整体公司利润下降了 8%，销售额下降了 2%。[①] 针对《禁止监控广告法（2022）》的提出，美国互动广告局也得出了相似的结论，认为过于严格地禁止广告主使用用户的个人数据将会危及中小企业的发展。

目前这项提案还未被正式通过，但是已经受到了广泛关注。当整个

① Chen，C.，Frey，C. B.，& Presidente，G. *Privacy Regulation and Firm Performance*：*Estimating the GDPR Effect Globally*（*No.* 2022-1）. The Oxford Martin Working Paper Series on Technological and Economic Change. https：//www. oxfordmartin. ox. ac. uk/downloads/Privacy-Regulation-and-Firm-Performance-Giorgio-WP-Upload-2022-1. pdf.

广告市场都被限制对用户个人信息的获取，这一方面意味着广告市场面临着更加严格的监管氛围以及自律环境；但是在另一方面，这在某种程度上将进一步巩固那些成熟品牌或者是超级平台的既有优势，而小微企业将更难获得发展空间。这主要体现在相对弱势的企业不具备充足的资金以及资源投放广告，也没有高精尖的技术支持平台低成本地找到目标消费者，而过去几年小微品牌之所以能快速崛起，一部分应归因于数字广告的便利性，但是当监管部门对数字广告的推广做出严格限制，这可能会压缩小微企业的生存空间。

2.《美国数据隐私和保护法》：在个人数据保护的底线之上，释放消费者自由度

2022 年 6 月 3 日，美国参议院和众议院发布了《美国数据隐私和保护法》［American Data Privacy and Protection Act（ADPPA）］草案，这是一份关于数据隐私法案的讨论稿，适用范围覆盖了包括广告营销在内的所有组织。虽然还未正式发布落实，但是该立法草案是目前第一个获得两党、两院支持的全面隐私保护提案，为用户的数据隐私保护建立了一个强有力的国家框架，要求运营商对用户数据的收集和处理减少到合理必要的程度，同时赋予了消费者纠正、访问和删除自己数据的权力，体现出该法案在保护用户数据的基础之上对用户权力以及价值释放的特征。此外，该法案格外关注对未成年人的数据保护，禁止运营商向未满 17 岁的未成年人投放定向广告，并且不得向第三方传输他们的数据。

该法案区别于其他的隐私法规的地方主要有以下几点。一是规定了企业的"忠诚义务"，即落实了不同类型的用户数据的具体使用场景，并且强制企业在使用过程中不得超过限定的目的；二是明确了消费者权利，告知用户他们对自身数据的可使用范围，强调了用户数据的"高

自由度"特征;三是建立了一系列企业问责制,规定了大型企业每年需要对其所掌握的隐私数据完成隐私评估,也必须向相关部门汇报其算法影响评估,以减少算法对用户个人信息的潜在危害。

在用户隐私保护层面,美国已经出台了一系列隐私保护法,但是不同的法案具有不同层次的优先级,而目前《美国数据隐私和保护法》的优先权低于"联邦隐私法",如《儿童在线隐私保护法》,但是要优先于"州隐私法",如《加州消费者隐私法》和《加州隐私权利法》。

三、政策和法律法规的执行与监管效果

(一)着眼于平台权力异化所带来的冲突与垄断问题,释放中小微企业的"长尾力量"

在平台经济时代,人们的社会实践以及广告营销的投放与交易活动均在平台上进行,因此大量的数据以及资源都在平台上聚集。通过对大规模用户数据的重新解构与分析,平台权力不断扩张并浸透到人们生活的方方面面,在整个传播生态中占据着越来越重要的支配性地位,进而成为新的社会权力中心。这主要体现在头部平台通过平台的主导性权力来把控用户的注意资源,利用自身资源优势以及垄断地位来谋求"自我优待"行为,当这种平台的垄断局面不断循环强化,将导致其所掌控的权力超越既定的边界,呈现出无形的控制与支配。其中,平台权力可以划分为"公权力"与"私权力",前者指的是平台组织通过对社会资源的汇集而产生的对参与主体的公共管理权力,也是一种服务于社会公众的权力;而后者指的是平台自身享有的权力,体现的是平台出于主观意图所产生的协调行为,私权力是权力主体可以实施一定行为或要求

他人作为和不作为的权力。① 而平台权力的扩张和渗透就是平台公权力不断内化、最终转化为私权力的过程，以潜移默化的方式侵害广告营销市场的其他参与主体以及用户的隐私权，最终产生了平台权力的"异化"效应。

反观国内广告营销市场的现状，2020 年行业前十公司的市场份额占比由 2019 年的 94.85% 下降至 92.42%，在互联网反垄断的背景之下，广告营销市场的集中度虽呈下降趋势，但是广告营销市场 TOP10 的企业仍然占据了 90% 以上的份额。由此可见，市场的反垄断监管虽取得一定的成效，但是整体市场格局仍然呈现出高度不对等的状态，互联网平台的"大数据杀熟"以及"二选一"等行为仍可能构成垄断行为。不仅仅国内如此，国外的谷歌、苹果、亚马逊以及 Mata（Facebook）等平台也表现出"垄断统治"的格局。

面对全球巨头平台呈现出的权力扩张以及权力异化的现状，国内外的监管部门均颁布了一系列法律法规来限制平台的种种"越界行为"。例如，国内市场监管部门对阿里巴巴开出的 182.28 亿元人民币的"天价罚单"，禁止了平台"二选一"的违法规定；在 2021 年出台了《国务院反垄断委员会关于平台经济领域的反垄断指南》，明确了平台的相关性行为是否构成垄断的判断标准，② 但是这个指南还不具备严格的法律效力。但是相比之下，国外监管部门则采取了更加严格的措施来限制超级平台的无序扩张，在美国、韩国以及欧盟近一年出台的限制平台的法规中，其主要矛头所指向的并不是市面上所有的平台，而是那些高营

---

① 王志鹏，张祥建，涂景一. 大数据时代平台权力的扩张与异化［J］. 江西社会科学，2016（5）.

② 国家市场监督管理总局. 国务院反垄断委员会：《反垄断法》对各类市场主体一视同仁、平等对待［EB/OL］. https://gkml.samr.gov.cn/nsjg/xwxcs/202102/t20210207_325971.html.

业额以及大流量的超级平台，即通过严格的法律条款规定以及高额罚金来限制这些超级平台的无序扩张，对整个广告营销市场做出有效规范。

总而言之，对比国内外监管部门对平台所做出的一系列限制行为，可以发现国外对头部超级平台的限制和处罚更严格，也对广告营销市场的规范运行提出了更高的要求。但是不管是国内还是国外，市场的监管重点均明确指向那些"超级平台"，同时利好中小微企业，让那些刚处于起步阶段的或者中小规模的平台也能有充分的发展与创新空间，营造有序健康的市场生态。

（二）将算法规制纳入法律监管范畴，打破"用数据换取服务"的互惠性困局

平台权力在很大程度上也表现为一种数据算力，即通过大规模用户数据的获取来实现资源垄断，这种算力虽以技术权力为表象，本质上却是配置社会资源的权力，大数据也只是其展开行动的知识基础。① 其他学者的观点认为，算法权力本身就是一种包含着数据的权利，其中算法是主权力，而数据属于附属权力。② 目前的广告营销市场上，头部的超级平台聚集了大量用户资源，因此形成了"数据银行"，从而训练出更精准的推送模式，但是目前大部分平台都将算法视为商业机密，这很可能对用户数据的隐私权造成侵害。因此，在过去一年所颁布的法案法规当中，有不少的法规条文提出要严格限制算法的自动决策，让算法程序做到可验证、可追责、可解释，明确数据的来源与去向，提高数据透明度，建立平台问责机制，以此维护用户的数据主权。

实际上，平台对数据的控制权也是一种柔性权力。这表现在用户在

① 刘昶，金之玥. 个人信息保护与平台权力制约：传播学视角下的欧洲经验 [J]. 现代出版，2021（6）.
② 陈鹏. 算法的权力和权力的算法 [J]. 探索，2019（4）.

互联网上所进行的任何活动都会留下数据痕迹，而平台则利用这些数据反哺、强化算法算力，最终利用技术的创新来获取更高层次的话语权与支配权，在这个过程中，消费者则陷入了"享受平台服务"以及"保护个人数据"的两难境地。概言之，平台与用户之间权力的不对等关系建构了"用数据换取服务"的互惠性迷思，人们在互联网平台上的实践活动多多少少都包含着"数据权让渡"的妥协，让很多原本属于个人的权力被迫让渡给了平台。因此，不管是对未成年人的安全监控还是对成年用户的个人信息保护，近年来立法的宗旨之一就是在保证用户能够在享受便利与服务的同时，也能建立安全的信息屏障。

第二章　互联网营销的经济环境

2021—2022 年，在中国经济面临下行压力及发展转型的背景之下，互联网营销也走上突围之路。首先，从宏观经济环境来看，国民经济面临散点疫情的威胁呈现"疲软趋势"，消费市场逐渐走出野蛮增长，产业发展踏入数字渗入期，互联网营销市场均将迎来"修复拐点"。其次，从过去一年经济新特征来看，经济缓行、经济逆全球化及元宇宙经济等新特点均给互联网营销带来新的机遇与挑战。最后，从互联网营销的相关经济支持体系来看，国内智能终端、数字中台、网络支付、数字资产及物流行业均为互联网营销提供转型支点。未来互联网营销市场需要在修复存量空间的基础上积极盘活增量空间。

一、互联网营销与宏观经济

过去一年，一方面，中国宏观经济面临下行压力，给经济长期发展带来挑战；另一方面，宏观经济增速放缓是国家"十四五"对经济结构调整主动选择。广告营销市场作为经济晴雨表，与国民经济发展形势呈高"同频共振"性。国民经济总体规模是研判互联网营销市场规模的基础指标；消费市场水平与产业发展水平作为衡量营销活动两端——

消费端与供应端的经济指标，具有研判意义。

本节从国民经济、消费市场、产业发展三个维度对 2022 年互联网营销市场作研判。

（一）基于宏观经济环境的互联网营销市场总体研判

1. 市场规模：小幅上涨，稳健攀升

中关村互动营销实验室数据显示，2021 年互联网广告市场数据为 5435 亿元，互联网营销为 6173 亿元，合计 11608 亿元。综合 QuestMobile 对 2022 年上半年互联网广告的调研数据显示，2022 年互联网广告市场规模在上半年有所收缩，下半年有望回暖，互联网广告市场规模有望突破 6000 亿元[①]，互联网营销市场将逐渐攀升，实现小幅上涨。

秒针营销科学院报告显示，虽 2022 年国内宏观经济面临散点疫情威胁，但面对国家打出的稳住经济形势政策组合拳，互联网营销市场整体信心趋于正向[②]。因此，虽然 2022 年上半年整体市场相对疲软，但下半年在既有相对稳定的互联网营销市场基础上，市场规模有望稳健扩大。

2. 市场空间：修复存量空间，盘活增量空间

一方面，宏观经济下行压力要求互联网营销市场修复既有存量空间，稳住市场韧性。2022 年经济复苏势头减弱，我国经济处于疫情冲击后的恢复阶段，经济发展动力不足，不稳定、不确定因素增多，国内企业缺乏活力。这意味着互联网营销需在既有市场存量空间中探索多样修复方式，对现有市场作"提质增效"建设，如整合营销资源、提高营销活动品质等。

---

① QuestMobile. 2022 互联网广告市场半年大报告［EB/OL］. https：//c. m. 163. com/news/a/HDS8MEMF0511B3FV. html.
② 秒针营销科学院. 中国数字营销趋势报告［EB/OL］. http：//www. 199it. com/archives/1361130. html.

另一方面，2022 年，数字化、虚拟产业兴起给互联网营销市场带来盘活增量空间的可能性。产业数字化与数字产业化的交叉协同，涌现出新经济模式及业态，为互联网营销市场开辟增量空间。

3. 市场生态：头部驶入"转型期"，尾部寻求"生存"

头部生态，成熟广告主具备应对国内疲软营销市场的能力和底气，增速放缓反而成为其思考营销转型的契机，主动承担社会责任。例如，2022 年，游戏、电商、短视频头部广告主们意识到"出海"营销战略意义，选择以超越本国、民族的格局布局，寻求国外蓝海市场。一些互联网营销公司配合国家政策，利用市场增速放缓期来寻求用户隐私挑战等问题的答案。

尾部生态，新锐广告主们面对增速渐缓的互联网营销市场，不得不在竞争激烈的市场中寻求生存可能性。由于缺乏抵御不确定性的成熟体系和稳定资金，新锐广告主们更看重"如何花好钱"，积极寻求由于自身累积不足带来的优质流量缺失、消费者洞察困难等问题解决途径。

（二）国民经济规模与互联网营销

1. GDP 与互联网营销：在疲弱发展中迎来趋暖信号

互联网营销市场规模对 GDP 有强烈依附性，对其波动有放大作用[①]。

首先，2021 年下半年至 2022 年上半年 GDP 与互联网和营销市场"前扬后抑"。国家统计局数据显示，2021 年下半年中国 GDP 在复苏态势之下受散点疫情、汛情、限产限电、国际冲突等因素的制约，2021年第三季度 GDP 从 12.7% 增速跌至 4.9%，随后增速围绕 4.5% 波动。

---

① 方英，池建宇. 广告业与宏观经济发展关系的实证分析 [J]. 现代传播（中国传媒大学学报），2016（7）.

2022年伊始，中国国民经济面临需求收缩、供给冲击、预期转弱的"三重压力"，加之俄乌冲突及国内新一轮疫情等超预期因素，经济下行压力明显，GDP增速进一步下降。互联网广告市场在2021年下半年发展势头迅猛，市场规模同比增长率一度达到12.7%；但受GDP影响2022年第一季度互联网市场规模的增长率仅有3.9%①，可见2022年互联网营销市场可能面临后续增长动力不足的问题，市场扩张略显乏力，增幅或呈现递减态势。

其次，2022年下半年GDP展现国民经济韧性，互联网营销市场有望回暖。中信证券预测2022年中国第三季度GDP将达307314.5亿元，同比增速将回升至6%②。随新基建与传统基建落地加速、海内外供应链的有序恢复、疫情与国际动荡的冲击趋缓及政府宏观经济政策的托底护航，下半年国民经济有望在复杂的内外部环境中爬坡过坎。互联网营销市场也有望在向好的经济环境中回暖——占据流量高地的景气领域可在原有基础上获得更好发展，略显疲态的营销领域则有望迎来市场修复拐点。

---

① 天风证券. 传媒行业专题研究：互联网广告 & 视频行业 22Q1 财报总结［EB/OL］. https：//pdf. dfcfw. com/pdf/H3_ AP202206201573358887_ 1. pdf? 1655717526000. pdf.

② 中信证券. 2022 年下半年宏观经济展望［EB/OL］. http：//www. 199it. com/archives/1455312. html.

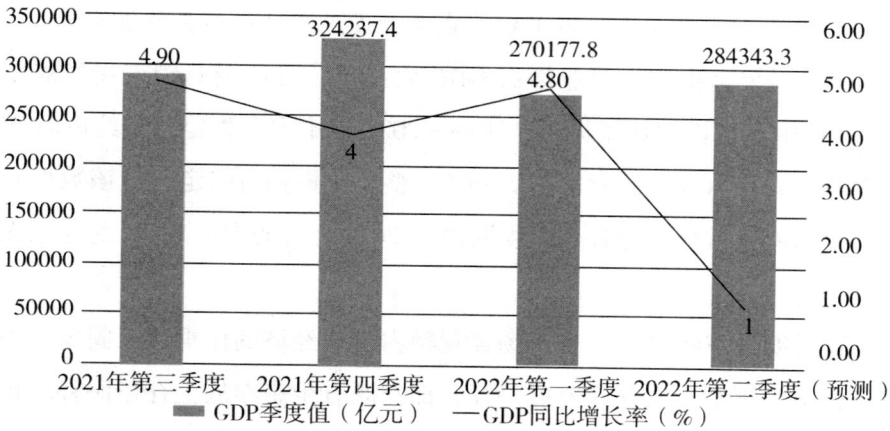

图 2-1　2021Q3—2022Q2 中国 GDP 及增速

数据来源：国家统计局、中信证券

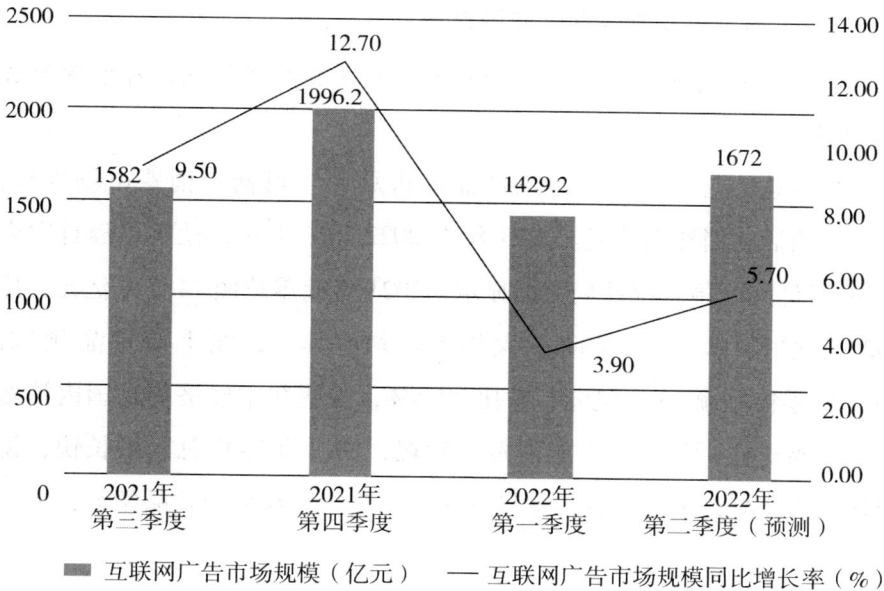

图 2-2　2021Q3—2022Q2 中国互联网广告市场规模及增速

数据来源：QuestMobile、天风证券

2. 广告开发度与互联网营销：在存量发展中寻找增量开发空间

广告开发度指广告营业额占 GDP 的比重，可衡量营销市场发展空间[1]。据中商情报网数据显示，2019—2021 年中国广告经营额约占 GDP 比重分别为 0.86%、0.88% 和 0.89%，整体比重相对稳定，但该数据对比发达国家比重仍有差距[2]。数据预测 2022 年互联网广告开发度也无明显变化。

这说明近三年中国广告市场经营额占宏观经济的比重趋于固定，中国广告市场逐渐走入存量发展路径，即在既有生态布局上存量添补，市场整体外拓动力不足。互联网营销市场想要发展，需要在中国广告市场规模的基础盘上进一步考虑如何撬动数实融合增量空间，挖掘新的增量路径。

（三）消费市场规模与互联网营销

1. 社零总额与互联网营销：智能消费领域持续景气，价值营销成"新宠儿"

社零总额（全称：社会消费品零售总额）可衡量消费市场规模，描摹营销活动消费端环境。2021 年至 2022 年上半年，社零总额首次突破 40 万亿元。国家统计局数据显示，2021 年社零总额 44.1 万亿元，比2020 年增长 12.5%，指向三大热点领域：其一，线上消费品领域，2021 年零售总额 13 万亿元，占比 29.5%，说明数字经济仍是国内消费市场重要支柱；其二，智能消费品领域，2021 年零售总额增长快，说明智能消费品是未来消费市场景气领域；其三，绿色消费品领域，人们

---

① 苏林森 . 广告开发度：概念、意义及其中国实践［J］. 江淮论坛，2011（3）.
② 2021 年中国广告行业市场规模及发展趋势预测分析［EB/OL］. https：//tsgg. siglff. com/xinwenzixun/xingyedongtai/3949. html.

看重消费品牌呈现的品牌责任①。

社零总额反映互联网营销市场的竞争场域——营销不仅需关注持续火热的智能消费领域，更需将绿色消费纳入竞争布局中。换言之，"营销"之义将从追求利润转向更广阔的争夺用户认知、树立消费价值观方面。

2. 居民消费水平与互联网营销：短期消费紧缩成定局，长期发展空间依旧清晰

居民消费水平与互联网营销营收有关。经济学用"居民消费倾向"衡量居民实际消费水平和意愿，指居民人均消费支出占居民可支配收入的比重②。埃森哲数据显示，2012年以来居民可支配收入增速逐渐放缓，居民消费倾向渐弱③，2020年降至近十年"冰点"，人们随风险意识上升选择"将钱存起来"。2021年随着宏观经济复苏及整体市场回暖，居民消费倾向走出"冰点"，2022年第一季度居民消费倾向为65%，仍低于疫情冲击前的消费倾向值。

这说明，即使居民消费倾向已走出"冰点"，但中国已告别"野蛮消费"时代，人们向理性保守方向发展，短期内不再可能恢复到疫情前水平。长期来看，政府再次强调扩大内需，未来居民消费水平具备回弹潜力。

---

① "中国这十年"系列主题发布会 [EB/OL]. https://wap.yzwb.net/wap/news/1919421.html.

② 陈昌盛，许伟，兰宗敏，李承健. 我国消费倾向的基本特征、发展态势与提升策略 [J]. 管理世界，2021（8）.

③ 埃森哲. 迈向美好生活——埃森哲2022中国消费者洞察 [EB/OL]. https://www.accenture.com/_acnmedia/PDF-174/Accenture-FY22-2022-Chinese-Consumer-Insights.pdf#zoom=50.

（四）产业发展水平与互联网营销

《"十四五"规划纲要》强调数字经济是未来产业发展重要方向，包括产业数字化与数字产业化两个进程。产业数字化指应用互联网等数字技术为传统产业赋能，数字产业化则指由数字化技术催生的新业态①。对产业发展水平的把握，有助于研判营销活动供应端生态。

1. 产业数字化与互联网营销：构筑互联网营销市场存量发展的稳定引擎

中国各产业数字化渗透率攀升，产业数字化成为互联网营销稳定增长的关键引擎。中国信息通信研究院数据显示，2021 年我国产业数字化规模达到 37.2 万亿元，同比增长 17.2%，占 GDP 比重的 32.5%。其中，第一产业数字化投入 187.7 亿元，第二产业为 7.6 万亿元，第三产业为 2.8 万亿元②。

第一产业重在打通销售链路，如通过电商、短视频等技术为农产品生产到售卖的各个环节赋予媒介互联性，使营销活动从传统单一"广而告之"模式转向全链路价值创造。第二产业重在打造工业互联网，打造互联网营销不可脱离的基础数字设施，目前我国已培育工业互联网平台超 150 家，覆盖至 41 个国民经济大类③。第三产业重在加强数实融合，截至 2021 年主要生活服务场景（即网上外卖、在线办公、在线医疗）用户规模分别达 5.44 亿、4.69 亿和 2.98 亿④，数实结合场景成营销新场域。

---

① 国信证券.数字经济专题报告：数字浪潮下的主题投资机遇 ［EB/OL］.https：//pdf. dfcfw. com/pdf/H3_ AP202205251567804659_ 1. pdf？1653498062000. pdf.
② 中国信息通信研究院.中国数字经济发展报告（2022）［EB/OL］.https：//docs. qq. com/pdf/DTXpJTVZyVHBOUlpk？u＝f3d4ffa6cdb64254a398dd291fcb02c7.
③ 中国信息通信研究院.中国数字经济发展报告（2022）［EB/OL］.https：//docs. qq. com/pdf/DTXpJTVZyVHBOUlpk？u＝f3d4ffa6cdb64254a398dd291fcb02c7.
④ 中国信息通信研究院.中国数字经济发展报告（2022）［EB/OL］.https：//docs. qq. com/pdf/DTXpJTVZyVHBOUlpk？u＝f3d4ffa6cdb64254a398dd291fcb02c7.

2. 数字产业化与互联网营销：开拓互联网营销市场增量发展的新空间

元宇宙相关虚拟产业发展成为 2021 年至 2022 年上半年数字产业化的突出特点，为互联网营销市场开拓新竞争场域。据中国信息通信研究院数据显示，2021 年我国数字产业化规模达到 8.4 万亿元，同比增长 11.9%，占 GDP 比重的 7.3%。其中，元宇宙及其相关虚拟市场规模已突破 1000 亿美元，有研究预测 2030 年将超 6 万亿美元①。新数字产业化空间给互联网营销带来增益空间——不再是给互联网营销提供更多、更宽的发展空间，而是将营销场域纵向拉伸，让营销向更深入、持续的认知、心智争夺路径前进。

二、互联网营销与经济环境新特征

（一）经济缓行与互联网营销

1. 挑战：缓行压力检验营销市场韧性

在经历多年快速增长后，近年我国经济增速放缓，步入减速缓行期。与此同时，受外部复杂环境及国内疫情反复影响，当前我国经济下行压力加大。

缓行压力下，我国经济韧性承受住考验，2021 年中国经济既保持量的合理增长，也实现质的稳步提升。据《2021 年世界知识产权指标》报告，我国专利和商标申请数量居全球首位②，展现强劲创新活力。此

---

① 亿欧智库. 幻视元境——元宇宙行业洞察报告［EB/OL］. https：//pdf. dfcfw. com/pdf/H3_ AP202203101551759142_ 1. pdf？1646932132000. pdf.

② World Intellectual Property Indicators 2021［EB/OL］. https：//www. wipo. int/publications/en/details. jsp？id＝4571.

外，中国市场对高附加值、高技术产品及服务需求不断增加，2022 年上半年中国高技术产业投资增长 20.2%，其中高技术制造业和高技术服务业投资分别增长 23.8% 和 12.6%①，为产业升级和技术创新提供强劲动力，展现中国经济强大发展韧性。同时，缓行压力下经济韧性带来营销市场和消费领域复苏，根据国家统计局数据，2021 年全年社会消费品零售总额反映出我国当前经济下行压力下消费需求的稳步恢复和有力反弹。

2. 机遇：打磨"人货场"价值链，淬炼发展韧性

首先，经济韧性下"人"的消费能力增长和消费需求扩大。消费者购买力是组成现实广告市场的物质基础。在强劲经济韧性护航下，2021 年我国多项消费数据表现亮眼，为互联网营销加码赋能。作为消费需求源泉，在稳定增长的居民收入加持下，2021 年居民消费支出保持两位数高速增长②。

其次，经济韧性下"货品端"制造业稳步向前，为互联网营销保驾护航。营销的开疆拓土离不开商品的稳定供应和履约的时效保障，因此制造业始终是互联网营销活动开展的经济基础。2021 年，我国绝大多数月份制造业采购经理指数（PMI）位于荣枯线以上，反映经济总体呈扩张与上升态势，为互联网营销打造了良好基础。

---

① 国务院新闻办公室. 国务院新闻办就 2022 年上半年国民经济运行情况举行发布会［EB/OL］. http：//www. gov. cn/xinwen/2022-07/15/content_ 5701214. htm.

② 国家统计局. 中华人民共和国 2021 年国民经济和社会发展统计公报［EB/OL］. http：//www. gov. cn/shuju/2022-02/28/content_ 5676015. htm.

（%）　50%=与上月比较无变化

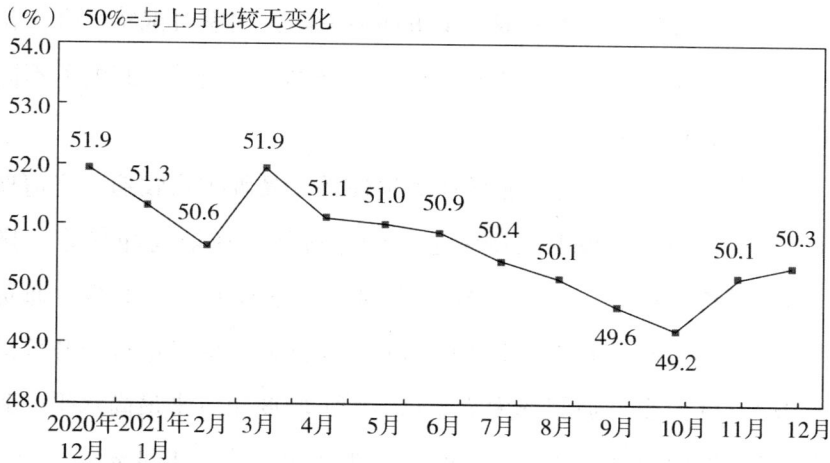

图 2-3　2021 年制造业 PMI 指数走势图①

最后，疫情倒逼数字经济发展，数字经济拓宽互联网营销"场域"。在"保持社交距离，降低感染风险"的防疫要求下，尽管居民出行意愿和频次明显降低，但人们生活数字化程度却不断提高，数字经济也因此迎来了发展契机。2021 年，我国数字经济规模已达 45 万亿元②，营销场域拓展，线上数字广告的价值再次凸显。

（二）经济逆全球化与互联网营销

1. 挑战：海外冲突加剧对立，全球通胀限制外企扩张

伴随着国际地缘政治格局的变化，当前逆全球化思潮不断抬头。

一方面，海外冲突使得对立情绪不断升温，经济全球化裂痕持续加大。无论是中美经贸摩擦背景下以美国为首的西方国家对中国进行的贸

---

① 国家统计局 . 2021 年 12 月中国采购经理指数运行情况［EB/OL］. http：//www. gov. cn/xinwen/2021-12/31/content_ 5665732. htm.

② 苏德悦 . 数字经济发展动能加速释放数字中国建设取得重大进展［N］. 人民邮电，2022-7-11（3）.

易封锁和供应链掣肘，还是俄乌军事冲突下西方国家对俄实行全方位的经济制裁，都在不同程度上加剧了全球经济的"裂化"，加重了不同民族与国家间的对立情绪。

另一方面，全球通货膨胀的压力迫使外资品牌扩张收缩。疫情期间部分国家实行的大规模财政刺激造成经济过热，在俄乌冲突等"黑天鹅"事件的叠加影响下，2021年以来国际通胀水平明显上行，通货膨胀目前已成为诸多国家和经济体面临的首要挑战。世界银行公开数据显示，2022年4月全球通胀率为7.8%，达到2008年以来最高水平，其中新兴市场和发展中经济体（EMDE）通胀率更是高达9.4%，而发达经济体通胀率则为1982年以来的最高水平。受此影响，美欧等发达国家的能源、生活日用品价格一路飙涨。2022年5月，美英两国居民消费价格指数（CPI）分别同比上涨8.6%和9%，持续刷新40年来历史新高。而长期处于低通胀的发达经济体亦未能独善其身，欧元区CPI同比涨幅为8.1%，续创历史最高水平①。受经济逆全球化趋势影响，外资品牌的国内营销市场有所收缩，其海外扩张态度也更为谨慎。据不完全统计，仅2022年上半年，就有SELECTED、Kindle、Airbnb等外资品牌宣布退出中国市场。

2. 机遇：本土品牌战略性发展机会点显现

首先，对立情绪制造民族品牌营销和发展机遇。对立情绪下民众容易对民族品牌产生亲近感和天然偏好，这一情感在特定事件的催化下会得以引爆并转换为实际的支持行动。由此，"民族情怀""爱国"等标签亦成为对立情绪下的广告投放红利和品牌造势重点。2022年初，本土方便面品牌白象抓住北京冬奥会后民族自豪感高涨的契机，凭借

---

① 郝亚娟，张荣旺. 全球迎战通胀灰犀牛［N］. 中国经营报，2022-7-4（1）.

"拒绝日资入股遭遇市场围剿"等话题迅速翻红,在强势的营销攻势下,大批网友涌入直播间,品牌销售额七天突破千万元,成为继鸿星尔克之后的又一"野性消费"案例。

其次,立场站队也成为外资品牌国内生存的首要抉择。在面对涉及政治红线和道德底线的关键性事件时,"选边站"已成为外资品牌立足和后续营销活动开展的决定性因素。2021 年 3 月,在以美国为首的西方国家一手炮制的"新疆棉花事件"中,瑞典服装品牌 H&M 因发表不当声明而遭到中国消费者的强烈抵制。H&M 集团财报显示,该品牌2021 年第二季度在华收入大跌 28%,损失超过 7400 万美元①,至 2021年第三季度,中国已不再出现在该品牌全球前十大市场的名单中②。

最后,本土品牌在可控通胀环境下迎来新市场空间。相比于全球普遍面临的高通胀压力,由于中国经济自身具备的强劲韧性和保供稳价宏观调控的有效执行,国内通胀水平及实体经济企业成本尚处于总体可控范围。内外压力对比下,外资品牌的短期观望和投入收缩都在一定程度上为本土品牌腾挪出相应的市场缝隙,创造出广告营销的绝佳机遇。对于渠道布局成熟、长期与外资品牌开展拉锯战的本土品牌而言,夺回长期以来受外资品牌"控制"颇深的一、二线市场消费群体成为一种可能。

(三)元宇宙经济与互联网营销

1. 挑战:经济模式尚处于初级,营销仍需理性

一方面,目前对元宇宙营销的投入需理性。从发展现状来看,构筑

---

① H&M Group, 2021, H & M Hennes & Mauritz AB Six - month report, https://hm-group. com/wp-content/uploads/2021/07/The-full-report-PDF. pdf.

② H&M Group, 2021, Nine - month report. https://hmgroup. com/wp-content/uploads/2021/09/The-full-report-PDF. pdf.

元宇宙基础的多项技术目前远未达到成熟应用的水平①：交互技术尚处在不断加速发展的攀升阶段，去中心化技术正位于炒作下的风口浪尖上，区块链技术正处在炒作泡沫破裂后的调整恢复期。在元宇宙经济尚处于初级阶段的当下，新兴技术的使用意味着长期的孵化时间成本和海量的经济投入，如果品牌无视技术与产品间的适配性和融合度，一旦投资路线选择失误就会遭受较大损失。

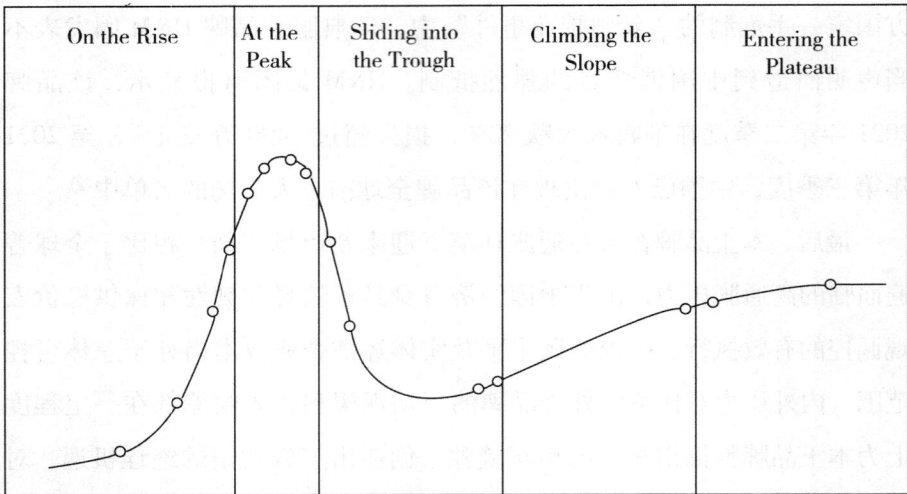

图 2-4　2021 年新兴技术成熟度曲线②

此外，对元宇宙营销的运用也需理性。例如，在 VR/AR 镜头等元宇宙设备尚未普及的当下，并非所有人都能有效接收到元宇宙营销所传达的品牌信息，过度的元宇宙营销可能遭遇曲高和寡的局面。或是，部分品牌过度依赖元宇宙噱头而缺乏对品牌内核信息的输出，导致整个营

① Gartner, 2021, Hype Cycle for Emerging Technologies, https：//www. gartner. com/en/documents/4004623.
② Gartner, 2021, Hype Cycle for Emerging Technologies, https：//www. gartner. com/en/documents/4004623.

销活动过于生硬，完全落入技术陷阱当中。

2. 机遇："数实融合"更新互联网营销思路与方法

首先，元宇宙技术的引入带来互联网营销方式的嬗变。传统营销时代，用户通常被视作广告的终点，在单向、统一的营销攻势下只能被动地接受品牌信息。在元宇宙的加持下，高沉浸感体验式营销成为现实，随着感官仿真技术的发展和脑机接口技术的落地，用户无须触碰实物就能获取与现实无异甚至超越现实的消费体验。这种体验式营销不仅满足了感知"实物"的线下购物需求，还保留了足不出户的线上购物优势，有效提高了交付环节的成功率和满意度。

其次，元宇宙帮助品牌精准洞察赛博空间中的用户消费行为和消费需求。在元宇宙语境下，品牌面对的对象将从消费者本身衍化为消费者及其数字替身的结合体。在突破品牌单向传播限制、拥有更多主动表达权利的元宇宙空间里，用户能够根据自身偏好进行替身化，这一行为不仅清晰地反映了用户的倾向与消费需求，还将用户赛博空间下的一言一行格式化为有迹可循的数据。辅以人工智能、大数据等技术，品牌能够精准地分析用户的行为和需求，并推出更为有效、针对性更强的营销策略。

三、互联网营销与相关经济支持体系

关联行业经济水平也制约着互联网营销产业的整体规模和发展质量。本节将聚焦互联网营销相关行业的市场规模和产业结构，将相关行业根据其功能划分为信息流、资金流和物流三个层面，并着重关注智能终端、数字中台、网络支付、数字资产、物流等重点子领域的市场规模和产业结构，以期助益洞悉互联网营销产业所处的中观经济环境。

（一）互联网营销的信息流相关业态分析

1. 智能终端市场分析：硬件多元，新兴终端营销潜力巨大

作为互联网营销的物质载体，信息来源和计算中心，智能终端（智能硬件）的技术形态、算力水平和功能设计极大影响互联网营销实践。智能终端市场与互联网营销产业发展休戚相关，智能终端的市场分析有助于我们把握互联网营销市场的总体边界和形态分布。

手机是智能终端的典型代表，也是目前用户基数最大的智能终端类型。据 QuestMobile 报告显示，2021 年 6 月，中国智能终端活跃设备数量中，华为和苹果占比最高，分别达到 28% 和 21.6%，其后是 OPPO、vivo 和小米，分别占比 19.3%、14.1% 和 10.0%[①]。5G 时代，国内智能手机市场已经进入白热化竞争阶段。众多厂商从屏幕素质、扬声器素质、计算性能、图形性能、影像素质等方面推陈出新，力求占据市场的一席之地。由于互联网营销多与手机软件生态捆绑，因此智能手机的白热化竞争一定程度上反映了互联网营销渠道的竞争格局。

除手机外，消费级的智能终端还有智能出行设备（如智能平衡车、电动车、车载设备等）、智能家居（如智能电视、音箱、扫地机器人等）、智能教育设备（如智能学习灯、早教机、伴读机器人等）、智能可穿戴设备（如智能手表、智能手环、VR/AR 设备等）。据亿欧智库报告显示，2021 年消费级智能硬件市场规模测算为 5046.06 亿元，预计到 2025 年将达到 1.3 万亿元左右。

目前智能硬件市场仍未饱和，具有较大的发展潜力。根据不同类别测算，2021 年全年的消费级智能硬件市场规模中，智能家居硬件规模

---

① QuestMobile 研究院. QuestMobile2021 中国智能终端半年洞察报告［EB/OL］. https：//www.questmobile.com.cn/research/report-new/168.

最大，达到2401.80亿元；其次为娱乐出行硬件，规模达到2155.75亿元。教育早教硬件和运动健康硬件规模较小，分别为421.71亿元和66.81亿元①。快速成长的智能终端有望为互联网营销培育新的土壤，尤其是新兴的智能终端将助益拓展现有的营销形式，增强互联网营销的触达与转化效果。

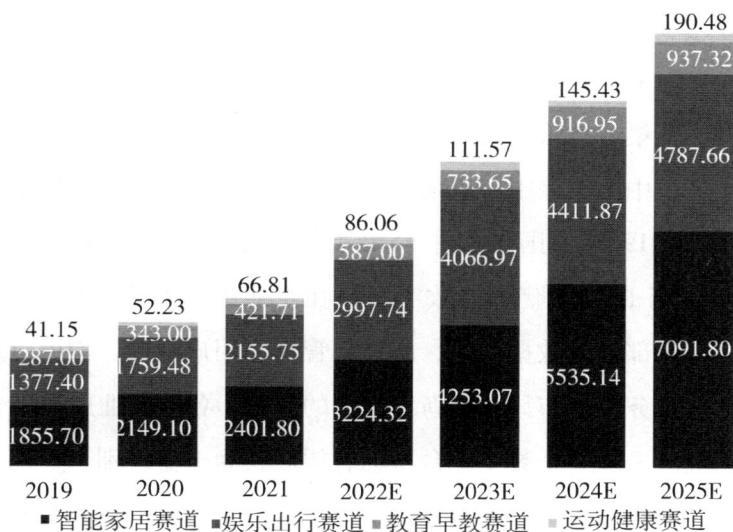

图 2-5　2019—2025 年中国消费智能硬件市场结构预测（亿元）②

2. 数字中台市场分析：产业速拓，有望扩大互联网营销的市场规模

中台是服务前台规模化创新和终端用户需求，并匹配到企业后台自身能力，使之与用户需求持续对接的一种企业架构。在数字中台出现以

① 亿欧智库.2021 中国消费级智能硬件市场研究及 TOP50 榜单［EB/OL］.https：//www.iyiou.com/research/20220118959.

② 亿欧智库.2021 中国消费级智能硬件市场研究及 TOP50 榜单［EB/OL］.https：//www.iyiou.com/research/20220118959.

前，企业的前台和后台之间存在速率失衡问题，注重稳定性的后台不能满足前台响应用户和快速迭代创新的需求，当中台建立起来后，通过把原本重复的"中间件"变为"中台"，业务前台需要时可以直接调用，从而在前台和后台之间添加一组"变速齿轮"，解决速率失衡问题。对互联网营销而言，数字中台有助于企业纵向建立系统营销的联动能力，从营销数据采集，到营销数据管理，再到营销数据应用，企业能够可持续地推动自身对营销信息的驾驭能力，完成营销数字化转型，建立科学、全时、全渠道的营销模式。

近年来，中国数字中台市场规模一直保持稳步增长。根据艾媒咨询数据显示，2019 年中国数字中台市场规模已达到 36.09 亿元，预计2022 年将达到 125.57 亿元。数字中台在企业中有着广泛的应用场景，从财务核算到部门间数据传输，从订单管理到用户画像，均可应用。随着传统软件服务商的布局和创新型企业的进入，各行各业的数字化转型需求被释放。未来整个数字中台市场有望成长为千亿级别①。

作为企业数字化转型的关键结构之一，数字中台承担着企业各种数字能力建设的需求，这些需求也将进一步带动企业和服务商数字营销能力的提升。换言之，数字中台市场规模的扩大将有效拓展互联网营销的需求总量，最终促进互联网营销市场规模的发展。

（二）互联网营销的资金流相关业态分析

1. 网络支付市场分析：内部竞争效应明显，营销功能日趋丰富

网络支付行业是互联网营销的重要相关产业，在互联网营销实践中主要用于竞价广告实时结算、用户拉新奖励、抽奖红包营销、营销任务

---

① 艾媒咨询.2020 年中国数字中台行业市场趋势与头部企业布局研究报告［EB/OL］.ht-tps：//www.iimedia.cn/c400/75864.html.

提现等结算层面。支付作为购买决策的最后一环对互联网营销具有重要意义，庞大的网络支付用户数和便捷的支付体验将对互联网营销实践起到积极作用。根据艾媒咨询发布的《2021年中国移动支付行业研究报告》显示①，截至2021年6月中国网络支付用户为8.7亿，使用率为86.3%，相比2020年12月使用率略有下降。总体而言，网络支付服务目前已经具有一定程度的普及率，市场增长速度趋于平缓。

除国有商业银行和银联组织外，第三方支付在网络支付行业具有重要的地位，代表产品包括微信支付、支付宝、云闪付、Apple Pay 等。日渐兴起的网络支付技术成为互联网营销的主要结算方式，其代表性特征为数字性、移动性、实时性，因而更适宜互联网营销对资金流动和实时结算的需求。目前网络支付越来越向移动支付转型，并逐渐出现了基于虚拟现实等场域的新型支付方式，这一转向将持续扩大网络支付市场规模，促使相关产业结构转型，也将进一步增强互联网营销资金活动的灵活性和流动性，催生新的互联网营销形式，并有助于激活用户端活力，形成众包营销效应。

此外，目前网络支付行业竞争加剧，除了老牌第三方支付平台微信支付、支付宝外，京东支付、美团支付、华为支付、小米支付等支付产品也不断涌现，通过与自身平台捆绑、推出特色服务或提升技术安全性以获取竞争优势，这种竞争格局有助于支付行业持续迭代升级、良性发展。未来互联网营销也可与支付平台进行针对性捆绑，在用户消费的最后一环增强营销效果和转化。

---

① 艾媒咨询. 2021年中国移动支付行业研究报告［EB/OL］. https：//www. iimedia. cn/c400/84168. html.

			85.0	85.7	86.4	86.3
71.0	72.5	74.1	7.7	8.1	8.5	8.7
5.7	6.0	6.3				
2018.6	2018.12	2019.6	2020.3	2020.6	2020.12	2021.6

■ 用户规模（亿人）　— 使用率（%）

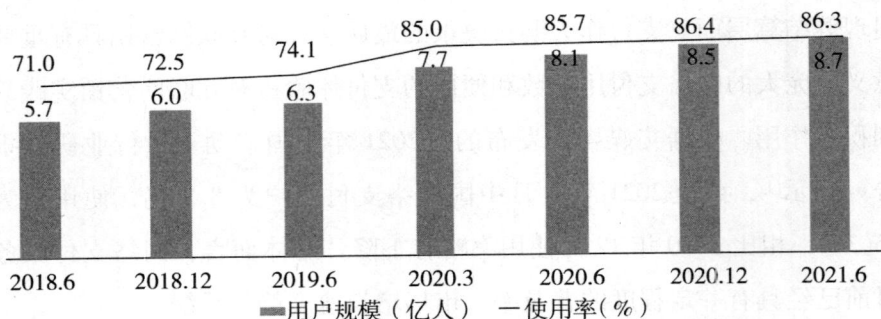

图 2-6　2018 年 6 月-2021 年 6 月中国网络支付用户规模及使用率①

2. 数字资产市场分析：行业渐热，数字资产成大牌营销"新玩法"

随着互联网营销进入元宇宙时代，品牌定制数字资产以及基于数字资产展开的营销活动成为新的营销潮流。用于互联网营销的数字资产通常是基于 NFT（Non-Fungible Token）技术的数字藏品。NFT 是在区块链技术支持下的加密数字凭证，用以记录艺术品或收藏品等虚拟数字资产的所有权，具有独一无二、不可替代、不可分割、可编程性、可追溯性、永久保存等特点。基于以上属性，NFT 能够实现数字资产版权确权、赋能数字资产交易流转，并为用户提供收藏性、投资性与功能性等多种消费价值，因此制作具有品牌辨识、品牌文化和收藏价值的 NFT 成为互联网营销的新潮流，可口可乐、Gucci、百威英博等国际著名品牌均已开展 NFT 形式的营销活动，且均取得良好的传播效果。

作为一种新兴的数字资产，NFT 市场方兴未艾。据文化营销机构报告显示，全球范围内 NFT 交易规模在 2021 年上半年超过 25 亿美元②。

---

① 艾媒咨询. 2021 年中国移动支付行业研究报告［EB/OL］. https：//www. iimedia. cn/ c400/84168. html.

② MMA，Culture Group. 2021 开启元宇宙营销时代［EB/OL］. https：//max. book118. com/ html/2021/1208/7012141155004061. shtm.

根据千际咨询报告，主流 NFT 交易平台 Opensea 日活跃用户数和交易量
自 2021 年 4 月起持续走高，2022 年 1 月，Opensea 的交易额提升至
44.91 亿美元，环比增长 102%，交易量增加至 281.63 万次，环比增长
95%，日活用户 4.68 万人，创历史新高，环比增长 86%。数据表明越
来越多的用户开始接受 NFT 数字资产，参与交易并拥有自己的 NFT①。

以 NFT 为代表的数字资产营销为互联网营销注入了全新的基因。
由于其本身具有藏品价值和交易属性，因此比传统视听营销传播更具感
染力和稀有性，为品牌深入消费者心智提供了更高维的渠道。NFT 相关
业态、市场规模和用户数量增加有助于进一步扩张品牌营销需求，创新
互联网营销的模式，进而带动拓展互联网营销的维度和市场。

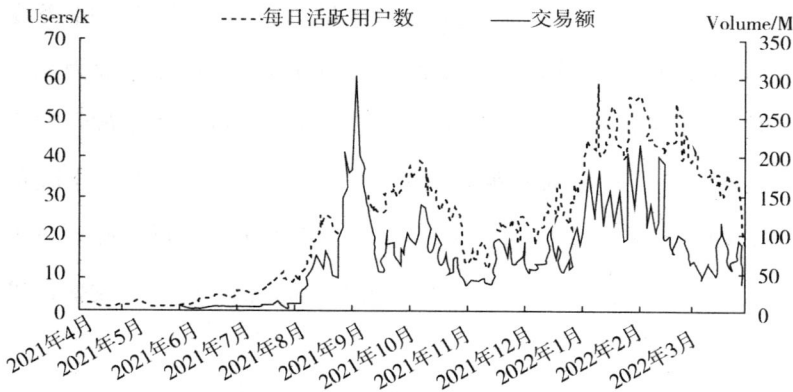

图 2-7 Opensea 应用日活跃用户与交易额数据②

（三）互联网营销的物流相关业态分析

物流产业是互联网营销行业的基础设施，物流的稳定性和时效性对

---

① 千际咨询.2022 年 NFT 行业研究报告［EB/OL］.https：//www.sohu.com/a/
553481517_ 99995154.

② 千际咨询.2022 年 NFT 行业研究报告［EB/OL］.https：//www.sohu.com/a/
553481517_ 99995154.

互联网营销活动和用户体验均具有重要影响。为抢夺互联网营销的最后环节，诸多电商平台建立了自营物流体系，如淘宝、京东、唯品会等，以区别于使用第三方物流的营销电商平台，进而取得用户体验的竞争优势。物流之于互联网营销的重要意义可见一斑。

随着电商经济的增长，中国物流总体市场增长迅速。据国家统计局公布数据显示，2021 年全国快递量达 1082.96 亿件，相较 2020 年增长 29.86%；快递业务收入达 10332.00 亿元，相较 2020 年增长 17.47%[1]，与之相对应的是公铁路运营里程、机场个数、快递从业人员薪资的持续增长。总而言之，快速增长的快递业为互联网营销提供了坚实的物流基础。

但中国物流产业目前存在的较大变量为低碳化和新冠肺炎疫情影响。根据罗戈研究数据显示，2020 年全年我国碳排放总量为 98.99 亿吨，其中交通运输占比 10%，我国的交通运输温室气体排放量居全球首位。[2] 在国内节能减排的宏观政策方向下，中国物流业也处于改革转型的攻坚时期。未来仓库自动化、机器人、自动驾驶、新能源等技术的注入，将变革物流业态，也将进一步改变物流成本、模式与效率，进而对互联网营销实践产生影响。

此外，受新冠肺炎疫情影响，涉疫地区和境外物流业务遭到重创，随着保通保畅政策出台，物流行业正在逐步恢复正常。根据国海证券发布的物流行业研究报告数据显示，2022 年 5 月，全国快递服务企业业务量完成 92.4 亿件，同比增长 0.2%；其中异地快递业务量达到 80.37

① 国家统计局. 快递业务量指标统计［EB/OL］. https：//data. stats. gov. cn/ easyquery. htm? cn＝C01.
② 罗戈研究. 2022 中国低碳供应链 & 物流创新发展报告［EB/OL］. https：// www. dydata. io/datastore/detail/2138530067825954816/.

亿件，同比增长 2.8%，国海证券在报告中指出，快递业的至暗时刻已过，疫后修复已经启动①。这表明互联网营销受到快递侧的不良影响正在下降。未来疫情防控常态化将成为中国经济活动的大背景，互联网营销行业也应积极建立对应策略，最大限度防范和化解商业风险。

①　国海证券 . 快递 5 月数据点评：至暗时刻已过，疫后修复启动——物流行业动态研究 [EB/OL] . https：//www.dydata. io/datastore/detail/2156314531398291456/.

第三章　互联网营销的社会环境

　　由于对疫情的防控，我国在全球经济下行的大背景下仍然保持了经济的正向增长，这为社会环境的稳定发展提供了基本的保障。社会环境在受到经济稳定保护的前提下为互联网营销的发展不断提供新的动力，值得注意的是，后疫情时代也使得许多行业面临着新的不确定性，从而使当下的时代特征充满着风险性。在这样一个充满风险的社会环境之中，消费者的心理、意识以及应对社会生活的行为方式都产生了一系列的变化。与此同时，我国正处于后人口红利期，劳动力人口数量相对充足的中青年在消费观念上体现出了"健康+感性+理性"共存的特点，本章后半部分也从寻求自我调适、追求小众爱好以及理性消费行为几个角度进行详细阐述。

一、后疫情时代的总体特征：风险社会常态化

　　2021年以来，少数地区包括重点城市疫情反弹使得防疫战线持续紧张，与"不确定性"共存成为人们需要面对的社会新常态，新冠肺炎疫情无疑是人类进入风险社会过程中的一次巨大考验。1986年，德国社会学家乌尔里希·贝克在《风险社会：迈向一种新的现代性》一

书中提出"风险社会"这一概念。风险社会学强调，任何突发性的灾害风险都不是纯粹的自在显示，而是会产生一种"风险的社会放大效应"；也即，风险事件只要发生了，就必然会与政治、经济、社会、文化、心理等众多领域发生关联。① 新冠肺炎疫情给我国社会带来的影响，不仅影响经济发展，更波及社会治理、生活秩序、社会心理等多方面。

（一）社会治理：外部环境的不确定性长期存在

新冠肺炎疫情为人们的社会生活带来诸多不确定性。

在就业方面，疫情带来的用工需求减少给就业市场带来了极大压力。根据东方财富的统计，2021 年有 1697 家上市企业进行了裁员，总共有 90 万名上市公司员工被裁。据国家统计局发布数据显示，我国 2022 年 4 月全国失业率为 6.1%，为疫情发生以来第二高（见图 3-1）；其中 16-24 岁青年失业率为 18.2%，达到 2018 年有记录以来的最高点。在长期结构性矛盾与短期疫情冲击的双重叠加下，人数创新高的高校毕业生就业形势严峻，主要呈现四大特征：预期与签约薪酬同比显著下降、体制内就业偏好显著增强、"灵活就业"与"慢就业"大幅上升、就业市场"挤压效应"不断强化。② 据智联招聘发布的《2022 大学生就业力调研报告》显示，2022 年 55% 的毕业生降低了就业期望，毕业生的平均期望月薪 6295 元，同比下降约 6%。

---

① 文军．新型冠状病毒肺炎疫情的爆发及共同体防控——基于风险社会学视角的考察 [J]．武汉大学学报（哲学社会科学版），2020 [73（03）]．
② 关乐宁，牛碧理．疫情冲击下高校毕业生就业形势严峻亟需针对"四大特征"破解"三大问题"[EB/OL]．https：//www.ndrc.gov.cn/wsdwhfz/202206/t20220616_1327368.html？code=&state=123．

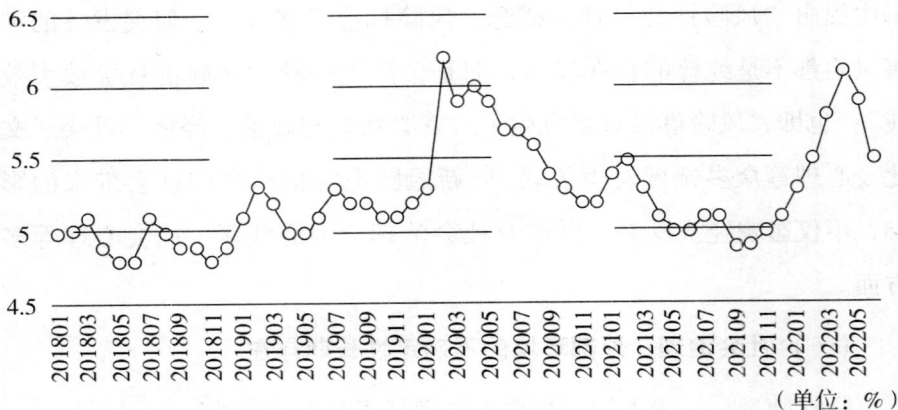

（单位：%）

图 3-1　中国城镇调查失业率（2018-2022）

在居民收入和消费方面，整体呈现增长态势。收入方面，2021 年国内城镇居民人均可支配收入 47412 元，同比增长 7.1%，中位数为 43504 元，同比增长达 7.7%；农村居民人均可支配收入 18931 元，同比增长 9.7%，中位数为 16902 元，同比增长达 11.2%。消费方面，呈现恢复态势，但消费复苏结构不均衡，服务性消费弱于其他消费，必选消费品仍是主要支撑。① 2021 年城镇居民人均消费支出 30307 元，同比增长 11.1%，其中人均服务型消费支出为 14059 元，同比增长 17.0%；农村居民人均消费支出 15916 元，同比增长 15.3%，人均服务型消费支出 6143 元，同比增长 18.4%。②

面对新冠肺炎疫情这样的黑天鹅事件，加强应对风险的制度化建设，用制度创新来规避和摆脱制度困境，是应对风险的基本保障。以上

---

① 清华大学中国经济思想与实践研究院（ACCEPT）宏观预测课题组，李稻葵，厉克奥博，陈大鹏，吴舒钰. 走出疫情　稳字当头——2021 年中国宏观经济形势分析与 2022 年发展预测 [J]. 改革，2022（01）.

② 国家统计局. 国家数据 [DB/OL]. https：//data. stats. gov. cn/easyquery. htm? cn＝C01.

海为例，2022 年第二季度上海市出现疫情反弹，两个月的全域静态管理促使上海市上半年 GDP 增速同比下降 5.7%，后实现 V 形快速反弹。反弹不是无条件的，面对不确定性风险，需要更具确定性的疫情防控举措来应对。只有防疫手段的规范与创新，才能使人们不再对隔离封控忧心忡忡。在居民生活方面，及时出台的隔离要求、核酸小屋的投入使用以及核酸检测费用免除等多项便民措施，使疫情反弹对生活秩序的影响进一步降低。而对于计划性较强的生产活动，防疫的规范化进行也有利于企业及时调整生产计划。

（二）社会心理：公民责任与防疫常态

全球风险开启了一个道德和政治的空间，孕育了一种超越边界和冲突的公民责任文化。[①] 新冠肺炎疫情所带来的不仅是一次重大公共卫生事件，更是一场对公民责任的考验。化解这一风险，需要的不仅是宏观上政府制度、政策方面的努力，更依赖公民责任感的提升。相比只考虑自我生存的个人主义防护，新冠病毒尤其是新的变异毒株高 R0 值带来的疫情发生风险，使为他人生存着想成为每个公民义务的一部分。刑事惩罚的加入，让国内多起因个人隐瞒旅居史而引起的局部疫情发生事件为广大民众敲响警钟，个人的公民责任意识或主动或被动提升。在应急治理伦理秩序重构过程中，实现道德伦理、制度伦理与责任伦理和谐统一是每个公民的"必做题"；责任伦理指人们基于美德的自愿和适应自然规律的要求，在生活实践中履行组织社会赋予义务的恰当行动，是践行德性伦理与制度伦理的桥梁。[②] 以新冠疫苗接种为例，在公民责任不

---

① 贝克，邓正来，沈国麟. 风险社会与中国——与德国社会学家乌尔里希·贝克的对话［J］. 社会学研究，2010［25（05）］.

② 李诗悦. 重大突发公共卫生事件跨界治理的伦理秩序重建——以新冠肺炎疫情为例［J］. 思想教育研究，2020（04）.

断提高、安全共同体意识愈加深入的背景下，我国社会整体的疫情应对更加有序，新冠疫苗全程接种率已经达到 89.7%①。

局部地区出现散点疫情不断反弹，打乱了人们的生活节奏、固有习惯、原有计划，并带来与此相连的隔离孤独感、感染病毒的恐惧以及经济担忧等问题，使得"与不确定性长期相处"成为民众需要应答的课题。这种"疫情倦怠"② 的出现体现了人们对回归正常生活的期盼，对确定性的渴望。疫情进入第三年，在一个长期的防疫状况下，多重的压力因素也进一步加重大众的心理健康问题。根据世界卫生组织发布的科学简报，在新冠大流行的第一年，全球焦虑和抑郁患病率大幅增加25%。③ 因此，全社会对于健康、医药、问诊和预防的重视被提到前所未有的高度。

（三）社会意识：公民危机感与大健康产业需求

新冠肺炎疫情不仅提高了人们面对流行疾病的防护意识，长期的隔离生活和日常生活秩序的高变动性增强了人们关于自我生理、心理、精神等多方面的健康意识。

"大健康"是指对于能带来整体健康状态的活动、选择和生活方式的积极追求。其追求的不仅是身体健康，还包含精神、心理、生理、社会、环境、道德等方面的完全健康。在此基础上，大健康产业指的是让

---

① 新华社. 我国新冠疫苗全程接种率为 89.7%［EB/OL］. http：//www. news. cn/politics/2022-07/23/c_ 1128857426. htm

② 张慧，黄剑波. 如何应对"疫情倦怠"？一个来自人类学者的建议［EB/OL］. https：//new. qq. com/rain/a/20220328A0AQX300.

③ 世界卫生组织. COVID-19 大流行促使全球焦虑和抑郁患病率增加 25%警醒所有国家必须加强精神卫生服务与支持［EB/OL］. https：//www. who. int/zh/news/item/02-03-2022-covid-19-pandemic-triggers-25-increase-in-prevalence-of-anxiety-and-depression-worldwide.

消费者将大健康的活动和生活方式融入日常生活的产业。① 相比医疗产业，大健康产业服务对象更广，包括疾病人群之外的亚健康人群和健康人群；服务内容更广，包括药品、保健品、化妆品、食品饮品等产品以及医疗咨询、健康管理、健康地产、文化、旅游、休闲等服务。②

　　在产业发展的驱动力方面，我国大健康产业巨大的发展机遇来源于以下几方面：社会老龄化程度不断加深，疾病、亚健康人群规模巨大，收入水平提高引发人民对于健康需求的提升，疫情提高人们预防式自我健康管理意识。在多重驱动下，我国大健康产业市场规模发展潜力巨大。国务院发布的《"健康中国 2030"规划纲要》中提出：到 2030 年，我国健康产业规模将显著扩大，健康服务业总规模将达 16 万亿元。③

　　尽管 2020 年受疫情影响，医疗保健消费支出有所下降，而 2021 年中国居民人均医疗保健消费支出已有所回升（图 3-2）。根据 iiMedia Research（艾媒咨询）数据，在 2014 年至 2021 年，中国的大健康产业整体营收保持增长，其中 2021 年营收规模达到 8.0 万亿元，增幅达 8.1%，预计到 2024 年这一规模将达到 9.0 万亿元（图 3-3）。

————————

① Global Wellness Institute. Looking Beyond COVID：The Global Wellness Economy ［EB/OL］. https：//globalwellnessinstitute. org/wp-content/uploads/2021/11/GWI-WE-Monitor-2021_ final-digital. pdf.

② 范月蕾，毛开云，陈大明，于建荣. 我国大健康产业的发展现状及推进建议 ［J］. 竞争情报，2017 ［13（03）］.

③ 新华社. 中共中央 国务院印发《"健康中国 2030"规划纲要》［EB/OL］. http：//www. gov. cn/zhengce/2016-10/25/content_ 5124174. htm.

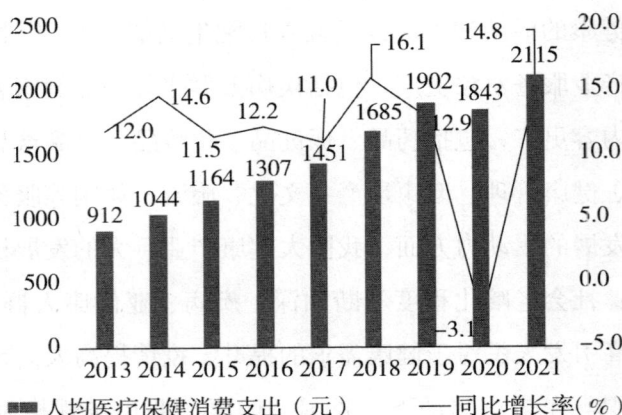

图3-2　2013—2021年中国居民人均医疗保健消费支出

数据来源：艾媒数据中心

图3-3　2014—2024年中国大健康产业整体营收及预测

数据来源：艾媒数据中心

　　大健康产业转型升级发展正在越来越显著地变为创新力的驱动。随着人工智能在健康管理工作领域的应用，人工智能大数据产业的迅猛发展可以有效帮助收集、管理居民健康信息，进行风险评估和健康评价，从而提供及时、有效和个性化的干预，进而促进全民健康水平的提升。① 疫情隔离导致的就医难问题促使互联网医疗产业快速成熟，线上问诊开始进入越来越多人的视野之中。艾媒咨询数据显示，2021 年 10—12 月综合患者服务的移动产品中，平安好医生、春雨医生、好大夫在线、微医和优健康为活跃用户数前五名的移动产品。其中，平安好医生的月活跃度用户超过第二名五倍之多，领跑同行。②

（四）社会生活：对虚拟世界依赖增加

疫情发生的不确定性使人们不仅需要面对可能出现的疫情感染风险，还要面对疫情引发的社会封控隔离，人们的心理状态和行为倾向也产生了一定的变化。作为人们消耗居家空闲时间的重要方式，娱乐也是人们舒缓压力、缓解焦虑的重要渠道。由于 2022 年上半年疫情反弹，国家经济发展与个人经济状况再一次面临挑战；就业方面，2022 年 7 月，16-24 岁城镇青年人失业率达到 19.9%③。经济压力和失业率的升高在给社会带来更多不稳定因素的同时，也促使以游戏、短视频、长视频平台为代表的娱乐类内容流量持续走高。

---

① 艾媒大健康产业研究中心 . 艾媒咨询 | 2021 年中国数字健康管理行业发展研究报告 ［EB/OL］. https：//www. iimedia. cn/c400/81977. html.

② 艾媒大健康产业研究中心 . 艾媒咨询 | 2022-2023 年全球与中国大健康产业运行大数据及决策分析报告 ［EB/OL］. https：//www. iimedia. cn/c400/86212. html.

③ 中国网财经 . 统计局：7 月份全国失业率总体水平高于上年同期青年人失业率仍处于历史较高水平 ［EB/OL］. https：//www. 163. com/dy/article/HEQN5C260519A8ON. html.

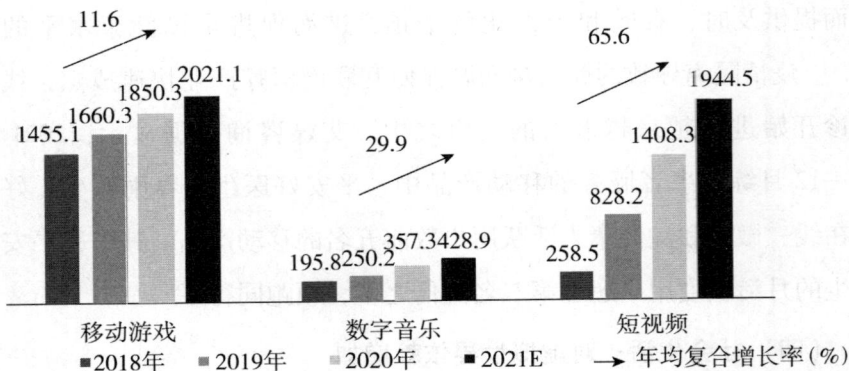

图3-4　2018—2021年中国泛娱乐产业主要领域市场规模及预测（亿元）①

　　疫情的持续推动了国内娱乐市场规模的快速扩张。传统文娱内容（如影视、音乐、文学、动漫、游戏等）向线上发展，与新兴娱乐消费业态（如短视频、直播、电竞等）形成连接，催生娱乐新形态。据艾媒咨询数据显示（见图3-4），中国泛娱乐市场增速普遍较快，其中短视频市场规模增长出众，达65.6%；移动游戏的市场规模与短视频相当，但增速已趋向稳定。②

　　根据中国音数协游戏工委与中国游戏产业研究院共同发布的《2021年中国游戏产业报告》显示，2021年国内游戏市场规模为2965.13亿元，同比增长6.40%，增速较2020年有所回落（见图3-5）；2021年移动游戏用户规模为6.56亿，同比增长0.23%，总体用户规模趋于饱和（见图3-6）。③

---

① MBA智库. 奶头乐理论［EB/OL］. https：//wiki. mbalib. com/wiki/%e5%a5%b6%e5%a4%b4%e4%b9%90%e7%90%86%e8%ae%ba.
② 艾媒咨询.2021年中国Z世代泛娱乐市场发展报告［EB/OL］. https：//www. iimedia. cn/c700/82062. html.
③ 中国音数协游戏工委与中国游戏产业研究院.2021年中国游戏产业报告[EB/OL]. http：//www. gamelook. com. cn/2021/12/465961.

中国游戏市场实际销售收入 ——增长率

（亿元）

图3-5 中国游戏市场实际销售收入与增长率（2014—2021）

中国移动游戏用户规模 ——增长率

（百万）

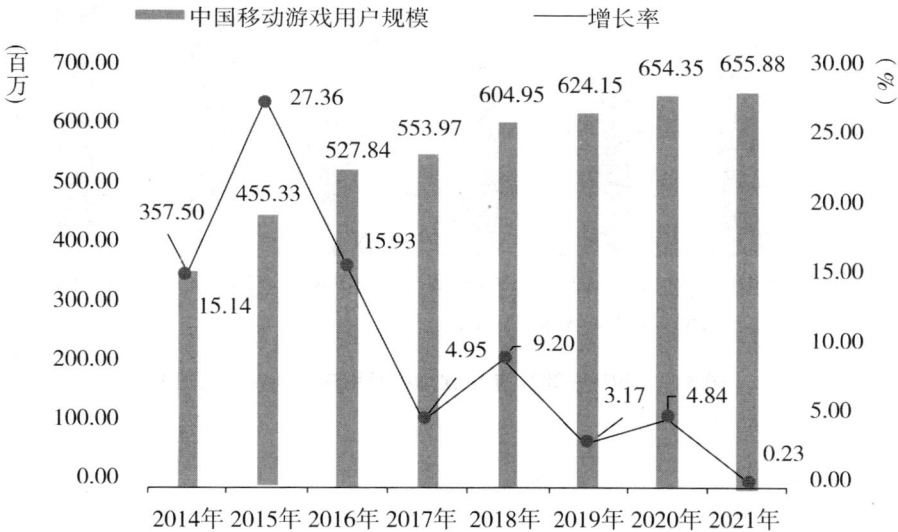

图3-6 中国移动游戏用户规模与增长率（2014—2021）

在短视频应用领域，截至2021年12月，短视频用户规模9.34亿

（见图 3-7），使用率 90.5%①。短视频使用时长已反超即时通信，成为占据人们网络时间最长的领域，增长势头迅猛②。据统计，截至 2022 年 4 月，中国短视频应用人均使用时长同比增长 29.7%，达到 231.3 分钟，较去年同期增长了 29.7 分钟。③ 与此呼应，各大短视频平台日活用户持续增长，其中微信视频号后来居上，日活已达 5 亿④，超过快手直追抖音。同时，腾讯财报也提及明确看好视频号带来的商业化机会，诸如短视频流广告、直播打赏及直播电商等。2021 年底，在有赞周年生态大会上披露，自视频号直播上线至今，共带来交易额近 10 亿元。

（亿人）

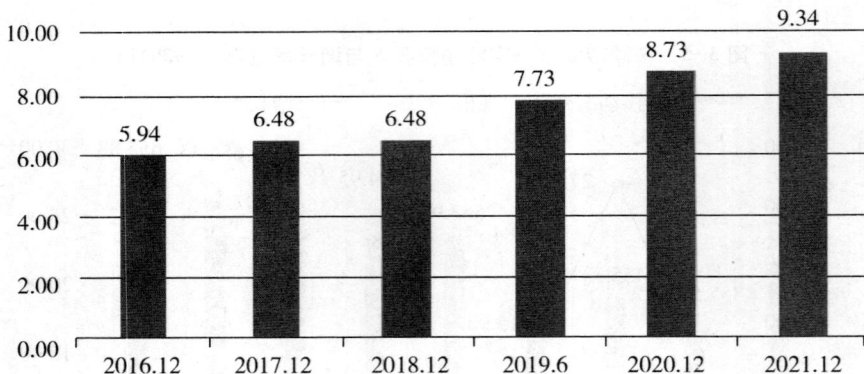

制图：中商情报网（WWW.ASKCI.COM）

图 3-7　2016—2021 年中国短视频用户规模统计情况

①　中国互联网络信息中心（CNNIC）.2022. 第 49 次《中国互联网络发展状况统计报告》[EB/OL]. http：//www.cnnic.cn/NMediaFile/old_ attach/P020220721404263787858.pdf
②　QuestMobile.2022. 2021 中国移动互联网年度大报告［EB/OL］.https：//www.questmobile.com.cn/research/report/319
③　月狐数据（MoonFox）.2022.2022 年 Q1 移动互联网行业数据研究报告[EB/OL].https：//www.moonfox.cn/insight/detail？id=986&type=report
④　视灯研究院.2022.2021 年视频号发展白皮书［EB/OL］.https：//www.shidengdata.com/viewpointarticle？id=15355

尽管游戏和短视频产业在疫情期间的增速为互联网经济带来了较强的经济活力，但不可否认的是，其内容在为消费者提供短暂逃避现实的快感的同时，也在一定程度上影响着受众尤其是青年群体的态度和价值观，长期来看可能在社会原有经济和就业问题的基础上引发危险的社会事件。

（五）新的虚拟生存方式：元宇宙或成为互联网纾困利器

作为元宇宙元年，2021 年迎来围绕"元宇宙"的爆发式社会性热议。在舆论与股市热潮背后，社会对"升级元宇宙"的热情，折射了多方面社会因素。

一是产业升级的需要。经济学中的"S 形曲线"理论认为，每一种技术的增长都是一条独立的"S 形曲线"，一个技术在导入期技术进步比较缓慢，一旦进入成长期就会呈现指数型增长，但是技术进入成熟期就走向曲线顶端，会出现增长率放缓、动力缺乏的问题。这个时候，会有新的技术在下方蓬勃发展，形成新的"S 形曲线"，最终超越传统技术（图 3-8）。① 尽管"互联网+"当下仍在拉动传统产业转型升级中发挥巨大作用，但互联网已经开始出现从成长期进入成熟期的迹象：用户流量逐渐见顶，互联网行业发展从增量时代转为存量时代，行业竞争加剧。即便是 5G 技术投入应用，C 端并未出现突破性创新产品，移动互联网行业流量增长外拓无门。疫情的到来更是加速了互联网企业收紧布局、精简部门结构的步伐。而元宇宙这一颇具未来感的新一代媒介，虽然仍在起步阶段，但被社会寄予"下一代互联网"的厚望，其中互联网企业无疑是一马当先。"S 形曲线"的提出者克雷顿·克里斯滕森同

---

① "S 型曲线"理论 用新动能带动"新经济"［EB/OL］. http：//www. gov. cn/zhengce/2016-05/17/content_ 5074156. htm.

时也提出"创新者的窘境"这一现象，即很多变革性技术的出现并不是在头部企业中发生的蜕变，而是有新的闯入者成为新技术、新领域的巨头。对互联网企业来讲，无论是互联网新一代巨头想要保持优势避免被"新闯入者"替代，或者是老一代巨头意图转换赛道实现弯道超车，元宇宙无疑成为产业发展与疫情双重围困之下的不二之选。

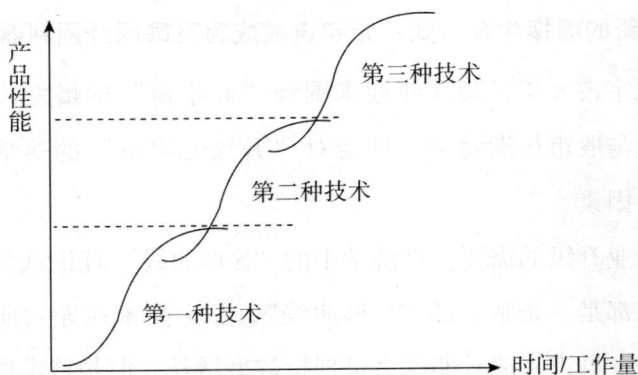

图3-8　"S形曲线"理论

二是对新技术的渴望。尽管互联网尤其是移动互联网的出现给人类的生产生活方式带来革命性变化，但也开始在用户隐私保护、UGC版权保护等方面出现一些问题。例如，UGC模式剥削网民的数字劳动，优质内容生产者难以真正掌握自己的数字资产和收益。[①] 而元宇宙在区块链等方面的技术优势正弥补了互联网在这方面的不足。另外，互联网提高了人们对便利性的感知阈值，而疫情之下人们不得已选择远程办公、线上上课等解决社会隔离交流沟通问题的同时也让人们颇感传播效率受阻，人们期望从二维表达升级至三维虚实共生空间，通过传播的沉

---

① 沈阳教授团队. 元宇宙发展研究报告2.0［EB/OL］. https：//cloud. tencent. com/developer/article/1961328.

浸感、全息化、实时性等实现信息传递效率的更上一层楼,从而再一次实现社会生产力的突破性飞跃。

三是疫情的加速效果。新冠肺炎疫情大幅延长了人们在虚拟世界的在线时间,第49次《中国互联网络发展状况统计报告》显示,截至2021年12月,我国网民人均每周上网时长达到28.5小时,较去年提升2.3小时。同时疫情加速互联网渗透率进一步提升,使最后一波远离互联网的人群也加入虚拟空间中。当前,我国60岁及以上老年网民规模达1.19亿,互联网普及率达43.2%。远程办公、线上网课等让人们亲身感受了另一种便捷智能的生活方式,更全面、更深入的虚实交互促使人们畅想元宇宙时代的未来。

元宇宙仍处于新技术导入期的发展阶段,舆论热潮冷却后,出现众多质疑和担忧。但元宇宙的发展速度仍不可小觑,因为"元宇宙原生一代"开始出现了①。以元宇宙游戏与虚拟人为例,Z世代正成为元宇宙第一批用户的主力军。有"元宇宙第一股"称号的Roblox,兼具UGC游戏创作平台与互动社区两大功能。根据报告显示,Roblox的核心用户以Z世代为主,其中,5—24岁年龄段约占其日活的70%。知名社交媒体分析机构HypeAuditor发布的《Instagram顶级虚拟偶像趋势报告》显示,虚拟偶像核心受众为18—24岁的女性(占比44.76%),还有14.64%的受众是13—17岁的年轻人。② 艾媒咨询调研显示,中国虚拟偶像爱好者群体多为19—30岁之间的青年群体(占比63.4%)。③

---

① Andrea Chang. 另一视角看元宇宙:元宇宙文化正悄然改变世界 [EB/OL]. https://new.qq.com/rain/a/20220418A0CU5300.

② HypeAuditor. The Top Virtual Instagram Influencers in 2021 [EB/OL]. https://hypeauditor.com/blog/the-top-instagram-virtual-influencers-in-2021/.

③ 艾媒咨询. 2022中国虚拟偶像人行业发展研究报告 [EB/OL]. https://www.iimedia.cn/c400/83791.html.

目前为社会所认知、参与较广且相对成熟的元宇宙产业无疑是虚拟人领域。该领域发展较早，正在呈现出文化破圈、商业价值外溢的特点。2016 年，史上第一位虚拟主播诞生，2017 年，"虚拟主播"文化传入国内并在 Bilibili 网站（以下简称 B 站）生根发芽。截至 2021 年 11 月，B 站共有虚拟主播 3606 名，其中已有 39 名虚拟主播的粉丝数量达到了 50 万以上。据艾媒咨询调研显示，超过八成的受访用户对虚拟人有一定的了解，其中 59.5% 的受访用户是通过电商平台了解的虚拟人。① 相比早期独属于二次元文化的小众阶段，如今虚拟人的社会认知度随着其在快消产业、文娱产业的广泛应用正不断增高。

在粉丝文化的支持下，虚拟主播的吸金能力也颇为强大。数据显示，B 站的虚拟主播群体 2021 年 11 月的总收入 5466 万元，付费人数 25.5 万人。而国内虚拟女团 A-soul 成员珈乐作为排名第一的虚拟主播，单月进账更是高达 214 万元。粉丝经济仍然是虚拟偶像变现的主要手段，圈层化、亚文化特征突出。后现代消费主义粉丝文化狂潮下，偶像粉丝生态呈现拟像化趋势，为虚拟偶像的兴起提供了文化土壤。② 虚拟偶像凭借全能、专属、亲密、高可塑性的优越性，为粉丝提供高信任陪伴。

作为现实世界与虚拟世界相融合的新型媒介形态，元宇宙将凭借其巨大的可能性，成为社交、商业、游戏、娱乐等行业的处女之地。而元宇宙的可编辑性、可选择性是否能使技术的无知阶级也从中获得解放，

---

① 艾媒咨询. 2022 中国虚拟偶像人行业发展研究报告 ［EB/OL］. https：//www.iimedia.cn/c400/83791.html.

② 喻国明，耿晓梦. 试论人工智能时代虚拟偶像的技术赋能与拟象解构 ［J］. 上海交通大学学报（哲学社会科学版），2020 ［28（01）］.

可穿戴设备这一元宇宙入门门票是否能真正实现其所宣称的去中心化,[①] 这些问题都值得在构筑元宇宙世界时不断深思。

二、后人口红利期:"健康+感性+理性" 并存的消费观

人口和社会经济的转型与出生率、死亡率以及人口自然增长率息息相关,我国面临着出生率和人口自然增长率逐年下降的严峻现状,这进一步加深了人口老龄化的程度,促使我国逐步迈入后人口红利期。随着老年人人口比例的不断攀升,适老化普及依旧是社会聚焦的问题之一,然而,无论现实社会还是网络社会,老年人在需求端与供给端依旧面临着诸多障碍。除此之外,迈入后人口红利期的中国,以 80 后、90 后为代表的青年人,其网络使用以及购买消费特点显著,追求多元化、认同感以及陪伴感,多种特点交互下使得其在后人口红利期建构起了独特的青年群体画像。

青年群体作为社会的中坚力量,其观念与行为能够直接反映社会的发展趋势。处于社会转型期的中国已经走入后人口红利期,根据统计局发布的第七次人口普查数据显示,我国当前劳动人口占比 63.35%,拥有大学以上学历人口占总人口约 15%。青年群体的人口特征受到了"出生率低下"以及"老龄化加重"的影响,数量先升再降。倒金字塔结构的人口分布,不仅会增加青年群体的压力,也不利于青年人寻求幸福感。对社会而言,青年群体也是引导社会发展走向的重要力量,其多种多样的需求在无形之中塑造了粉丝、盲盒、国潮经济等。但在人口结

---

① 哲学家谈元宇宙 | 夏莹:后疫情时代的概念黑洞 [EB/OL] . https: // www. thepaper. cn/newsDetail_ forward_ 15816956_ 1.

构变化的当下，中青年群体在压力下呈现出"健康+感性+理性"并存的特点，无论是生活方式还是消费原则都更加理性、开放与多元。

（一）寻求积极的自我调适

1. 云健身火遍全网

后疫情时代的健康消费呈现出多维扩展的态势，2022 年线上健身运动成为继互联网医疗之后又一高增长的产业。受冬奥赛事的影响和全民健身计划的持续性指导作用，加之重点城市疫情反弹、居家隔离成为常态，以刘畊宏直播走红为标志的"云健身"风潮蓬勃兴起。据 Quest-Mobile2022 年 5 月的数据显示，健康瘦身类 KOL 借助社交平台和健身类 APP 引导居家场景的线上运动成为今年的主流，且运动健身 KOL 关注人群规模是其 APP 用户的近 9 倍（图 3-9）。①

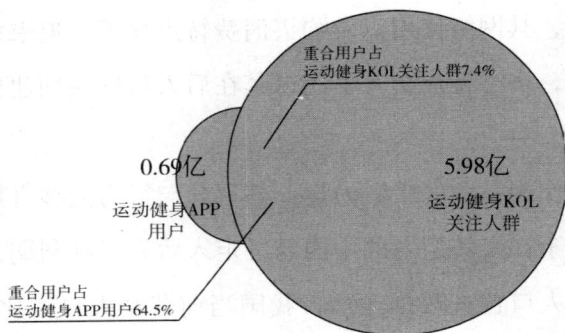

重合用户占
运动健身KOL关注人群7.4%

0.69亿

运动健身APP
用户

5.98亿

运动健身KOL
关注人群

重合用户占
运动健身APP用户64.5%

图 3-9　2022 年 5 月运动健身 APP 用户 &KOL 关注人群用户规模及重合情况

数据来源：QuestMobile TRUTH 中国移动互联网数据库 2022 年 5 月

---

① QuestMobile. 2022 运动健身消费洞察报告［EB/OL］. https：//www. questmobile. com. cn/
research/report-new/243.

图 3-10 2012—2024 年中国健身器材市场规模及预测

数据来源：艾媒数据中心

　　从需求侧来看，线上健身的人数和市场规模都呈现快速增长态势。中国健身器材市场规模自 2012 年起便不断上升，在 2021 年达到了 546.5 亿元，预计到 2024 年将达到 799.6 亿元（图 3-10）。① 随着疫情带来的潜在健康危机，中国的健身人群规模也在不断扩大，预计将从 2021 年的 3.03 亿人增长至 2026 年的 4.16 亿人，其间 CAGR（复合年均增长率）为 6.5%。② 在垂类应用中，以头部线上健身平台 Keep 为例，根据其招股说明书显示，2020 年和 2021 年 Keep 平均月活跃用户分别为 2970 万和 3440 万，其中，2021 年前三季度平均月活跃用户数量（MAU）达到 4175 万。在泛内容平台中，运动健身类内容流量同样巨大，例如，刘畊宏健身抖音直播一日累计观看人次曾达到 1390 万。根据 QuestMobile 数据库显示，运动健身 KOL 关注人数为 5.98 亿，运动健身 APP 用户为 0.69 亿。其中，运动健身 APP 用户中超过六成也在关注

---

① 艾媒大健康产业研究中心. 艾媒咨询｜2022 年中国健康瘦身行业市场运行及投资布局监测分析报告［EB/OL］. https：//www. iimedia. cn/c400/84954. html.
② 中泰证券研究所. 2022. 2022 年线上健身行业专题研究［EB/OL］. https：// www. doc88. com/p-74359794078701. html

该领域中的 KOL，由此可见，基于 KOL 的运动健身市场营销价值相对突出。①

根据灼识咨询报告，2021 年中国线上健身市场达 3701 亿元，占中国整体健身市场的 47%，预计 2026 年将增加至 8958 亿元，整体占比将达到 60.6%。线上健身会员及健身内容、智能健身设备、健身装备及服饰、健康食品等一系列"运动+消费+社交"的线上运动产业新形态逐渐形成。②

从供给侧来看，线上健身内容体系、商业模式都已较为成熟。随着线上运动健身用户群体的大众化，以及视频和直播媒介技术的成熟，线上健身场景需求的改变推动内容的多元化发展。以 APP 为指导核心的专业运动场景正逐渐变为以 KOL 为引导核心的居家运动场景③，明星大 V 跨界（刘畊宏）、专业健身教练（帕梅拉）、健身从业人员/爱好者三大类运动健身 KOL 提供健身陪伴、健身指导、知识分享等多样化内容满足各类人群差异化运动需求。

商业模式上，健身 KOL 和健身类 APP 都已相对成熟。前者凭借与平台、品牌的深度绑定，通过不限于平台合作、品牌推广、带货等多种形式进行营销变现。后者作为线上健身平台，较传统线下模式，其线上健身价格优势明显，用户留存率更高，利于市场规模扩展和大面积渗透。④ 另外，其营收途径更加多元，包括广告收入、付费课程收入、会

---

① QuestMobile. 2022. 2022 运动健身消费洞察报告［EB/OL］. https://www.questmobile.com.cn/research/report/309
② 中泰证券研究所. 2022. 2022 年线上健身行业专题研究［EB/OL］. https://www.doc88.com/p-74359794078701.html
③ QuestMobile. 2022. 2022 运动健身消费洞察报告［EB/OL］. https://www.questmobile.com.cn/research/report/309
④ 小牛行研. 互联网专题分析报告：如何看待在线健身平台的模式？［EB/OL］. https://www.hangyan.co/charts/2806606122071360736.

员订购收入、健身设备及配套运动产品销售收入，同时因其提供的服务不受场地限制，其营收也相对灵活，受疫情影响较小。根据 Keep 的招股说明书显示，Keep 总营收由 2019 年的 6.63 亿元，增长至 2020 年的 11.07 亿元，2021 年前三季度实现营收 11.59 亿元，同比增长 41.3%。

中国消费者愈加热衷运动的健身风潮背后是疫情对消费者健身观念的持久改变。根据 Mindbody 的健身习惯调查报告（2022 年）显示，美国人现在锻炼的两大原因是减轻压力和让精神感觉更好；① 而在疫情发生前的 2019 年，控制体重和看起来更好是许多锻炼者的主要动力。国内消费者对于健身的定义无疑也正在经历类似改变。人们选择运动，不仅是追求身体健康，更是为了保持心理健康，甚至将后者放在首位。社交性与趣味性成为消费者主动参与健身的最大动机，尤其在直播健身过程中，通过"运动+社交"的方式，消费者融入健身圈、结识新同好，并从中获得认同感和归属感以应对焦虑与压力、寻求连接与认同，成为疫情下健身观念的新趋向。健身于消费者而言，逐渐跨越了心理需求、身体需求和精神需求多个层面，成为后疫情时代同时适于线上线下的、新的大众化社交方式。

2. 线下城市休闲受追捧

国家统计局数据显示，从 2012 年到 2019 年，国内游客数量和国内旅游总花费呈持续上升趋势。随着 2020 年疫情的发生，游客数量和旅游花费均出现了急剧降低，与 2012 年的水平相差无几。2021 年，国内游客数量和旅游花费有所回暖，但仍未达到 2014 年的水平（图 3-11）。但是人们渴望出行和户外活动的心情并没有改变。今年各种户外运动消费品类快速增长。2022 年"618"网络购物节期间，京东户外运动产品

---

① MindBody. *2022 Beauty and Wellness Trends Report*. https：//www.mindbodyonline.com/business/education/research-report/2022-beauty-and-wellness-trends-report.

销量同比增长 662%，是增长最高的品类之一。

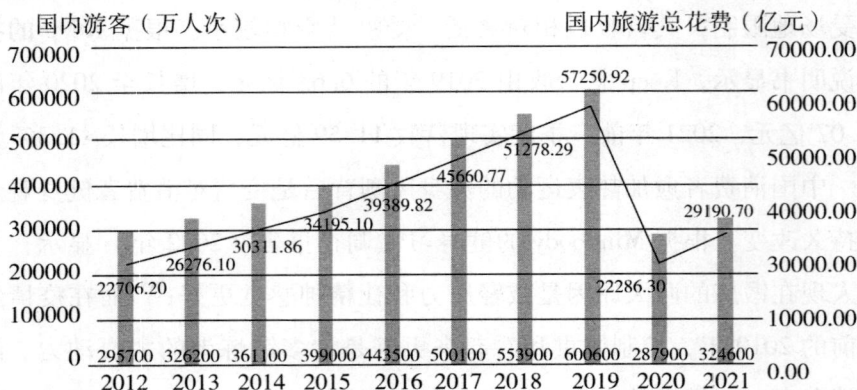

国内游客（万人次）　　　　　　　　　　国内旅游总花费（亿元）

图3-11　2012—2021年国内游客数量和国内旅游总花费变化情况

（1）近郊露营成新趋势

在疫情期间，露营凭借其能在城市近郊甚至市区公园就能实现"出游"的目的，因此，在社交媒体的助推下，近两年露营成为城市中产争相追逐的热潮。据携程平台数据显示，2021年下半年至今，携程平台上的露营产品数量增长超10倍；2022年1月至5月，通过携程报名露营游的用户数量是2021年全年的5倍以上，露营消费呈现出周边化、年轻化、结伴化等特点①。根据 Nitnt 任拓的数据显示，"露营/野炊装备"对于"户外/登山/野营/旅行用品"类目的贡献度而言，其销售额占比超过了20%（见图3-12），说明其市场规模较为可观。然而露营产品在直播间的销售情况却并不显眼，这或许与该类商品受众的购买特点有关。

① 夏季户外运动释放消费潜力［EB/OL］. https：//www. sports. cn/cydt/jsxx/2022/0623/408098. html.

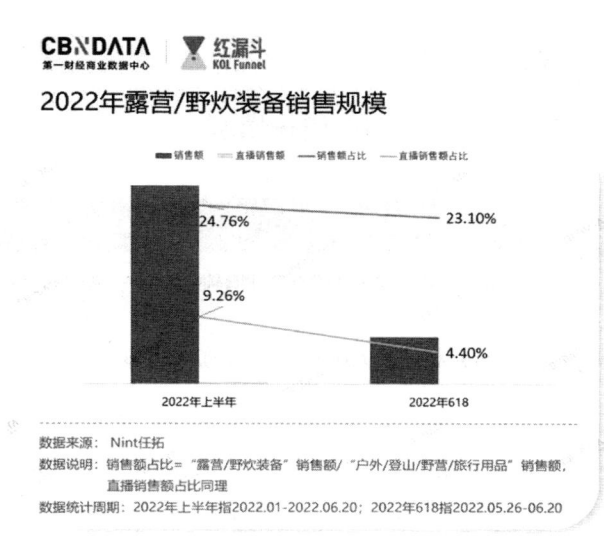

图 3-12 2022 年露营/野炊装备销售规模

在露营用品整体销售额占比较高的大背景下，走高端路线的"精致露营"出现了较高的增长势头，其中户外休闲家具在 2022 年的"618"以及整个上半年销售量同比增长均超过 80%，而销售额同比增长更是超过了 230%（见图 3-13）。由此，也可以发现，疫情在一定程度上引发了民众休闲形式的转型，如从国际、国内游变为近郊、公园露营。然而，疫情引发的经济冲击或许并没有对中高收入群体产生过大的影响。

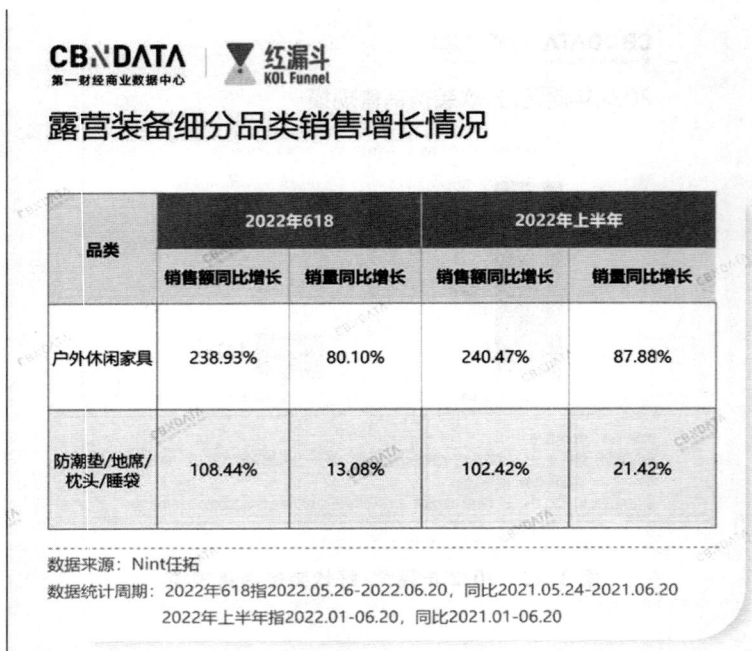

露营装备细分品类销售增长情况

品类	2022年618		2022年上半年	
	销售额同比增长	销量同比增长	销售额同比增长	销量同比增长
户外休闲家具	238.93%	80.10%	240.47%	87.88%
防潮垫/地席/枕头/睡袋	108.44%	13.08%	102.42%	21.42%

数据来源：Nint任拓
数据统计周期：2022年618指2022.05.26-2022.06.20，同比2021.05.24-2021.06.20
2022年上半年指2022.01-06.20，同比2021.01-06.20

图 3-13　露营装备细分品类销售增长情况

（2）骑行和飞盘成为城市社交运动热门

疫情期间为避免人员聚集带来的公共交通限制，骑行成为许多人通勤的最佳选择，除此之外，兼具健康功能的骑行还成为许多人社交的新形式。

从百度搜索指数平均值来看，自 2022 年 3 月 27 日开始，"骑行"的搜索数据陡然攀升，从此前最高的 580999，直接跃升为 2573119，其中"骑行活动""骑行装备"等关键词位居搜索指数前列。从京东等电商平台的购买行为数据来看，2022 年"618"预售期内，骑行品类是销售情况最好的品类之一，预售订单金额同比增长 240%；整个"618"促销期间，自行车零配件的成交额同比增长 100%，头盔、穿戴装备等均快速增长。作为进博会中国商务部全球第一个受邀参展的自行车品牌，意大利老牌自行车 FRW（福伦王）等很多型号全面卖断货，订单金额同比增长 627%。①

不同于骑行爱好者将社交作为运动的附加功能，今夏火遍户外运动圈的飞盘是将社交属性优先于其他功能之上的运动。调查数据显示，飞盘在年轻人最爱的新潮运动中排名第一，其中 90 后占比最高，达 47.49%；85 后次之，占 44.06%；紧随其后的是 95 后，为 42.44%。年轻人喜爱飞盘的原因中，名列榜首的便是可以"认识新朋友，扩大交际圈"，占 57.85%，其次是"锻炼身体，燃脂效果好"，为 51.23%。②艾媒咨询数据显示，2021 年中国飞盘核心产业达 75.9 百万元，带动产业规模达 867.7 百万元。③

今年 4 月，教育部印发《义务教育体育与健康课程标准（2022 年版）》，公布了新修订的义务教育课程方案和体育与健康等 16 个课程标准，极限飞盘作为新兴体育项目被正式列入义务教育阶段课程。④ 随着飞盘运动受众人群的不断增加，预计未来几年，中国飞盘核心产业规模和带动产业规模将持续、快速增长，到 2027 年，其核心产业规模预计能够达到 645.1 百万元，带动产业规模将达到 6523.8 百万元（见图 3-14）。⑤

---

① 2021 自行车销量 7639.7 万辆，2022 骑行火爆到堵车？［EB/OL］.https：// baijiahao.baidu.com/s？id=1740498253827003941&wfr=spider&for=pc.
② 不为减肥为交友，年轻人的飞盘局有多快乐？│2022 年轻人新潮运动报告［EB/OL］.https：//36kr.com/p/1817425883327876.
③ 本地生活行业数据分析：预计 2027 年中国飞盘带动产业规模达 6523.8 百万元［EB/OL］.https：//www.iimedia.cn/c1061/85943.html.
④ 市场规模超 8500 万！中国飞盘产业究竟有多大？［EB/OL］.https：// baijiahao.baidu.com/s？id=1734791461831135159&wfr=spider&for=pc.
⑤ 本地生活行业数据分析：预计 2027 年中国飞盘带动产业规模达 6523.8 百万元［EB/OL］.https：//www.iimedia.cn/c1061/85943.html.

（百万元）

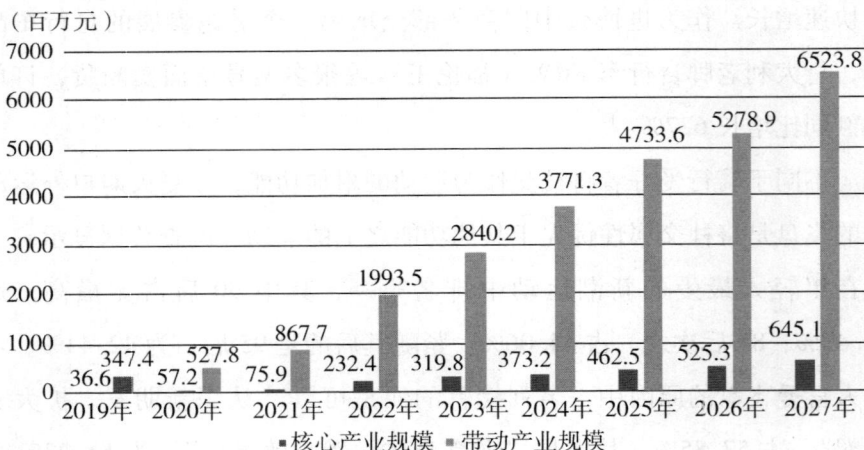

图3-14　2019—2027年中国飞盘产业市场规模统计数据及预测

备注：核心产业规模指飞盘生产、销售、场地、培训、赛事等直接市场容量，带动产业规模指飞盘及相关运动带动的装备、服装、社交、营销、出行、饮食、娱乐等相关产业市场容量。

3. 特色高端旅游亟待丰富

国内旅游行业原有的产品结构、层次等在丰富度上仍然存在不足。上文提到的高端自行车经济与精致露营在一定程度上展现了城市近郊高端休闲消费的潜力，在远距离休闲旅游领域也存在不少可以深度开发的项目。

随着中国铁路资源的不断丰富、深度休闲体验游流行，近两年不少企业与铁路部门、当地旅游局合作开发旅游专列，原本国外尤其是欧洲十分流行的豪华列车游开始引入国内①。尽管这类一站式旅游专列线路非常有限且单人票价从18999元到51999元不等，但是其销售状况仍然很好，大部分旅客为中老年人，以及少部分文化潮流追随者等。就目前国内巨大的消费市场而言，不同层次、价位的旅游产品都会有能与之对

---

① 林心林.2万元起步，越贵卖得越快，谁在为天价豪华火车游买单？［EB/OL］. https：//www.cbndata.com/information/249495.

应的大量消费者，因此，豪华列车游或许只是一个开始，未来，高端列车、轮船、度假村等或许会由于疫情导致的国际旅行限制成为富有的中国游客的新宠①。

（二）追求小众的娱乐与陪伴

1. 盲盒契合青年求异心理

中国消费经济学会会长杨继瑞称："这一辈的年轻人物质世界更加丰富，知识视野更加广阔，也更崇尚个性、兴趣多元和喜爱社交。"②后人口红利期，90 后与 00 后都是享受到教育红利的一代，其注重个性化、经济化以及参与感和体验感的消费观念体现在多个方面。青年群体的消费注重新颖与特别，而"潮牌经济"则是瞄准了青年人追求小众的心理，而打造异于主流品牌的街头小众文化。潮牌在设计上更加别致、独具一格，通过社交媒体发售与营销，有着独特的标识与口号。抓住青年人消费心理的另一个产品则是盲盒，青年人抱着"人生就像一盒巧克力"的心态投入盲盒市场，在追求开出"隐藏款"的心理背后，也隐藏着青年人取悦自我的价值取向。盲盒市场包括"机票盲盒""奶茶盲盒""美妆盲盒"和最常见的"娃娃盲盒"。相关数据显示，2015年，中国盲盒市场规模仅为 22.6 亿元，2019 年便增长到 74 亿元，相关人士预测我国盲盒行业市场规模将在 2024 年达到 300 亿元。③盲盒经济的快速发展伴随着诸如虚假宣传、难以维权等问题，盲盒行业的规范化发展也成为亟待解决的问题。

---

① 港媒：没有马尔代夫，饥渴的游客让中国国内高端游火了 ［EB/OL］. https：//bai-jiahao. baidu. com/s? id＝1708834714233819093&wfr＝spider&for＝pc.

② 新观念塑造新形态的青年经济 ［EB/OL］. https：//m. gmw. cn/baijia/2021－05/10/1302283406. html.

③ 盲盒市场的前景及政策分析报告 ［EB/OL］. https：//www. cidastar. com/reports/20220324145926734? pk＿ campaign＝zhihuxy.

2. 宠物成为青年情感慰藉

在当前的老龄化社会中，越来越多的青年群体面临着工作、抚育、住房压力，他们是远离故乡、亲人，在大城市独居缺乏家庭生活以及情感寄托的年轻人，是社会进步催生出的"空巢青年"。在大城市的巨大经济压力下，大批青年开始选择独居，逃避社交，而这使得能够提供情感寄托的宠物成为青年群体释放压力的重要渠道之一。《2021年中国宠物行业白皮书》数据显示，宠物主养宠物原因集中在"自己或家人喜欢宠物"，而剩下的原因多与"陪伴"相关。在我国，宠物猫狗主人90后占比33%，95后占比14%。① 而生在互联网时代，生活中充斥着线上社交的90后恰好是最需要线下陪伴的群体。

对于宠物主而言，通常为宠物花钱比给自己花钱还要大方。2021年，我国犬市场规模1430亿元，同比增长21.2%；猫市场的规模也超过1000亿元，同比增长19.9%。城镇犬猫市场的规模达到2490亿元，同比增长20.6%。② 对于宠物而言，食物的消费占据大头，标榜纯天然进口的狗粮受到年轻人的青睐。在宠物食品领域，预计到2025年，中国宠物食品市场规模将比2020年增长两倍，或达1500亿元，成为仅次于美国的全球第二大市场。③ 当下，"它经济"仍有许多灰色地带，从宠物买卖到宠物医疗再到宠物学校，仍未形成行业规范并存在许多法律空白，亟须相关部门对其进行细分化和规范化。

---

① 派读宠业参考.2021年宠物行业白皮书正式发布：这7个变化和2个趋势值得关注［EB/OL］.https：//36kr.com/p/1579508747636103.
② 派读宠业参考.2021年宠物行业白皮书正式发布：这7个变化和2个趋势值得关注［EB/OL］.https：//36kr.com/p/1579508747636103.
③ 李子晨.萌宠经济撬动千亿市场［EB/OL］.https：//m.gmw.cn/baijia/2021-08/03/1302453812.html.

（三）不失理性的消费行为

1. 临期食品受到追捧

除却"个性"的消费习惯，"理性"也是青年经济的代表性名词，临期食品的消费就凸显了青年人的"理性"思维。越来越多的青年人开始购买"性价比高"的临期食品。临期食品指的是即将到期但仍在保质期内的食品。艾媒咨询数据显示，2021年我国临期食品市场规模已达318亿元，预计2025年市场规模将达401亿元。2021年，我国临期食品消费者中青年群体占比高达74.6%（见图3-15），主要购买品类为包装零食、面包糕点、奶制品等。[①] 随着资本的流入，临期食品行业竞争越来越激烈，同时也面临食品安全等问题，亟须监管部门的介入。

图3-15　2021年中国临期食品消费者用户画像[②]

数据来源：草莓派数据调查与计算系统

2. 文化认同持续攀升

人口红利与人才红利并道而行，人才红利意味着大量高素质的劳动力能够为国家和社会的进步提供更多的优质人才储备。处于这一阶段的

① 艾媒餐饮研究院 . 2021-2022 年中国临期食品行业发展及标杆案例研究报告 ［EB/OL］. https：//www.iimedia.cn/c400/83833.html.
② 艾媒餐饮研究院 . 2021—2022 年中国临期食品行业发展及标杆案例研究报告 ［EB/OL］https：//www.iimedia.cn/c400/83833.html.

青年群体，其身体素质、文化素质、思想道德素质相较上一代均会有明显提升。其中，不断增强的文化认同感则是青年群体素质上升的重要体现之一。

国产 IP（Intellectual Property）指的是由国内公司所创作的知识产权，其中，有以中国元素与时尚元素结合的"国潮"品牌，如李宁、安踏、完美日记等；也有因为独特地标而形成的旅游文创产品，如故宫文创、泰山文创；还有以中国特色与卡通结合的形象，如冬奥会和冬残奥会的吉祥物冰墩墩与雪容融。这些国产 IP 爆火的背后体现的是青年群体内心深处的文化认同感与文化自信，同时也体现出了青年群体的生活观念与消费方式。根据李宁发布的 2021 财年数据，其营收首度突破 200 亿元，特步也宣称其营收破百亿。① 这些品牌的销售额上升侧面体现出了青年群体对于"国潮"品牌的认可。

对于追求"潮"和"颜值"的青年群体而言，国产美妆护肤品牌开始受到年轻人的青睐。2021 年"双十一"期间，京东护肤类排行榜前十中国产品牌薇诺娜与珀莱雅新增上榜，与此同时多个国货美妆品牌获得十倍以上的增长。国货美妆品牌完美日记多次与中国元素相结合，与《中国国家地理》联名推出的眼影盘会在产品中宣传中国独特的地形地貌。相关数据显示，完美日记 2020 年与 2021 年两年蝉联天猫彩妆类目排行第一名，并实现了创立第三年"双十一"累计销售破 7 亿元的数据。② 2021 年 4 月，阿里平台花西子和完美日记的商品交易总额分别达到 2.18 亿元和 1.83 亿元，均超过了国际品牌，本土中高端线品牌

---

① 李宁 2021 年度财务报告［EB/OL］. https：//doc. irasia. com/listco/hk/lining/annual/ar262806-c02331. pdf.

② 引领国货美妆 完美日记是如何做到的？［EB/OL］. https：//baijiahao. baidu. com/s？id=1705963717326857058.

毛戈平、华熙生物等表现优异，相比之下国际大牌增速放缓。① 国产品牌的向好发展离不开青年群体的支持，对国产品牌的热爱体现了青年人的情怀与态度。但当下，国产品牌仍面临创新困难、质量欠佳等问题，要想实现长远发展，品牌公司应当冷静思考文化创新，推动国产 IP 稳中求进。

---

① 艾媒生活与出行研究中心.2021 年 3—4 月中国化妆品行业运行数据监测双月报 [EB/OL] . https：//www.iimedia.cn/c400/79404.html.

第四章　互联网营销的技术环境

　　技术赋能是当下互联网营销的鲜明特征，本章首先梳理了技术赋能下的行业发展背景，通过对 5G、数据中心、云计算、工业互联网、人工智能等数字基础设施建设的关注以及对当下区块链、交互仿真技术和时空生产技术等互联网关键技术的梳理，架构出当下互联网营销的底层技术图景。接着，本章将视角转向元宇宙（Metaverse），通过对元宇宙核心技术的梳理，构建了"技术组合与创新"下的互联网营销图景。最后，本章站在元宇宙的技术逻辑下对未来的互联网营销进行了展望，认为元宇宙生活将成为常态，互联网营销应加快适应新的消费场景。与此同时，技术环境的变化也呼唤与之相匹配的行业法规和协议。

一、技术赋能下的互联网营销行业发展背景

　　本节要点在于清晰地展现出当下互联网营销的底层技术环境，包括 5G 网络、数据中心、工业互联网、云计算、人工智能等数字基建的发展现状，以及 XR、区块链、推荐算法和虚拟开发引擎等关键技术的最新进展。互联网底层技术的建设和行业关键技术的迭代为我们勾勒出未来互联网营销发展的蓝图，指引着未来网络营销的基本进路。新型基础

设施和相关技术的发展是一个长期的过程，并且会以潜移默化的方式颠覆现有的网络营销格局。所以，对当下互联网底层技术的新变化、新动向进行梳理有利于我们对网络营销进行具有前瞻性的把握。

（一） 新基建不断完善，技术赋能的效率提升

新基建概念在 2018 年中央经济工作会议中首次被提出，是指支撑我国数字经济快速发展、促进传统产业转型升级的新型基础设施。新基建将引领经济社会形态变革，促进社会运行模式、经济发展方式、产业服务模式发生新的变革。社会基础设施提档升级会引发新一轮产业变革，亦将驱动新业态和新经济发展。[①] 根据中央经济工作会议提出的指示，新时期数字基础设施的建设包括 5G 网络、人工智能、云/雾计算、工业互联网等方面。

图 4-1 新型基础设施的技术逻辑

1.5G 网络：泛在连接与技术的有机融合

5G 网络是数字经济的核心推动力，可以实现各种前沿数字技术的有机融合。自工信部 2020 年 3 月发布《工业和信息化部关于推动 5G 加快发展的通知》后，我国 5G 工程建设进入高速发展阶段，截至 2022

---

① 腾讯研究院，赛迪研究院 . 2020 新基建引领产业互联网发展白皮书［EB/OL］. https：//www. 163. com/dy/article/FUJTEIN40511BHI0. html.

年 6 月底，我国已建成 5G 基站 170 万个。5G 的创新价值，不仅体现在技术融合带来的革命性升级，更在于对传统行业的赋能以及万物连接所创造出的无限可能。① 根据中国信息通信研究院发布的数据显示，5G 在 2025 年和 2030 年将分别带动 3.3 万亿元和 6.3 万亿元的直接产出，年复合增长率将达到 29%；间接经济产出在 2025 年和 2030 年分别达到 6.3 万亿元和 10.6 万亿元，年复合增长率将达到 24%。在拉动就业方面，我国预计在 2025 年提供来自 5G 相关设备制造和电信运营的 350 万个就业机会，预计在 2030 年提供来自电信运营和互联网服务企业创造的 800 万个就业机会。②

5G 全面升级了用户群体在智慧家庭生活娱乐领域的网络体验。比如基于高带宽和低延时的特性，在游戏消费领域中，云化的沉浸式游戏实现了超高清、低延时并实时反馈的游戏交互，改变了传统游戏本地安装和付费订阅的模式。再如，5G+超高清视频在网络直播、电商购物、远程教育等领域成为最新主流，催化多种新型消费场景的诞生。此外，5G 将智能家居设备与边缘计算等技术融合，能够提供家庭整体解决方案，在家庭影音、游戏、安防等方面提供便捷服务，向生活全方位智能进化。③

---

① 腾讯研究院.5G 生态应用白皮书［EB/OL］.https：//www.sohu.com/a/470402739_121124365.
② 前瞻产业研究院.2020 年中国 5G 基站建设行业报告［EB/OL］.https：//www.sohu.com/a/432292760_ 100014972.
③ 腾讯研究院.5G 生态应用白皮书［EB/OL］.https：//www.sohu.com/a/470402739 _ 121124365.

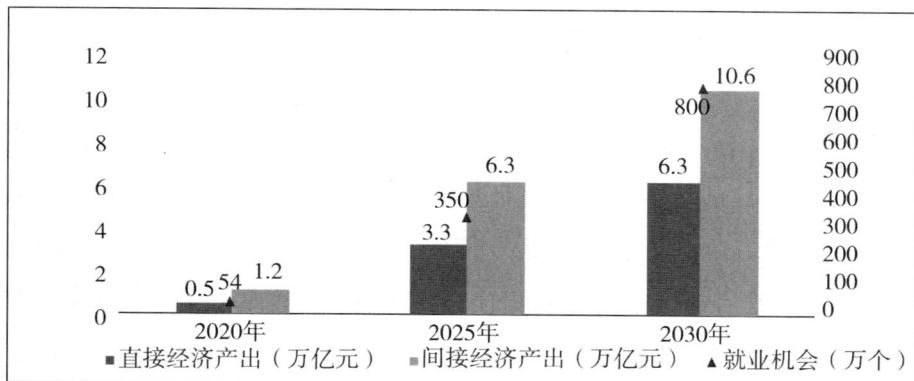

图 4-2 2020—2025 年 5G 带动经济产出和就业机会情况

数据来源：中国信息通信研究院

数据整理：前瞻产业研究院

其中，5G+VR/AR 的技术融合在个人消费领域被行业寄予厚望。目前 5G+VR/AR 的技术融合已经在医疗健康、零售与营销、教育培训、智慧旅游、云游戏、虚拟演出等领域展现出一定的影响力。以虚拟购物为例，5G 最大的优势就在于以前所未有的方式将零售体验个性化，VR/AR 与 5G 的融合能够将传统的被动式购物体验转变为消费者直接参与个性化的消费体验。具体而言，商家可以通过 3D 建模等技术将商品的 3D 模型进行还原，然后在 AR/VR 的虚拟世界中构建出三维可交互商店，这样一来，消费者可以在一个更立体、更动态的虚拟环境中身临其境地浏览商品。5G 的高速度和可靠性，还可以使虚拟试穿和试用成为可能，更加丰富了消费者的购物体验。此外，基于 5G+VR/AR 的虚拟购物可以帮助品牌降低在线退货率，并使消费者对购买决策更有信心。在未来，零售端将更加充分利用 5G 网络高速率、低时延、大带宽、广连接的能力，融合边缘计算技术，做到实时显示，实现云 VR/AR 业务的实时分发，降低消费者对 VR/AR 设备的依赖，并通过独特的沉浸感和交互性，吸引更多的消费者使用，从而带动个人消费规模的大幅增长。①

在接下来的几年，5G产业发展将更加面向经济社会数字化转型的实际需求，5G的技术融合、产业融合、数据融合、标准融合将不断加快，5G新产品、新业态、新模式将不断涌现，为经济社会各领域的数字转型、智能升级、融合创新提供坚实支撑。② 放眼未来，关于6G网络架构的构想和研究也已经被提上日程。根据《6G网络架构愿景与关键技术展望白皮书》中的观点，6G网络将成为智慧内生、泛在连接、多维融合的基座，亦会成为未来经济和社会发展的重要基础。6G的新颖性、强性能、高韧性、可信度、安全性等特性会进一步助力实现社会经济转型和产业自动化的长期目标。基于5G激活空天通信、人工智能、数字孪生、区块链等技术的飞速发展，6G将成为一个全柔性系统并提供全新的服务和价值。③ 此外，6G在考虑效率和经济性的前提下，将提供无处不在的连续服务体验。④ 总体而言，作为5G网络的迭代技术，6G网络将具有智慧内生、安全内生、多域融合、算网一体等主要特点。根据国际组织3GPP（第三代合作伙伴计划）的预测，6G网络技术将在2025年下半年实现标准化，并在2028年面世第一批6G设备产品。

2. 数据中心：高算力推动互联网经济高速发展

数据中心是算力的物理承载，是数字化发展的基础设施，其产业赋

---

① 徐泽轩.2022年中国5G产业发展十大趋势［J］.数字经济，2022（Z1）.
② 徐泽轩.2022年中国5G产业发展十大趋势［J］.数字经济，2022（Z1）.
③ IMT2030（6G）网络技术组.6G网络架构愿景与关键技术展望白皮书［EB/OL］. https：//www.cnii.com.cn/gxwww/rmydb/202109/t20210922_310539.html.
④ 赛迪智库无线电管理研究所.6G全球进展与发展展望白皮书［EB/OL］.http：//www.100ec.cn/home/detail--6592403.html.

能价值正在逐步凸显。近年来，国家高度重视数据中心产业的发展，"十四五"规划和2035年愿景目标纲要中明确提出"加快构建全国一体化大数据中心体系，强化算力智能统筹调度"，工信部和发改委也先后出台《新型数据中心发展三年行动计划》等重要文件。我国数据中心产业正在由高速发展向高质量发展全面转型，根据中国信息通信研究院发布的《数据中心白皮书》指出，在市场方面，随着移动端用户和智能终端数量的快速增长，终端设备应用场景不断丰富，多样化的算力需求不断涌现，为通用、智算、超算及边缘等不同类型和形态的数据中心发展提供了有效的市场牵引，推动了我国数据中心规模持续增长。根据中国信息通信院提供的数据，截至2021年底，我国在用数据中心机架规模达到520万架，且近五年年均复合增速超过30%。[①]

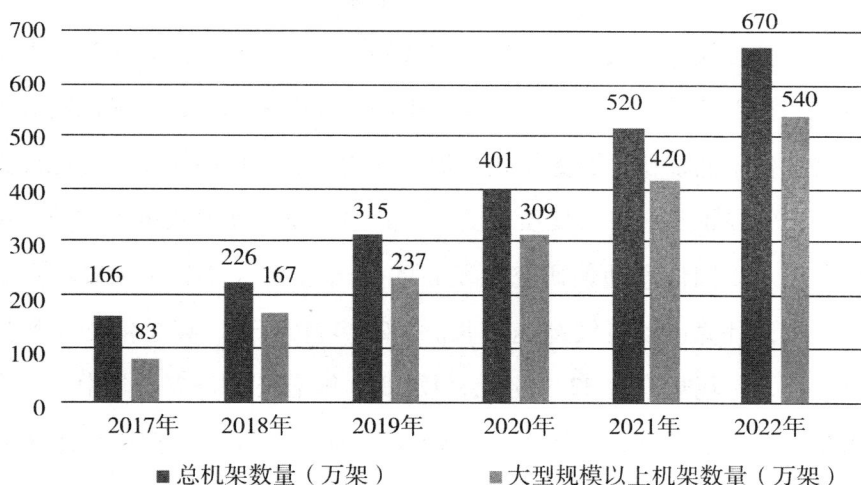

图 4-3　我国数据中心机架总数与大型机架数量

图片来源：中国信息通信研究院

————————

① 中国信息通信研究院. 数据中心白皮书［EB/OL］. http：//dmxxg. gxzf. cn/xxfb/dtyw/t11825798. shtml.

随着丰富的互联网需求不断涌现，在未来，传统数据中心将向具备高技术、高算力、高能效、高安全特征的新型数据中心演进。中国信息通信研究院云计算与大数据研究所发布的 2022 年《数据中心产业图谱研究报告》中指出，新型数据中心在未来以支撑经济社会数字转型、智能升级、融合创新为导向，以 5G、工业互联网、云计算、人工智能等应用需求为牵引，汇聚多元数据资源、运用绿色低碳技术、具备安全可靠能力、提供高效算力服务、赋能千行百业应用的新型基础设施，未来将有效支撑各领域数字化转型，为经济社会高质量发展提供新动能。[1]

3. 云计算与边缘计算：算力协同驱动泛在连接，细化消费场景

（1）云计算：助力算力经济高质量发展

云计算规模化发展，是实现新型数字生态的基础要素。作为新型基础设施的重要组成部分，随着云计算市场空间越来越大，技术创新和产业发展步伐不断加快，服务模式更加多元化。云计算的应用广度深度持续拓展，将在推动经济发展质量变革、效率变革、动力变革等方面发挥重要作用。中国信息通信研究院发布的《云计算白皮书（2022）》显示，我国云计算市场持续高速增长。2021 年中国云计算总体处于快速发展阶段，市场规模达 3229 亿元，较 2020 年增长 54.4%。其中，公有云市场继续高歌猛进，规模增长 70.8% 至 2181 亿元，有望成为未来几年中国云计算市场增长的主要动力。与此同时，私有云市场突破千亿元大关，同比增长 28.7% 至 1048 亿元，[2] 云服务正向算力服务演进，助

---

① 中国信息通信研究院. 数据中心产业图谱研究报告［EB/OL］. https://www.aisoutu.com/a/2948084.

② 中国信息通信研究院. 云计算白皮书（2022）［EB/OL］. http://dsj.guizhou.gov.cn/xwzx/gnyw/202207/t20220722_75668850.html.

力算力经济高质量发展。

算力作为数字经济的核心生产力，正在成为加速行业数字化及经济社会发展的重要引擎。算力服务正呈现出泛在化、普惠化、标准化的特点。除了对技术和服务的升级，算力经济不仅为制造、交通、零售等多个传统行业带来产值增长，还伴随着生产效率提升、商业模式创新、用户体验优化等延伸性效益，对数字经济增长的拉动作用愈加凸显。

目前"阿里云"是中国第一的云服务商，根据官网数据显示，阿里云基础设施目前已面向全球四大洲，开服运营 25 个公共云地域、80个可用区。在产品层面，阿里云以飞天云操作系统为核心，向下定义硬件体系，向上打造"云钉一体"的软件服务，目前已经形成以云为基础的软硬件技术体系。在硬件层面，阿里云自研倚天-含光-玄铁系列芯片、磐久自研服务器系列以及更清洁高效能的数据中心，打造以云为基础的硬件体系；在软件层面，阿里云的产品主要包括飞天云操作系统、面向磐久服务器的龙蜥操作系统、自研数据库 PolarDB、集大数据+AI 一体化的平台"阿里灵杰"等，提高云的易用性。[1]

展望未来，达摩院和信通院等多家机构都将云原生看作云计算未来的发展重点。云原生架构充分利用了云计算的分布式、可扩展和灵活的特性，更高效地应用和管理各类云计算资源。在未来，芯片、开发平台、应用软件乃至计算机等将诞生于云上，可将网络、服务器、操作系统等基础架构层高度抽象化，从而降低计算成本、提升迭代效率，降低云计算使用门槛和对技术应用的边界进行拓展。[2] 总的来说，云原生可

---

[1] 北京大学汇丰商学院、安信证券 . 元宇宙 2022——蓄积的力量 ［EB/OL］. https：//cloud. tencent. com/developer/article/1963352.

[2] 阿里巴巴达摩院 . 2021 年十大科技趋势 ［EB/OL］. https：//jishuin. proginn. com/p/763bfbd35fb5.

以为企业上云用云提供崭新的技术方式，帮助企业快速享受到云计算带来的成本和效率优势，全面加速企业数字化创新升级进程，并终将推动云计算产业的再次升级。

信通院《云计算白皮书（2022）》指出，作为数字经济的重点产业，云计算将为各领域的创新发展注入新的活力，云原生架构、云优化治理、云安全建设、云上系统稳定性、算力服务技术体系等数字时代下的新技术和新理念，将为云计算产业增添更多新的内涵。[①]

（2）边缘计算：为业务和服务创新提供新的可能

近年来，"边缘计算"的概念在家居物联网的体系架构中不断普及，边缘计算平台是在靠近数据源头的网络边缘侧，融合网络、计算、存储及应用等核心能力的开放平台，可以就近提供边缘智能数据处理服务，以满足大规模网络连接、实时业务、数据优化等应用需求。在未来，将边缘计算引入整个物联网架构中，使得终端、边缘、云平台动态分配计算量，可以有效缓解云计算平台的数据处理负担，提高数据处理效率。[②]边缘计算作为5G的关键技术之一，将为用户和设备提供新的"云"服务和计算环境，将具有高带宽、低时延、本地化需求的业务下沉到网络边缘，解决时延过大、汇聚流量过大、带宽成本高等问题，为业务和服务创新提供新的可能。

以腾讯云为例，腾讯云首个5G边缘计算"一体化中心"于2020年10月正式对外开放，其从底层硬件到上层软件，通过打通硬件、网络、平台、应用各个层级的边缘计算产品，完成5G和边缘计算的整体

---

① 中国信息通信研究院 . 云计算白皮书（2022）　　［EB/OL］. https：// dsj. guizhou. gov. cn/xwzx/gnyw/202207/t20220722_ 75668850. html.

② 中国互联网协会物联网工作委员会，中国移动通信联合会产业互联网委员会 . 2022 中国产业互联网发展白皮书［EB/OL］. https：//xw. qq. com/cmsid/ 20220526A09UZR00.

应用串联,成为国内率先具备整体交付能力的云厂商。腾讯云 5G 边缘计算中心包括三层结构:硬件层,以 Mini T-block 为载体,配合星星海服务器等自研设备;平台层,腾讯边缘计算基础设施 ECM、边缘接入与加速平台 TSAC 以及物联网边缘计算平台 IECP,集成保障边缘计算稳定性的智慧维护与网络安全能力;应用层,腾讯打造的边缘计算业务。目前,腾讯经过与运营商深度合作,已经联合构建了 10+ 个边缘计算现网试验点,覆盖多种形态,为 5G 场景下 ToC 和 ToB 用户提供便捷的服务,推动消费互联网和产业互联网的升级发展。①

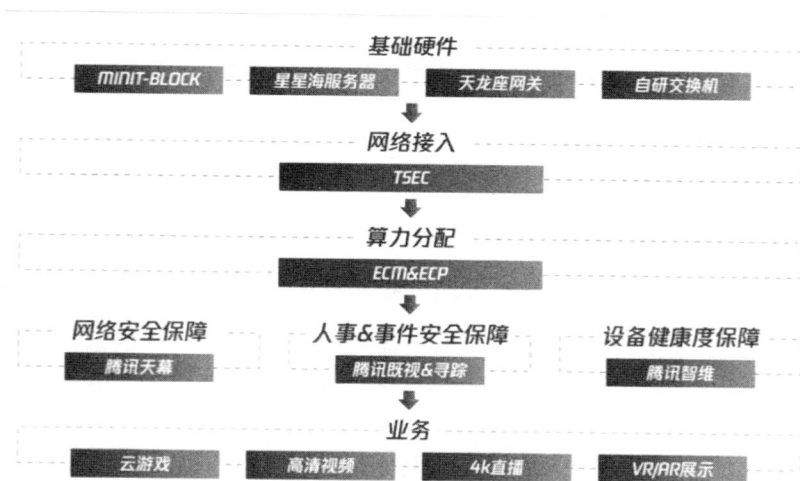

图 4-4 腾讯边缘计算中心基础架构

图片来源:腾讯 5G 生态应用白皮书

(3)"端-边-云"协同:结构性提高互联网资源使用效率

智慧家居的"端-边-云"协同基于云服务基础设施,以多样化的

---

① 腾讯研究院 .5G 生态应用白皮书[EB/OL] . https://www.sohu.com/a/470402739_121124365.

家庭终端为载体，通过整合已有业务系统，利用边缘计算节点将家用电器、照明控制、多媒体终端、移动设备等家庭终端组成家庭局域网，并实现设备本地化操控和数据存储，可以实现稳定和低延时的操控体验。边缘计算节点可以通过互联网与广域网相连，继而与云端进行数据交互，从而实现电器控制、安全保护、视频监控、定时控制、环境检测、场景控制、可视对讲等功能。"端-边-云"一体化通过"端-边-云"协同计算为家居物联网应用提供资源与服务，通过三者的协同调度与优化配置，可以极大地提高整个系统中资源的最大使用效率和传输效率，以保证数据处理的实时性。同时，"端-边-云"还可以根据当前的状态以及任务迁移的方式动态地进行调整，达到均衡的计算负载，最终实现物联网的泛在覆盖和海量连接。①

在产品端，阿里云网络团队与浙江大学合作深入，用软硬件协同的思路，研发出了超大规模的高性能云计算网络系统——洛神，实现了云网络在性能、规模以及可观测方面的技术突破，形成了自主知识产权体系。阿里云基于洛神平台构建起了覆盖"云-管-边-端"的云网络产品体系，聚焦"智能"与"万物互联"，其产品包含应用型负载均衡、私网连接、云连接器，智能云分支、聚合立方以及覆盖云上云下的网络智能服务和云企业网2.0，充分地满足了满足用户的多元需求。

目前，阿里云洛神云网络已广泛应用于各行各业，服务全球300多万用户，包括政府、能源、交通、电力、金融、互联网等各行各业，满足多样化的场景和需求，为广大用户带来更好的在线服务。2022年北京冬奥会通过阿里云洛神云网络向全球转播，以全程4K的超高清模

---

① 中国互联网协会物联网工作委员会，中国移动通信联合会产业互联网委员会．2022中国产业互联网发展白皮书［EB/OL］．https://xw.qq.com/cmsid/20220526A09UZR00.

式，带来6000小时的精彩内容，云上转播17天零故障，全球互动观众27亿+，国内转播时长20亿+小时，全球主要区域时延<150ms，有效保障了冬奥会在线转播的观看体验。

4. 工业互联网：打造人、机、物的全面互联

工业互联网是指工业企业在生产、经营、管理、销售等全流程领域，以构建互联互通的网络化结构、提升自动化和智能化水平为目的，所采用的生产设备、通信技术、组织平台、软件应用以及安全方案。根据工业互联网产业联盟组织撰写的《工业互联网标准体系（版本2.0）》，工业互联网通过系统构建网络、平台、安全三大功能体系，打造人、机、物全面互联的新型网络基础设施，形成智能化发展的新兴业态和应用模式，是推进制造强国和网络强国建设的重要基础，是全面建成小康社会和建设社会主义现代化强国的有力支撑。[①]

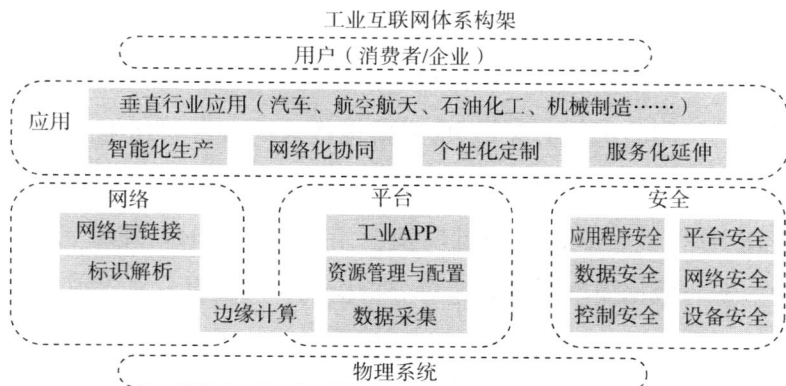

图4-5　工业互联网体系构架

图片来源：工业互联网产业联盟、CCID

资料整理：前瞻产业研究院

---

① 前瞻产业研究院.2020年中国新基建产业报告［EB/OL］.https：//www.sohu.com/a/419224076_ 483389.

工业互联网的本质是通过人、机器、产品、业务系统的泛在连接，建立面向工业大数据存储、管理、建模、分析的赋能开发环境，将工业研发设计、生产制造、经营管理等领域的知识显性化、模型化、标准化，并封装为面向监测、诊断、预测、决策的各类应用服务，实现制造资源在生产制造全过程、全价值链、全生命周期的全局优化，打造泛在连接、数据驱动、软件定义、平台支撑的制造业新体系。[①]

工信部数据显示，2018 年中国工业互联网市场规模达到 5318 亿元，2019 年达到 6109 亿元。根据赛迪顾问分析显示，2020—2022 年中国工业互联网市场将以 14.4% 的年复合增长率稳定增长，预计 2025 年工业互联网的市场规模将达到 1.34 万亿元。

工业互联网的具体应用以格力电器为例，格力与中国联通合作，在广东省利用 5G 技术部署了机器视觉质检场景的应用。在格力电器的总装车间，联通以一套独立 MEC 为格力打造了工业虚拟专网，实现生产控制网与生产管理网融合，在模拟场景中基于样本训练建立数据模型，在需要自动检测的工位上安装 5G 高清摄像头，与自动化生产线同频联调，在实际生产中利用 5G 网络将待检内容自动拍照，照片视频流上传至部署在 MEC 平台的机器视觉质检应用，运用图形处理单元（GPU）大算力资源与数据模型做实时比对分析检查，实现设备自动识别，检测结果以毫秒级时延返回现场端，自动化生产线与质检系统关联做出不良品分离操作。5G 虚拟专网、MEC 平台与检测系统深度融合，为机器视觉质检应用的数据传输和信息处理提供了强大保障。目前格力已在其总部总装生产线的空调外观包装、压缩机线序、空调自动电气安全测试等环节中部署了 5G 机器视觉质检应用，单车间机器视觉每年可为企业节

---

① 中国电子信息产业发展研究院. 中国"新基建"发展研究报告 [EB/OL]. https：//www. shangyexinzhi. com/article/4900081. html.

约人工成本 160 万元。

展望未来，由于综合成本上升、市场饱和、利润率低及发达国家"再制造业化"等内忧外患的影响，目前传统制造业发展面临诸多困境影响，中国工业互联网时代的来临成为必然。根据中国电子信息产业发展研究院发布的《中国"新基建"发展研究报告》中的预测，未来各企业将"自上而下"推动工业互联网建设和推广，针对不同的服务对象构建区域、行业、企业子平台，聚焦协议转换、边缘计算、生产线数字孪生等平台关键技术，形成更具有价值的行业解决方案，推动工业互联网的加速落地。①

（亿元）

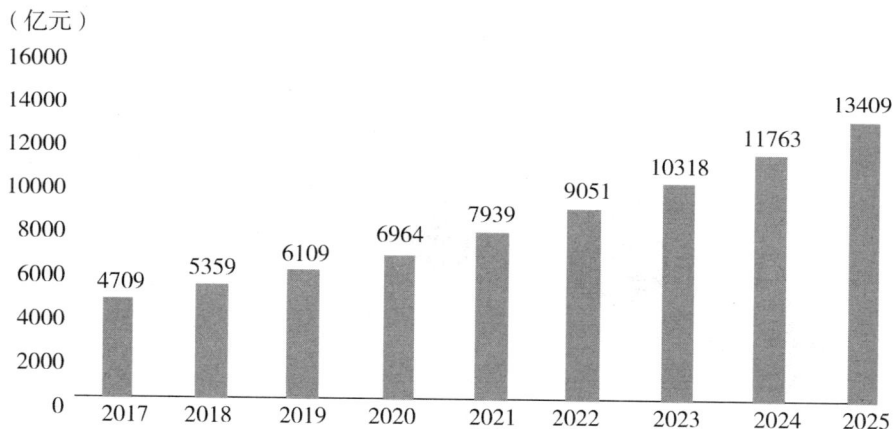

图 4-6　我国工业互联网市场规模

图片来源：戴德梁行研究部

数据来源：前瞻产业研究院

---

① 中国电子信息产业发展研究院.2020 中国"新基建"发展研究报告[EB/OL].
https：//www.shangyexinzhi.com/article/4900081.html.

5. 人工智能：加速产业升级，催生互联网营销新业态

（1）我国人工智能基础建设发展现状

根据赛迪发布的《中国"新基建"发展研究报告》中的定义，人工智能基础设施是以智能化的算力和算法为社会生产和居民生活提供智能化公共服务的人工智能开放平台。[①] AI 新基建主要由 AI 算力、AI 数据、AI 算法及 AI 应用解决方案四部分构成，具有两方面作用，一是为人工智能发展提供内生动力，通过 AI 算力、AI 数据、AI 算法等基础设施发挥平台支撑作用，支撑人工智能自身持续创新发展；二是依托人工智能实现外部赋能，通过提供 AI 应用解决方案赋能实体经济各领域，推动传统行业信息化、数字化、智能化转型升级。

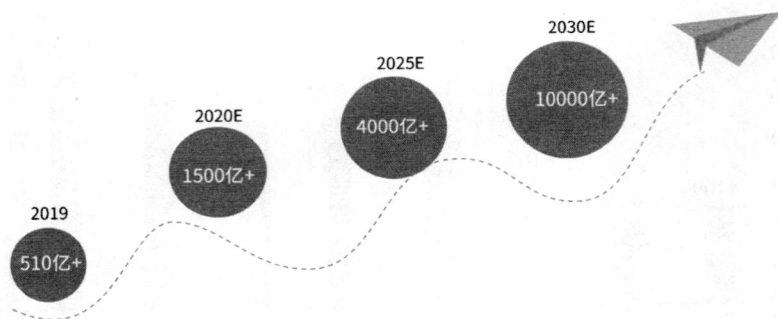

图 4-7　中国人工智能产业核心产业规模

数据来源：工信部

图片来源：艾媒咨询

我国 AI 新基建呈现蓬勃发展态势。一方面，通过智算中心、公共数据集、开源框架、开放平台等基础设施发挥平台支撑作用，有力支撑

---

① 中国电子信息产业发展研究院 . 2020. 中国"新基建"发展研究报告［EB/OL］. https：//www. shangyexinzhi. com/article/4900081. html.

人工智能发展；另一方面，通过人工智能的技术赋能性，推动制造、医疗、交通、能源、金融等传统行业转型升级，有力支撑智能经济发展。根据工信部发布的数据显示，2019 年中国人工智能核心产业规模已经超过 510 亿元，预计 2030 年人工智能产业规模将突破万亿元。①

人工智能作为"新基建"的重要领域之一，受到广泛关注。我国高度重视人工智能产业发展，出台多项政策，加大对人工智能产业发展的支持力度，持续推动人工智能与实体经济深度融合。其中，北京、广东、上海、江苏、浙江等地"领头羊"优势显著，具有良好的发展基础，是 AI 新基建的引领者。同时，互联网巨头企业发展基础雄厚，推进全产业链布局。互联网巨头企业在人工智能领域技术积累深厚，凭借强大的资源整合能力，建立通用型人工智能开放平台，实现全产业链布局，既是 AI 新基建的建设者，也是人工智能技术及应用的引领者。②例如，百度正在依托全栈、领先的人工智能技术打造 AI 新型基础设施，其"百度大脑"集成了飞桨深度学习平台、百度昆仑芯片以及语音、视觉、知识图谱、自然语言处理等人工智能核心技术和平台，持续赋能智慧城市、智能交通、智慧金融、智能制造、智慧能源、智慧医疗等应用场景，发挥"头雁"效应，赋能传统行业。

（2）人工智能技术端发展趋势

在技术应用领域，以自然语言处理（NLP）为核心技术的智能语音和以深度学习为核心的计算机视觉是人工智能目前的两大热点方向。

---

① 艾媒咨询. 2020 年中国新基建时代人工智能产业发展报告［EB/OL］. https：//report. iimedia. cn/repo3-0/39146. html？acPlatCode = iimedia&acFrom = 1020bottom.

② 工信安全智库. AI 新基建发展白皮书［EB/OL］. http：//www.100ec.cn/detail - - 6583310. html.

①智能语音：从辅助接入到重要信息入口

随着人机交互体验的持续改善，语音交互逐渐从辅助的接入工具转变为重要的信息入口。众多下游应用领域对语音交互产生丰富的需求，智能语音的市场前景非常广阔。尤其是近年来智能语音商业化产品大规模落地，行业从技术研发阶段向实践应用转型，行业新趋势是融合其他人工智能领域的创新式发展。智能语音技术从解决简单的语句语义理解和转写，逐渐向更广泛的领域拓展，结合知识图谱，让相关技术更有行业关联性，以配合不同行业的需求提供更具体的解决方案。

根据头豹研究院发布的《元宇宙产业研究报告》中的观点，AI 技术的升级迭代将提升智能语音意图识别、情绪感知、多轮次对话交互等能力。AI 技术的发展与突破是智能语音产品性能提升的基础，智能语音厂商通过 AI 技术自研，强化智能语音在意图识别、情绪感知、知识图谱等方面的技术能力，实现在多元化场景下精准理解客户、多轮对话交互，持续加强厂商产品竞争优势。其次，高速高频的 5G 技术发展为智能语音升级迭代奠定基础。5G 时代的到来推动云计算迈向边缘计算，计算效率的提高使智能语音的响应更迅速。高速高频的 5G 技术将拓宽智能语音应用边界和接入渠道。同时，5G 落实万物联网的愿景，智能语音将与物联网贯通，整合海量数据将颠覆服务模式。可见，5G 的发展给智能语音的升级迭代建立了良好的基础。

②计算机视觉：轻量化+"云-边-端"一体化协同

计算机视觉是利用摄影机和计算机来代替人眼，生成更合适人眼观察或适用于仪器检测的图像。计算机视觉的核心技术包括识别分类、目标检测、表示学习和图像分割等。中国计算机视觉行业下游商用价值逐年凸显，未来的落地领域将会更加多元化。根据头豹研究院的预测，2025 年中国计算机视觉行业市场规模将会增长至 1655.7 亿元。伴随着网络基础设施不断完善，并站在自动驾驶和工业互联网高速发展的风口上，交通领域和工业领域将是市场增长最快的领域。与此同时，随着算法精度的提升，计算机视觉和行业的融合将更加深入。①

在未来，计算机视觉发展趋向轻量化、"云-边-端"一体化协同，从感知智能迈向认知智能。首先，深度学习模型数据量、计算量大，模型资源受限的端侧设备上部署难度大，所以需要研究轻量化、高性能的算法模型来满足硬件芯片和数据传输需求。其次，向多模态融合、多技术融通的认知智能发展。具体而言，AI 从视觉单模态的感知智能向多模态融合发展，实现从视觉感知迈向认知阶段，实现更高精度的场景构建和对动态场景的处理能力。再次，动态及 3D 的应用场景的成像能力将成为发展中心，因为目前计算机视觉的成像能力有限，需要研究高动态及 3D 应用场景的目标检测及语义解析算法，以及高动态范围、高分辨率的图像传感器。最后，万物互联时代到来，计算需求呈现爆发式增长。伴随云计算能力下沉到边缘侧、设备侧，智能应用发展趋向"云-边-端"一体化协同。

（3）人工智能对互联网营销的影响：全面优化产业链

AI 在消费品与零售行业 AI 应用的重心主要在终端营销和零售环节。随着获客成本的升高，消费品与零售企业需要增强营销方式上的竞争力。目前在营销与零售环节，AI 技术的应用已经很成熟，大量零售品牌商已经搭建了客户数据平台，采集全渠道消费者数据，基于深度学习、知识图谱等 AI 技术，对数据进行整合及分析，构建统一用户画像，进行深度的客户洞察，更精准地触达潜在用户、提升已有用户的复购率。

———————————

① 头豹研究院 . 元宇宙底座 AI 技术之计算机视觉［EB/OL］. https：//www.sohu.com/a/537040367_ 121238562.

　　具体而言，首先，人工智能对互联网营销的影响体现在不断重构"人货场"的有机整体，加速零售体验升级。AI赋能零售业主要体现在精准营销、商品管理、产品研发、供应链管理、店铺运营等场景，根据艾媒咨询的观点，人工智能在零售领域的应用，能够帮助零售业重构"人货场"有机整体，提升行业运行效率，改善用户体验。其次，人工智能对互联网营销的影响还体现在催生零售业新业态，降低成本+提高效率。人工智能与零售业的结合催生出无人零售、无接触服务等新业态，为零售业注入了发展新动能。①

　　总体而言，新基建为人工智能带来发展红利，引发新一轮产业升级革命。艾媒咨询认为，传统经济动能日渐式微，面对经济下行和疫情冲击的双重压力，传统产业谋求升级转型的诉求日益强烈。与之相对的是，疫情期间，人工智能被应用到医疗、生活、生产等多个新场景，成为助力社会正常运转的中坚力量，也向世人展示出科技创新带来的强大动能。伴随着政府新基建一系列政策信号的释放和落地，中国经济新旧动能转化加速，人工智能发展迎来新红利，进而引发新一轮的产业升级革命。其次，人工智能加速向纵横拓展，不断催生新产品、新模式、新业态，艾媒咨询分析师认为，在新基建热潮的驱动下，资本、人才、资源将加速涌入人工智能产业，推动人工智能向纵横拓展。纵向上体现为算法、算力的突破带来的人工智能技术的跃升，横向上体现为人工智能与新、老产业的加速融合，协同发展。技术和应用的交替上升，逐步强化人工智能的基础设施地位，加速其贯穿重构社会生产生活，不断催生

---

① 艾媒咨询.2020年中国新基建时代人工智能产业发展报告［EB/OL］.https：//www.sohu.com/a/419497952_99900352.

新产品、新模式、新业态。①

（二）关键技术：结构性地决定产品的形态和营销环境

除了数字基建中的通信、计算等技术底座的快速发展，一些互联网通用的关键技术也对互联网营销产生了重要的影响。这些具体的技术是行业发展的风向标，结构性地决定了产品的形态和营销环境，如区块链技术、交互仿真技术、虚拟开发引擎等。

1. 区块链：营销环节透明化

区块链是记录信息和数据的分布式数字账本，该账本对等网络的多个参与者之间。参与者可以使用加密签名将新的交易添加到现有的交易链中，形成安全、连续、不变的链式数据结构。所以，区块链具有去中心化、开放性、匿名性和不可篡改等特点。区块链在产业中的应用可有效加强多方间的协作信任，提升系统的安全性和可信性，并简化流程、降低成本。2021 年在政策与市场的双轮驱动以及元宇宙及数字藏品等热门领域的带动下，我国区块链产业加速发展，产业规模不断攀升。我国区块链相关机构以提供软件开发及信息技术服务为主，围绕着数字资产的发展，衍生出计算芯片、信息系统、网络系统、交易服务、媒体等诸多行业形态，脉络逐步清晰。

---

① 艾媒咨询.2020 年中国新基建时代人工智能产业发展报告［EB/OL］. https：//www.sohu.com/a/419497952_ 99900352.

（亿元）

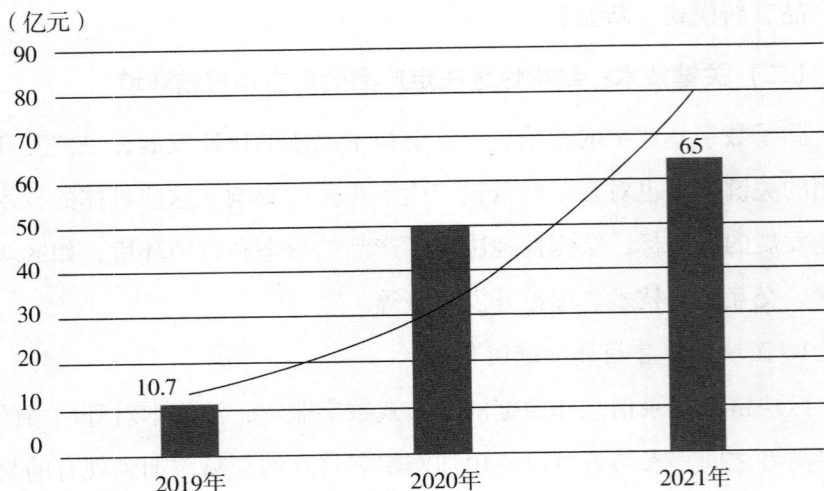

图4-8　我国区块链产业规模

数据来源：赛迪区块链研究院

2021年，我国区块链产业规模不断扩大，据赛迪区块链研究院统计，我国区块链全年产业规模由2016年的1亿元增加至2021年的65亿元，增速明显。截至2021年底，我国提供区块链专业技术支持、产品、解决方案等服务，且有投入或产出的区块链企业超1600家，其中2021年新增区块链企业超200家。

区块链并不是一项单一的技术创新，而是P2P网络技术、智能合约、共识机制、链上脚本、密码学等多种技术深度整合后实现的分布式账本技术。以密码学技术的哈希算法（Hash Function）与时间戳为例，哈希算法又被称作散列函数，是多种密码体制与协议的安全保障，被广泛应用在实体和数据的完整性认证，是现代密码学的关键技术。基于哈希算法的数学原理，时间戳能够实现对电子数据的原始性认证。具体而言，哈希算法与时间戳广泛应用于数字签名、知识产权保护、加密货

币、央行数字货币和数字人民币等领域，促进了数字经济时代经济秩序
的建立和资产的数字化①。

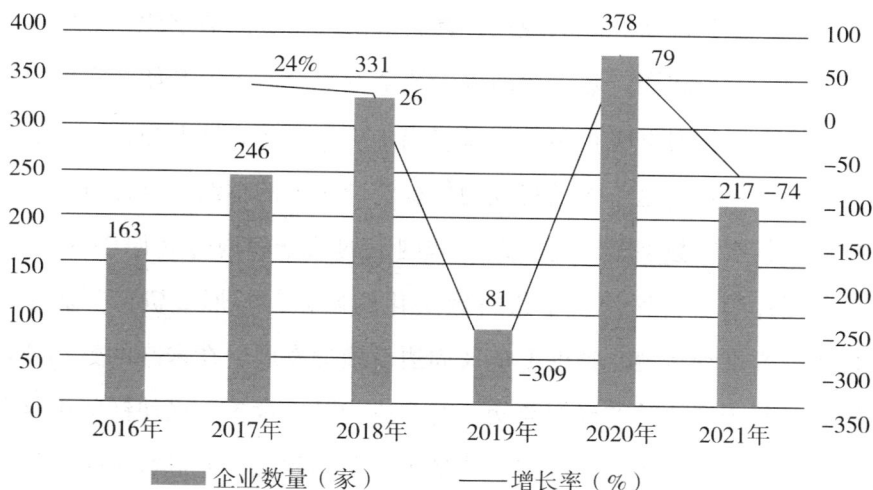

图 4-9　我国区块链企业规模

数据来源：赛迪区块链研究院

区块链技术在营销领域的应用主要体现在物流、供应链金融、商品
溯源、数字身份、支付清算等方面。比如在物流方面，由于信息不对
称、数据流转不通畅等问题导致社会化物流中生产关系的信任成本增
加，并衍生出企业交互成本过高、真实性缺乏保障、物流征信评级无标
准等问题。根据前瞻产业研究院的观点，区块链技术正好可以较好地解
决"大物流"模式下的信任问题，在物流商品上链后，商品包装、调
取、运输、交接以及送达等每一环物流信息都被清晰地记录在区块链
上，保障了物流数据真实可靠，促进物流领域的商流、物流、信息流、

---

① 头豹研究院 . 2022 年区块链技术在元宇宙中的应用研究系列报告［EB/OL］. https：//
www.sohu.com/a/547990239_ 121238562.

资金流四流合一。

在未来，区块链在商业化场景的真正发力，需要服务于数据要素的市场化。根据腾讯研究院的观点，其关键点在于资产数字化和数字资产化两方面。首先，资产数字化即以传统金融资产为主流开始进行数字化迁移，这一过程对 IOT 设备的普及提出了更高要求，同时也催生了资产网关的全新角色。这一角色将成为传统资产上链的枢纽，确保真实性与可校验。其次，数字资产化，是互联网上的数据和内容（原创的文字、音乐、图片等）在区块链上进行数字化的确权，并形成资产。数字资产化还需要推动跨链、辅助上链及周边设施的发展。在未来的数据要素市场中，基于区块链的确权与交易有望成为基础设施。区块链将围绕各行业场景需求，解决资产确权、交易等环节的问题，通过数字化、智能化和物联化，进一步推动资产的价值透明，降低交易成本。

2. 交互仿真技术：催生全新的业态与消费场景

（1）XR：重塑企业与消费者的交互关系

XR 扩展现实技术是 VR、AR、MR 等视觉交互技术的集合，为元宇宙的交互提供核心技术支持，元宇宙中"人、物、环境"之间的交互都离不开 XR 技术。具体而言，XR 主要提供沉浸式体验，目标是全面接管人类的视觉、听觉、触觉等，并通过动作捕捉实现元宇宙中的信息输入输出。交互仿真技术在体感实现上，目前虚拟空间视觉和听觉的体验上走得最快，嗅觉、触觉和意念体验有了起步。①

产品层面，XR 头显/眼镜+手柄是目前最成熟的 XR 交互方式，消

---

① 德勤咨询. 元宇宙综观：愿景、技术和应对［EB/OL］. https：//www. jinse. com/blockchain/1183099. html.

费级产品已得到市场认可，但仍存在安全性、有线连接、眩晕感等问题。①

总的来说，XR 是打造元宇宙沉浸式体验的关键技术，借助 XR 技术可以实现元宇宙与物理世界的无缝转换，XR 内容让用户置身内容之中，从而获得沉浸式体验。未来 XR 硬件升级带来的沉浸式交互体验将释放海量用户触点，XR 内容会在需求释放后随之生成，产生对应的 XR 内容、XR 产品、XR 服务满足 XR 交互下的用户需求，重塑企业与用户的关系。

（2）VR/AR：新消费形态的主要入口

据 IDC 等机构统计，2020 年全球 VR/AR 市场规模约为 900 亿元，其中 VR 市场规模 620 亿元，AR 市场规模 280 亿元。中国信通院预测全球虚拟（增强）现实产业规模 2020-2024 五年年均增长率约为 54%，其中 VR 增速约 45%，AR 增速约 66%，2024 年二者市场规模接近、均达到 2400 亿元。② 安信证券发布的《2022 元宇宙报告》指出，下一代计算平台的产业轮动周期已然开启，新硬件主义的研究思路下，2021 年及以后，VR/AR 产业的硬件、软件、内容、应用等均会面临重构。③

在产品层面，虚拟现实产品供给愈加多元与完善，技术的蓬勃创新与商业模式的融合与演进。虚拟现实技术主要应用在工业生产、文化娱乐、商贸创意、教育培训、医疗健康五大领域。根据中国互联网协会发布的《2021 中国互联网发展报告》，在未来，虚拟现实的发展是在云

① 亿欧智库. 幻视元境——元宇宙行业洞察报告［EB/OL］. https：//www. 163. com/dy/article/H6S0UQ0605526SET. html.
② 中国电子信息产业发展研究院. 元宇宙产业链生态白皮书［EB/OL］. http：//dsj. guizhou. gov. cn/xwzx/gnyw/202205/t20220530_ 74434688. html.
③ 北京大学汇丰商学院，安信证券. 元宇宙 2022——蓄积的力量［EB/OL］. https：//cloud. tencent. com/developer/article/1963352.

网、边、端、用、人等融为一体的创新体系下重构现有系统架构在深度融合创新的框架下的，未来会重新界定并迭代优化一批新技术、新产品、新标准、新市场与新业态。① 届时，虚拟现实技术路径、虚拟现实近眼显示、渲染计算、感知交互、虚拟现实内容制作、网络传输领域将成为行业发展的重点方向。

在具体的应用层面，Illuminarium Experiences 和谷歌 AR 眼镜是目前最新的产品形态。

产品一：Illuminarium Experiences 体验馆

Illuminarium 是一种融合了身临其境的环境、高预算电影制作、戏剧设计和先进技术与设备的多感观沉浸体验馆，可以带来全新的沉浸感、互动感、参与感和共享感。Illuminarium 通过结合最先进的技术，如 4K 交互式投影、3D 沉浸式音频、地板振动和气味系统等，触及视觉、听觉、嗅觉触觉多感官层面。同时，Illuminarium 在视觉上实现"裸眼 VR"的效果，即无须穿戴设备，就能看到 VR 般呈现的画面。②

在技术环节，Illuminarium 的投影系统采用的是松下最新的投影系统，音响则是来自 HOLOPLOT 最尖端的音响系统。在听觉层面，其"3D 波束形成技术"所营造出的具有层次感的声音让模拟体验更加立体、真实。在触觉和互动方面，Illuminarium 在 Powersoft 的系统中内置了低频触觉，并在天花板上安装了 Ouster 的 LIDAR 系统。通过这样的方式，Illuminarium 能追踪捕捉到游客的动作并进行实时的数据监测，通过对两者的叠加，创造了完美的互动体验。此外，在 Illuminarium 体

---

① 中国互联网协会. 2021 中国互联网发展报告［EB/OL］. https：//www. sohu. com/a/478433964_ 407401.

② 影像骑士. 前所未有的多感官沉浸式体验，创造更具想象力的未来［EB/OL］. https：//mp. weixin. qq. com/s/lch_ VBQoTe3a2SSMkjItkw.

验馆内，空气中的气味也会随着画面的切换而进行调整，丰富的味道能触发更深沉度的体验，视频墙上还有特殊的光学涂层，用以增强 VR 的视觉效果。

产品二：谷歌 AR 眼镜

2022 年谷歌 I/O 大会（开发者大会）于 5 月 12 日召开，其间展示了新一代谷歌 AR 眼镜概念机，支持 24 种语言实时翻译和 AR 字幕显示功能。新一代谷歌 AR 眼镜在外观上采用了新的设计，黑色镜框更加贴近当下的现实生活，日常佩戴的外部观感与普通眼镜无异。

配置上，从外观和展示功能推测，应该并未搭载摄像头，主要用于收音，并进行实时翻译，然后通过镜片进行对应的 AR 字幕显示。这款产品基于实时翻译和 AR 字幕显示功能拥有着众多的应用场景。一方面，可以帮助不同语言之间的沟通交流，支持英语、汉语、西班牙语等 24 种语言，可以满足用户出国旅游等场景下的交流需求。另一方面，新款谷歌 AR 眼镜可以辅助听力受损的老年群体，以及听障人士更好地融入正常生活。新一代谷歌 AR 眼镜通过收集交谈信息，再通过镜片进行字幕显示，从而能够实时获取交谈内容，进行更流畅的沟通交流。

这些技术与产品代表了人类与人工智能和下一代互联网互动的方式，并将改变人类使用数字内容的方式——我们如何工作、消费以及沟通。在消费端，如 3D 虚拟现实商城，这种虚拟商城的导航可以轻松传送、浏览商店和产品，还可以获得支付网关支持，可以同时具备网上购物和实体店购物的独特优势，从而打造出极具竞争力的新购物模式。

根据《世界 VR/AR 协会白皮书》的观点，VR 和 AR 已经成为营销生态系统的一部分——它们在品牌建设、电子商务和商业内容方面的作用将改变整个行业。如智能家居体验、虚拟驾驶体验、奢侈品虚拟体验等都成为时下最新颖的消费体验活动，向我们展示了未来新消费体验的雏形。

3. 时空生成技术：架构沉浸式媒体的原动力

时空生成技术是用以构建沉浸式媒体的技术集合，主要包括 3D 建模、实时渲染和虚拟开发引擎。沉浸式媒体实现了物理世界和虚拟世界的融合共生，被认为是改变未来生活和工作方式的颠覆性趋势之一。在 5G 和 AI 等技术推动下，沉浸式媒体正走向体验和场景的纵深化发展。更深度的沉浸式体验，主要体现在真实场景的 6DoF（Degree of Freedom）、更清晰和流畅的内容显示、多通道交互等方面。沉浸式媒体将带来听视觉的逼真性、交互的流畅感和真实感升级。

（1）3D 建模技术

2021 年全球 3D 制图和建模市场规模大约为 170 亿元（人民币），预计 2028 年将达到 338 亿元，2022—2028 年期间年复合增长率（CAGR）为 10.2%。[①]

3D 建模技术目前主要包含静态扫描技术与动态光场重建两类。静态扫描技术仍为主流，其中相机阵列扫描重建快速发展，目前可实现毫秒级高速拍照扫描（高性能的相机阵列精度可达到亚毫米级），该技术在国际上已成功商业化，广泛应用于电影、游戏创作。相比静态扫描技术，动态光场重建在搭建精细几何模型之外，还可获得动态数据，高品质呈现光影效果。[②] 目前，Apple、Google、SAAB、Autodesk、Microsoft、Intel、Meta 等巨头公司在全球占有主要的市场份额。

以 Autodesk 为例，其推出了 3DMax 与 Maya 等 3D 建模软件。3DMax

---

① 恒州博智. 2022-2028 全球及中国 3D 制图和 3D 建模行业研究及十四五规划分析报告 ［EB/OL］. https：//www.qyresearch.com.cn/reports/3d－mapping－and－3d－modelling-p966360.html.

② 中国电子信息产业发展研究院. 元宇宙产业链生态白皮书 ［EB/OL］. https：//www.ccidgroup.com/info/1096/34567.htm.

是基于 PC 系统的三维建模、动画、渲染的制作软件，为用户群最为广泛使用的 3D 建模软件之一，常用于建筑模型、工业模型、室内设计等行业。Maya 也是 Autodesk 公司出品的世界顶级的 3D 软件，它集成了早年的两个 3D 软件 Alias 和 Wavefront。Maya 主要应用于影视领域，比如动画片制作、电影制作、电视栏目包装、电视广告、游戏动画制作等。

（2）虚拟引擎

虚拟引擎是一套帮助开发者实现实时交互的软件开发工具，旨在帮助开发者实现实时 3D 的高效率开发。虚拟引擎不仅应用于游戏和影视制作，也参与到现代工业、城市规划、设计、军事、教育培训和消费领域。从技术逻辑的角度来看，虚拟引擎是架构高沉浸体验、数字孪生和高密度交互场景的底层技术。

目前虚拟引擎的市场呈现出 Unity 与 Unreal（虚幻引擎）形成双寡头格局，2021 年 Unity 全球市占率达 49.5%，Unreal 全球市占率达 9.68%。此外，动视暴雪（无尽引擎）、EA（寒霜引擎）和 Take-Two（Rage 引擎）在未来都具有较好的发展前景。

➤ Unity

Unity 是实时 3D 互动内容创作和运营平台。包括游戏开发、美术、建筑、汽车设计、影视在内的所有创作者，借助 Unity 将创意变成现实。Unity 平台提供一整套完善的软件解决方案，可用于创作、运营和变现任何实时互动的 2D 和 3D 内容，支持平台包括手机、平板电脑、PC、游戏主机、增强现实和虚拟现实设备。Unity 是最早一批引入虚拟引擎的企业，具有明显的先发优势。VR 方面，Unity 推出用于 VR 的高清渲染管线（HDRP）和用于 VR 的通用渲染管线（URP）。适用于 VR 的 HDRP 面向高端 PC，能够在不牺牲性能的前提下提供较强的视觉效果；面向 VR 的 URP 是一种经过优化的单通道前向渲染循环，可以在移动硬件上实现最优性能。无论是 PCVR 还是一体机，Unity 均提供相应的工具，助力创作者实现最高级别的图形保真度，并针对性能进行优化。AR 方面，Unity 推出专为 AR 开发的构建框架，创作者仅需一次开发即可将内容部署在多个 AR 设备上。2020 年 Unity 推出混合和增强现实工作室（MARS），极大程度减少了自定义编码。同时 Unity 还推出即时 AR 功能，助力开发者创建更轻量且可立即加载的即时 AR 内容和体验。

> 虚幻引擎

虚幻引擎（Unreal Engine）是一款由 Epic Games 开发的游戏引擎，如今被广泛应用于开发各种类型 3D 游戏，也成为 Epic Games 的核心业务。虚幻引擎专注高质量游戏渲染，其中 Nanite 与 Lumen 两项全新功能彰显出虚幻引擎在高端渲染领域的优势。Nanite 虚拟几何体能够极大丰富多边形建模细节，由数以亿计的多边形组成的影视级美术作品可以被直接导入虚幻引擎，无须像传统游戏建模一样拓扑、烘焙贴图、设置 LOD。

总的来说，在互联网营销领域，未来随着 5G 的大规模普及，沉浸式媒体硬件及技术的进一步突破，制作成本的下降以及更多优质内容的开发，沉浸式媒体产品和服务将被主流群体广泛采纳，应用场景和商业空间将被全面激活。同时，新冠肺炎疫情也为沉浸式媒体的垂直行业市场培育按下加速键，包括 VR 看房、VR 会展、VR 文旅等迎来升温发展，未来基于精准场景的沉浸式商业应用将具备较大空间。根据腾讯研究院的观点，未来几年，随着 5G 的大规模普及，深度沉浸式媒体有望在短期内迎来全面爆发。沉浸式媒体相关硬件算力提升、关键技术的突破和融合、制作成本的下降以及更多优质内容的开发，将推动沉浸式媒体产品和服务被主流群体采纳。可以期待，深度沉浸式媒体将进一步链接经济社会生活场景，更多的消费类和商业类应用将走向沉浸式和线上化。①

二、技术组合创新：元宇宙环境下的互联网营销

（一）虚拟空间促进消费者参与品牌内容生产，传统产销关系边界模糊

虚拟空间是元宇宙中搭建的新场景生态，其中 AR/VR 技术成为元宇宙从概念走向现实的路径，而云游戏则是元宇宙实现的重要场景。VR（Virtual Reality）是指虚拟现实，即用户借助智能交互等技术手段，进行信息交互。AR（Augmented Reality）是指增强现实，即运用智能交互手段，将虚拟信息模拟仿真后，应用到真实世界。社会普遍认为 VR 与 AR 能够提供虚拟场景的沉浸感，成为进入元宇宙空间的主要终端。5G 等通信技术传输效率提升，时延降低，能够支持全场景虚拟现实和增强现实同时运行。增强现实设备和虚拟现实设备的高度融合，进一步发展到混合现实的水平，让用户体验到超高体验游戏状态，云游戏成为现实。

元宇宙的产业链包括零部件、交互设备、输出设备和网络基础设施在内的硬件部分，涉及信息处理和系统平台的软件层、平台分发、渠道销售和内容运营在内的服务层，以及内容和应用层。其中，内容和应用层既有 To B 类的房地产、教育、医疗、工程，也有 To C 层面的社交、直播和游戏等，是元宇宙应用前景最为广阔的部分。元宇宙中的虚拟空

---

① 腾讯研究院 . 2021 数字科技前沿应用趋势［EB/OL］. https：//www. sohu. com/a/495155240_ 121015326.

间为内容生产提供了各类生产和生活场景。从场景来看，虚拟现实的交互场景正在经历从基础应用层面，到补充应用层面，再到泛行业应用，最后达到应用生态构建的阶段。在最初的基础应用层面中，应用项目集中在游戏、短视频等领域，总体来看内容形式和交互方式都还较为单一，在用户端的普及率较低；进展到补充应用阶段，虚拟现实及内容更为普遍地应用于各类全景场景中，向教育、营销、培训、旅游、房地产等领域扩展；进入泛行业应用阶段时，虚拟现实应用在医疗、工业加工、建筑设计等场景的价值不断凸显；最终虚拟现实技术会扩展到终极阶段，即深入渗透的强交互状态，在这一阶段虚拟现实全景社交将成为可能。

沉浸式的游戏是元宇宙的最初落地形式之一。沙盒游戏 Roblox 被称为"元宇宙第一股"，这是一款兼容虚拟世界、休闲游戏和自建内容的互动平台，平台本身并不提供游戏开发而是提供工具和场景供玩家自行创作沉浸式的 3D 游戏，因此场景中的大多数作品都是由玩家自行建立，截至 2022 年 4 月，Roblox 平台上有超过 4000 万款游戏。与此同时，玩家还可以在 Roblox 中以自己的数字身份进行社交，将游戏平台中获得的 Robux 货币与真实货币兑换。这些要素使得 Roblox 成为目前最接近元宇宙的"世界"之一。元宇宙中的虚拟游戏场景也给品牌营销带来了更多创意。

营销游戏化并不是一个新概念，近年来，元气森林、钟薛高等诸多品牌早已开始游戏营销的布局，推出诸如元气消消乐的游戏吸引用户参与。游戏本身的乐趣既能够抢占更多用户的时间，增加用户黏性，又能在品牌 IP 的游戏场景中进一步加深品牌印象，潜移默化地影响消费决策。在传统游戏营销的基础上，元宇宙的游戏应用场景也给品牌营销提供了新场域。2022 年，天猫"618 元宇宙数字大秀"在虚拟空间上线。

这场主题为"莫比乌斯"的内容场景中，虚拟数字人 AYAYI 和锘亚等身着小鹏汽车、百威、玫珂菲、Off-White 等品牌的数字虚拟服饰上场。此前，小鹏汽车也曾推出过一款名为"鹏克星球"的元宇宙营销空间，通过"虚拟数字人+虚拟空间"的互动结合，将户外探险的故事剧情和品牌线上营销相结合，给消费者带来沉浸式的消费场景和互动体验，模糊传统产销关系，实现品牌的营销目标。

（二）数字虚拟人打破圈层，促进品牌与消费者情感联结

2021 年 3 月，国家将虚拟数字技术纳入《中华人民共和国国民经济和社会发展第十四个五年规划和 2035 年远景目标纲要》中，要以技术进步推动行业应用创新，加速数字人的场景化应用落地。可见，虚拟数字技术创新已成为今后我国实现产业创新和技术强国的必由之路。在此背景下，元宇宙中的虚拟数字人概念引发了诸多关注，以虚拟偶像为例，据艾媒咨询《2022 年中国虚拟人行业发展研究报告》显示，2021 年数字虚拟偶像产业保持了稳定的增长趋势，虚拟偶像带动的市场为 1074.9 亿元，预计 2022 年达到 1866.1 亿元，虚拟偶像的核心市场规模在 2021 年达到 62.2 亿元，2022 年预计为 120.8 亿元，广阔的市场前景背后是数字技术的支持。

2021—2022 年，虚拟数字人技术日趋成熟，许多互联网及科技公司纷纷布局到虚拟人产业中来。2021 年 10 月，科大讯飞最先推出了虚拟人交互平台 1.0，实现了虚拟人多模感知、情感贯穿、多维表达和自主定制。2021 年 12 月，网易投资了世悦星承公司，专注于元宇宙时尚潮流细分赛道的数字内容研发及运营，围绕 To B 端的虚拟数字人和 To C 端的虚拟服饰等方向进行开发。2022 年 1 月，字节跳动投资的李未可科技有限公司打造了"李未可"的 AR 科技潮牌和同名的虚拟 IP 形象。

资本的投入和开放的竞争环境迅速促进了虚拟数字技术的发展。

虚拟数字人背后的技术包括计算机图形学、语音合成技术、深度学习、类脑科学、生物技术、计算机科学聚合科技等，以构建"人"的外形、行为，甚至思想观念的可交互形象。聚合技术下语义的无障碍传播环境使得虚拟数字人可以被广泛地应用在元宇宙生态中，发挥信息制作和传递的作用，在虚拟的元宇宙环境中将"人"与"人""人"与"物""人"与"场"相联系形成新的孪生关系。2021 年，中国开通的5G 基站超过 139 万个，基础设施的发展再一次推动了数字虚拟人的普及。目前，数字虚拟人已初步形成较为完整的产业链，上游包括阅文集团、次世文化等内容制作机构和微软等工具类企业；中游包括拟仁智能等垂直虚拟人厂商、火山引擎、百度等互联网技术厂商、AI 厂商包括科大讯飞、宇视和 CG 及 XR 厂商等；下游企业则包含影视、传媒、游戏、金融和品牌内容运营等。目前，主要出现在营销场景中的虚拟数字人类型包括代表真人虚拟分身的身份型、虚拟员工的服务型和常以虚拟偶像形象出现的表演型。三种类型的数字虚拟人在营销场景中的运营形式也各有不同：虚拟偶像通常以歌手、演员等艺人形式出现，通过流量积累来获得更多知名度；以央视网小 C、电商主播 VIVI 为代表的虚拟主播则通过视频平台或机构的运营担任新闻播报、直播带货的角色；虚拟员工作为品牌的"数字员工"在元宇宙场景下担任智能客服或以网红、偶像的方式在社交或视频平台上为品牌吸引流量，哈尔滨品酒哈酱、OPPO 小布都是这种类型的代表。

如今，数字虚拟人成了品牌营销的重要组成部分。元宇宙中将虚拟数字人与游戏、内容电商、快消品和美妆等结合的模式已经逐渐成熟。与真人相比，数字虚拟人的概念拓展了以往真人偶像、员工的概念，虚拟数字人既可以以拟人的形态出现，也可以以卡通、夸张的虚拟形象展现。对于品牌方来说，数字虚拟人降低了人员和运营成本，让许多中小品牌和企业能够快速入门，将品牌的虚拟数字人用于营销之中。在营销场景中，虚拟数字人不仅可以承担和真人一样的电商推广、电商直播等环节，也可以充当发布会、晚会演出等主持、嘉宾，扩展了品牌人物的功能和应用场景，最大限度地满足了品牌方的需求。在营销环节中，虚拟数字人能够结合营销场景实时调整，以达到最优的营销效果。较真人更具优势的是，虚拟数字人产生负面新闻和塌方事件的可能性大大降低，能够最大限度地保障品牌权益。另外，品牌方可以根据自身的预算、周期、目标等营销需求设定个性化的虚拟数字人，在大数据和算法的支持下向消费者精准推送商品以达到营销目标。2022 年"618"期间，京东打造了美妆虚拟主播"小美"，并出现在 YSL、科颜氏、OLAY、欧莱雅等超过 20 个美妆品牌的电商直播间中带货，还联合百度以虚拟数字人的身份发布了《618 消费趋势洞察报告》。越来越多的品牌方将虚拟数字人和产品营销结合在了一起。

虚拟数字人是品牌和消费之间重要的情感纽带。对习惯于传统的线下购物方式的消费者而言，出生、成长于互联网环境下的 Z 世代年轻人在消费观念、品牌意识上与前代消费者存在较大的差异。情绪化和真实平等的表达方式更容易获得 Z 世代的认同，由情绪、情怀为特点的、具有社交属性的营销策略更容易激发他们的购买欲。虚拟数字人恰好体现了这一特点。作为元宇宙生态中的一部分，虚拟数字人也不是中心化的产物，每一个数字人从诞生之日起，名字、外表、声音、性格、爱好、价值观等都基于大量的用户偏好调研，并且在应用过程中视情况而不断调整变化。这样的过程中，每一个环节都离不开消费者的参与和选择，这样的过程也帮助品牌方和消费者逐渐建立起情感联结，积累起消费者的信任。在孵化过程中，品牌方也拥有了更多与消费者的交流空间，以潜移默化的方式顺畅、高效地传递品牌理念，让消费者产生情感共鸣和社交满足，进而达到品效合一，获取更多利益。

（三）数字藏品以稀缺性品牌内容为基础，为品牌与消费者双向赋能

元宇宙生态中，"物"的形态也有了新的变化，NFT（Non-Fungible Token）是其中重要的组成形式。NFT的中文全称为非同质化通证，它是基于区块链技术，具有可验证性、透明性、有效性、不可篡改性的一种去中心化的虚拟资产的数字所有权证书。2021年是元宇宙元年，也被称为NFT元年。最有代表性的NFT作品是来自美国的NFT艺术家Beeple的作品。2021年3月，Beeple的NFT作品"The First 5000 Days"被佳士得拍卖行以6934万美元拍卖成功。天价的拍卖额使得NFT和Beeple都迅速出圈。紧接着，2021年12月，数字艺术家Pak在Nifty Gateway平台将自己的作品"Merge"以总价9180万美元拍出，让NFT的热度更上一层楼，NFT成了现象级的话题。2021年全球NFT交易量超过176亿美元，是2020年的21倍。

海外NFT的大火也带动了中国市场的火热。在中文语境下，数字藏品的概念代替了NFT，与NFT相似的是数字藏品也是利用区块链技术进行的唯一标识的特定数字化作品、艺术品和商品。与NFT概念略有的差异在于，数字藏品一经售出，不具备支付等交易功能。2021年6月，阿里巴巴与敦煌美术研究所合作推出了敦煌飞天与九色鹿两款NFT皮肤。皮肤一经上市迅速被抢购一空。这也是国内数字藏品的标志性事件，随后各大平台与品牌纷纷开始推出自己的数字藏品。腾讯等互联网公司也开始搭建自己的数字藏品交易平台，如腾讯幻核、阿里鲸探、京东灵稀等，截至2022年6月，国内搭建数字藏品平台及发行数字藏品品牌的企业数量超过 580 家。

区块链技术很好地解决了传统互联网环境下"复制-粘贴"无法有效保护知识产权的问题，明确了产权所有者和使用者之间的关系，保证了资产的唯一性、永久性和真实性，很好地解决了确权问题。去中心化的贮存方式保证了资产能够永久性存在，体现了数字藏品的资产确权化价值。此外，数字资产的价值还在于数字内容资产化和创作回报持续性。在数字藏品的概念出现之前，用户的购买仅能拥有数字内容的使用权，而无法真正拥有数字内容，而数字藏品拓宽了数字资产的边界，让任何一种独特性资产都可以被铸成数字藏品。此外，去中心化的交易模式也提高了内容创作者的地位，保障了创作者的权益。

相较于海外 NFT 创作更为注重独立创作者的 IP 内容而言，国内的数字藏品则更多应用于品牌营销，将数字藏品的形式与主流内容营销相结合，为品牌带来更多声量，帮助产品转化。目前国内比较热门的数字藏品可以主要分为文物类、收藏品类、音视频类和动漫类。2021 年，国内多家博物馆推出了重点藏品的 3D 版数字藏品。例如，湖北省博物馆推出了镇馆之宝"越王勾践剑"的数字藏品、金沙遗址博物馆围绕镇馆之宝"太阳神鸟""大金面具"等推出"浮面""白藏之衣""虎虎生威"等作品。多家旅游景点和汽车企业也推出了数字藏品，如陕西西安曲江大明宫国家遗址公园"O 宇宙·千宫系列"数字藏品，一汽大众·奥迪发行了以奥迪概念车 sky-sphere 为原型的数字藏品"平行幻象"。音视频类的数字藏品包括唱片和影视剧的数字藏品，例如，歌手胡彦斌推出了《和尚》20 周年的纪念数字唱片、《真三国无双》的电影数字藏品。动漫类包括蔬菜天团的数字头像、三国杀卡牌等。

平台和品牌方陆续推出数字藏品内容以抓住风口，产生利润增量。一方面，平台纷纷布局数字藏品交易平台，为品牌营销提供便利。例如，在天猫中搜索"数字藏品"的关键词，即可进入天猫数字藏品的内容主页，内容主页中包含了创作者、品牌、产品与用户，整合多种营销形式，以及较为完备的数字藏品交易平台，实现了创作+营销+交易一体化的全链式服务。另一方面，品牌自身也会推出数字藏品以吸引消费者。NIKE 是元宇宙虚拟营销的先行代表之一。2021 年 12 月，NIKE 收购了数字史上品牌 RTFKT 进军虚拟营销。之后，NIKE 很快推出了首款数字藏品运动鞋 CryptoKicks，2022 年 4 月，NIKE 联合天猫超品日，推出活动限量藏品 5000 枚。一系列的虚拟营销赢得了虚拟消费用户群体的注意，成功为品牌引流增量。

未来，数字藏品的衍生价值还将持续放大。一方面，数字藏品可以脱离营销身份，进一步发展其自身的商业价值；另一方面可以形成新的产业链条，实现程序化管理。在此基础上，新的内容平台也将诞生。数字藏品的营销模式因为其新颖的概念也会对用户，尤其是 Z 世代的用户产生吸引力，而且可以与品牌文化、IP 内容高度结合，为品牌方产生新的利润点。在此基础上，数字藏品进一步发展，将品牌方、平台方、KOL 和用户结合起来成为新增量、新合作、新生态、新圈层。

三、技术应用趋势与展望

随着数字化技术的进步，我国的网民增速也在持续上升。2022 年 1 月至 6 月，移动网民净增 903 万人，截至 2022 年 6 月末网民总人数达到 11.9 亿人。其中，移动社交、移动购物、系统工具、金融理财、出行服务及移动视频行业的用户规模均在 10 亿以上。此外，新冠肺炎疫情背景下，人们的数字化生活进程也在进一步加快，数字化成为人们生活、学习、工作的必要方式。在这样的背景下，数字化的新型消费还将进一步吸引流量的线上转移。

2021 年被称为"元宇宙元年",概念大火的当下,品牌如何通过虚实互联网进行内容和营销上的创新也是人们关注的话题。具体而言,数字化营销的重点,一方面要关注用户个性化的需求,注重产品的情感诉求;另一方面也应当关注营销形式如何适应新的场景、营销产品如何创新,以满足消费者快速迭代的需求。

在未来,虚拟偶像将承担更多的营销身份。2021 年 10 月,一名叫"柳夜熙"的古装扮相虚拟人在抖音发布视频,视频中的人物正拿着一支笔对镜化妆。短短 2 分钟的视频一时间让虚拟偶像、元宇宙的概念传播度直线上升。事实上,虚拟偶像也在经历迭代。与初代虚拟偶像初音未来相比,元宇宙环境下的虚拟人呈现更接近人类形象的特征,也开始承担更多的营销身份。例如,时尚博主 AYAYI 等都为数字化的营销打开了新的局面。在《2022 中国消费趋势报告》中,35.9% 的消费者认为虚拟偶像能够积极促进企业正面形象的树立,其中 00 后人数比例最大,占 63.5%。可见,年轻一代消费群体对于元宇宙中的虚拟形态认可程度较高。随着数字技术和硬件设备的进一步升级,元宇宙生活也将成为常态。

2021—2022 年,元宇宙概念大火的同时,衍生出的游戏、虚拟人和数字藏品概念应运而生。与新的市场机会同时出现的,还有各类不规范的行业行为,产业的持续、健康发展需要规范化的法律、法规加以限制。

以虚拟数字人为例,虚拟数字人作为元宇宙生态中的营销新样态有着较好的发展前景,但其可能产生的法律风险也不容小视。一方面,我们应当肯定虚拟数字人为品牌营销活动注入了更多新活力;但另一方面,虚拟主播和虚拟偶像作为品牌代言人,其可能产生的虚假广告和代言等违法情况，如何追责和处罚也是值得思考的问题。2022 年 2 月，Bilibili 电竞旗下的虚拟形象柒柒_ Ranoca 被认为涉嫌抄袭另一位在 Bilibili 活动的个人虚拟主播的面部形象格蕾缇娅（Gretia）。最终，负责柒柒_ Ranoca 的形象设计画师发表声明，承认了创作过程中"过度借鉴"格蕾缇娅的眼部，并表示愿意承担相应责任。随后，Bilibili 平台对虚拟主播艺人经济部的相关负责人进行了处罚。事实上，有关虚拟数字人相关的抄袭案例并不在少数。根据《中华人民共和国广告法》的规定，广告代言人在广告中对商品、服务做推荐、证明时应当依据事实，符合有关法律和行政法规规定。但是，虚拟数字人由于其虚拟的特性，并不具备现行法律中的人格特征，因此当虚拟形象出现"违法"行为时并不能承担法律责任，而是需要其背后的开发、运营主体承担。随着虚拟数字人的不断发展普及，产业发展过程中的法律问题频发，对于这一行业的监管政策也越发重要。

对于数字藏品而言，目前国内尚无针对数字藏品的法律法规，这也在一定程度上制约了数字藏品的发展。2021 年 10 月，国家版权交易中心联盟牵头发布了《数字文创行业自律公约》，达成了包括赋能实体经济、弘扬民族文化、促进行业发展、坚持原创正版、保证价值支撑、保护消费者权益、联盟链技术可控、维护网络信息安全、杜绝虚拟货币、防范投机炒作和金融风险和防范洗钱风险在内的 11 条共识。2022 年 4 月，中国互联网金融协会、中国银行业协会、中国证券业协会三大协会联合发出倡议，坚决遏制 NFT 金融证券化倾向，从严防范非法金融活动风险。事实上，数字藏品这种新样态涉及互联网信息、知识产权、虚拟物品等属性，与常规货品在发行、使用和流转中的方式都存在差异，因此，政策的规范也需要配套新的模式。

第二部分

创新篇

第五章　互联网平台营销创新

随着营销环境的变迁，当前各类互联网平台营销呈现出新的创新特征与营销趋势。其中，内容平台围绕内容专业化发展、吸引高价值生产者、促进强价值内容，从内容出发为平台带来新活力；社交平台加速平台赋能，启用"品效销"全局式营销，打造全景营销生态，借助时事热点与数字技术创新营销手段；电商平台以技术带动全域营销，以品牌自播为代表的"去头部化""公域转私域"流量引导成为主要趋势。作为主要的商业活动主体，有关电商平台的监管政策出新不断，将更好地促进电商行业健康绿色发展。总体来看，当前政策趋向监管常态化、运营规范化、政策细节化，促进平台经济健康发展；技术营销应用面拓宽，新技术产品开辟新营销风口。而后疫情时代，实体经济联动与存量用户增值成为平台营销重点。

一、内容平台

根据 2022 年 CNNIC 研究报告显示，截至 2021 年 12 月，我国网络新闻用户规模达 7.71 亿，较 2020 年 12 月增长 2835 万，占网民总数的 74.7%；我国网络视频（含短视频）用户规模达 9.75 亿，较 2020 年 12 月增长 4794 万，占网民总数的 94.5%；网络视频用户中，短视频用户规模为 9.34 亿，较 2020 年 12 月增长 6080 万，占网民总数的 90.5%；网络文学用户规模达 5.02 亿，较 2020 年 12 月增长 4145 万，占网民整体的 48.6%①。各类内容平台用户规模的不断扩大促进了内容生产效率的提升，加快了内容生产的转型。平台围绕内容专业化发展、吸引高价值生产者、促进强价值内容三个方面，从内容出发为平台带来新活力。

（一）从 UGC 到 PUGC，内容创作专业化

随着互联网技术的发展，视频内容的生产难度和传播成本不断降低。更为低廉的视频制作成本引入更多生产者，视频生产模式也由 PGC 逐渐向 UGC 转变。在内容平台中由用户自行制作内容并分享，一时间成了内容平台的主要生产传播模式。随着平台提供的内容收益的日渐提高，出现一批以制作视频为主要收入方式的专业视频制作者，即 PUGC 生产。以哔哩哔哩为例，其 2021 年第四季度 PUGV 的播放数占总平台视频播放量的 94%。PUGV 活跃内容创作者和视频投稿量双高增长，平均每月约有 300 万名活跃内容创作者，约 1090 万份视频投稿，较 2020 年第四季度分别同比增长 58% 和 83%。②

内容创作的专业化是 PUGV 为代表的 KOL 营销方式成为互联网平台营销一大渠道的基础。在过去的一年里，受疫情影响，人的活动半径缩小，更多人愿意尝试视频制作以谋一条新的出路，其中出现了一批有较强视频创作能力的新生创作人员。从传统的用户自创视频到专业型视频生产者，平台的内容生产逐渐走向专业化。一方面，视频技术门槛降

---

① 中国互联网信息网络中心. 第 49 次中国互联网络发展状况统计报告［DB/OL］. http://www.cnnic.net.cn/hlwfzyj/hlwxzbg/hlwtjbg/202202/P020220407403488048001.pdf.

② 中银国际. 传媒互联网行业视频产业深度报告（上）：长视频市场竞争缓和，中视频社区价值凸显［DB/OL］. https://djyanbao.com/report/detail? id=3042186&from=search_list&invite_code=XZJSHM.

低使用户制作效率与专业化程度得到进一步提升。对于视频生产者来说，在视频制作软件方面以剪映、必剪为代表的成熟手机剪辑软件用可简单添加的剪辑效果和简化的视频制作流程，使原本需要繁杂的视频剪辑流程和特效制作的视频剪辑过程被进一步精简，技术的进步使拥有高价值内容的生产者可以大大降低内容生产的成本，从而将注意力专注于内容质量的提升。相比于上一年的视频剪辑软件，软件开发者在试图降低用户学习成本的基础上为用户提供更多可自定义的视频剪辑功能。大批类似的剪辑软件开始不断朝专业化的剪辑软件进化，发展出线性的剪辑、关键帧、定位点、遮罩等功能。这些功能使视频创作者以简单的方式实现专业化制作才能够生成的剪辑与视频效果，提升视频制作专业性的同时也进一步提升了内容生产者的内容生产效率。

与此同时，平台的内容创作者不仅在视频制作上质量提升，内容价值方面也更为多样、厚重。以短视频为例，以搞笑幽默内容、娱乐明星以及音乐舞蹈为主题的短视频数量呈下降趋势，知识文化类团购、探店分享、知识科普、学习相关类短视频数量显著增加。

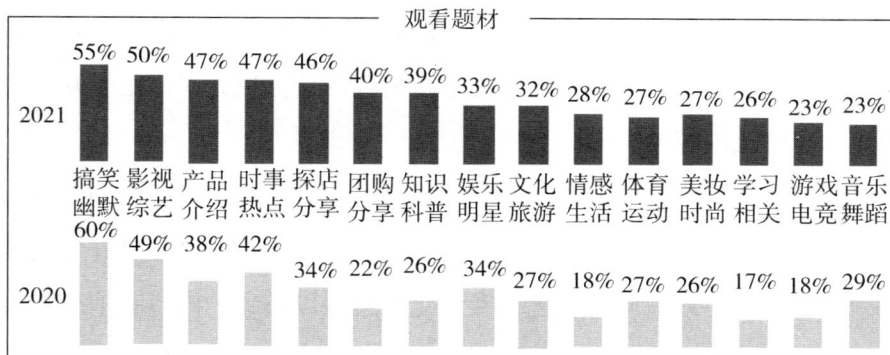

图 5-1 益普索 2022 短视频趋势报告①

① 益普索行业观察 . 2022 短视频趋势报告 ［DB/OL］. https：//mp. weixin. qq. com/s/L44daIxrgNebZGF4Nh8ydw.

　　除内容价值和视频生产质量的提升外，平台也在积极引进具有高价值、高知识含量的内容创作者。在 2020 年末视频平台哔哩哔哩迎来热门入驻 IP 王冰冰，继 2020 年初罗翔入驻哔哩哔哩后进一步引燃内容平台入驻热潮。高话题性、高价值的人物入驻平台为平台带来更强号召力，各大平台也纷纷邀请话题性强、高价值的 IP 入驻。在过去的 2021 年里，各平台所邀请的入驻者从具有强话题的明星逐渐向专业化的职业精英、高知识价值的学者、高质量创作的创作者靠拢。例如，哔哩哔哩平台目前已有 300+ 名师学者入驻，邀请以学者刘海龙为代表的高校教授入驻平台，覆盖近百个学科专业①；字节跳动旗下的抖音平台亦在 2021 年完成了 "2000+" 的政府机构入驻以及 "800+" 高校学者的入驻；无独有偶，2021 年 4 月，百度移动生态万象大会，发布泛知识创作者招募计划——轻知计划，邀请 100 位名家、1000 名行家共同开启泛知识创作的蓝海，邀请孙越、高晓攀、竹内亮、李玉刚等名人担任好看视频知识分享官，独家定制多档知识与文化类精品内容②；与之相似的还有快手的光合计划、小红书的 MCN 合作计划等。平台选择具有高知识、高价值的用户 IP 入驻并使其成为该内容领域生产的头部 IP，除为平台创造新的热点来源外，实现平台内容的价值提升，满足受众对高知识、高价值内容的需求。

　　除此之外，依托于短视频平台的短剧成为业界新宠。在 2021 年，全国短视频用户已达 9.34 亿人，短视频平台拥有的庞大用户群体使短视频平台内容亦逐渐向多元化、专业化发展，以精致的内容获取用户关注。而随着内容形式的创新，剧集的概念又重新回归到短视频的视野。

---

① 2021B 站创作者生态报告 [DB/OL]. https：//www.bilibili.com/read/cv14332832.

② 好看视频创作者扶持再升级，"轻知计划"招募万人知识团 [EB/OL]. https：//www.huanqiu.com/a/c36dc8/3390555098257528648？agt=12.

在短视频平台中，依托于用户流量优势，以剧情连贯、时间短小、制作精良、团队专业化为特点的微短剧成了短视频平台新的内容发展热点。微短剧短小精悍的属性贴合了抖音、快手等短视频平台用户的消费习惯，短视频平台通过与大量影视机构、影视团队合作，推出了一批高质量的微短剧。抖音与真乐道影业、华谊兄弟、唐人影视等头部影视公司合作，并在其平台推出一系列微短剧，获得良好收益；快手则在2021年推出加强版星芒计划，通过现金与流量奖励鼓励优质微短剧制作；微视亦在2021年投入10亿元资金，与百亿级流量推广微短剧。丰富的短剧创作为平台，尤其是短视频平台带来了更多内容上的拓展。专业的团队化内容创作为平台提供了能够与传统内容平台如腾讯视频、爱奇艺等在视频内容领域竞争的能力。

（二）从平台单一到综合杂糅，平台边界模糊化

当前内容平台的格局划分已基本定型。无论是长视频、短视频、文字推送还是直播，都有不同的相对应的平台。但随着媒介环境的发展，单一媒介的内容平台已无法满足用户对于平台多功能的需求。相比于为用户提供纯粹的一种内容，平台内容的综合性拓展可以为用户提供更多的选择。在此背景下，各个类型的内容平台以现有的内容类型为基础，试图在平台中增加不同的内容。对此，现有的平台呈现出向专业化或综合化两极发展的趋势。专业化倾向的平台在内容上试图拓宽广度，为用户提供更丰富的内容。例如各类阅读平台、音频平台，如七猫小说、笔趣阁、蜻蜓FM等，在内容上纵向发展，丰富内容产品类型；而综合化发展的平台譬如哔哩哔哩、芒果TV等则力图通过媒介类型和内容类型两个方面进行内容扩张。

首先，在媒介类型上，内容平台逐渐兼容各分类平台，最突出的表

现就是短视频在多种视频平台纷纷上线。在 2021 年初，哔哩哔哩的移动客户端加入短视频浏览界面，其短视频观看操作和浏览逻辑与其他短视频平台并无明显差异。短视频在哔哩哔哩移动客户端的出现，一方面，使用户能够更加便捷地在不同视频内容之间切换，增强了用户的平台黏度；另一方面，用户的短视频浏览为平台增加了一种推荐模式，让平台内的不同内容能够获得更多样化曝光。哔哩哔哩在现有的长视频内容、视频课堂、文字专栏、直播的基础上，为用户提供了更多的内容选项，让用户能够在一个平台内浏览不同形式的内容。与此同时，抖音在其平台中除了既有的短视频功能外，还集成了评价评分、知识分享等本地化服务功能，用户能够在浏览短视频的同时进行外卖订送、票务服务等。和本地化服务的结合让抖音的内容能够突破短视频单纯的内容消费边界，与实体经济联动，向"为用户推荐"的方向迈进，进而扩张平台内容在营销方面的效用边界。

其次，在内容广度上，平台内容分类不再局限于传统分类，而是将分类边界模糊化，以推荐的方式将不同类型的内容进行同时推送。内容边界的模糊在音乐平台中较为明显，例如腾讯音乐旗下的 QQ 音乐、酷我音乐、酷狗音乐，均以推荐作为平台用户端首页，以个性电台、榜单以及种草推荐等板块分布在推荐页面中。用户通过浏览推荐页面能够方便快捷地在线收听当前热门的音乐，获取相关的音乐资讯。除此之外，微信读书、哔哩哔哩漫画等内容平台也均以推荐页作为内容推广的第一步，引导用户从推荐页面浏览触发进一步点击，一方面让用户获得更多的内容选择权，不将流量局限在某一类别的内容中。另一方面更有利于营销内容的联动呈现，可以热门带动冷门、高互动性内容带动低互动性内容。

（三）从单一属性到多重属性，内容创作附加值提升

在过去一年，内容平台的创作附加值得到了明显的提升。早期的内容创作服务于纯粹的内容制作而与其他附加值有一种天然割裂。随着内容平台的创作价值不断提升以及内容营销方式的变化，内容创作也由单一属性的内容逐渐转向具有更多附加价值的创作思路。以直播带货为例，近年来，直播带货作为"直播+电商"的结合尝试进一步拓展了直播的内容价值，进而具有了更多的商业价值。

2021 年末以及 2022 年初，新东方"东方甄选"为"直播+电商"添加了新的内容元素，即"知识"的加入，形成"直播+电商+知识"的直播内容创作。通过新创造的知识带货，使过去致力于推广的直播带货新增了知识层面的附加价值，为直播观众提供知识的同时带来更强的用户留存度与用户满足感。新东方"知识带货"成功的背后逻辑是内容创作附加值的提升，特别是内容知识附加值的提升。内容附加值提升可以从两方面进行，其一，内容创作者为突出重围，主动提升内容附加值。例如在冬奥期间，央视新闻、新华社等大型媒体机构以及自媒体等创作者围绕冬奥会运动项目以及冬季冰雪项目进行相关的科普、教育教学等内容的创作，不仅为冬奥相关新闻增加内容可读性，也为受众群体提供了相关运动知识。其二，内容平台联合广告商推广营销，为内容创作增加价值。对于平台来说，优质内容有助于提高平台曝光率和用户关注度，也为广告主提供了更丰富的广告投送路径。内容创作与推广的相互结合是一个传统的附加价值提升方式。一方面，广告商付给平台的推广资金能够供给优质创作者，为创作者提供支持，鼓励创作者心无旁骛进行优质创作；另一方面，优质内容创作与推广的结合打破了 PGC 专业型广告创作的固有模式，在增加广告平台关注度的同时也能保有受众

接受度。

（四）从联合叙事到热点聚集，创作内容集群化

在过去的一年中，内容平台的创作内容呈现出话题集中化、发布集群化的特征，即在同一时间或近似的一段时间里发布近似或与之相关的内容。在2021年日本东京奥运会以及2022年初的北京冬奥会期间，不同内容平台的创造者以奥运会、冬奥会为主题展开内容创作。以视频号为例，根据百准数据显示，1月31日至2月20日期间，视频号平台共发布了大约57万条短视频作品，其中奥运会相关短视频占比12%，大约7.1万条①。

究其背后原因，可分为创作话题性聚集集群与创作热点型聚集集群，两种不同的创作聚集集群代表了两种不同的内容集群方式。在创作话题性聚集集群上，例如以哔哩哔哩为代表的鬼畜创作者以及与历史人文相关的创作者以话题聚集，众多创作者选择以相同的"鬼畜素材"或近似的历史人文人物为主题或素材进行创作，让内容在不同创作者之间实现联合，形成创作集群；而热点型聚集集群主要由与时事热点相关的创作者组成，例如在蜻蜓FM上以"观棋有语"为代表的与新闻相关或带有新闻评论性质的内容创作者，大多以相同的新闻热点为话题进行创作，形成了以热点为核心的热点型内容集群。

除此之外，热点型的内容集群亦向外扩展，从新闻热点向某一时期的网络热点事件转移。例如疫情居家环境下，运动健身主播刘畊宏的网络高热度引发大量PGC、UGC、PUGC创作者和普通用户参与到健身运动中来，形成了居家运动打卡、居家运动挑战、健身操再创作等视频文

---

① 2022北京冬奥会视频号内容洞察［EB/OL］.https://xw.qq.com/cmsid/20220302A07AZ100.

字内容。内容平台快速设立相关内容标签,在刘畊宏自身热度以及自发创作内容相关运动标签数量增加的循环影响下,居家健身运动内容在内容平台上获得大量关注度,全民健身成为新风潮。同时平台亦推出相关的创作计划活动鼓励创作者进行居家健身的相关创作,进一步提升该话题热度,带来正面社会效应。再比如王心凌在湖南卫视节目《乘风破浪的姐姐(第三季)》中唤起互联网回忆,新华社、人民日报、央视新闻等媒体机构与普通用户纷纷参与到内容的创作热潮中来,形成了"长大王心凌男孩""百人齐跳《爱你》""那些熟悉的歌曲"等多种相关联的话题标签。内容平台与传统媒体机构的热点联动扩张了内容话题的辐射半径,提升内容的聚集效应,还借助互联网实现了内容平台的形象迭代。以"哔哩哔哩新华社"为代表的媒体机构账号借助此类"年轻化"热点内容进一步拉近了与用户间的心理距离,增强了对用户的吸引力。平台从独立叙事到创作联合下的内容聚集也为后续的商业推广和内容价值延伸进一步提供了充分条件。

二、社交平台

(一)社交营销改革创新加速平台赋能

2022 年初,由中关村互动营销实验室发布的《2021 中国互联网广告数据报告》显示,互联网行业受益于内生需求的增长,2021 年实现了广告收入 5435 亿元(不含港澳台地区),增幅较上年减缓了 4.53 个百分点①。2021 年,受疫情、监管、隐私保护政策等因素影响,社交市

---

① 中关村互动营销实验室. 2021 年中国互联网广告数据报告 [EB/OL]. https://baijiahao. baidu. com/s? id=1721924049811754985&wfr=spider&for=pc.

场已经进入低速增长状态。社交广告方面，互联网社交龙头公司腾讯控股 2022 年第一季度社交及其他广告收入 180 亿元，同比下降 18%，快手、知乎、哔哩哔哩等互联网头部公司的社交广告收入增速持续放缓①，互联网流量见顶，行业竞争加剧，社交市场进入存量时代决胜局，带动了整个社交营销领域的大变革，竞争中求生存的平台和商家不断创新社交营销方式，推动社交平台为社交营销加码赋能。

一方面，移动互联网社交媒体平台支撑技术在持续进步，供应链和支付环节等不断完善，社交平台交易简易化，用户消费旅程优化升级，且商家借助社交平台提供的大数据、云计算、个性化算法推荐、用户调研等可以便捷地观察到客户消费旅程的可视化触点，如品牌知名度、用户消费动机、产品偏好、购买力、忠诚度甚至消费价值观等各方面的信息与消费者行为潜在变化的信号，数字化社交营销转型进一步深化。

另一方面，互联网社交营销之前惯用的流量思维转向全面向用户靠拢，发掘存量用户价值②。各类社交平台围绕用户为价值观买单的特性展开围猎式营销，大力推动社交生态系统建立，通过提供商业推广资源、平台插件等为社交媒体平台红人、MCN 机构等进行赋能以促进社交营销，同时基于社交优势，双向赋能私域生态用户与品牌主。受到疫情影响，社交媒体平台创作者不断增加，鉴于社交平台的优质创作者通常会花费大量时间精力运营内容、培养风格和吸引特定受众，意见领袖（KOL）会呈现和用户价值观深度捆绑的特点，社交媒体平台与自媒体创作者深度合作，为社交媒体反向赋能，如抖音、今日头条等社交媒体

---

① 天风证券．互联网广告、视频行业 22Q1 财报总结：景气赛道体现韧性，受影响板块有望 H2 回暖［EB/OL］．https：//robo. datayes. com/v2/details/report/4880120? tab＝original.

② 秒针营销科学院．2022 中国数字营销趋势报告［EB/OL］．https：// mp. weixin. qq. com/s/_ lqG55yjeYltl2ljMpR19g.

平台会制定流量池法则，依据内容优质程度和观众喜好程度来为创作者提供不同程度的流量曝光，同时积极制定"平台红人"培养方案，为创作者提供相对宽松的创作环境，社交媒体平台创作者尤其是头部创作者可以在平台内完成价值变现。另外，创作者联动创作已经成为双向引流的有效手段，社交媒体平台也在给予相关鼓励。例如抖音、QQ 微视的"合拍"功能、快手的"一起拍同框"功能等都可以实现多人共同创作。

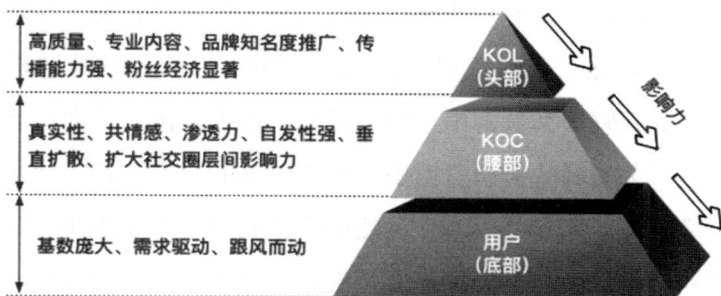

图 5-2　层级营销分析"金字塔"式模型图

此外，关键意见消费者（KOC）由于与普通用户联系更紧密、拥有更高的互动率，更容易实现"同理心"营销，在线上社区内"光环效应"显著，在一定程度上弥补了 KOL 式营销因为夹杂太多商业资本因素而导致用户信任缺失的局限，在以小红书为代表的社交媒体平台中，"KOL+KOC"组合式营销逐步成为社交营销热潮。

以小红书平台推动小众"破圈"的社交型运动"飞盘"为例，2021 年底，小红书先后发起"#快乐都是飞盘给的""#飞盘传递快乐"等话题，随着中国飞盘联赛、飞盘俱乐部等头部账号带头牵引，各类飞盘爱好者自发分享和传播内容，相关的话题一时间成为热门，"飞盘"运动迅速走红。

（二）"品效销"全局营销打造几何式破圈效应

2021 年，中国移动互联网社交、移动购物领域的月活量达到 10 亿以上，明显领先其他领域，且从移动互联网重点行业用户月使用时长来看，视频、社交、资讯领域位居前三位①，数字消费和线上社交、娱乐正在全面渗透用户生活，社交媒体平台占据了绝大多数网民的注意力和粉丝流量，其用户规模庞大且带有天然的社交基因，社交营销在当下具有巨大的发展前景。随着互联网社交市场进入低速增长期，互联网行业营销"内卷"加剧，新时代以数据驱动决策，以内容驱动增长的社交营销正在以短视频、私域营销、内容种草、达人推销、移动直播等多样化、多渠道、全场域的新型营销手段颠覆传统的营销方式，社交营销关注公域流量到私域流量的运营、关注用户消费体验全流程和"品效销"合一的闭环营销，面向平台直播、短视频、搜索、微商城等全域兴趣场景，布局全营销能力矩阵。

2022 年伴随着流量红利增长趋缓，互联网公域流量成本不断升高，迫使互联网平台寻找更多的流量变现机会。而重质量、强运营的私域，越发成为"香饽饽"，例如各类的小程序正在迅速应用到各领域、各行业，触及人们日常生活的方方面面，平均每天有超过 1 亿用户在使用政务服务、餐饮外卖类小程序②，可以说，小程序成为公域流量向私域流量转向的神兵利器，重塑了互联网用户的消费习惯，带来了消费新时代。以布局最广的微信私域生态为例，平台商家可以通过小程序、朋友圈广告、公众号、视频号等多渠道引流至商家的品牌私域，再通过微信

① 有米科技 . App Growing ｜ 重磅！2021 移动广告流量白皮书发布！［EB/OL］. http：//news. sohu. com/a/516571639_ 197877.
② 启博洞察 . 2022 私域下半场的营销打法［EB/OL］. https：//www. sohu. com/a/552936846_ 100119796.

社群及多渠道内容推送开展用户运营以增强用户黏性和促进私域流量沉淀，引导用户形成关注习惯，最后通过小程序商城、微信商城或连接其他电商平台入口进行流量转化，实现对品牌主和用户的双向赋能。当下，营销链路和营销闭环被打通，社交平台营销呈现"品效销协同"的一体化营销趋势，即"品牌效应+销售转化+销量增长"，例如抖音平台电商提出阵地经营（Field）、达人矩阵（Alliance）、主题活动（Campaign）和头部大 V（Top-KOL）的"FACT"四大经营矩阵①，且新增中心场和营销场两个升级点，通过社交平台面向短视频、直播、搜索、商城等全域兴趣场景，布局全营销能力矩阵，既包括短视频、直播等内容推荐场景里的货找人，也覆盖用户在商城、搜索等主动场景里的人找货，全面打通货找人和人找货的双向消费链路，带来了集品牌曝光、内容种草和流量转化等于一体的全链路社交营销新生态，使得抖音平台实际上变成了聚集诸多商业消费功能且去中心化的流量分发及整合营销平台。2021 年，从"蜜雪冰城甜蜜蜜"洗脑式出圈、迪士尼玲娜贝儿成顶流 IP 等通过社交平台层层破圈的案例可以看出社交全局营销打造几何式破圈效应的强大效能，在加强商业流量和自然流量的协同、放大社交平台内容价值的同时，加速社交产业市场增长。

（三）"泛体育"社交营销搭上冬奥快车

2022 年初，北京冬奥会、冬残奥会吸引了全国人民的目光，在全球社交媒体上吸引超 20 亿人关注，全球超 27 亿人参与冬奥互动②，冰墩墩、雪容融、谷爱凌、任子威、王濛等冬奥"顶流"在各大社交媒

---

① 抖音.2022 抖音电商升级"全域兴趣电商"，3 大场域协同提升生意增量［EB/OL］. https：//news. tom. com/202206/4786266176. html.

② 秒针营销科学院.8 组营销人需关注的 2022 北京冬奥数据［EB/OL］.https：//mp. weixin. qq. com/s/zg0eJX260Pc_ ReZDAvf0CQ.

体平台持续刷屏，"带动三亿人参与冰雪运动"及冬奥相关话题的讨论逐渐成为社交和潮流新趋势，北京冬奥会成为当之无愧的年度大热点，也是拉开2022年体育大年序幕的极为重要的全球性赛事和重大的营销节点，"冬奥"营销高调出圈，各大社交平台"泛体育"营销大热。冬奥"泛体育"社交营销主要体现在三方面：

1. 泛化体育项目

2021年7月9日，首届中国数字冰雪运动会总决赛在北京首钢冰球馆举行，育碧公司旗下的滑雪竞技游戏极限巅峰采用VR、3D体感游戏模式进行，参赛者们在模拟的环境中比赛，仿若身临其境，线上社交平台用户也可以通过VR小程序同步感受"电竞+冬奥"的乐趣，电竞世界冠军郭桂鑫还被授予"冰雪数字运动推广大使"的称号，以及三星赞助的"花样滑冰世界冠军"张丹做客斗鱼主播孙悟空直播间活动，开展"冰雪游戏"大挑战，鼓励社交平台用户带话题转发互动。

2. 泛化体育名人

社交媒体平台体育明星偶像化、奥运传播娱乐化趋势不断加码，以奥运冠军谷爱凌为例，冬奥会开幕之前，谷爱凌就频繁登上各大社交平台热搜榜，被元气森林、瑞幸等品牌"押宝式营销"提前锁定代言，参赛期间，主流媒体为其发声，商业媒体跟帖，微博粉丝大联欢，最热时一天占据54个微博热搜，抖音账号单日涨粉近400万，冬奥"顶流"身份凸显。此外，受社交平台中年轻人"萌文化"的影响，冬奥虚拟IP"冰墩墩"和"雪容融"借助社交媒体平台强势"出圈"，火爆全网，成为冬奥"顶流"虚拟明星，冰墩墩表情包、冰墩墩挑战4A、人手一墩等社交平台话题吸引全网关注，"冰墩墩联名款"等冬奥周边产品大热。

3. 泛化社交营销触点

以冬季奥运会的官方合作伙伴伊利为例，伊利长线布局，在冬奥会前，拿下冬奥官方赞助商身份，冬奥倒计时一周年，在社交平台发布了伊利冬奥态度短片《向前，我们就是生活的定数》，冬奥倒计时 100 天，拍摄品牌宣传片《100 天后见》制造"冬奥倒计时的 100 天"微博高度热话题，冬奥会进行时，伊利利用冬奥热点赛事，结合品牌特性，签约苏翊鸣等冬奥体育明星，借助各类社交媒体平台，通过移动直播、平台互动、短视频活动挑战赛和小程序游戏活动等方式，延展泛体育营销话题，跨圈跨界制造话题爆点，打造区别化的品牌价值，实现社交媒介曝光最大化。另外，伊利借势热门明星张小斐、胡军等打造了新春系列迷你剧《我耀我家》，还与头部滑雪垂直圈层平台"滑呗"合作，定制滑雪深度体验，精准触达头部滑雪圈层人群。① 总之，北京冬奥会期间，众多品牌借助体育精神和"泛体育"社交营销，以更贴近大众的视角传递品牌的价值观，全场景激活用户兴趣、释放社交营销势能和深化用户心智重塑，实现了社交平台体育营销触点聚合传播和全链路、多环节的营销触达。

（四）"互联互通"全景生态流量持续发挥效能

2021 年底，国家反垄断局正式挂牌成立，互联网平台经济反垄断风暴来临，在国家政策的介入下，互联网领域的巨头遭遇整顿，"各吃独食"的局面被打破，"互联互通"逐渐成为互联网行业热词。腾讯控股 2022 年第一季度财报显示，截至 2022 年 3 月 31 日，微信及 WeChat 的合并月活跃账户数为 12.883 亿，具备超广的业务种类、具有极高的

---

① 砺石商业评论. 从消费者认知第一，看伊利的冬奥营销之道［EB/OL］. https：//baijiahao. baidu. com/s? id=1725748604157464001&wfr=spider&for=pc.

经济体量，是当之无愧的社交平台天花板，但同时也受到反垄断政策的超级监管，已经放开了部分对外界平台的链接和流量互通，比如微信小程序内跳转公众号、视频号，添加企业微信、分享朋友圈等更便捷，且开放对淘宝、京东等外部平台的跳转链接，私域渠道加速增长背后的原因是商家在社交平台公域获取客户的成本高昂。各类 APP、小程序等通过微信、微博、抖音等将公域流量引流至私域，企业聚焦社交平台精细化运营，从私域流量裂变产生超级用户，不断提升复购比例，私域流量池层级化，内部社交网络兴盛，社交营销实现"人""货""场"无缝衔接，平台联合品牌打通各类生活化销售场景，通过算法基于用户场景需求，结合渠道推广、场景化推介等展开精准化营销。互联网开启生态内自闭环，社交平台的社会化整合营销传播价值凸显。

据 Wordstream 数据统计，社交视频高于图文信息 1200% 的市场份额，各大社交媒体平台不断强化视频阵地建设。

微信视频号：成为微信生态"流量枢纽"，构建商业公私域联动新场域。微信视频号入局虽晚，但发展和更新迭代却极为迅速，视频号的出现链接了微信生态，同时"视频号+直播"结合公众号、小程序、微信商城、企业微信等微信完整生态链的视频化行进路径已经初具形态①，逐渐成长为微信生态"流量枢纽"，视频号借助微信搜一搜等公域流量引流，同时与朋友圈、小程序等私域流量建立双向连接，打造全方位深入用户营销触点，电商与社群无缝衔接，依托社交链条的裂变式效应扩大用户规模和转化机会。

B 站也正在涉足电商领域，发挥全域流量价值。B 站的"二次元"特色电商"会员购"，B 站基于独特的社区生态、多元的用户圈层，搭

---

① 克劳锐. 盘点 2021 年微信视频号都有了哪些新变化［EB/OL］. https：//it. sohu. com/a/553215680_ 120773514.

建整合营销体系，实现精准化营销，进而拉动流量变现，以企业品牌号打造品牌阵地、通过聚焦焦点内容沟通 B 站用户心智、通过 UP 主营销激发用户行动、通过品牌产品多支点投放展示实现对用户的多维触达、通过视频用户细分促进营销精准化和提升变现能力。

抖音则以"一个场地，多个场景"，打造综合视频营销生态平台。抖音在《2021 营销通案》中提出新营销定位——"综合视频营销生态平台"，主打"兴趣电商"，从娱乐生态、创作生态和直播生态三个角度出发，各类企业官方抖音账号是营销主体，抖音直播、各类短视频、交友互动等是营销手段，深入用户日常生活，多场景实现商业化，结合社交、电商与内容，打通抖音电商营销闭环。

值得注意的是，私域流量从本质来看，其实是互联网圈层化社交与社交平台用户关系管理的结合，社交平台进行私域营销的目标是实现私域中对用户的精准触达，要时刻以用户为中心，做有温度的连接，与用户建立起情感连接和信任感，培养用户忠诚度。社交媒体平台和商家私域互相利用、不断优化流量以实现共同发展，从而挖掘目标用户的长期价值，在这当中，实际上存在着一种流量话语权的博弈，即品牌既要借助媒体，同时也要通过搭建私域流量提升自己的话语权。①

（五）元宇宙与"虚拟数字人"创新社交营销手段

随着数字信息与互联网科技的不断发展，互联网形态也在不断更迭，2021 年被称为"元宇宙元年"，从元宇宙中衍生出来的数字营销生态系统也逐渐显露头角。元宇宙营销的卖点在于通过结合虚拟与现实、数字与实体，为品牌和用户带来个性化、沉浸式、强交互、高信任度、

---

① 2020 中国社交及内容营销趋势：7 成广告主加码社交营销［EB/OL］. https：//news. hexun. com/2019-12-11/199629135. html.

开放式的连接，助力品牌构建全新产品体验，实现营销触达。而"社交"是串起元宇宙虚拟营销的黏合剂，助力品牌"融虚入实"，布局虚拟营销资产，达成"现实价值"目标，打造品牌小宇宙①。虽然距离元宇宙全面渗入日常生活还有很长的距离要走，但是当下具备元宇宙特性的"虚拟数字人"、"数字藏品"和"虚拟平台"已经逐渐渗入社交平台。

在"虚拟数字人"方面，IP化的虚拟偶像如 Vsinger 旗下的"洛天依"、"和平精英"数字代言人吉莉、百度的"龚俊数字人"和"度晓晓"等，功能化、服务型的虚拟数字人如新华社数字记者、数字航天员"小诤"、快手小店电商虚拟带货主播"关小芳"等打造人格化的连接，影响消费者心智，值得注意的是，虚拟人虽然可以有"不翻车的人设"，但是虚拟人成为品牌 IP 之路并不简单，且虚拟人赛道爆棚，前期成本投入巨大、后期变现方式单一等成为虚拟数字人发展的阻碍。在"数字藏品"方面，"IP+社交"双向赋能的"社交型数字藏品"，通过藏品的文化和艺术价值吸引消费者，通过虚实结合链接用户情感，在社交圈层进行互动传播，进而在社交平台实现裂变传播，再通过数字藏品独有的附加价值属性，实现产品溢价。例如，国画的泰斗级人物齐白石的作品《群虾图》通过数字藏品发行平台 TopHolder 进行首次社交化数字藏品的拍卖，最终卖出 30 万元人民币的高价，在社交平台引起国风数字藏品热。在"虚拟平台"方面，社交平台通过推出虚拟社交平台，以虚拟场景体验和沉浸式的数字交互来吸引用户流量、加速用户沉淀、构建品牌在虚拟场景的沟通阵地。腾讯推出虚拟社交平台"超级 QQ 秀"，对 QQ 秀虚拟形象联合腾讯社交生态升级成为在线虚拟社区平台，

---

① 青瓜传媒．元宇宙营销解决方案落地指南［EB/OL］．https：//www.opp2.com/285137.html.

用户在线上场景化社交中开启虚拟社交生活新篇章。同时，腾讯推出TMELAND音乐元宇宙虚拟社交平台，包含开放式演艺舞台、联名建筑、虚拟直播间、游戏空间等，在合作模式上，从现场冠名、品牌空间、定制互动、虚拟人物到虚拟发行，一站式虚拟营销带来更加前端的沉浸式玩法。此外，基于游戏化玩法和Z世代的社交软件Soul打造"年轻人的社交元宇宙"，连接品牌主和Soul用户实现深度社交营销，如通过3D Avatar技术为知名汽车品牌雪佛兰2021年度梦想大使量身打造细腻逼真的虚拟形象，与目标受众实时沟通互动、有效助力品牌造势。

传统的营销方式常常是通过市场调研或商业直觉来开展，缺少和用户的直接连接，宇宙社交营销是紧随着用户而迁移的，用户在则营销在，且元宇宙世界的社交是高度沉浸和交互式社交，信息双向传递更加便捷，且虚拟数字人不会疲倦、风险可控。当下，互联网社交平台正快步迈入社交4.0时代，即沉浸式虚拟社交时代，这将对现有的社交场景产生颠覆性的变革，在用户存量、流量红利慢慢见顶、常规社交营销尽显疲态的背景下，元宇宙的出现和发展将为商业社交营销开辟第二战场。

三、电商平台

（一）电商平台技术升级，全域联动营销成为可能

随着今年电商行业的加速发展，线上购物的消费者群体不断扩张，大数据、人工智能等技术进一步发展普及，新的数字营销体系也在技术的推动下呈现出新的样态。

2021 年被称为"元宇宙元年"，元宇宙营销的新样态也应运而生。"元宇宙"概念背后代表的是虚实结合的全真互联网世界，与 PC 互联网环境中使用鼠标、键盘、触摸屏等介质进行交互不同，全真互联网环境下，AR、VR 成了主要的交互形式。技术端的进步带来了营销方式的革新。技术端从底层的人工智能技术、硬件设备、高并发的算力支持，到应用层的游戏引擎、三维创作软件和三维内容创作工具等共同协作发力，为平台营销提供新活力。各大电商平台在应用数字技术以满足品牌方品效合一的营销需求过程中，主要运用的技术包括两大类：一类是在前台通过 AR（Augmented Reality，增强现实技术）、VR（Virtual Reality，虚拟现实）等技术赋予广告营销新的创意表达形式，另一类是在后端通过算法和大数据进一步精准化内容推荐。

元宇宙的全新概念下，技术进步也重塑了电商品牌的营销模式。一方面，元宇宙让品牌营销从中心化发展成为去中心化、用户参与式的体验模式。在元宇宙营销中，品牌商家的推动作用下降，用户的主导作用大大提升，品牌价值在用户的参与过程中不断产生延伸和溢价。另一方面，虚实相生的元宇宙场景使得营销中的人、货和场都演变出了新的形态。不同于线下真实的导购及消费者，元宇宙中的"人"是数字虚拟人，品牌代言人、导购可能是以虚拟偶像的形式出现，消费者也以用户的数字分身参与其中；元宇宙中的"货"以 NFT（Non-Fungible Token，非同质化通证）等数字化商品形式呈现，其具备的不可复制、不可分割的特性也为品牌方提供了更多盈利可能性；元宇宙场域下，用户也可以通过穿戴设备直接进入与线下真实卖场完全映射的数字孪生卖场，体验沉浸式的虚拟购物。例如，2022 年"618 大促"天猫推出了元宇宙秀场，由虚拟数字人 AYAYI 和诺亚（Noah）对虚拟服饰进行售卖，用户可以在购买后进行 AR 穿戴。

在技术的加持下，2021 年电商产业高速发展，产业链日趋完善，构成了从品牌商到电商平台与内容平台再到消费者的完整产业链。过去，传统的电商市场产业链中包括从品牌商为电商平台提供货源，到电商平台可与内容平台合作，通过佣金分成的方式利用内容平台为产品获得流量赋能，再到消费者通过电商平台或内容平台观看直播"种草"并下单。2022 年，电商平台产业链逐渐完善、成熟，各大电商平台开始统筹协调各方力量，加码布局全产业链协同发展。

在算力日益增强、数据日渐精准的支持与助力下，全域营销成了各大电商平台布局发展的新趋势。以抖音电商为例，抖音电商是在抖音短视频的内容平台上发展而来，因此布局全域营销的基础也立足于内容流量之上。2021 年 4 月，抖音电商提出了全域营销初级版的"兴趣电商"概念。"兴趣电商"是指在算法推荐技术的帮助下，平台激发用户潜在兴趣的发现式电商消费。这一概念的出发点是作为商品内容的"货"，"货"通过"场景"将内容与用户的兴趣匹配"找人"，从而激发消费者的"发现式消费"过程。相比于之前多数电商平台以直播电商为重点，"兴趣电商"则是站在消费者的角度，进一步整合了平台的营销资源，匹配消费热点。在商业逻辑上，"兴趣电商"也与传统的电商平台漏斗式的逻辑不同，遵从"滚雪球"的增长模式。平台首先通过抖音短视频对新开播的账户进行免费的流量支持，以内容吸引用户的兴趣，再用千川对转化效果好的账户做付费流量推荐，并利用抖音小店进行转化，再在大数据基础上对抖音账号的粉丝进行沉淀，从而将电商最基础的流量、转化和沉淀要素进行"滚雪球"式的发展，形成增长闭环。在这一模式的实施下，抖音电商在 2021 年 5 月到 2022 年 4 月的 GMV

（Gross Merchandise Volume，商业交易总额）达到了同期的3.2倍[①]，但这一阶段，"兴趣电商"的营销模式还处于"货找人"的单向流动阶段。2022年5月，抖音电商第二届生态大会上将"兴趣电商"的概念进一步升级为"全域兴趣电商"。在以往内容营销的基础上，"全域兴趣电商"模式打破边界，将直播内容、短视频内容和商场、搜索进行协同互通，覆盖全场景、全链路的购物需求，以进一步促进品效合一。消费者从兴趣出发，既可以主动通过搜索形式进行"人找货"，也可以作为承接方，参与内容推荐场景下"货找人"的过程。在这一全域概念之下，短视频、直播等内容流成为激发用户潜在兴趣的转化场，商城和搜索则是用户主动发现已有兴趣的承接地，各类电商行为沉淀在店铺之中，形成全场域之间协同配合。在抖音之外，京东也探索全域营销模式，打通传统电商营销中的搜索广告、推荐广告、展示广告、付费广告及互动营销模式，将平台属性和消费者消费行为相匹配，帮助商家实现商品曝光量和销量的提升。

全域营销形式除了公域和私域的场景贯通外，线上与线下联动也是全域营销的重要组成部分。例如，天猫平台发挥自身优势，将背后一系列后链路消费平台进行联动营销，包括阿里域内的淘宝外系、淘宝内公域和淘宝内私域，再到阿里域外的公域和私域平台，协调配合线下的永辉超市及一对一导购以及分众传媒、盒马及门店社群的线下平台等，形成了域内域外和线上线下的完整营销策略。在全域营销模式的配合之下，2022年"618大促"中天猫实现持续稳定正增长，在26万参加大

[①] 抖音电商GMV达去年3.2倍，宣布升级"全域兴趣电商"［EB/OL］. https：//t. ynet. cn/baijia/32847175. html.

促的品牌中，有近 300 个品牌成交额过亿元，100 个单品成交额过亿元①，拉动了消费增长。

在技术端底层的人工智能和大数据技术的发展和支持下，电商平台的营销形式更加多元，出现了以虚实相生的元宇宙营销为代表的新营销模式。元宇宙营销中统筹上下游联动发展的力量也推动了日益完善的电商产业链的不断发展，使全域营销成为趋势。

（二）平台主播"去头部化"，国货品牌自播突出重围

尽管伴随着全球经济下行压力和新冠肺炎疫情的反复，2021—2022年，电商行业仍处于市场活跃期。直播电商是电商平台盈利的主要组成部分，在头部主播的带领下，过去一年直播电商行业仍处于高速发展时期，成交额不断创新高。2021 年"双十一"期间，电商行业头部主播李佳琦和薇娅的直播间达成了超过 200 亿元的成交额②，这一数额也将直播带货的单日成交额推上了新的高峰。然而，随着互联网电商的红利逐渐消退，综合电商平台的利润增速已经逐渐放缓，头部主播的绝对带动力也开始动摇。根据天猫在 2021 年"双十一"的官方数据表明③，天猫的 GMV 同比增速已经下降至 8.45%。此外，行业的不规范行为也进一步加剧了"去头部化"的过程。2021 年 12 月，浙江省杭州市税务局查明主播薇娅在 2019—2020 年期间偷逃税款 6.43 亿元，随后，薇娅的微博、抖音账号、淘宝直播间、快手、小红书等平台相继被封。次年 6 月，李佳琦直播间入口也被淘宝关闭。两大头部主播的退出给原有的

---

① 从"流量"转向"留量"2022 天猫"小步快跑"：不一样的 618 ［EB/OL］. https：//baijiahao. baidu. com/s？ id=1736334641316584677&wfr=spider&for=pc.

② 李佳琦、薇娅双十一预售首日合计销售近 200 亿元，直播带货的"江湖"还有多大？［EB/OL］. https：//www. iimedia. cn/c460/81588. html.

③ 阿里巴巴集团 2021 天猫双 11 全球狂欢季录得稳健增长 ［EB/OL］. https：//www. alibabagroup. com/cn/news/article？ news=p211112.

市场格局带来了冲击，但也推动了直播电商平台主播的"去头部化"过程。

"去头部化"的主播行业洗牌为中小主播带来了发展机遇，各大电商平台也推出了多项措施扶持中小主播。抖音、快手等电商平台与达人主播、商家店铺直播的流量竞争进入白热化的阶段，各大电商平台纷纷加码布局品牌自播。面对综合电商平台持续保持着 GMV 领先地位的局面，抖音、快手两家平台推出差异化的发展方向，为市场带来更多增量，持续追赶处于领头地位的综合平台。抖音电商主打"兴趣电商"，加快布局店铺品牌自播，与此同时，快手则强调"信任电商"，突出对私域运营的支持力度。根据《2021 年品牌自播趋势研究报告》表明，2021 年 1 月至 12 月，品牌自播整体呈现增长态势，市场份额同比增长10%，品牌自播销售额年增速达 498.8%①，因此，2021 年也被称为直播电商平台品牌自播元年。

抖音、快手两家电商平台在布局品牌自播的过程中得到了喜人的效果。根据果集数据显示，2021 年抖音平台的店播场次超过 566 万场②。相比之下，快手平台的店播场次总数较少，但就其自身而言，快手2021 年第四季度的店播 GMV 相比第一季度增长超过 8 倍，2022 年第一季度，快手的电商服饰、美妆个护、家电数码和食品烟酒四大品类的品牌自播数据同比增长分别超过 25 倍、5 倍、8 倍和 5 倍。根据果集飞瓜数据显示，2022 年"618 好物节"快手电商各类型主播销量额中品牌自播号以 48%的占比超过了占比 26%的头部红人排名第一，处于肩部

---

① 蝉妈妈.2021 年品牌自播趋势研究报告［EB/OL］.https：//max.book118.com/html/2022/0421/6155102010004140.shtm.
② 果集数据.2022 年短视频电商品牌营销专题——自营小店及品牌自播机会洞察［EB/OL］.http：//www.guoji.pro/Home/MarketingInfo？marketingId=86.

的达人账号和腰部的达人账号分别以14%和11%的占比位列第三、四名①。另一边，2022年"618"期间抖音电商品牌自播号销售额同比上涨179%，品牌自播和中小主播在各类措施的扶持下得到了快速发展。未来，品牌方或将在互联网营销工作中发挥更大优势，进一步发展品牌自播效能，将定价权与营销渠道掌握在自己手中。

在2020年新冠肺炎疫情席卷全球后，消费者对国家和民族的认同感与日俱增，对国货品牌的产品的支持度和信任度随之上升，国潮产品开始在市场中崭露头角。2021年，在抖音、快手等平台助推品牌自播的浪潮推动下，国货品牌突出重围，占据绝对优势。抖音官方数据显示，2021年"双十一"期间（2021年10月27日—11月11日），抖音电商直播间Top 10的品牌自播直播中国货品牌占据6名；抖音"抖 in 爆款榜"专区中国货产品占比87.5%，"双十一"实时热卖榜中国货品牌占比超过85%②。2022年抖音"618好物节"的品牌自播榜当中，花西子、肌先知、Ulike三家自播销售额超过4000万元，功能沙发类国产品牌芝华仕在"618"期间在抖音电商平台累计成交金额8197万元，同比增长299%，成为抖音首个品牌自播成交额破千万的家居品牌③。除去抖音平台，天猫2021年"双十一"成交额过亿的品牌中也包含大量国货品牌，其中既有百雀羚、回力等传统国货品牌，也有包括蕉内、添可等新兴品牌。此外，京东平台的老字号商品销量也同比增长105%④。

① 果集数据.2022抖音快手618大促数据报告［EB/OL］.http：//www.guoji.pro/Home/MarketingInfo？marketingId=67.
② 字节跳动.抖音电商"双11"数据：爆款榜国货超八成，国产品牌直播间热度高［EB/OL］.https：//www.bytedance.com/zh/news/619202019a5a4d02fde603bf.
③ 果集数据.2022抖音快手618大促数据报告［EB/OL］.http：//www.guoji.pro/Home/MarketingInfo？marketingId=67.
④ 阿里巴巴集团2021天猫双11全球狂欢季录得稳健增长［EB/OL］.https：//www.alibabagroup.com/cn/news/article？news=p211112.

国货品牌的逆袭对原有传统电商格局带来了冲击，也为国产品牌的发展带来了新的机遇。各大电商平台发力布局品牌自播，尤其是布局国货品牌自播，能够进一步加强平台属性，在过去依赖头部主播的路径之外找到新的发展方向。

除各平台扶持的直播主体之外，也关注了直播电商的形式向多样化发展。2022 年"618"期间，京东推出了"张亚东和老友的歌"线上音乐会和 6 小时的场景直播。在场景直播间中，不再只是被布置成单一的商品货架，而是被布置成了"单身厨房""健身空间"等 4 个主题场景。这样的场景直播不再只是通过低价话术吸引顾客，而是通过真实的布景和主播生活化的交谈过程让顾客关注商品的使用场景和连带价值。例如，健身空间中的控卡零食套装、露营场景中的露营必备套装和单身厨房中的预制菜套盒等。场景化的直播布景和成组出现的商品组合让顾客眼前一亮的同时也为品牌方提高了销售效率。场景直播的运用也体现了京东供应链的整合优势，使得直播电商的形式创新成了可能。

（三）监管政策出新不断，促进电商行业健康绿色发展

2020 年新冠肺炎疫情发生以来，无接触式的生活和工作方式推动了电商行业的全面开花，各大电商平台也迎来了广阔的发展机遇。根据 2022 年 2 月中国互联网络信息中心发布的《中国互联网络发展状况报告》显示，2021 年，网上零售额达 13.1 万亿元，同比增长 14.1%，其中实物商品网上零售额占社会消费品零售总额比重达 24.5%[①]。具体而言，以发展势头最猛的直播电商为例，根据中商产业研究院报告显示，2020 年中国直播电商市场规模相较于前一年增长 121%，达到 9610 亿

---

① 中国互联网络信息中心. 第 49 次中国互联网络发展状况统计报告［DB/OL］. 2022-02-05. http：//www.cnnic.net.cn/hlwfzyj/hlwxzbg/hlwtjbg/202202/P020220407403488048001.pdf.

元，预计 2021 年中国直播电商市场规模将达到 12012 亿元，2022 年中国直播电商市场规模进一步上升至 15073 亿元①。然而，迅猛发展下的电商行业在快速打开市场的同时也出现了虚假宣传、偷税漏税、垄断竞争等一系列乱象，影响了行业的健康发展。因此，电商行业亟待建立信用机制以遏制无序发展的问题。

2021 年到 2022 年期间，政府机构出台了一系列政策文件，厘清电商行业各主体责任划分，建立行业信用体系，帮助电商行业持续健康发展。2022 年 3 月 31 日，国家互联网信息办公室、国家税务总局和国家市场监督管理总局联合印发了《关于进一步规范网络直播盈利行为促进行业健康发展的意见》②，《意见》规定了包括网络直播平台要落实管理主体责任、网络直播平台和网络直播服务机构应依法履行个人所得税代扣代缴义务以及保护网络直播平台、网络直播服务机构及网络直播发布者依法开展生产经营活动的各项合法权益等条款。2021 年 4 月 23 日，国家互联网信息办公室等七个部门联合发布了电商直播带货首个行业标准《网络直播营销管理办法（试行）》③。《办法》针对直播营销平台提出了明确的要求，在事前预防方面，要求平台对粉丝数量多、交易金额大的重点直播间采取安排专人实时巡查、延长直播内容保存时间等防范措施。在事中警示过程中，要求平台建立风险识别模型，对风险较高和可能影响未成年人身心健康的行为采取弹窗提示、显著标识、功能和流量限制等调控措施。在事后惩处问题上，要求平台对违法违规行为采

---

① 中商产业研究院 . 2021 直播电商行业年度总览［EB/OL］. https：//baijiahao. baidu. com/s？id＝1727657608669588799&wfr＝spider&for＝pc.

② 国家互联网信息办公室 . 关于进一步规范网络直播盈利行为促进行业健康发展的意见 ［EB/OL］. http：//www. gov. cn/zhengce/zhengceku/2022 － 03/31/content ＿5682636. htm.

③ 网络直播营销管理办法（试行）［EB/OL］. http：//www. cac. gov. cn/2021－04/22/c＿1620670982794847. htm.

取阻断直播、关闭账号、列入黑名单、联合惩戒等处置措施。此外，《办法》也对营销行为设定了 8 条红线，突出了 5 个重点环节的管理。2021 年 8 月，商务部公开征集《直播电子商务平台管理与服务规范》行业标准（征求意见稿）① 意见。征求意见稿中明确了直播主体在虚假宣传造成侵害消费者合法权益时如何实施相应处罚，要求直播营销人员服务机构、主播及商家建立信用评价体系等。2021 年 10 月 26 日，《"十四五"电子商务发展规划》出台，确立了电子商务发展原则和政策导向②。2021 年，强化平台经济反垄断、深入推进公平竞争的政策出新不断，推动电商平台企业树立正确的创新与公平竞争观念，推动行业向规范化、合规化方向发展。行业中不正当竞争监管日益完善，更多的中小企业参与到市场竞争之中，市场多元化竞争态势得以形成。

在行业规范化的同时，如何做到绿色消费响应国家"双碳战略"也是各大电商平台关注的重点。2021 年天猫推出了一系列针对绿色消费的推广举措。从第一阶段建立绿色会场到针对绿色主题营销再到绿色消费互动体验，天猫尝试用数字技术驱动绿色消费。2022 年"618"期间，天猫推出"绿动乐园"的互动游戏，消费者通过加入绿色消费行动获得一定数目的"小绿花"作为奖励，这一活动用以推动消费者的绿色消费意愿。根据阿里巴巴集团的数据显示，2022 年 5 月 31 日至 6 月 20 日之间，淘宝天猫高能效消费电子商品已成交的订单累计减碳 15.3 万吨③。除刺激消费者绿色消费之外，天猫发起"绿色创变者社

---

① 中华人民共和国商务部. 公开征求《直播电子商务平台管理与服务规范》行业标准（征求意见稿）意见 ［EB/OL］. http：//www. mofcom. gov. cn/article/jiguanzx/202108/20210803189242. shtml.

② 中华人民共和国商务部. 商务部解读《"十四五"电子商务发展规划》［EB/OL］. http：//www. gov. cn/zhengce/2021-11/01/content_ 5648151. htm.

③ 天猫 618 公布"绿值"：商品消费减碳超 15.3 万吨 ［EB/OL］. https：//baijiahao. baidu. com/s? id=1736483527294986097&wfr=spider&for=pc.

区"等活动,倡导商家对产品包装进行绿色改造。在电商产业不断发展壮大的同时,电商平台如何承担更多企业责任、符合社会的长期发展需求也是应该考量的重要问题。

四、平台营销特征与趋势

(一)政策趋向:监管常态化,运营规范化,政策细节化

随着新一轮科技革命和产业变革的深入,平台经济快速崛起。新冠肺炎疫情促使线下活动向线上转移,进一步推动了平台经济的发展。平台经济在推动产业升级、优化资源配置、贯通经济循环发展中起到越发重要的作用。在这样的大背景之下,如何在平台规模扩张、资本聚集与用户权益、正常的市场竞争秩序之间取得平衡,成为当前互联网平台监管政策的关照重点。

营销是互联网平台在市场经济活动中的重要构成部分,因此互联网平台营销活动的监管与运营规范是平台经济政策工作的重中之重。2021年至2022年是互联网平台逐步迈入常态化监管与规范化运营的阶段。特别是2022年以来,国家层面密集部署推动平台经济健康发展。国家发展改革委等九部门联合印发《关于推动平台经济规范健康持续发展的若干意见》,明确坚持发展和规范并重,适应平台经济发展规律,建立健全规则制度,优化平台经济发展环境。监管部门已采取一系列举措,特别是从营销过程中的信息保护、反垄断、反不正当竞争、推荐算法规范等多方面开展了专项治理。2021年7月,工信部启动互联网行业专项整治行动,集中整治扰乱市场秩序、侵害用户权益、威胁数据安全、违反资源和资质管理规定等行为。2021年9月,工信部要求限期

内互联网各平台必须按标准解除屏蔽，否则将依法采取处置措施，打破互联网平台之间的壁垒。2021年，我国开出反垄断史上最大罚单，阿里巴巴集团因滥用市场支配地位行为被处以182亿元罚款①。2022年4月，政治局会议提出要促进平台经济健康发展，完成平台经济专项整改，实施常态化监管，出台支持平台经济规范健康发展的具体措施。在政策导向逐渐明晰、落地后，对平台监管才逐渐趋缓。

常态化、规范化的互联网平台运营监管政策让平台经济中的商业竞争更加有序、互利，落脚点在于保障每一位用户的合法权益，从而使平台经济发展大环境形成健康的运行生态。例如2021年4月，美团公开承诺不通过不合理限制等措施强制要求商户"二选一"，即取消了原有的不正当竞争行为，将选择权归还给商户。在社区团购中的"价格战"被叫停，虽然短期内用户无法再获得看似价格极其低廉的商品，但长期来看，良性的竞争模式能够让团购平台更注重"质"而不是以疯狂的融资与扩张追逐短期的"利"，最终受益的是参与团购活动的平台、商户、用户三方。

未来的平台营销监管政策将进一步根据平台特性、产品特征等逐步细化，在平台方主动参与的前提下，参照平台经济规范发展的相关指导方针，进行更为细节化的政策落地举措。例如，微信推出的"视频号小店"服务，对视频号橱窗使用规则的优化是基于自身产品特征继续完善、细化的。原本微信也有"微信小店"，可以随意接入视频橱窗。但在规则细化后，仅支持注册"视频号小店"的商家使用橱窗功能。微信此次调整类似于抖音电商，对外强调直播商品主要来自小店，来对

---

① 常态化监管促进平台经济健康发展［EB/OL］. https：//share. gmw. cn/tech/2022－05/10/content＿ 35722502. htm.

电商进行规范运营，这样就避免了原本的监管混乱与追责困难①。另一个例子是账号主体资质的验证规则制定。国家广播电视总局、文化和旅游部联合印发《网络主播行为规范》，其中要求对于需要较高专业水平（如医疗卫生、财经金融、法律、教育）的直播内容，主播应取得相应执业资质。据此，微信视频号团队出台措施，平台对于需要较高专业水平（如医疗卫生、财经金融、法律、教育等类型）的账号完成认证并提供相关资质证明，如果没有相关资质，平台将根据违规程度给予封号、掐断直播、限制推荐、扣除信用分等处置。

可以看出，当前的互联网平台营销监管政策正在逐步常态化、规范化、细节化。未来互联网平台营销在考虑营销效果的同时，需以更有序、合规的方式开展相关活动。

（二）技术迭代：技术营销应用面扩宽，新技术产品开拓新营销风口

MarTech 是一个组合词，即为 Marketing 和 Technology 的组合概念。MarTech 希望通过技术手段，在"术"的层面帮助企业更好地定位目标消费者、了解消费者诉求以及将合适的营销内容给适合的消费人群，最终在"道"的层面提升营销投资回报②。当前 MarTech 在内容营销技术、触点营销技术、数据中台和测量技术方面取得重要突破，对互联网平台营销有以下几方面助力。

一是以营销画布进行用户洞察与数据化运营。营销画布是基于系统提供的丰富人群运营组件，针对目标用户做灵活的营销活动编排和配置，配置完成后系统按照配置的任务进行执行。营销画布简化了工作流，自

---

① 商业化迎来重要进展 微信将推"视频号小店"服务［EB/OL］. https：// it. sohu. com/a/569812286_ 114984？ scm＝9010. 8002. 0. 0. 0.

② 于勇毅. MarTech 营销技术：原理、策略与实践［M］. 人民邮电出版社，2020.

动执行营销任务，覆盖多种业务场景，提升了运营效率，同时可采集和分析效果数据，帮助商家实现科学、精准、智能的精细化运营，进一步打通线上线下全渠道、全触点、全链路的用户数据，建立更加完整的营销画布，从而更精准地实现用户洞察、触达和营销。具体而言，在用户洞察方面，可以通过包括以下几种技术在内的多种数字营销技术展开：

➢ CDP：Customer Data Platform，即消费者数据管理平台，是获取、管理和基本介绍 应用企业一方全域消费者数据的系统；

➢ MA：Marketing Automation，即营销自动化，是一类帮助营销人员进行客户细分、客户数据管理和营销活动管理的软件；

➢ CEM：Customer Experience Management，即客户体验管理，指通过设计和响应客户互动，以满足或超越客户期望的做法，从而提高客户满意度、忠诚度和倡导度。

通过上述技术对用户所处阶段、关注差异、决策特征等策略进行用户聚类，构建人群特征模型。营销人员可以信赖 AI 模型，高效地进行精细的人群洞察以及人群圈选。根据《中国 AI 营销人才白皮书》的调查，随着用户数量的剧增，对消费者进行精准的营销特征的细分触达更为必要，超过 38.3% 的营销从业者都认为以 AI 算法来精准洞察用户是数字营销最大价值点。

二是内容营销的智能化运营。内容营销技术包括内容生成、内容管理、动态创意优化三个部分。内容生成技术使商家可以通过简单的指令或程序化的操作自动生成内容，包括文字、图像和视频等多模态内容。如淘宝人工智能机器人"鹿班"借助图像生成技术，可以在短时间内按用户需求生产出大量的广告海报。当消费者打开淘宝 App 的时候，顶部的广告海报可以根据消费者过往对于商品的搜索记录，自动完成素材分析、抠图、配底色等任务。根据大淘宝技术（Tao Technology）官网的数据显示，内容生产技术可以帮助淘宝直播达成千亿级别的年度成交量。除了鹿班系统，阿里巴巴智能设计实验室团队在短视频的制作和投放上又新推出了"亲拍"和"云剪"。亲拍是专门针对电商卖家推出的，是淘宝官方短视频剪辑工具。除了基础的剪辑功能外，亲拍还能为卖家提供智能化拍摄方案，帮助卖家拍摄出更精彩的视频作品。此外，亲拍会将淘宝上表现好的、以商品为中心的视频，转化成模板，让中小商家免费使用，最终一键发布。而云剪解决的不仅是拍视频、上传的问题，它会帮商家自动抓取，呈现视频卖点。云剪主要面向投放场景，以淘宝的微详情为主。具体而言，云剪通过算法，截选出视频中最吸引用户的 3 秒钟放在视频开头，中间 5 秒会站在用户视角，讲述商品的需求点，最后 2 秒，则会引导消费者加购和下单①。根据阿里巴巴智能设计实验室的测试，在微详情场域，经云剪优化过的智能视频，引导成交率高达 60%。内容管理主要面对有大量营销物料（如图片、视频和文字等）以及需要系统化管理的大型广告主，使用者主要来自汽车和快消等行业。内容管理的场景有很多，例如企业官网上放着某段 4K 长高清版本的广告视频，当某消费者拿手机来观看的时候，内容管理工具自动判断手机的分辨率后，把高清视频压缩到 1024×768 的清晰度，视频大小可能只有不到原来的 30%，这样就可以在不影响消费者感知的情况下，减少对于企业服务器带宽的压力，最终减少了企业在宽带和硬件的投入②。动态创意优化（Dynamic Creative Optimization），可以在实时的数字广告展示中，根据消费者的客户画像制作个性化的投放物料。即将广告创意素材的产品信息、文案、LOGO、背景、活动等元素任意调整、

---

① 电商在线官方 . 鹿班之后，阿里又出新神器，让做短视频不再难［EB/OL］. https：//baijiahao. baidu. com/s？id=1716263440893351120&wfr=spider&for=pc.

② 于勇毅 . Martech 营销技术：原理、策略与实践 ［M］. 人民邮电出版社，2020.

组合之后，在同样的广告位上进行投放时，根据触达到的用户的特定属性及用户行为而动态展示出不同的内容和效果，是一种依托大数据的广告精准投放动态优化技术，这种技术能够使广告创意更具针对性和精确性，可以显著增强广告的个性化展现效果。①

三是广告投放的优化与策略调整。在互联网平台营销中，准确监测广告营销效果，了解哪些内容真正为他们的产品带来了用户，有助于广告主确定其用户触达过程中能产生价值的环节。AI 技术在其中发挥了更大价值，例如多触点归因的算法，可以帮助营销人员确定每个营销过程的触点在转化过程中的价值。用户在互联网平台中接触广告信息并产生行动的过程不仅仅是查看广告、点击然后购买或安装那么简单。在用户转化之前通常需要多个接触点，因此如果在分析效果来源时，使用最终点击归因往往只会关注到最后一个广告或触发点的效果。但如果使用多触点归因的计算方式进行广告效果分析，就能够帮助广告主进一步调整广告预算分配，在有重要价值的环节重点发力，优化营销传播的实际效果。广告投放的优化还有一个层面，即企业与消费者互动体验的优化。在 2021 年，服务于内容中台的 DAM 成为市场热点。DAM（Digital Asset Management）即数字资产管理系统，是一个集中式存储库，可以在其中有效地存储、组织、管理、访问和分发大量数字资产。DAM 加速了企业与消费者之间的互动与体验，使得企业战略内容体系既做到调性一致，又可以千人千面。

四是数据应用与挖掘分析能力。互联网平台发展至今，已形成多领域、多平台、多产品的联动矩阵。如何善用大体量数据与即时数据更好地提供营销数据支持，精准分析、实时监控，是一个随着数据量扩大越

---

① 方惠立. 2018 动态创意优化（DCO）竞品分析［EB/OL］. https://www.jianshu.com/p/dbcc407c258a.

来越重要的议题。企业需要进一步打通数据底层，建立中心化管理，打破数字壁垒，推动数据共享，提升数据洞察能力。提升数据流通的一大技术方案是建立数据中台。数据中台是在政企数字化转型过程中，对各业务单元业务与数据的沉淀，构建包括数据技术、数据治理、数据运营等数据建设、管理、使用体系，实现数据赋能，是新型信息化应用框架体系中的核心。数据中台出现的主要原因，是数字技术在数据收集层面的爆发，因为数据的"量变"，催生了数据管理和应用的"质变"。在企业传统 IT 技术的建设理念下，IT 构架繁复，分散建设，每个团队管理自己的资源重复建设，成本消耗，形成企业内部的数据孤岛，运营效率低下。在数据中台理念下，打通业务模块，使资源汇聚，业务维护成本降低，数据资产化管理，数据价值持续挖掘与提升。如今，营销技术能帮助广告主收集大量描述消费者行为的数字数据，每个消费者使用的数字设备每天都产生百万条的行为数据，广告主很容易在短时间内收集到大量的用户数据，海量数据的管理和应用对数据中台提出更高的要求。

营销数据中台在技术上有 3 种主要的模式：

➤ DataLake

DataLake 是技术难度最高的一种，其定位于企业业务层面的数据大集市，整合全公司各种数据源，支撑的不只是营销场景，还包括企业个性化的业务场景，往往由企业的最高层直接领导，目标是帮助企业进行数字化转型。由于在数据对接和数据处理层面需要处理大量定制化数据源，因此 DateLake 的构建过程往往以年为时间单位。

➤ CDP（Customer Data Platform）

CDP 是技术难度稍低的数据中台，定位于营销层面的数据大集市，目标是支撑各种利用广告主自有数据的营销场景。因为 CDP 通常只对接标准化数据源（例如两个广告主用的是同一款标准化 CRM，他们的底层数据结构都是一样的），数据治理和数据管理相对容易，因此实施周期以月为单位。

➢ DMP（Data Management Platform）

DMP 的技术难度最低，定位是支撑以程序化广告为主的实时营销场景，和 DataLake、CDP 的最大不同是毫秒级数据输出。因为 DMP 主要用到的是广告监测数据、网站分析数据和第三方大数据，数据格式相对固定，因此实施难度最低。

AI 技术在营销数据应用与挖掘分析方面还有许多应用方向，例如目前常用的联邦学习，又叫联邦机器学习（FL），是 AI、大数据技术合力促成的一项技术。由于 AI 建模需要大量的数据用于训练，一般情况下 A 机构或企业都只有各自领域的数据，为了满足 AI 精确计算的需要，其对 B 机构、C 企业的数据也有需求，为了数据合规，不能粗暴地把几方数据简单加以合并。联邦学习本质是一种分布式机器学习框架，它能够聚合各个参与者的训练模型/数据洞察，通过多轮迭代，实现数据跨域联合的价值。借助联邦学习关于公域数据与私域数据两种异域数据的洞察，在保障数据隐私安全及合法合规的基础上，实现数据共享，共同建模。这种方式实现数据隐私保护和数据共享分析的平衡，即"数据不动，模型动；数据可用，不可见"的应用模式。这样的数据计算方式有利于数据的最大化利用，帮助互联网广告行业的精准营销、精准拉新促活、用户分析、流量监控等。

除应用于数字营销领域的智能技术外，技术革新本身为营销开创了新的风口。在营销场景方面，AI 技术（自然语言语音、AR、VR、自动驾驶等）将营销场景从个人场景延伸至家庭、出行、虚实交融等新场景，沉浸式、原生化地进行营销内容的传递。部分广告主入驻元宇宙，在元宇宙与线下营销地点的虚实之间，创造新的营销场景。在营销内容方面，AI 作为整合营销中赋能"创意"的一种手段，能够通过视觉、语音等技术创造丰富有趣的互动体验、话题事件与内容，助力品牌传播"破圈"。在营销渠道方面，AI 技术能够创造多样化的营销传达方式。一些 AI 小程序、与用户进行人格化沟通与服务的数字人以及帮助商家进行用户运营与管理商品的 SaaS 经营工具或平台都属于营销渠道的创新热点。例如化妆品牌蜜思肤借助百度"曦灵智能数字人平台"打造了一个"数字人口红试色顾问"，能够在营销活动中做出细腻丰富的表情进行趣味自然的交流。在线下活动场景中可以对前来感兴趣的顾客主动展开聊天，并帮顾客试色，介绍产品亮点。

（三）营销策略：后疫情时代，实体经济联动与存量用户增值成为平台营销重点

随着国内新冠肺炎疫情逐步回落，我们进入疫情偶发、常态化防控的"后疫情时代"。互联网平台在产业链、供应链方面的集群效应，以及特殊时期对于防疫与民生保障、就业等多方面的重要作用，让互联网平台的社会价值进一步受到肯定。因此，国务院印发《扎实稳住经济的一揽子政策措施》，明确提出促进平台经济健康规范发展，政策要求出台支持平台经济规范健康发展的具体措施，充分发挥平台经济的稳就业作用，稳定平台企业及其共生中小微企业的发展预期，以平台企业发展带动中小微企业纾困；引导平台企业在疫情防控中做好防疫物资和重要民生商品保供"最后一公里"的线上线下联动；鼓励平台企业加快人工智能、云计算、操作系统、处理器等领域技术研发突破。

这对于互联网平台发展是一个重大利好，也是平台整体营销与发展策略的指向标。在过去一年与未来的时间里，互联网平台与实体经济的

联动是营销的一大重头戏。一方面，电商、生活平台可通过一系列营销活动，以线上带动线下，促进实体经济复苏，提供生活保障支持，也可借助生活类实体经济的必需性反促平台用户的活跃性。饿了么在今年"夏季行动"中，开展"免单1分钟惊喜活动"，面向更多受疫情影响的商家推出现金补贴、流量扶持、物流保障、平台智能服务等多方面举措，让商家在夏季能实现稳健增长。除此之外，平台与实体经济的互利共赢，有助于平台场景化营销受众，基于实际生活场景，营销策略更容易通过平台优势触达用户，在现实消费需求的促进下培养使用习惯，缩短决策时长。另一方面，在存量市场阶段，将公域流量转化为私域流量，从 KOL 到品牌自播的转变，本质上也是一种实体经济在线上平台跑马圈地、借力复苏的合作方式。实体经济产业在线上同时享有高利润与高销售额，获得更好的营销投入产出比。未来私域流量的构建将会是平台与实体经济联动大背景下的热门方向。

面对 2021 年以来互联网平台单季度新增用户环比增长乏力的现状，我们必须认清一个现实：当前的营销重点已由增量用户拓新改为存量用户增值。近四季度京东、阿里和拼多多三家电商平台平均新增用户环比增长数分别为 0.53、0.26、0.15 和 0.16 亿人次。获客成本持续攀升，依托早期互联网红利或用户裂变模式的低成本获客时代已结束，如京东的获客成本自 2016 年的 141.9 元攀升至 2021 年的 386.14 元，2022 年 Q1 则为 806.02 元。流量红利的见顶进一步降低互联网公司拉新意愿，重心转为挖掘现有客户价值[①]。

存量用户增值有两条可行路径。其一，结合平台与实体经济的联动，扩宽存量用户的使用面。基于实际的使用需求，结合产品特性，打

---

① 东吴证券. 传媒互联网行业深度报告：电商平台——阿里巴巴、京东集团、拼多多对比研究［R］. 2022.

造基于现实生活消费洞察的线上营销洞察。例如在疫情期间，社交类平台的商业价值和社会价值就成为营销潜力挖掘的重点。线上购物 APP 运力不足情况下，社区团长以微信为纽带建立起居民基础保障；以信任和熟悉出发的私域流量运营具备高黏性和持续性，在此基础上自然衍生出区域信息的高效连接，应对社会性突发情况时效率较高，比如河南暴雨信息求助和上海疫情求助文档；作为"社交+"工具属性，小程序具备高效率，疫情期间快团团活跃度和成团量显著提升，对于居民日常生活保障起到重要作用，而视频号的线上蹦迪、线上演唱会则满足了精神需求。

其二，通过平台各板块的联动，开辟新的营销矩阵。各大互联网平台所属的平台产品矩阵之间可以先展开产品功能的联动与用户共享，挖掘用户的多方面价值。例如在反垄断措施后，微信、QQ 已逐步开放外链：微信允许淘系和抖音在一对一个人会话中进行链接分享，QQ 已支持淘宝网、闲鱼以及抖音链接的正常打开。小程序方面，盒马集市、天猫养车、天猫精灵、闲鱼等已入驻。再比如简单的"种草—购物"行为，作为一种随机的购物行为，它可以由各种内容社区、各类内容形式所触发。如果将平台整合联动，内容平台为营销触发点，电商平台为行动终点，那么任何平台都可以作为营销链条的一部分获得利益。抖音电商在今年提出了兴趣电商的概念，在这个场景下，消费者来到兴趣电商平台，首先是要寻找感兴趣的内容来休闲，在这期间，平台或通过短视频附带的商品，或通过直播等形态，直接将商品分发给消费者，消费者在对商品发生兴趣后，产生购买行为。独乐乐不如众乐乐，存量用户体量远大于增量用户的情况下，发掘存量潜力才是另辟蹊径。

第六章　互联网营销传播创新

随着互联网下半场的到来，网络营销竞争日趋白热化，给品牌带来了巨大的挑战，同时也为营销传播创新提供了强劲动力。依据互联网营销传播创新涵盖的主要范畴，本章将从广告营销、人员推销、网络促销、公共关系营销四个方面梳理相关市场现状、总结发展特点和揭示存在问题。最后，根据互联网营销传播创新现状，总结出当前互联网营销传播的共通逻辑：内容再次为王、视频化和社交化趋势、人工智能赋能，并对未来元宇宙营销进行展望。

一、互联网广告营销

本节对 2021 年互联网营销市场主流广告形式——搜索广告、电商广告、信息流广告、社交广告、创意中插广告和创新广告形式——互动视频广告进行深入分析，呈现互联网广告营销市场最新发展动态。

（一）搜索广告创新

随着经济增长放缓、流量见顶，营销创新变得越发困难。但在下行趋势下，搜索广告却凭借着精准触达、形式多样、契合人们的使用习惯成了数字营销领域的一匹"黑马",预算从 2021 年的第 5 跃居第 4,实现 21.5%的增长,成为国内广告预算增长的重要组成部分(CTR 最新数据)。过去两年,搜索广告不仅用户量激增,搜索行为也日渐频繁,"边刷边搜,边看边搜"已经成为用户网络冲浪的新常态。① CNNIC 最新报告显示,当前搜索引擎用户规模达 8.29 亿,较 2020 年 12 月增长

单位:万人

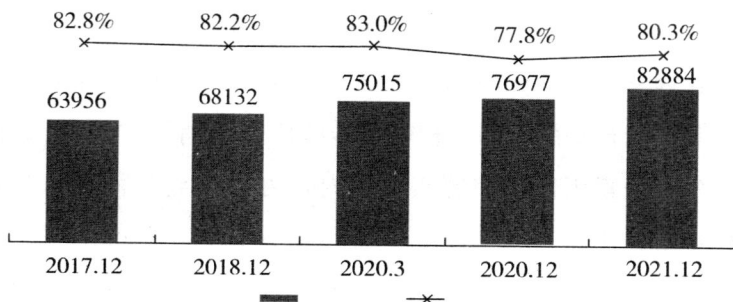

图 6-1 CNNIC 第 49 次报告中搜索引擎用户规模及使用率②

数据来源:CNNIC 中国互联网络发展状况统计调查

5908 万,占到了网民整体的 80.3%,如图 6-1 所示③。而来自极光发布的调研显示,每一天,用户会在 3.84 个平台进行信息的搜索,41.7%的用户会根据不同的搜索需求和内容需求来选择适合的搜索平台。④ 随着搜索广告日渐嵌入用户的使用行为,如何将用户的搜索转化为消费成

① 巨量引擎搜索广告助力线索、下载、平台电商类广告主探索营销增量[EB/OL]. http://news. k618. cn/finance/money/202207/t20220713_ 18687939. html.
② 中国互联网络信息中心(CNNIC). 第 49 次中国互联网络发展状况统计报告[DB/OL]. http://www. cnnic. net. cn/hlwfzyj/hlwxzbg/hlwtjbg/202202/P020220407403488048001. pdf.
③ 中国互联网信息网络中心. 第 49 次中国互联网络发展状况统计报告[DB/OL]. http://www. cnnic. net. cn/hlwfzyj/hlwxzbg/hlwtjbg/202202/P020220407403488048001. pdf.
④ 运营研究社. 字节又出大动作,开始"抢"腾讯、百度的生意?[EB/OL]. https://36kr. com/p/1794368029523976.

了创新的基点，围绕这一目标，平台、品牌开启了多元化探索。

1. 内容生态下的"启发式搜索"成为主流

有别于 PC 端时期百度搜索引擎的"一家独大"，当下搜索广告在各平台"百花齐放"，腾讯进一步巩固搜索布局，字节跳动加大搜索投入。当今搜索模式逐渐跳脱出搜索引擎的窠臼，衍生出社交生态搜索、电商生态搜索、内容生态搜索等多种样态。其中内容生态下的"启发式搜索"异军突起，得到了众多品牌与广告主的青睐。

启发式搜索（Heuristically Search）指的是由兴趣内容激发进一步搜索兴趣和搜索行动的行为。相较于传统广告的消极"侵入"，内容生态下的启发式搜索因以用户感兴趣的内容为"起点"而更易被用户接受并实现消费转化。

巨量引擎曾做出判断，"兴趣内容激发搜索兴趣"，并认为"内容激发+视频搜索+看后搜"的"新搜索"趋势已经形成。之于用户，内容生态下的"启发式搜索"是兴趣导向下的自主选择，用户被平台内容所吸引，对内容中提及的商品产生兴趣，进而发生搜索行为。这种形式能有效消解用户对广告的"对抗性"，串联起一条内容种草—兴趣激发—品牌信息—购买行为的短营销链路，更高效地实现从兴趣到购买的转化。之于营销，内容生态下的"启发式搜索"以内容为线索，实现"人群""流量""场景"的协同。之于品牌，"启发式搜索"为品牌带来了占位价值、转化价值、资产价值与增效价值。在三方获益的背景下，"启发式搜索"模式很快成为搜索广告的"新宠"。① 仅就预算而言，2022 年广告主们预期预算增加的选择，巨量引擎搜索广告、小红书搜索广告、知乎搜索广告占据前三超过 80%，其中巨量引擎方面的取

---

① 懂懂笔记．启发式搜索对于 2022 年营销的新"启发"［EB/OL］．https：//baijiahao. baidu. com/s？id=1721847751117086164&wfr=spider&for=pc.

向最高，达 42.1%。这彰显着广告主对于内容生态搜索广告的投入意愿十分强烈。① 就效果而言，北京冬奥会官方合作伙伴伊利，以#耀出冬奥新姿势#为话题进行搜索广告组合投放，自然联通了用户搜索兴趣，单日曝光就超过 4000 万。

2. 搜索广告形式不断创新，从搜索到呈现环节尽显新意

为了能让受到启发的"用户"尽快完成搜索行为并停留在搜索结果界面，平台联合品牌开展了不同程度的创新。

首先，就搜索而言，平台创新"懒人搜索"模式，尽可能减少用户在找寻信息过程中的认知与行动压力。以抖音为例，视频内容评论区都有搜索"放大镜"和联想搜索提示，用户可在受视频产品触动后直接在评论区找到连接产品的端口。在搜索界面，抖音又以"猜你想搜"为引，列举更详尽的搜索提示词，令用户不必输入即可找到相关产品，实现从"内容"到"产品"的无缝衔接。

其次，反向种草模式，号称"千万别搜"让用户更加想搜。除了在内容转化搜索的全流程减轻用户的搜寻负担外，平台还基于用户洞察推出了"反向种草"模式，以"千万别搜"等词汇来激发用户的探知欲，引导用户的搜索行为。② 2020 年 6 月中旬，抖音#千万别搜campaign 吸引了众多用户主动参与，可口可乐、vivo、上汽大众三大品牌也借此成功出圈。

最后，花样设置搜索后界面，赋予用户惊喜体验，强化品牌与用户间的互动。为了让用户能在搜索后获得更多满足感，打破原来的"大

---

① 2022 营销新变局：51% 的广告主加码巨量引擎搜索广告 [EB/OL] . http：//www.ceh.com.cn/UCM/wwwroot/zgjjdb/syzx/1460309.shtml.
② 最近，千万别在抖音搜这个品牌 [EB/OL] . https：//www.cet.com.cn/wzsy/cyzx/3197849.shtml.

水漫灌"式传播模式，品牌推出各种花式活动，使用户能够"边刷边搜""边搜边玩"。比如说可口可乐相关话题上线后，用户只要搜索可口可乐，就会开启放大镜彩蛋。之后，用户就能进入到可口可乐专属的挑战赛页面。来去之间，品牌形象成功植入用户心底，用户在无形间实现与品牌传播的共鸣。

3. 搜索词设置更加精准，评价体系更加完善

除了让内容转化、搜索过程更加流畅外，平台还完善搜索词设置，使其更加贴合用户需要，更能服务于品牌营销。其中代表有"百度"与"小红书"等，在"智能工具"加持下，其搜索广告营销效率显著提升。首先，百度会不定期对其搜索"关键词匹配模式"进行更新，最近已升级到三种匹配方式，精准匹配+短语匹配+智能匹配。[①] 每一次的更新都是技术和算法的改良，都在关键词与品牌的匹配程度上更进一步。其次，为了能找到更精准的搜索关键词，更精确地衡量搜索词与品牌的关联效果，小红书搜索产品则推出了进阶新功能——"行业推词"与"关键词质量度"。[②] 行业推词的出现源于品牌过去筛选关键词的三大痛点：第一是缺乏洞察，无选词思路。第二是易发生遗漏，无法穷尽。第三是不知道怎么拆分属性。"行业推词"针对以上问题，基于 AI 技术+大数据为品牌智能推荐搜索词，大大提升品牌选词的效率，根本上解决了"选词难"的困难。而关键词质量度是对广告在某一关键词下的竞价表现的综合评估，质量度以五星、1-10 分的形式呈现。影响关键词质量度的两大指标是创意相关性和预估点击率。创意相关性代表

---

① 百度营销官.产品速报｜百度搜索"关键词匹配模式"全新升级［EB/OL］.https：//baijiahao.baidu.com/s？id=1711663120906612692.

② 小红书信息流、搜索广告双重升级，让品牌营销智能又高效［EB/OL］.https：//baijiahao.baidu.com/s？id=1731335414987369125&wfr=spider&for=pc.

关键词与关联笔记的一致性，而预估点击率则是评估笔记能否引发用户兴趣点击的指标。关键词质量越高就越容易获得流量，推广产品。借助这一工具，广告主能更好地择优投放。

从最新广告额投放分布来看，搜索广告形势向好。整体呈现三种趋势：第一，与内容结合得更密切，由兴趣触动的"启发式搜索"逐渐成为主流。第二，搜索广告进入渠道更加简易，创意内核不断翻新。为了抓住用户的即时兴趣，搜索广告创新了多种搜索模式，无论是放大镜或是超链接，都在创造用户与品牌的短接口。同时为了赋予用户惊喜体验，打破陈旧的"一对多"传播模式，品牌还竭尽可能在搜索界面翻新花样，设置彩蛋，潜移默化地向用户传输品牌理念、文化，提升用户品牌好感度。第三，利用 AI 智能技术优化搜索词设置，建立更完善的评价体系，使广告费用"流有所向"。"我知道营销费用有一半是浪费的，却不知道被浪费的是哪一半"，这个百年营销难题仍困扰着现在的营销人。当今 AI 智能技术的不断升级为这一困扰提供了可能的解决方案，通过智能设置搜索词评估效果，广告主能够实现精准投放并准确获得广告投放结果，大大提升了营销效率，减少了传统营销因"不可见"而蒙受的损失。

随着搜索行为逐渐成为用户网络使用日常，搜索广告潜力巨大，而为了使其能够更好地服务营销，平台与品牌都应继续顺应其发展趋势，发挥其优势，使之能够真正成为促进消费转化的"快速通道"。

（二）电商广告

电商广告指的是服务于在线市场目标，将用户引流至相应电商平台进行购买，并为实现线上市场份额过程中所露出的广告营销诉求。电商广告的投放可以分为平台电商、垂直电商、折扣特卖和跨境电商，投放形式多样，可通过长短视频、直播、图片、文本等方式实现，多追求趣味性、简洁化与剧本化。《2021年9—11月综合电商广告投放分析》显示，以淘宝为例的平台电商多以腾讯广告、巨量引擎、网易易效为主投平台，投放总占比90%以上。淘宝广告以图片广告为主，其中大多是展示商品信息、优惠打折的图片广告。以得物为例的垂直电商重点投放在腾讯广告、巨量引擎等主流流量平台上。投放形式以图片广告和视频广告为主。① 无论是得物还是淘宝，其广告视频文案与文字文案多从"零元购""福利活动""他人推荐"等角度入手，吸引用户购买。

随着网络的不断发展，截至2021年12月我国的网络支付用户规模达9.04亿，占整体网民的87.6%，与此同时网络支付业务也保持稳定增长，2021年前三季度，银行共处理网上支付业务745.56亿笔，金额1745.9万亿元②。在线支付用户的增多与网络支付业务的增长使得越来越多的商家开辟在线电商业务，与此同时电商广告因具有强联结性、精确性以及高时效性被诸多行业所青睐。《2021中国互联网广告数据报告》显示，电商广告占据广告渠道的头部市场份额，市场占比高达36.75%，其次是视频广告、搜索广告、社交广告等③。

① 2021年9—11月综合电商广告投放分析 [EB/OL]. https：//baijiahao. baidu. com/s? id＝1716192071232213784.
② 中国互联网络信息中心（CNNIC）. 第49次中国互联网络发展状况统计报告[DB/OL]. http：//www. cnnic. net. cn/hlwfzyj/hlwxzbg/hlwtjbg/202202/P020220407403488048001. pdf.
③ 中关村互动营销实验室. 2021中国互联网广告数据报告 [DB/OL]. https：// new. qq. com/omn/20220113/20220113A04I5F00. html.

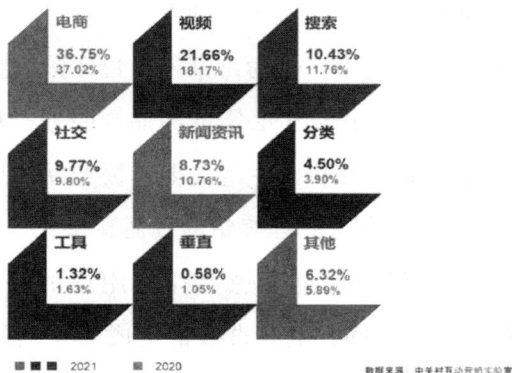

图 6-2 2020—2021 年各媒体平台互联网广告收入占比情况

数据来源：中关村互动营销实验室①

1. 电商广告高频曝光与场景化精准触达多优势并存

电商广告的优势在于高频次强曝光、场景化营销、精准触达用户。高频次强曝光在于电商广告善用微博、微信等日活与地区渗透率双高且带有社交属性的 APP 进行广告推送与引流。电商广告的场景化营销指的是根据用户的身份以及所处的具体场景进行广告推送，从用户端出发的场景营销从更加贴切用户的思维与视角出发，进一步刺激额外需求。节日营销作为场景化营销的突出代表即是意识到了贴合用户的身处的实际购物场景推送广告的重要性。2021 年春节期间，抖音电商设置"家乡年货节"专场，据《2022"抖音好物年货节"数据报告》显示，年货节期间，抖音电商直播间累计时长达 3171 万小时，直播间累计观看人次达 424 亿次。② 这体现了场景化营销的高效率与高触达。精准触达

---

① 中关村互动营销实验室 .2021 中国互联网广告数据报告［DB/OL］.https：// new.qq.com/omn/20220113/20220113A04I5F00.html.

② 抖音电商发布年货节数据报告：国货品牌销量同比增长 258%［DB/OL］.https：// baijiahao.baidu.com/s？id=1722446181252449302&wfr=spider&for=pc.

用户则是在打通电商广告垂直传播的最后一站，精准触达用户提升广告投放效率以及客户转化率。作为首家进口母婴限时特卖商场，蜜芽全球购为家里有小孩的人群提供了必需的商品与服务，其广告的目标投放人群则是准妈妈、母亲、儿科医生等需要母婴产品的用户。

2. 后疫情时代，电商广告营销的破圈新形式

注意力为王的当下，电商想要抓住用户的眼球需要"策略"与"运气"并存。疫情期间，电商直播带货成为拉动经济复苏的动力。截至 2021 年 12 月，我国网络直播用户规模达 7.03 亿，其中电商直播用户规模为 4.64 亿[①]。后疫情时代，知识直播带货破圈成为电商广告的新型引流方式。"双减"政策下，新东方被迫从教培行业开辟电商直播新领域，其账号"东方甄选"的中英双语直播带货模式迅速积累大量粉丝。从 2022 年 6 月 10 日起，"东方甄选"的商品交易总额连续四日超千万。"知识付费"与"电商直播"结合爆火的背后是电商广告诸多营销方式下策略与运气并存的偶然，但也为电商广告的未来发展提供新思路。"东方甄选"以其独树一帜的带货风格、中英双语的商品介绍、"情绪价值"的不断输出在后疫情时代的电商直播广告中突出重围，这也证明了独特的电商广告营销形式将在未来的电商广告市场分一杯羹。

[①] 中国互联网络信息中心（CNNIC）. 第 49 次中国互联网络发展状况统计报告[DB/OL].
http://www.cnnic.net.cn/hlwfzyj/hlwxzbg/hlwtjbg/202202/P020220407403488048001.pdf.

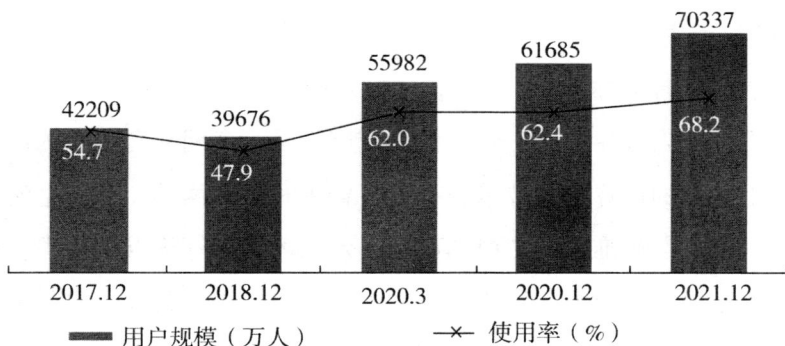

图6-3 网络直播用户规模及使用率

数据来源：中国互联网络发展状况统计报告①

3. "小程序+电商"或成电商广告发展新方向

电商广告当前面临内容同质化、客户转化率低、难以维护私域流量等问题，当前电商广告的推送有"跑马圈地"之嫌，粗放式的营销方式能够迅速积累大量用户，却无法建立起用户黏度高的"私域流量"。腾讯发布的2022年第一季度财报显示，微信月活跃用户达12.88亿，微信小程序活跃账户突破5亿②。作为中国网民用户人数最多的APP，微信于2017年推出连接"人与场景"的轻量型小程序。作为适用于"利基市场"开发的应用性连接③，小程序能够满足用户的即时跳转，弥补现阶段因电商广告跳转电商应用而损失的客户。"小程序+电商"的组合为电商广告提供了高触达、高黏度、高时效的可能性，或成为电商广告未来发展的新方向。

---

① 中国互联网络信息中心（CNNIC）.第49次中国互联网络发展状况统计报告[DB/OL].http://www.cnnic.net.cn/hlwfzyj/hlwxzbg/hlwtjbg/202202/P020220407403488048001.pdf.

② 腾讯：一季度营收1355亿元，微信小程序日活突破5亿［EB/OL］.https://baijiahao.baidu.com/s? id=1733152139310469527.

③ 喻国明.小程序：微信生态级应用的一次大扩容［J］.教育传媒研究，2017（5）.

（三）信息流广告

信息流广告又称 Feeds 广告，是指穿插在互联网资讯平台、好友动态、视听媒体内容流中的广告。信息流广告是互联网平台特有的广告形式，当下成熟的计算广告技术服务于广告主和用户两端，使信息流广告具有内容原生、精准定向、成本可控、效果可量化等优点。首先，内容原生主要是指其内容形式和前后的原生内容保持着一致性，避免破坏用户的内容消费场景，极大减少了用户对广告内容的回避。其次，信息流广告在大数据和推荐算法的加持下，基于用户数据准确定位用户意图和偏好，实现了千人千面式的精准推送，一方面降低了广告主的营销成本，另一方面也提升了用户的广告体验。最后，用户反馈可通过用户在终端的操作行为直接测度，使得效果评估更加精确。

1. 广告流量头部优势明显，信息流广告比重持续加大

Facebook 于 2006 年首先推出信息流广告，2012 年在国内开始萌芽，由新浪微博率先推出，2016—2018 年三年间信息流广告市场呈爆发增长趋势，2019 年至 2021 年，市场增速趋于平稳。从 Quest Mobile 数据来看[①]，头部市场阿里遥遥领先独占一档，第二梯队字节凭借抖音和今日头条稍有领先，腾讯、京东、百度、拼多多分庭抗礼。

从艾瑞咨询相关数据来看，信息流广告在互联网广告市场占比增势明显，预计在未来两年内可以和热度最高的电商广告平分秋色。

---

① Quest Mobile. 2021 中国互联网广告市场洞察 ［EB/OL］. https：//www. questmobile. com. cn/research/report-new/229.

	2016	2017	2018	2019	2020	2021E	2022E	2023E
	3.3%	1.8%	1.4%	3.6%	5.0%	4.2%	3.4%	2.6%
	12.5%	18.3%	22.0%	27.3%	32.9%	36.8%	39.8%	41.7%
	3.3%	3.3%	3.0%	2.6%	1.9%	1.7%	1.6%	1.5%
	8.4%	5.5%	4.2%	2.6%	2.1%	1.7%	1.4%	1.1%
	28.2%	32.0%	35.2%	37.8%	39.9%	40.1%	40.6%	41.6%
	3.6%	3.5%	3.3%	2.7%	2.4%	2.3%	2.1%	1.9%
	13.7%	12.5%	11.3%	7.7%	5.8%	4.9%	4.2%	3.7%
	26.5%	22.7%	19.3%	13.5%	9.6%	8.1%	6.7%	5.6%

搜索广告（含联盟） ■品牌图形广告 ■富媒体广告 ■电商广告 ■视频贴片广告
■分类广告 ■固定文字链广告 ■信息流广告 ■其他

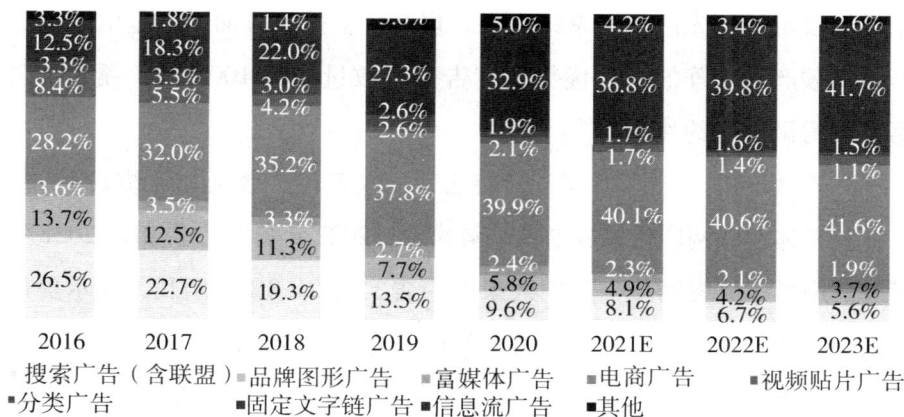

图 6-4　2016—2023 年中国不同广告形式网络广告市场份额①

2. 短视频信息流广告版图持续扩张

短视频与移动设备的使用场景具有极高的适应性，伴随着 5G、大数据应用、算法推荐等技术的不断迭代与成熟，成为移动互联网的重要入口。CNNIC 于 2022 年 2 月发布的《第 49 次中国互联网络发展状况统计报告》显示，短视频用户规模达 9.34 亿，较 2020 年 12 月增长 6080万，占网民整体的 90.5%。随着移动互联网用户增长放缓，寻求对注意力更深的挖掘成为广告收益持续增长的关键，短视频生动直观的内容呈现形式被广告主和运营商所追捧。

Quest Mobile 数据显示，2019—2023 年中国互联网典型媒介类型广告市场份额分布中，短视频信息流广告占比从 2020 年上半年 24.6%增至 2021 年上半年的 30.8%。信息流广告数量 Top 4 的平台包括字节跳动的巨量引擎、腾讯广告、百度信息流、网易易效。其中，腾讯广告的

---

① 艾瑞咨询．中国网络广告年度洞察报告——产业篇［EB/OL］．https：//report. iresearch. cn/report/202109/3844. shtml.

流量规模虽然领先巨量引擎约24%，但在广告投放方面，巨量引擎凭借其短视频产品矩阵的巨大优势，广告投放数量接近1000万，领先排名第二的腾讯广告约400万。

3. 信息流广告销售导向不断突出，纯展示类广告比重继续减少

就整体互联网广告投放增长趋势来看，2022年各类广告相比2021年投放费用增速放缓明显，其中效果类广告实现21.8%的增长，展示类广告则仍未翻身，继续负增长。展示类广告主要按照曝光和时长计费；效果广告一般按照点击计费，以直接促成销售转化的广告形式为主。

展示类广告主要以强化品牌认知为导向，而诸多信息流广告平台内容生态多变，因此既要保持本身品牌的特色和调性，又要确保广告内容在平台中的原生性，使这类广告在信息流平台中存在一定违和。信息流广告的特性决定了其天生具有直接促进转化的功能，转化是指广告运营上线后，用户从看到广告到填写表单或直接购买达成有效闭环，是投入成本直接转化为收益的过程。移动互联网具有很强的交互性，广告运营商致力于在网络营销过程中直接与用户达成互动，这为直接获得用户反馈、拉高 ROI 提供了极大便利。

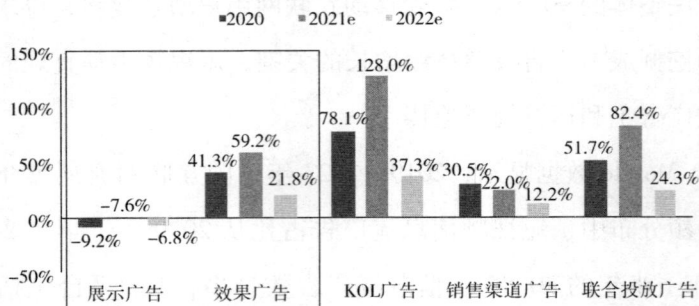

图6-5　2020—2022年典型广告形式投放费用增长趋势①

——————————

① Quest Mobile. 2021 中国互联网广告市场洞察［EB/OL］. https：//www. questmobile. com. cn/research/report-new/229.

（四）社交广告创新

沿用《2020 中国互联网营销发展报告》对社交广告的定义与范畴界定，社交广告是指根据广告主的诉求，在社交平台或其他存在社交关系链条场域中投放的广告。网络社交场域既包括社交平台这类大场域，也包括由流量主与粉丝间互动构成的小场域。随着社交属性成为互联网产品普遍追求的特性，社交广告的形式和特征也变得越来越丰富和复杂。

根据腾讯控股发布的 2021 年全年财报，腾讯社交及其他广告收入753 亿元，同比增长 11%。微信朋友圈广告拥有巨大的公域流量池和强曝光的特点，可以根据商家的预算和目标客户画像，定制广告推荐服务并提供广告曝光量、点击量、互动量、转化率和 ROI 等广告投放追踪数据，仍然是极具竞争力的广告形式。但是在用户个人信息和隐私保护要求和平台方广告销售压力的双重影响下，社交广告实际上并不能达到理想中的精准推荐水平。

微信官方公布由 160 万名用户投票选出的 2021 年度朋友圈十大广告依次为迪士尼影业、BeatsbyDre（苹果公司旗下）、京东（JD.COM）、FENDI、宝格丽（BVLGARI）、蒂芙尼（Tiffany）、植村秀、阿玛尼（ArmaniBeauty）、捷达（JETTA）、宾利汽车中国①，可以看出，实力品牌的朋友圈广告在用户感知中表现更佳。朋友圈广告在广告视觉展现效果方面不断探索创新，推出出框广告，在样式上大胆突破边界，漂移出画，形成较强视觉冲击力，直观突出产品观感，如玛莎拉蒂 Grecale 广

---

① 亿欧．超 160 万用户投票，2021 朋友圈广告年度 TOP10 公布［EB/OL］．https：//www.iyiou.com/briefing/202201211130788．

告等。朋友圈广告注重增强互动性，通过摇动手机、滑动页面、自选角度等多种形式提高用户参与度，如伊利摇动手机为奥运助力、饿了么代言人王一博以悬念邀请用户轻互动、故宫360度全景沉浸式云看雪、长按酒碗与徐凤年共赴江湖等①。

随着微信公域流量向私域流量的导流和沉淀，商家通过建立微信社群和关注好友的方式积累了大量成交用户。基于品牌信任和复购需求，用户对商家在微信社群和朋友圈发布社交广告的回避情绪较低，接受意愿较高。商家投放优惠促销广告，销售转化率较高且无须单独付费，逐渐成为用户朋友圈最常见的广告形式。

在短视频强势崛起的今天，短视频快速成为社交广告的主要形式之一，形成不同于精品视频广告和图文广告的独特内容优势。突出娱乐性和快节奏的短视频为用户提供沉浸体验的同时，通过知识类产品分享、日常生活娱乐广告植入、美妆护肤品试用、达人探店吃播等，将广告与内容高度融合，促进用户从视频内容（广告）消费到产品消费的一站式转化。短视频社交广告创作主体多元化、制作便利和较低的成本，为广告与内容的融合提供更多契机，具有独特的竞争优势，为社交广告发展贡献较大增量。

社交广告行业在互联网平台竞争中不断变化发展。小红书和B站以用户兴趣为中心的较小规模社交平台虽然缺乏庞大的用户群体和流量，但是其趣缘群体圈层具有很强的用户黏性和信任度，社交广告投放转化效果佳，正以"兴趣+UGC"抢占小圈层用户社交广告利基市场。趣缘社交广告关键在于对KOL（Key Opinion Leader，关键意见领袖）和KOC（Key Opinion Customer，关键意见消费者）的整合利用。KOL

---

① 微信广告.全国优秀案例［EB/OL］.https：//ad.weixin.qq.com/main.html#/case.

主要功能在于进行品牌推广，提高品牌曝光度；KOC 的主要功能在于分享使用经验，引导用户"种草"，虽然他们不是意见领袖，但是在小范围内的信任度更高，对关注者起决定性作用。

针对不同平台属性，社交广告投放策略不同。B 站是国内领先的年轻人文化社区，突出 UP 主个性创作、弹幕文化、二次元文化等特征，适合年轻化品牌传播。小红书以年轻女性用户为主，在"种草文化"背景下，鼓励 KOL 和 KOC 创作"笔记"广告，图文形式比视频占比更大，更适合美妆护肤、母婴、美食类品牌广告投放。基于趣缘的社交平台，广告的创作质量是社交广告效果关键所在。B 站 UP 主"奶糕成精档案社"带着一只猫和一只鼠上演了一场三次元的猫鼠大战①。这一支《猫和老鼠》影片目前的播放量为 1262 万，历史累计弹幕数 2.6 万，点赞 152.5 万，投硬币枚数 128 万，转发 22.6 万，影片内置广告品牌为好望水。其中，高点赞量的评论有"金主赚翻了，这质量也太离谱了""事实证明，群众不是讨厌广告，而是讨厌劣质、低下、无脑的广告，如果每一个广告都是这样有趣，群众愿意接受，效果也会不错，感谢金主""投币比点赞多的视频，看的时候真的很难白嫖"，品牌方给予 UP 主充分自由创作空间的基础上，实现了双方共赢。

（五）创意中插广告

创意中插广告作为内生广告的核心，是最近几年植入式广告发展的新方向。经过几年的发展，逐步从近于免费的广告资源成长为极具商业价值的平台型广告资源，直至 2017 年市场达到顶峰，近两年创意中插市场规模有所回落。

---

① 播放量超 1000w，一条广告大片成为 B 站新顶流［EB/OL］. https：//www.feigua.cn/article/detail/493.html.

1. 市场现状：网剧回落，综艺出新

"创意中插广告"原型最早出现在 2006 年的《武林外传》中，2013 年《龙门镖局》的广告中出现了自制的剧情广告，每集中插入的广告让观众难以区分广告和正片。经过几年沉淀发展，2016 年的《老九门》使"创意中插广告"正式进入大众视野。2017 年可以说是"创意中插广告"爆发元年，其呈井喷之势占据广告市场。伴随着《老九门》《鬼吹灯》系列剧的热播，"创意中插广告"市价一再攀升，到 2020 年《怒晴湘西》"创意中插广告"总价已达 7350 万元。此后，"创意中插广告"发展渐趋成熟。2020 年的《鬼吹灯之龙岭迷窟》《三生三世枕上书》《河神》、2021 年的《有翡》《赘婿》等热播剧也均采用"创意中插广告"进行广告植入，品牌数也从几个上升到几十个不等，其中广告品牌"美柚""腾讯微视"等也引起网民广泛讨论。虽然随着网络剧的繁荣发展、网络剧受众规模的逐渐扩大，以创意出发、由剧集本身衍生剧情定制的"创意中插广告"受到大量的广告商的青睐，但是网络剧中的"创意中插广告"自 2017 年的大繁盛时期以后慢慢回落，陷入内容创意同质化严重、人物形象与角色偏离严重、传播渠道有待拓宽等发展困境。

除网络剧外，"创意中插广告"开始在综艺节目大放异彩。2018 年大热的《创造 101》与相继出现的《创造营》《青春有你》等作为纯网综艺节目的代表，节目的播出不仅带火了参赛的选手，节目中的剧情式创意中插广告也为其广告合作品牌赢得了大量的流量。中插广告往往会选择广告主喜欢的艺人进行表演，能够获得中插也说明艺人在这个节目中地位很重要，这也是播出平台和广告商的双重肯定。在 2021 年话题度较高的《披荆斩棘的哥哥》等综艺节目中，节目亦通过情景短剧的形式进行产品卖点宣传，进而达到安利的作用。如节目中关于电商平台好物推荐的"中插广告"中，尹正穿着赛车服、帅气十足地戴着 VR 眼镜将科技融入其中进行广告植入。综艺创意新玩法不断出现，品牌主和节目组也越来越重视如何像网络剧的剧情衍生一样实现内容的深度融合。这需要找到品牌与节目内容进行无缝融合的平衡点，让产品实现精准投放并广泛覆盖，做到好玩又有趣，化有形于无形。

2. 发展趋势：网络剧精品化下的高品质要求

网络剧的繁荣发展使得其对品质追求更加精品化。从《白夜追凶》起，观众在网络剧中看到的，不再是名不见经传的新生代演员，而是经常出现在传统影视剧中，演技成熟、观众耳熟能详的高口碑演员，如《白夜追凶》中的潘粤明，《庆余年》中的张若昀，《司藤》中的景甜等。制作团队也从网络独立自制转向联手诸如华策集团这样经验丰富的影视制作单位，网络剧越发呈现出明显的精品化发展趋势。网络剧的精致不仅体现在剧集本身的制作上，还体现在剧集中所出现的广告形式与内容上。例如，2020 年 12 月播出的《有翡》，以"有翡江湖令"或"有翡宠粉令"的界面开启中插广告，通过剧中配角人物对话宣传作业帮直播课。再如《怒晴湘西》中的中插广告"腾讯微视 APP"，该广告直接使用剧集本身的演员——饰演陈玉楼的潘粤明，以"湘西秘闻"为开头，将整个故事线切割成三个片段式广告，在不同的时间点插入剧集中，带剧情的广告在每段结尾处加上未完待续，吊足了观众的胃口，降低了对于广告的抵触情绪；而在剧情内容上，广告本身与"腾讯微视"产生了很好的互动编排，以一句"总把头，您已经在微视上火啦"引出腾讯视频 APP，将陈玉楼的角色形象以短视频的形式呈现在腾讯微视 APP 上，短视频上同样的剧情线是《怒晴湘西》剧集的衍生，吸引着观众去一探究竟，从而达到了宣传推广的目的。① 这些无一不体现着在网剧精品化趋势下"创意中插广告"的精细化发展，从内容上更加细致、无声地与原剧情融为一体，从形式上巧妙且精心地设计应用于整个剧集的全过程，更好更高质量地呈现在观众的面前、潜移默化影响观众对相关品牌的关注度。

3. 未来布局：技术助力中插广告用户体验

随着 5G 的商用以及人工智能、VR、AR 等技术的发展，未来创意中插广告将迎来新变化。一是创意中插广告内容载体进一步延展。随着内容的垂直精品化，创意中插广告资源将由头部内容拓展到其他等级优质内容。目前以剧、综艺为主要投放载体，电影、动漫等视频内容在未来都将开放创意中插广告资源位，尤其是动漫的创意中插广告资源或将迎来较好发展。二是利用人工智能技术助力创意中插广告的精准投放，未来可以利用文字识别、图像识别等技术，根据视频的故事情节、人物情绪在适当的环节投入符合视频内容的广告，提高广告与内容的契合度，改善用户体验。三是与虚拟现实等技术结合，适应内容产业数智化趋势，应用 NFT、数字人制作与虚拟内容制播技术，探索面向元宇宙的5G+中插广告产品形态，使用虚拟人（虚拟偶像、虚拟主播等）在元宇宙世界中为产品推广演绎精彩剧情。

（六）互动视频广告

1. 互联网互动视频行业进入规范化、规模化、产业化运作阶段

5G 技术为视频行业带来更大的发展机遇，超高清、强互动、沉浸感成为行业未来发展的关键词。2019 年，国内互联网视频平台，特别是中长视频平台，纷纷探索布局互动视频，如推出行业标准、发布工具

---

① 陆样. 基于 ROI 理论的"创意中插广告"研究［D］. 黑龙江大学，2021.

插件、开通投稿渠道、提供奖励机制，以期在视频竞争的红海中找到破局新方向。一时间各大平台上互动视频游戏、剧集、综艺、短视频、广告层见叠出，采用与过去 H5 视频互动产品完全不同的生产模式。前者是基于互动视频制作软件插件技术，非专业人士也可以学习掌握，通过在视频素材基础上添加互动功能生成互动视频，主要在视频平台播放；后者是基于 H5 技术，需要由专业团队通过策划、设计、代码开发出具有互动功能的视频产品，主要依靠社交媒体用户间的分享和转发。互联网互动视频大大降低了互动视频制作的专业门槛，吸引了 UGC、OGC 和 PGC 的广泛参与。

在各大平台一年多自主探索的基础上，2020 年 10 月 14 日，由国家广播电视总局统筹，中央广播电视总台、爱奇艺、腾讯、优酷、芒果等单位共同参与制定的互动视频行业技术标准——《互联网互动视频数据格式规范》（以下简称《规范》）正式发布①。这意味着互动视频将采用统一的数据格式规范，能够在不同平台和移动终端上播放，兼容性大大提升，传播技术壁垒大大降低。互联网互动视频行业进入规范化、规模化、产业化运作阶段。

2. 互动视频广告的发展潜力

根据《规范》中对"互联网互动视频"的定义，可以将"互联网互动视频广告"定义为：通过互联网向公众提供的具有分支剧情选择、视角切换、画面交互等交互能力，能够为用户带来互动观看体验的一种视频广告业务，简称"互动视频广告"。这些交互功能超越了标准视频广告提供的点击进入详情页和退出控制，为用户提供了更多与广告材料互动的可能性，有利于促进用户从被迫参与转向主动参与，提高用户的

---

① 国家广播电视总局．互联网互动视频数据格式规范［EB/OL］．http：//www.nrta.gov.cn/art/2020/10/14/art_ 113_ 53307．html．

广告涉人度。

爱奇艺将互动视频广告分为互动贴片和互动原生广告两类：（1）互动贴片，特指广告与内容视频无关联的互动视频广告。不论是广告的剧情、演员、角色人物，都和内容视频无关联。（2）互动原生广告，特指广告与内容视频有关联的互动视频广告。关联方式包括，广告剧情是内容视频的延展、广告中的演员沿用内容视频中的演员、广告中的角色人物和内容视频中的一致①。在 B 站互动视频创作激励政策的推动下，B 站 UP 主创作了一批互动视频（含广告）。大多数互动视频是趣味测试、攻略游戏、剧本推理等。B 站 UP 主霍顿创作了多个"听台词猜广告"互动视频，其中播放量最多的一条互动视频获得了 185 万的总播放量，在用户点击回答每一题后，还会出现该题的正确答案广告视频。这种互动视频广告吸引用户参与的原因主要是怀旧情怀，并不能对广告主形成太多吸引力。

互联网互动视频广告与普通视频广告相比具有独特优势，引起了越来越多广告商的关注。一是互动视频广告的用户参与度和广告完播率等关键效果指标超过标准视频广告。根据视频营销平台 Innovid 在其 2017 年全球视频基准报告中提供的数据，与标准前贴片广告相比，互动视频广告的总用户活跃度提升了 561%。二是互动视频广告具有更好的用户数据获取能力。互动视频广告既可以通过问卷直接向用户征求意见，也可以通过收集用户与广告互动的行为和偏好获取数据，为广告商提供定制化广告创作和营销方案。此外，5G 对沉浸式和交互式的视频内容有强大的承载能力，VR（虚拟现实）、AR（增强现实）、MR（混合现实）、XR（扩展现实）和 360 度全景视频等新兴技术已作为未来互联网

---

① 爱奇艺. 互动视频基础指南［EB/OL］. https：//www. iqiyi. com/ivg/#%E4%BA%92%E5%8A%A8%E5%B9%BF%E5%91%8A.

行业的一大风口，为互动视频广告开辟了新的市场机会。

3. 互动视频广告仍然具有很大的提升空间

互动视频广告仍处于市场探索阶段，无论在推动销售转化率还是自身的创新发展上，仍然有很大的进步空间。一方面，互动视频广告对销售的促进效果尚未得到市场数据验证。美国视频网站 Hulu 的一项数据表明在其互动广告点击率增加 30% 的情况下，广告商品售卖的情况却不乐观，即受众消费互动广告给广告商带来的收益并不明显①。另一方面，大多数互动视频广告流于形式，更像是"二选一"广告，用户与内容并没有深入的互动，对于广告效果的提升并不明显。用户与互动广告的双向互动仍然有很大的发掘空间。

互动视频热潮下催生了互动视频广告，互动视频和互动视频广告的市场表现仍然有待进一步验证。互动可以是视频的噱头，但无法成为视频成功的根本原因，说到底，新的技术形式还是要与优质的内容创意相结合，才能达到"1+1>2"的传播效果。

二、互联网人员推销创新

（一）网红经济 4.0 阶段：在线新经济重要模式

近年来，5G、大数据、人工智能等新一代信息技术变革，新基础设施建设日渐完善，流量资费降低及智能手机普及等，助推了以网红经济为代表的在线新经济新业态新模式的崛起。作为新兴信息技术变革下新经济的必然产物，我国网红经济已然迈入 4.0 的发展阶段，呈现出鲜明的体验型和经济型服务特征，成了我国在线新经济的重要模式。

---

① 郑琪，方爱华. 互动视频发展瓶颈和路径优化探析［J］. 当代电视，2020（5）.

1. 网红营销越来越受重视

网红营销也叫影响者营销，指品牌或营销机构与众多平台上拥有大量粉丝而产生了强大影响力的个人建立合作关系。网红（有影响力的人）吸引了关注者的注意力，获得了他们的信任，有一定的权威，最终影响消费者的行为和决定。在以内容为消费对象的绝大多数媒体中，网红营销非常普遍。网红是网络媒介环境下网络红人、网络推手、传统媒体以及受众心理需求等共同作用的结果，一般指在现实或者网络生活中因为某个事件或者某种行为而被网民关注从而走红的人，或长期持续输出专业知识而走红的人。网红作为新媒介传播中的弄潮儿，通过在网络平台积聚起影响力而走红，准确把握受众猎奇、窥伺和观赏心理的痛点，精通个体 IP 的包装、经营和运作方法，在风起云涌的网络环境中聚拢相当程度的注意力资源关注。① 相较于其他营销方式，网红营销的投资回报率更高。2021 年，网红营销受到越来越多的品牌重视。品牌在网红营销上投入更多的预算，吸引更多年轻受众注意力，实现品牌营销。2022 年，网红营销行业将有望突破 150 亿美元，并仍然保持着高速增长态势。根据 2022 年企业营销投资计划趋势的调查，34% 的人表示会将网红营销置于营销计划列表的首位。目前网红营销的专业人士中有 57% 表示有效，且其中有 46% 计划在 2022 年增加投资。②

2. 网络微名人下的"种草经济"蓬勃发展

与此同时，根据 2022 年企业营销投资计划趋势调查数据显示，2022 年，有 56% 的网红营销人员倾向于与网络微名人（通常为数千至

① 王书斌. 名人文化研究视域下的网络微名人概念 [J]. 青年记者，2020（11）.
② 螃蟹通告. 网红营销行业 2021 年度数据总结 [EB/OL]. https://zhuanlan.zhihu.com/p/456858117.

数万追随者——粉丝）合作。① 因为他们能够在转换潜在客户、与受众建立联系和提高品牌知名度方面发挥更大的作用。

网络微名人的所指在很大程度上确与网红群体相重合，但是存在一些差异。微名人（Micro-celebrities），作为美国媒介研究学者特蕾莎·森福特（Theresa Senft）在她的《摄像头女孩：在社交媒体时代之下的名流和社群》（Camgirls：Celebrity and community in the age of social networks）中提出的概念，主要是指利用摄像头、视频、音频、博客或社交网站等形式以放大自己在读者、观看者和线上连接者之间的名声，进行各种新型在线表演形式的表演者。② 与传统名人相比，微名人所拥有的粉丝数量相对有限，表演的内容多是自身生活的一部分，更加"真实"；与普通人相比，微名人将个人生活放置在公共审视之下。因此，爱丽丝·马维克（Alice Marwick）认为当我们理解微名人，更应关注其类似名人的自我呈现方式。③ 无论是美妆博主、游戏 UP 主，还是搞笑博主都是通过特定的表现行为和策略方式来呈现自己，从而来吸引其他人并进行线上的互动行为获得名声。这也正是观众和粉丝所期待的，他们希望"微名人"比传统名人更加真实，而这种真实往往主要体现在互动之中。微名人的发迹需要创造一个适合大众乐趣的人设，确定制作内容的主题，创造"社群"，并强调通过一种"真实"感来拉近与观者的距离吸引他们变成粉丝和潜在"客户"。这种真实感的营造方式是多种多样的，可以是和仰慕者的积极互动，也可以是对于某些问题的深入

---

① 螃蟹通告. 网红营销行业 2021 年度数据总结 ［EB/OL］. https：// zhuanlan. zhihu. com/p/456858117.

② Senft. T. M. Camgirls：Celebrity and Community in the Age of Social Networks. NY：Peter Lang，2008.

③ 董晨宇，丁依然，叶蓁. 制造亲密：中国网络秀场直播中的商品化关系及其不稳定性 ［J］. 福建师范大学学报（哲学社会科学版），2021（3）.

思考和讨论，而人设的设定是一种自我的商品化，是为了追求市场所塑造的形象。

在微名人群体的影响下，"种草经济"进入了蓬勃发展阶段。我国消费者被"种草"的主要渠道是各消费领域达人的测评视频以及带货推广，皆超过六成占比，有五成的消费者容易被网络社区的素人分享"种草"。"种草"泛指"把一样事物推荐给另一个人，让另一个人喜欢这样事物"的过程。"种草经济"本质上仍是一种注意力经济，是"网红经济"的进一步延伸，是在媒介碎片化的背景下，"网红"分解为各领域"博主""达人"的自发性结果。① 比如，醉鹅娘初入抖音电商，就以持续科普红酒相关知识锁定内容经营主线，短短几个月间收获了超百万粉丝，成了红酒内容赛道里的"科普达人"，之后开启直播带货，此前在内容经营积蓄的兴趣"种草"，很快转化为了需求"拔草"。

图 6-6   "种草经济"模式：双向互动交流、信任感强

3. "直播带货"成为正式工种

2020 年 7 月 6 日，由人力资源和社会保障部联合国家市场监管总局、国家统计局发布了包括"区块链工程技术人员""互联网营销师"

---

① 艾媒产业升级研究中心. 关注 3·15：艾媒咨询｜2022 年中国种草经济市场及消费者行为监测报［EB/OL］. https：//www.iimedia.cn/c400/84024.html.

等在内的 9 个新职业。这是我国自《中华人民共和国职业分类大典（2015 年版）》颁布以来发布的第三批新职业。值得关注的是，"互联网营销师"职业下增设了"直播销售员"工种。这意味着直播带货的"李佳琦"们有了正式工种称谓——直播销售员。

"互联网营销师"是指在数字化信息平台上，运用网络的交互性与传播公信力，对企业产品进行多平台营销推广的人员。互联网技术的发展催生了多样化的创业就业模式。例如，在商品市场领域，随着短视频、直播带货等网络营销行业的兴起，覆盖用户规模在 8 亿以上，互联网营销从业人员数量以每月 8.8% 的速度快速增长。在数字化信息平台上，运用网络的交互性与传播公信力，对企业产品进行多平台营销推广的直播销售员，已受到广大企业和消费者青睐、认可。直播销售员虽然是由带货主播转变而来，但不是对带货主播的简单复制，而是在更深层次上发展分化出的直播销售员、选品员、视频创推员及平台管理员，每个工种都有着相应的职业素养要求。除了专业的直播销售员，2020 年疫情期间，直播抓住用户流量红利，"国家队入场"、各级卫视和明星加入直播带货，直播电商的交易规模快速增长。

作为电商与直播融合的产物——基于直播技术的直播带货营销行为，在新冠肺炎疫情的影响下，营销环境和消费环境均发生改变，直播带货交易规模呈现爆发式增长，持续火爆。2021 年，仅在抖音、快手平台进行的带货直播场次已超 7500 万场，同比增长 100%，直播带货商品链接数超 3.9 亿个，同比增长 308%；直播达人数同比增长 65%①。一方面，新冠肺炎疫情使得营销环境和消费环境发生改变，线下销售模式纷纷转为线上，直播电商交易规模呈现爆发式增长；另一方面，直播

---

① 2021 直播电商年度数据报告 ［EB/OL］．https：//www.djyanbao.com/preview/3260797？from＝search＿list.

带货行业规模仍未饱和，发展空间较大，预计未来两年仍会保持较高的增长态势。随着内容平台与电商交易整合的程度不断加深，预计 2022 年直播带货的渗透率可以增长到 20.3%。① 在直播带货的热潮下，对新鲜事物的接受度较高的年轻用户成为直播带货的消费主力，更乐于观看网络直播并进行购买。

但是，在目前的直播营销中，直播销售员自身的素养、质量参差不齐，也是目前直播带货面临的困境之一。直播带货异军突起，发展迅猛，吸引大量劳动力纷纷加入直播带货行业。加上直播平台准入门槛低，这不可避免地导致直播销售员们的专业能力及道德修养参差不齐。对专业的直播带货主播来说，需要具备以下能力：对垂直领域熟悉；专业的选品能力；特定的营销话术；与观众互动的技巧，等等。同时，在网络直播推销过程中，与传统推销人员一样，直播的主播也需要时刻遵守基本的公民道德规范，诚实守信地对达标产品进行推广销售。以淘宝为例，淘宝于 2018 年 5 月 31 日前出台了《淘宝直播平台管理规则》（以下简称《规则》），该《规则》对于主播的言谈举止以及信息发布做出了非常细致的规定。并且，淘宝通过积分制的方式对违反规定的主播给予冻结权限、账户降级、账户清退等惩治措施。但是，其中的入驻规则多次提到"主播素质"一词，却未对"主播素质"的具体规定做出详细要求。直播主播翻车事故频发，如原来的"电商一姐"薇娅 2021 年被查出偷漏税，追缴、加收滞纳金和罚款的总金额达 13.41 亿元，其微博、淘宝直播、抖音、快手等直播带货的平台账号也已经被封。可以看出，互联网营销师作为一种职业、直播销售员作为一种工种，都尚处在初期发展阶段，行业门槛依然处在模糊状态，有待未来进

---

① 黄楚新，吴梦瑶. 我国直播带货的发展状况、存在问题及优化路径［J］. 传媒，
　　2020（17）.

一步规范，更好更高质量地服务于社会经济。

（二）虚拟人跻身人员推销行列

在娱乐需求增加、AI 等技术不断迭代的背景下，中国虚拟人产业处于高速发展阶段，元宇宙的浪潮也加速推动了虚拟人产业升级。根据艾媒咨询《2022 年中国虚拟人行业发展研究报告》显示，2021 年中国虚拟人带动产业市场规模和核心市场规模，分别为 1074.9 亿元和 62.2 亿元，预计 2025 年分别达到 6402.7 亿元和 480.6 亿元，呈现强劲的增长态势。其中，经济驱动力和技术驱动力发挥着至关重要的作用。近两年来，我国居民生活质量进一步提高，精神消费的需求逐渐凸显。伴随着国内人均可支配收入稳步提高，虚拟人行业快速扩张，主要分为服务型虚拟人和身份型虚拟人。服务型虚拟人具有功能性，能够替代真人服务，完成内容生产以及一些简单的工作，降低已有服务型产业的成本。身份型虚拟人具有身份性，多以虚拟 IP 或偶像呈现，能够为未来的虚拟世界提供人的核心交互中介。虽然虚拟人的应用商业模式处于探索阶段，但商业应用场景已由最初的数字娱乐场景迅速扩大到媒体、金融、电商、服务、教育、广告等行业，虚拟人商业化的发展呈现出日新月异的变化。

与此同时，随着人工智能、5G、虚拟现实等新技术的融合发展，虚拟人开始向互联网推销渗透。结合人工智能技术等前沿科技和虚拟人形象的可塑性，虚拟偶像、虚拟主播、数字员工等新业态不断满足用户的多样化需求，产生巨大市场机会，推动虚拟人成为互联网时代新推销员。

1. 虚拟偶像品牌推广代言进入高峰期

在群众娱乐需求持续增长以及网络和影像音频技术不断迭代的环境

下，中国虚拟偶像产业逐渐走入发展的高峰期。根据艾媒咨询2021年调查显示，超过八成网民在日常有追星的习惯，其中63.6%网民支持和关注虚拟偶像的相关动态，53.2%的网民表示喜欢虚拟偶像是出于其形象设计，50.5%的网民因为性格、定位等人物设定而喜欢虚拟偶像。虚拟偶像在设计之初就有明确的受众群体和主攻领域，发布后会在二次元圈内引起反响。而在一定的流量积累后，虚拟偶像IP会开始商业化变现，形成以虚拟偶像IP为核心的生态圈。随着二次元领域的主要受众群体90/00后逐渐拥有了自主消费能力，虚拟偶像在流量变现、内容变现等方面获得了更好的支撑，在品牌、产品推广上拥有了更多的空间和可能性。

虚拟偶像IP的商业价值凸显使得越来越多品牌愿意使用虚拟偶像作为产品代言形象，突破圈层壁垒，持续吸引流量关注。如老牌虚拟偶像"洛天依"先后代言了必胜客、雀巢、三只松鼠、百雀羚、欧舒丹等各大品牌。与此同时，这些品牌也在布局打造自身的虚拟偶像。有的由品牌自主打造，如肯德基的"KI上校"，雀巢咖啡的"Zoe"，欧莱雅的"M姐"，还有的由品牌和外部团队合作打造，如魔珐科技旗下虚拟人物"翎"。游戏厂商米哈游以自身游戏开发为基础，继《崩坏系列》和《原神》后，推出了一个二次元IP"yoyo鹿鸣"；同样转型到虚拟人开发的还有次世文化，其开发的明星虚拟形象有迪丽热巴的虚拟形象"迪丽冷巴"、黄子稻的虚拟形象"韬斯曼"等，品牌衍生虚拟人有IDO珠宝虚拟形象"Beco"、花西子虚拟代言人花西子等。除此之外，2021年传统偶像不断"塌房"的娱乐圈产业也产生了较大变动。娱乐厂牌和互联网巨头也在虚拟偶像领域展开竞争。例如，由"向晚、贝拉、珈乐、嘉然、乃琳"五人组成虚拟偶像团体A-SOUL，是由字节跳动与乐华娱乐联合企划，前者提供底层技术支持，后者提供内容策划运营等。Bilibili 主要通过入股的方式进行布局，同时主办了一些业界著名的演唱会；爱奇艺运用自身平台优势，打造了《跨次元新星》等虚拟偶像演唱会、虚拟偶像选秀节目；腾讯则打造了王者荣耀虚拟男团——无限王者团，此外，腾讯音乐娱乐集团与虚拟演出服务品牌 Wave 达成合作。① 其中，国内目前变现效果最好的虚拟偶像之一是阅文集团的叶修。叶修是现象级网络小说《全职高手》中的主角，2011 年由阅文白金作家蝴蝶蓝创作，在起点中文网连载，有大批忠实粉丝。目前，叶修已与包括麦当劳、美年达、清扬、伊利、QQ 阅读等多个大品牌签约代言合作。

2. 虚拟主播直播带货前景可期

直播带货被认为是虚拟人进入较早且具有较高接受度的领域。随着中国直播主播的人才的需求量不断增长，2021 年中国直播主播人才需求量为 480.0 万人，预计 2022 年达 600.0 万人。虚拟主播也渐渐成为直播主播群体的新力量。随着消费群体的需求多样化，大众对虚拟主播的认可度和接受度提高。根据艾媒咨询《2022 中国虚拟人产业商业化研究报告》调研数据显示，47.5% 的受访用户认为未来真人主播和虚拟主播将共存，45.7% 的受访用户认为虚拟主播将会替代某些领域的真人主播。

虚拟数字主播 COCO 是由联通沃音乐文化有限公司的 AI 数字孪生虚拟人创作平台创造，融合了语音合成、图像处理、真人建模等多项人工智能技术，实现文本到视频自动输出。该平台的功能多元化，包括场景定制、多语言播报、实时合成等功能。虚拟主播 COCO 不仅能够提供一体化的数字服务，还能满足全场景应用的需要。在新闻播报方面，

---

① 飞娱财经.2022 年，虚拟偶像代言会火！［EB/OL］.http://www.woshipm.com/it/5271437.html.

COCO 能够使用中英粤三语进行新闻播报；在视频彩铃问答应用方面，COCO 能够担任全时段在线客服，实现实时语音交互，提高客服服务质量；在 2022 年的冬奥会和两会期间，COCO 对相关赛事和重要内容进行播报。

在真人带货屡屡翻车的情况下，虚拟主播或将成为直播带货的下一个风口。抖音虚拟美妆达人"柳夜熙"与真人相差无几，2021 年 10 月 31 日，柳夜熙的幕后团队在抖音发布第一条关于柳夜熙的视频内容。柳夜熙丰富了"美妆+真人+特效+元宇宙"的内容形式，使其成为短视频内容创作新风向。截至 2022 年 6 月，柳夜熙账号粉丝已破 890 万。其出现和爆红，对于各大品牌商选择虚拟主播进行带货有很大的促进作用。如 2022 年 4 月 20 日，柳夜熙为小鹏汽车代言的视频广告点赞量达 164 万。同时，市场已经出现专门研发虚拟主播带货的相关企业。比如花脸数字研发的产品花脸 AI 主播，帮助商家进行虚拟人物直播和打造虚拟偶像 IP，覆盖淘宝、抖音、京东、拼多多等主流电商平台，不仅极大降低了商家的直播成本，也让商家拥有了自己的虚拟偶像资产。拥有完美形象、满足品牌宣传和观众心理对理想主播要求的花脸 AI 主播可以 24h 不间断工作，成本极低，一天仅需数十元的成本，致力于帮助商家打造年轻人所喜爱的二次元虚拟偶像。

目前虚拟人在电商直播领域的应用尚不成熟。从数据对比来看，虚拟主播与真人主播的头部差距甚大。以虚拟主播中热度较高的 IP"我是不白吃"与近期热门真人主播罗永浩相比，市场机构数据显示，自 2020 年 3 月虚拟主播 IP"我是不白吃"开始直播带货，2021 年 GMV（商品交易总额）过亿元，成为虚拟主播领域的头部明星。近三个月来，"我是不白吃"在某短视频平台直播累计销售额达 1088.99 万元，关联直播 37 场。而与该短视频平台的头部带货达人罗永浩对比，罗永浩近三个月的直播累计销售额为 9.15 亿元，关联直播 128 场。以每场直播的平均销售额来推算，"我是不白吃"的单场直播销售额仅是罗永浩的 4% 左右。从市场总体来看，在日常流量的情景下，虚拟人在直播间应用后的前三天，销售额能达到真人直播的 150%—200%，但是 3 天后的销售额则迅速回落并稳定在真人直播间的 10%—30%。在替消费者试用、代消费者品尝、同消费者实时互动这样强交互的电商直播领域中，虚拟电商主播与消费者之间的交互，正成为最大的难题，这或许也是虚拟主播带货数据迟迟未出成绩的原因。因此，未来虚拟人是否能独挑大梁成为电商直播的主角，还有待观察。

（三）AI 社交机器人或将成营销新常态

随着人工智能越来越受到人们的关注，大家对相关产品和服务的期待也越来越高，比如机器人写作、机器人作曲、自动驾驶汽车等。其中最有代表性的应用就是开始活跃于各行各业的智能客服。

智能客服是聊天机器人一个重要的应用场景，其主要功能是同用户进行基本沟通，并自动回复用户有关产品或服务的问题，以达到降低企业客服运营成本、提升用户体验的目的。相较于传统客服，AI 客服能多元化渠道接入，全天候全年无休对消费者进行响应，一天至少可以接 800 通电话，数据处理速度快，服务效率也更高。[①] 聊天机器人的另一个优点在于：你能够以一种高度互动和引人入胜的方式讲述你的品牌故事。具有讽刺意味的是，机器人将使你的品牌人性化，让你有机会加入自己独特的语调、情感、价值观和情绪。最重要的是，他们让客户互动变得自然，与聊天机器人聊天可以和与朋友聊天一样令人愉悦。用户的

---

① 点控互联. 进入 AI 时代，你对智能客服了解多少？［EB/OL］. https：// zhuanlan. zhihu. com/p/429880062.

回答直接影响着故事情节，使得整个互动比客服支持或发送邮件交谈更令人兴奋。统计数据显示：有时，63%的客户甚至都不知道他们在和机器人对话。

根据艾媒咨询调研数据显示，有 67.1% 的受访用户接触过虚拟客服，受访用户更了解教育和金融领域的数字员工，分别占比 52.6% 和 51.9%。随着老龄化趋势愈加明显，劳动力成本增加，许多领域的企业纷纷开始推出数字员工。[1] 如 2021 年 12 月，百信银行正式推出首位虚拟数字员工 AIYA，AIYA 担任"AI 虚拟品牌银行官"。通过不断学习，AIYA 的 AI 算力和财商智慧也会得到同步提升，届时她还可以与更多不同的角色及在不同场景中对话，广泛活跃在短视频、虚拟直播、APP 等场景，应用于客服、招聘等领域。通过 AI 社交机器人技术，企业把静态图文内容转化为由"真人"讲解的短视频，满足用户对多样化呈现形式的需求，增强用户黏性社区活跃度。传统手机品牌领域也开始出现 AI 虚拟客服。如 2021 年，OPPO 小布助手正式上线了 AI 客服，该 AI 社交机器人能够将人与智能助手之间的交互，演化为人与数字人之间的交互，在普通用户的感知中，已越来越多地开始与销售和客服机器人打交道。如京东已经上线了全新的 AI 导购机器人 JOY，沿用京东经典的机器狗形象，为用户解答"618"店庆相关问题。面对京东用户们提出的各种各样的问题，JOY 大多能给出令人满意的回答，甚至可以和用户闲聊扯家常。此外，JOY 也强化了自己的多轮对话能力，以便应对用户的反复追问。阿里巴巴发布的店小蜜也已全面应用到商家客服中，打造售前到售后全链路的智能服务：7×24 全自动模式的店小蜜更聪明、更独立，在夜间可以做到完全"独当一面"；智能辅助模式新增智能预

---

[1] 艾媒大文娱产业研究中心.2022 年中国虚拟人产业商业化研究报告［EB/OL］.
https：//www.iimedia.cn/c400/85066.html.

测、主动营销、智能催拍等功能，不仅能替代人工客服一半的工作，还
具备了人的热情温度和个性化。

　　未来，不用"露面"的销售工作，或都将可以依靠机器来完成，
以机器系统为主体的人工智能自动化营销时代令人期待，将不止于电话
营销式的人员推销工作被人工智能语音机器人替代。但技术不断地渗入
营销也将带来失业率升高等社会问题，这需要社会、政府、企业多方合
力推动劳动力转型，使员工能够与智能技术更合理分工协作，更好地抓
住社交机器人的营销增长机遇。

三、互联网促销

　　本节聚焦于互联网促销，分为三部分。第一部分综述促销当前现
状；第二部分探讨当前促销创新的新形式，包括社群促销、内容促销、
先用后付的新玩法；最后一部分阐述部分失败的促销案例，从中吸取经
验教训，获得启发。本节认为，通过与社群、内容、精确的消费者心理
洞察相结合，互联网促销必将能够继续迎来创新型发展，成为未来整合
营销中的"关键一环"。

（一）现状综述

　　互联网促销，或称网络促销，是指利用计算机及网络技术向消费者
传递有关商品和劳务的信息，以激发消费需求、唤起购买欲望，最终促
成消费者产生购买行为的各种活动。互联网促销源于线下促销，却又因
互联网的加入而翻新了更多的花样，变得更加常态化。除了"618"
"双十一"成为国民认可的"购物狂欢节"外，日常的特价、节庆、周
年、新人礼等亦层出不穷。促销已嵌入人们的消费生活，甚至成为当下

人们消费的主要驱力。即便个体没有消费的需求，也会在促销优惠的诱惑下不自觉地"掏出腰包"，但同时也不应忽视叠出的促销活动背后的套路化问题。部分商家为了迷惑消费者，故意设计出复杂的计算规则，令消费者疲于参与。但最后实际优惠力度却微乎其微，引得消费者吐槽声一片，透支了其参与的热情与对促销活动的信任。

2022 年，随着奥密克戎变异毒株入侵，更强的传染性致使多地暴发聚焦性疫情，对经济发展与人们的正常生活、就业造成了严重影响。在国际形势云谲波诡，全国疫情反复、经济下行、供应链受阻、电商头部主播纷纷退场背景下，"618"数据也遭遇"滑铁卢"。尽管电商平台采取多种措施试图挽回局面，如拉长"618"战线、祭出"300-50""百亿补贴"的优惠撒手锏。但最终数据仍不尽如人意。星图数据显示，2022 年"618"大促销期间全网交易额为 6959 亿元，其中综合电商平台交易总额为 5826 亿元，相较去年而言仅增长了 0.7%，从中可反映出国内电商增长已经达到了瓶颈期。在危机之下，直播电商促销表现显得格外亮眼，数据相较 2021 年增长了 124.1%，也构成了 2022 年"618"的新变量，占到了总交易额的 20.8%。[①] 在具体品类中，家电品类仍保持增长，相较去年同期增长了 6.7%，洗护清洁、方便速食、酒水等日常用品也仍有增幅，但彩妆、美容护肤却明显下降。可见在疫情不确定、居家日常化的环境下，人们的消费逐渐转向了"刚需"。但尽管数据相较前几年增长惨淡，但在稳定的增长中又可发现人们仍保有对"促销活动"的热情，一方面希望利用所获优惠缓解经济上的困难，另一方面又想试图利用"薅羊毛"来调剂受限的生活。

---

① 衔远产品参谋. 我们扒了全网"618"数据，发现"风向标"变了［EB/OL］. https://baijiahao. baidu. com/s? id=1736426956438438251&wfr=spider&for=pc.

（二）促销的创新形式

尽管在经济压力下，"618"等大型促销活动反响平平，却仍保持了增长的势头，可见人们对促销的热情并未消退，只是在不良的经济环境下有所抑制。转观过去一年，新的促销模式也仍在浮现，社群、内容、消费者心理顾虑等都被纳入促销活动的考衡范围，翻新的形式不仅传播效果惹眼，消费转化力亦显著提升。

1. 社群促销：将公域流量转换为私域流量

社群促销是基于圈子、人脉、六度空间概念而产生的一种营销模式，是一个口碑传播的过程，通过一些元素引起口碑，然后汇集人群扩散口碑，将有共同兴趣爱好的人聚集在一起，将一个兴趣圈打造成为消费家园，然后与目标客户建立长期的沟通关系。其要旨在于集结目标用户形成社群。之后再以社群为单位开展更多后续推广促销活动，以此来留存重要客户，培养忠诚用户，拉动更多消费。

社群促销最常见的手段为建立粉丝群，当用户在商家消费后，商家便用一些优惠条件向用户发出入群邀请。这些条件通常是优惠券、新品推荐等。当进群用户达到一定规模后，商家就开始频繁在群内与群成员互动，吸引群成员积极参与、继续消费。这种运营方式有以下几个方面的优势：（1）与消费者沟通效率高。相比于广告这种中介化的宣传方式，社群营销最大特点是去中介化，品牌可直接接触消费者，一对一沟通，更易了解到消费者取向偏好，采取针对性的推广策略。（2）可培植忠诚消费者，建立长期关系。在频繁的互动中，消费者能更加了解产品及品牌文化，建立起对品牌及产品的好感与信任。（3）能更好地促进产品销售。入群的基本为有意向的消费者，更容易在活动福利的催动下产生购买行为。典型的社群营销案例有社区电商与美团商家粉丝群。

社区电子商务是基于人们居住的小区开展商务活动，即利用拼团、分享等模式把居民联结起来，利用团购的价格优势吸引购买，促进销售，基本模式如图 6-7。美团商家粉丝群是美团外卖为商家提供的顾客管理工具，以"群"的形式沉淀价值顾客，建立店铺私有流量池。

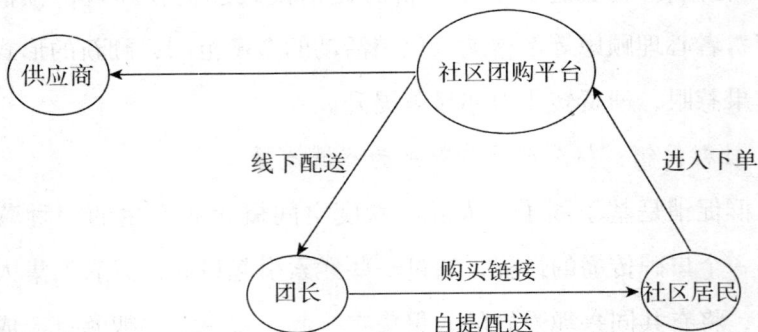

图 6-7　社区电商模式图①

社群促销的核心就在于挖掘优质用户，组建社群。在社群壮大后，销售方再通过与群内成员频繁的联系、密切的互动来进一步促进销售，养成忠诚消费者。相比于缥缈、竞争大、不稳定的公域流量，社群营销掌握的是可控、黏度高的私域流量。在公私转化间，销售方无形中就积累下了一笔宝贵的"用户资产"，并可通过用心经营获得之后源源不断的销售收入。但是也由于这种建群成本低、复制门槛低，又造成了营销社群的泛滥，同质性高。用户不容易与特定社群形成稳定关系，新建的群很容易变成"死群"。同时群里频繁刷屏的消息也易招致消费者的反感，反而不利于品牌形象的建构。

---

① 医疗保障研究中心. 什么是社区电商？　［EB/OL］．https：//www.jianshu.com/p/9254644e12cb/.

2. 内容促销：用轻松、戏谑内容弱化促销的商业感

商业植入一直是促销的一大难题，如何能够既达到宣传目的又不招致用户反感困扰着各大品牌。内容促销为其提供了一种可能的解决方案，将商业内容巧妙融合在其他内容中，以轻松、戏谑的叙述方式削弱强行植入给观众造成的不适感。其间京东联合笑果打造的脱口秀专场就为这种内容促销联合模式提供了好的"注脚"。为迎战"双十一"，在"群雄争霸"的竞争环境下脱颖而出，京东联合笑果文化开创了一场与众不同的脱口秀专场，里面既包含李诞、李雪琴等脱口秀知名艺人，还有快递小哥、客服人员和采销一线人员等京东工作者。① 脱口秀过程金句频出，全场爆笑。没有尴尬的强行植入，只有融合在"段子"里的活动介绍、平台介绍、品牌介绍。虽没有强行硬夸，但又在不动声色间安利了京东的优势。如李雪琴说："我的热爱就是在床上躺，而京东热爱行动，比如说送货上门、免费安装，因为京东，我的热爱才能被满足。"以这种自我调侃的方式显示出京东服务的优越性"送货上门""免费安装"。该场活动过后，节目好评如潮，观众评价称比起硬邦邦的 PPT 讲解，这样的传播效果好太多了。

由此可见，糅合在其他内容中的内容促销相比于主持人在节目中强行穿插口播式的植入更容易被观众接受。既可令其印象深刻，又不会影响节目本身的观看效果。再加之当下人们生活在相对高压的环境，吐槽大会、脱口秀这种轻松、戏谑的解压综艺受到越来越多人喜爱，内容促销恰可借这股"东风"，以一种幽默的方式去解读商业，重新改写人们对商业文化的观感。

---

① 京东联合笑果 打造《脱口秀大会》3.5 季 全员谐音梗爆笑不断［EB/OL］. https：//new.qq.com/rain/a/20201020A0ITQN00.

3. 促销新玩法：先用后付，用了就舍不得退

"先用后付"指的是用户凭借网购信用享受的"先消费，后付款"服务。消费者购买商品时，可直接下单，无须付款，收到商品后先试用体验，对商品满意后再付款，若不满意，在不影响二次销售的前提下，可以直接申请上门揽退。此举既打消了用户的"网图与实物严重不符"的顾虑，又以一种"拥有感""获得感"牢牢抓住用户，成功达到促销的目的。一方面，"卖家秀"与"买家秀"差异大一直是网购遭人诟病的点。用户收货后不满意，但退款流程和周期又过于繁复和冗长，如退货需经商家同意以及待商家收货后退款，导致众多用户望而却步，最终放弃退货。但这种不良的购物体验在累积后会令用户在网购时变得更加谨慎，购物更加克制，不利于购物平台长足发展。"先用后付"的模式便在该场景下应运而生，通过 0 成本令消费者放下"退款"包袱，大胆消费，直至满意后再为之买单。另一方面，当用户收到货物并使用后会与货物形成更强的连接，"获得感"与"已拥有感"会令其在满意后更不愿退货，最终心甘情愿为其"付款"。

"先用后付"模式一经推行就在各大购物平台风靡，淘宝、京东、拼多多相继开通，海外也竞相效仿，泰国第三大电商平台 Thisshop 更是凭借着"BNPL+电商"撬动了东南亚电商市场。可见这种新型促销模式无论在海内外都具有无限的发展潜力，在未来可以预测"0 负担购物"将会成为网购挑战实体消费的又一利器。

（三）促销反思及未来走向

尽管全新促销形式夺人眼球，但潜在的风险不容忽视。随着促销常态化，商家也开始耍起花招，名曰让利实为"噱头"，价格先升后降，导致用户感到"被欺骗""被辜负"，引起品牌、产品、个体的翻车。

要想形成良性发展，仍应加强对促销的监管，让促销活动能多点真诚，少点套路。

1. 促销翻车事件：促销切忌玩不起

2022 年，在促销花样不断翻新，用户玩得不亦乐乎之际，也出现了一些不和谐的音调，被称为"促销翻车事件"。翻车的原因在于品牌或销售者巧借促销之名实则并不让利，被嘲"玩不起"，典型事例有欧莱雅品牌折扣风波和潘长江卖酒。巴黎欧莱雅作为国际化妆品品牌在"双十一"打出"全年最大力度（促销）"旗号后却名不副实，价格前后波动还坚持不肯退差价。此举惹怒了已购买的消费者，事件发酵后人们集体在网络上宣泄对品牌的不满，对巴黎欧莱雅的集体投诉量就超3 万，内容都在控诉"巴黎欧莱雅虚假宣传"问题。"巴黎欧莱雅"很快就被推上了黑热搜，如"欧莱雅被指虚假宣传""人民日报评欧莱雅不能道歉了之""中消协点名欧莱雅"，阅读量均过亿，欧莱雅品牌形象一下降至"冰点"，促销不成反而腐蚀了其长久建构起来的品牌声誉，败光了"路人缘"。除了欧莱雅外，潘长江直播卖酒事件也引发争议。在其直播间内，潘长江罔顾产品真实情况，夸大宣传，编撰故事，谎报价格优惠，导致事后被多方追责，自身的艺人口碑也遭遇重创。

在接连翻车事件后，品牌与平台都需警醒，促销不等同"噱头"，任何"耍花招""套路"都会在千万双眼睛的审视下暴露无遗。当事件反转后，品牌或个体不仅会折损先前的获利，还可能会因构成的负面形象而蒙受更大的损失。

2. 加强监管，让促销走上良性发展道路

尽管创新型促销受到越来越多消费者的青睐，也成功拉动了众多的消费，但这种创新促销所带来的风险仍不可被低估。例如，内容促销虽用脱口秀、吐槽的形式软化了营销的商业性，但也可能造成商业文化的泛滥、消费的全面渗透。又如，先用后付虽可以打消用户对"无法退款"的顾虑，却也可能造成一些非理性消费，即不顾自身实际消费能力而随意下单。这种现象不仅可能会造成因广泛退货而影响二次销售的问题，损害商家的利益；也可能会因"付款纠纷"问题降低用户的网络信用。再如，因当前促销活动愈加普遍，对没有促销意识的商家带来了危机，亦可能使他们铤而走险开展"假促销"，用先提后降、虚假宣传的方式来招揽顾客，最后翻车，造成损害消费者又损害自身的"双输"局面。

这一系列的风险都在提醒营销人员，促销的创新形式虽有多重益处，能为商家带来更多的利润，为大众带来更多惊喜体验，但并非全无负面。加强监管，在度上进行把握，将创新的范围收束在"笼子"里仍是促销行稳致远的关键。2020 年 12 月推行的《规范促销行为暂行规定》为促销监管提供了好的范例，未来还应推出更多针对新型促销的法规法例来进一步规范促销行为。

总体而言，促销在不稳定的疫情下仍持续发展，逐步融入人们的消费生活的同时成为人们花钱消费的一项重要驱动因素。促销形式随着其日常化而不断翻新，既有集结成群，利用多人优势攒优惠的社群促销；又有嵌入轻松、戏谑内容做宣传不遭人反感的内容营销；还有 0 代价下单的"先用后付"新玩法。多种新潮形式不断提升促销在整个营销环节中的竞争力。但随着促销在不断升级，促销环节也应进一步规范。以"促销"之名却拒绝让利的翻车现象为人们敲响警钟，这种翻车不仅损害了消费者的切实利益，长远也会透支消费者对促销的信任，这将会对个体、品牌、平台乃至促销本身都产生不利影响。随着促销发展，有关部门还是要出台更多政策，加大监管，进一步规范促销行为，避免"套路""花样""噱头"，让促销能够真正服务大众，使不同主体都能从中获益。

四、互联网公共关系创新

受新媒体技术变革的冲击和影响，现代公共关系正面临本学科理论的范式危机①，表现为传统公共关系实践方式已经失灵。然而，公共关系的作用不仅没有消减，被网络传播重塑后的公共关系恰恰完成了对其本质——沟通的真正回归，公共关系从单向宣传到关系建构、从层级传播到扁平传播、从理性说服到共情沟通、从刻板应对到高情商应对，其操作逻辑发生了根本性改变，与网络传播逻辑紧密结合、相融共生。

公共关系的目的并未发生实质变化。企业从事公共关系工作的核心目标依然是提高品牌的知名度和美誉度。在传统媒体环境下，公共关系和营销工作较为容易区分，通常分别进行策划实施。新媒体技术的快速发展推动人们进入媒介化生存时代，互联网电商行业的蓬勃发展大大缩短了消费者购买商品前的心理过程，美国广告人刘易斯曾提出的具有代表性的消费心理模式 AIDMA，即 Attention（注意）—Interest（兴趣）—Desire（消费欲望）—Memory（记忆）—Action（行动），在网络场景中这一心理过程可以在短短几分钟内完成，企业需要将提高品牌知名度、美誉度和日常营销活动整合在一起，由此，公共关系活动与市场营销活动已实现常态化融合。互联网公共关系营销的核心在于提高品牌的知名度和美誉度，与此同时，提供便捷购买渠道、优化促销方案、促成消费行为。成功的公共关系营销呈现一些共同特征：用户超越企业成为传播主体，品牌与用户共情触发行动，品牌高情商沟通"借力打

---

① 强安妮，陶鑫. 新媒体公共关系的技术依赖、调优策略及研究反思［J］. 传播与版权，2021（9）.

力"。

（一）用户超越企业成为传播主体

传统的公共关系活动由企业主导，主要依靠企业购买媒体资源推动品牌形象传播，用户作为信息的被动接受者，参与度较低。随着传播者由传统的专业化、精英化转变到智能传播时代的泛平民化①，公众的传播潜能被解放，UGC（用户生成内容）模式不断深化。UGC 是指在 Web 2.0 环境下由互联网用户创作、编辑或以其他形式生成具有一定个性化特征的文字、图片、音频和视频等形式的信息内容②。战略上，企业要敢于让渡传播主动权，赋予用户传播主体地位，最大化发挥群体智慧。群体智慧往往优于团队中个别精英分子的单独贡献③，UGC 对品牌的诠释虽然存在一定"杂音"，但往往也更丰富、多元和鲜活，更具吸引力。战术上，企业要甘于和善于在后台创意策划，通过有效的议程设置和激励机制激发用户的参与热情，充分利用"热搜""分享""二次创作"等自带流量的传播机制，让用户成为台前活跃的主体，使传播效果几何级数放大。

1. 话题营销

话题营销，主要指企业通过引导用户在网络上公开讨论和传播与品牌相关的话题，实现公共关系目标和营销目的。话题营销相对成本低，成功的话题营销可以让品牌在短时间内获得巨大的关注，在用户拥趸和算法赋能下实现病毒式传播并"一夜出圈"。如何寻找能引起用户积极

① 喻国明. 技术革命主导下新闻学与传播学的学科重构与未来方向［J］. 新闻与写作，2020（7）.
② 王微，王晰巍，娄正卿，刘婷艳. 信息生态视角下移动短视频 UGC 网络舆情传播行为影响因素研究［J］. 情报理论与实践，2020（3）.
③ Surowiecki J. . The wisdom of crowds, USA：Doubleday 2004.

参与的话题是话题营销的重点所在，如何使话题讨论可控和"不翻车"是难点所在。2020 年 5 月 3 日，B 站联合多家媒体发布的五四青年节公关广告《后浪》在社交网络病毒式传播。该视频只有 3 分多钟，由国家一级演员何冰的演讲和 UP 主们的视频素材混剪而成，在上线后的 3 小时内，播放次数超过 100 万，截至 5 月 5 日晚 11 时，《后浪》在 B 站的播放量超过 1133 万，弹幕近 18 万①。《后浪》的创意策划始于公共广告，却意外开启话题营销，一方面，作为公共广告，凭借开放、积极、正面的价值导向吸引了 70 后、80 后等非核心用户的热议与转发；另一方面，由于视频展现的青年群体偏向于富裕阶层，没有展现当代青年存在的问题，更像鸡汤文受到一些年轻人的质疑，对抗式的解读触发用户二次分享。好的话题传播不仅要有引发用户共鸣的正确价值导向，也要鼓励用户二次解读，为思想和观点的碰撞提供空间，了解用户更真实和深入的想法。

2. 二次创作

社交媒体为品牌和用户的直接互动提供了条件，点赞、转发、评论、抽奖等常规的互动模式已经被熟练地运用到品牌的日常传播中，这些最基础、浅层、普遍的互动越来越缺乏吸引力，无法达到令人满意的传播效果。品牌的二次创作，用户不满足于以反馈的方式参与品牌形象传播，而是进一步拆解品牌形象，通过个人表达赋予品牌形象新的意义。二次创作虽然在原创性和合法性方面存在争议，但是却为用户反向互动参与品牌传播提供了有效途径。2021 年 9 月，一只叫玲娜贝儿的粉红色毛绒狐狸成为二次元世界和部分年轻用户中的顶流。不同于传统经典迪士尼动画形象，玲娜贝儿并不是来自畅销动画片，但依然受到了

---

① 《后浪》刷屏 B 站出圈 对手不止爱优腾 ［EB/OL］. https：//baijiahao. baidu. com/s? id＝1665897087170676577&wfr＝spider&for＝pc.

人们的喜爱。正是互联网用户的二次创作带来了关于玲娜贝儿的媒介奇观：二次创作赋予品牌形象灵魂。没有"故事"的玲娜贝儿显然不能只靠可爱的形象和品牌方饥饿营销策略维持热度，用户在B站、微信、抖音等平台的二次创作为玲娜贝儿的品牌形象注入丰富有趣的灵魂，引发品牌形象裂变式传播。

（二）品牌与用户共情触发行动

短视频时代，情感性元素深刻影响了传播和营销实践，共情传播成为提升传播效果的新法宝。所谓共情传播，就是共同或相似情绪、情感的形成过程和传递、扩散过程①。处于不同场景中的不同主体所产生的感受和情感也是不同的，品牌要视具体场景制定营销方案进行匹配传播，但不同的传播实践中都需要深入体悟用户的情感诉求，生产直达用户内心的传播内容，以便激发用户在此情此景中的情绪，并通过与品牌互动等相关行为使个人情绪得到激发释放，品牌因此在移动场景下与用户实现情感共鸣②。共情可分为情绪共情和认知共情。

1. 情绪共情

情绪共情的主要作用是替代性情绪分享，感受他人的情绪和感觉。音乐能够不必通过认知而直接诱发情绪体验。"神曲"的洗脑现象一直存在，这种现象被称为"耳虫效应"（Earworm），即一种大脑神经活动，指的是一般长度为15-20秒的音乐片段在人脑中不断重复，有研究发现，这种大脑活动是自动的，人本身无法控制③。洗脑"神曲"的特

---

① 赵建国. 论共情传播［J］. 现代传播（中国传媒大学学报），2021（6）.
② 曹玉月. 场景和共情：品牌叙事理论的观念创新及实践探索［J］. 传媒观察，2020（7）.
③ 佚名. "耳朵虫"带火洗脑神曲［J］. 发明与创新（大科技）》，2014（10）.

征有：歌曲结构简单、歌词偏口语化、信息含量少、音调高、节奏快①。神曲曝光频率越高，"耳虫效应"也越明显。2021 年 6 月 3 日，蜜雪冰城品牌官方号在 B 站上传了主题曲 MV《你爱我，我爱你，蜜雪冰城甜蜜蜜》，其魔性的旋律改编自美国经典民谣《哦，苏珊娜》（*oh, Susanna*），配合简单的 13 字歌词，让这首主题曲收获了超过 1282 万次的播放量，65 万次的点赞②，后来在 UP 主们的二次创作下，又为品牌带来更多免费流量。短视频背景下的神曲式技术赋予赛博空间中用户参与式"音乐狂欢"③。同一时期的神曲广告还有屈臣氏蒸馏水与歌手阿肆合作的《热爱 105℃的你》，在网友翻唱和二次创作下成为自带裂变的广告，让网友们在快乐的情绪中主动分享品牌。

2. 认知共情

认知共情的主要作用是精神性观点采择，理解他人的想法和目的。2022 年 6 月 9 日，新东方董宇辉的一则直播被剪辑成短视频，引发全网传播，东方甄选抖音账号的粉丝从 110 万暴增到 1800 多万④，资本市场的新东方在线股价迎来剧烈反弹。一个月后，董宇辉爆火的"满月礼"获粉丝的十亿点赞。近 30 天，东方甄选直播间的总销售额为 5.25 亿元。董宇辉在直播中输出知识的同时也表现出超强的共情能力。

在上海疫情封控中城市供应成为一大难题，京东"悲壮血性不计成本，自杀式物流支援上海"，这些京东小哥把物资运到上海之后，连

---

① 张珂嘉，喻国明，修利超，林瑾. "神曲"的判别与测量——"神曲"特征量表编制及信效度检验［J］. 青年记者，2021（4）.

② 蜜雪冰城神曲火出圈！幕后推手竟是……［EB/OL］. https：//m. thepaper. cn/news-Detail_ forward_ 13303009.

③ 董传礼，曾令颐. 抖音"神曲"出圈的基础、逻辑与审美反思［J］. 赣南师范大学学报，2021（2）.

④ 黄小芳. 董宇辉："跑题式"带货［EB/OL］. https：//m. thepaper. cn/baijiahao_ 18764820.

车带人一起就地隔离，在这批隔离期间，第二批和第三批会陆续到达，直到第十四批完成任务时，第一批也就隔离完毕，可以继续向上海运输物资。这样循环往复，就能保证每天有足够人力向上海运输物资。这就是大家所认为的京东自杀性物流[①]。京东小哥身穿红衣、头系红巾整装启程，连夜搬运货物、挤在货仓车厢打地铺睡觉，一幕幕引起了很多人的共情。2022年，京东入选美国《财富》杂志全球最受赞赏公司行业榜，其社会责任指标排名中国企业第一。

2022年7月21日，鸿星尔克通过官方微博发布消息称将捐赠5000万元物资，驰援河南灾区。对于此次捐款，企业并没有大肆宣传，第二天被热心网友发现后引起热议，#鸿星尔克的微博评论好心酸#的话题在第二天成为热搜第一，引起了10亿多次阅读和30多万次评论。鸿星尔克2020年净利润为亏损2.2亿元，网友表示感动和心疼，称之为破产式捐款。7月22日晚的鸿星尔克的直播间，突然涌入上百万人扫货，每一件商品上架就被秒杀，主播甚至还劝观众不要冲动消费。鸿星尔克能够登上"国货之光"的神坛，也正是因为网友的认知共情。

3. 品牌高情商沟通"借力打力"

品牌人格化简单来说就是将品牌当作一个人来看待，这个品牌一般不具有人的身体形象，而具有人的某些性格特质。社交媒体时代，品牌与用户直接对话成为日常，品牌的人格化有利于增加品牌吸引力，增进与用户的情感沟通，成了一种新兴的品牌营销推广模式。在此基础上，延伸出了品牌情商这一概念。情商之父丹尼尔·戈尔曼在其1995年出版的《情商：为什么情商比智商更重要》一书中首次直接使用了"情商"这一概念，将其定义为控制情绪冲动、解读他人情感和处理各种

---

① 悲壮血性不计成本，自杀性物流支援上海，刘强东的京东有多倔强[EB/OL]. https://baijiahao.baidu.com/s? id=1731077155395634110&wfr=spider&for=pc.

人际关系的能力。随着社会的发展，在预测一个人成功的重要因素中，情商的重要性甚至被置于智商之前。品牌人格化表达的成效可以从其表现出的情商水平进行衡量，高情商的品牌通常容易被人们接受和喜爱，低情商的品牌容易招致人们反感和抵制。

根据 CARAT《品牌情商报告（2022 版）》研究显示，2020 年最具情商的品牌比同行及主要股指的增长速度更快，这一趋势在 2021 年更加突出。报告中，品牌情商由五大驱动因素决定：自我意识（自信、承认感觉），自我规范（自我控制、可信任度、适应性），动机（干劲、承诺、主动性、乐观），共情（理解他人的感受、多元化、政治意识）以及社交技能（领导力、冲突管理、沟通技能）[①]。

日常互动中，高情商品牌通常让用户感到可亲、可爱、有趣，产生与品牌持续互动的意愿。品牌高情商还反映在品牌遭遇危机时，采取不落俗套的应对策略，转危为机，借热搜免费收割流量，成功提升品牌影响力和美誉度。钉钉、腾讯、新东方都在面临危机时表现出超高情商，以不同的策略机智应对，最终实现舆论反转，几乎 0 成本为自己品牌收获巨大流量。

钉钉以退为进的自嘲自黑。2020 年受疫情影响，学校要求必须通过钉钉软件进行网课学习引发了小学生的不满，小学生纷纷给钉钉差评，迅速将钉钉的评分拉低至下架的边缘。面对这种情况，钉钉迅速制作发布了一段自己求饶的 2 分钟鬼畜视频，其中"我还是个五岁的孩子""大家都是我爸爸""少侠们请你们饶命吧"，以幽默和低姿态收获全社会的关注，在网友们的轻松调侃中化解了危机。

腾讯借"老干妈事件"掀起网络狂欢。2020 年 7 月，腾讯起诉老

---

① 消费者之声 . 2020 年世界品牌情商报告［EB/OL］. https：// new. qq. com/omn/ 20210704/20210704A05O2600. html.

干妈不履行合同义务支持相关宣传费用。老干妈否认了合同的存在并报警。很快，警方经调查后通告系有人伪造老干妈公章，冒充老干妈工作人员与腾讯签订合作协议，其目的在于获得腾讯在推广中配套赠送的网络游戏礼包码以倒卖获益。腾讯如此轻易被骗引发了一场网络狂欢，全网纷纷嘲笑腾讯，腾讯快速通过"手中的辣酱突然就不香了"、转发"腾讯真是个憨憨啊……今日我眼里的腾讯：傻白甜"、发图"今晚还是这个菜——庆祝腾讯老干妈握手言和"、发表联合声明等，成功度过危机。这一事件十天内上了两次热搜，腾讯和老干妈以及 B 站、抖音等平台都成为流量受益者。

五、互联网营销传播逻辑

（一）内容营销重返第一梯队，内容再次为王

月狐数据显示，2022 年"618"期间，人均在线时长为 48.3 分钟，比 2021 年"618"下跌 7.2 分钟，而 2020 年"618"当天曾达到 60.3 分钟[1]，用户对电商内容的注意力正被削弱，在后疫情时代，各企业主体加快数字营销通路的开拓以适应社会市场的进一步脱域化发展，以全新的方式与用户对话，但互联网时代的渠道通路已非稀缺资源，对于注意力的争抢必须最终回归到营销内容的差异化价值打造上来。易观分析数据显示，2021 年广告主拟增加营销内容方面的预算比重最大，占 58%[2]。百度营销数据报告显示，94%的用户认为好的内容是影响消费

---

① 2022 年 Q2 移动互联网行业数据研究报告 ［EB/OL］. https：//www. moonfox. cn/insight/detail？ id＝1164&type＝report.
② 2021 年中国内容营销市场发展洞察 ［EB/OL］. https：//www. analysys. cn/article/detail/20020367.

决策的关键。

1. "知识型"电商带货强势崛起

由新东方转型而来的"东方甄选"在运营半年后突然爆火，迅速登上抖音带货榜第一名，以董宇辉为首的新东方老师们在带货时妙语连珠，不再是简单重复式的货品叫卖，也没有了促销优惠下的饥饿营销，而是在相对舒缓的节奏中将知识型内容与货品介绍相互穿插，能够唤起消费者的情感痛点，打破了人们对以往带货方式的刻板印象，促使用户为情感认同和知识认同付费，这也被各媒体和网友们称为新东方对直播带货界的"降维打击"。新东方通过的对营销内容的升维，打造了独树一帜的差异化价值，一方面吸引了平台方对其倾注流量，另一方面在流量到来后也成功留住了大批用户，同时也带动了一大批账号跟风，知识型直播带货拉开序幕。

东方甄选爆火的原因不仅包括叫卖内容的创新，公司主体、创始人及主播的人设构成了这套情怀牌的"王炸"，公司在教育行业整顿过程中的跌宕起伏、年近花甲的创始人转型再创业、主播底层逆袭的人生经历，都是用户喜闻乐见的励志故事，东方甄选抓住了疫情期间国民深处高压与焦虑之中的情感痛点，建立了极具黏性的情感连接。另外，对于农产品的加推也是顺应国家的助农政策，在社会责任的担当方面赢得了一贯的好评，东方甄选乘着时代和自身命运交杂的运势，达成了事半功倍的效果。

2. 品牌声量的裂变密码：为内容共创提供入口

2022年5月21日，肯德基联合宝可梦推出儿童节套餐，作为套餐中玩具品类之一的可达鸭迅速走红，其原版玩具是动画中跟着魔性音乐上下摆手的憨态可掬的可达鸭，让广大网友直呼"上头"，吸引了大量的再创作，海量围绕此玩具的UGC将肯德基可达鸭推上当月的顶流宝座，创作内容主要以短视频的方式呈现，"可达鸭的多种使用方法"等话题频频占据抖音热榜，该玩具的价格一度被炒到 1000 元以上，联名的两大厂商也因此赚足了关注度。简单的动作、魔性的音乐、憨萌的形象构成的模因，使可达鸭玩具成为用户在这场共创狂欢中观点表达、宣泄情绪的媒介载体，其中大部分 UGC 以让可达鸭手持标语为主，其中抗争性内容传播最为迅速，如"不想上班""我要躺平""拒绝加班"等，戏谑式的抗争内容一定程度上反映了年轻用户处于当下普遍拥有的身份焦虑和相对剥夺感，情绪的共振将营销推向高潮，品牌的声量达到了井喷的效果。

2021 年底，MOBA 类网游《英雄联盟》推出新版本宣传 CG，动画配乐《孤勇者》"人人都是英雄""惨烈的底层奋进者"的曲意传达，借助短视频平台的配乐创作，适配了海量的诸如挫折、磨难、奋进式的内容场景，主流媒体账号也频繁引用，小至幼儿园的闹钟铃声，大至救灾抢险英雄奋斗在生死边缘的背景音乐，《孤勇者》成为 2022 年最火爆的传唱神曲之一。《孤勇者》在学生群体、青年群体中引起的情绪共振最为强烈，《英雄联盟》也因此精准定位到了目标用户及未来潜力股的用户群体。神曲营销的成功内容营销案例已屡见不鲜，早至德云社的五环神曲，再至 2021 年年中蜜雪冰城的洗脑神曲，再到肯德基可达鸭的魔性配乐，这些传播模因的成因各不相同，但都扣中了消费者的神经和即时情感，和这些神曲相比，《孤勇者》无疑是一次"硬核"的内容营销，它成功地将游戏精神的宣扬泛化为令人动容的励志狂欢，无论是对《英雄联盟》品牌本身，还是对整个游戏行业健康发展的正向影响不可斗量。

（二）营销内容视频化和内容营销社交化仍是行业的强劲风口

随着网络新基建的不断完善发展，各类视频平台在技术迭代中吸引了主流人群越来越多的注意力。有学者认为，视频化生存是当下网络用户的显著特征，既是日常生活的媒介化，也是媒介化后的日常生活。在个人门户时代，关系成为网络用户的传播通路，意味着社交意图是网络用户传播活动的核心动力。易观数据显示，视频和社交占据了用户月使用时长的前两位，分别为 592 亿小时和 504 亿小时，因此"视频化+社交化"的传播机制已成为互联网营销领域最强劲的风口。

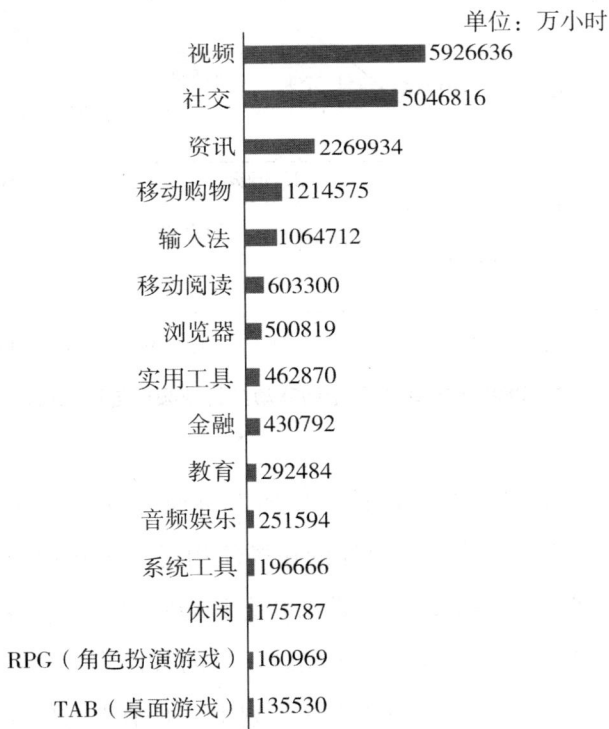

单位：万小时

视频　5926636
社交　5046816
资讯　2269934
移动购物　1214575
输入法　1064712
移动阅读　603300
浏览器　500819
实用工具　462870
金融　430792
教育　292484
音频娱乐　251594
系统工具　196666
休闲　175787
RPG（角色扮演游戏）160969
TAB（桌面游戏）135530

图 6-8　重点行业用户使用时长分布①

就 2021 全年互联网广告素材来看，视频素材以 55.16%的过半占比

① 2021 移动广告流量观察白皮书［EB/OL］. https：//appgrowing.cn/blog/2022/02/18/.

遥遥领先于图片、声音、文字素材等。根据 2021 年与 2020 年全年视频广告占比图表数据，2021 年视频广告数量同比显著增长，在疫情期间加速的产业数字化转型中，数字营销视频化成为广告主纷纷迎合的主流趋势。

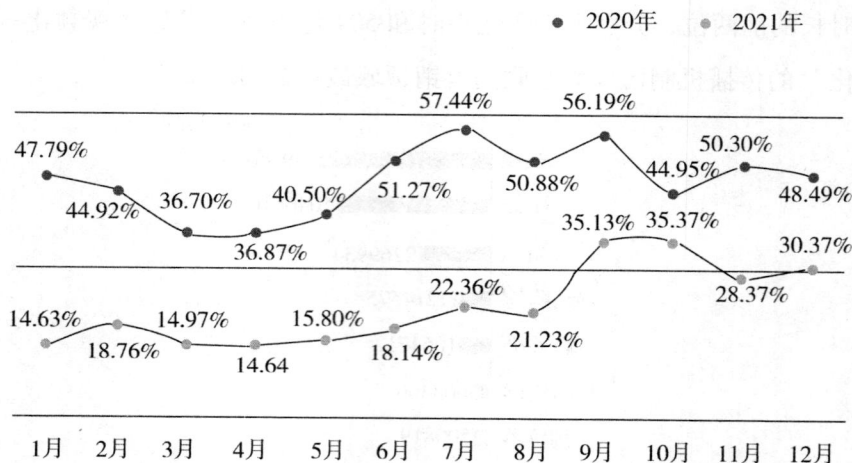

图 6-9　2020 年与 2020 年全网移动广告视频广告形式占比①

视频媒介具有极强的生动性，传播者可通过视频实现离场状态下"人货场"的再现。首先，人身体的在场使沟通过程建构起元传播层面的关系内容，直接的对话形式更具亲和力和劝服力，也更容易建立信任关系。其次，人与货的交互展示可实现用户的替代体验，对货品的认识更加直观。最后，在视频制作或直播策划中，对销售场景的打造有着更大的创意空间，可以通过布景、配乐、台词和节奏的把控，将丰富的带货场景适配到不同的产品垂类或细致划分的人群当中去，以提升转化效果。视频类营销集中在直播、短视频、在线视频几大阵地，其中直播和

---

① 2021 移动广告流量观察白皮书［EB/OL］. https：//appgrowing. cn/blog/2022/02/18/.

短视频保持着稳步的规模扩张。

直播具有原生性、陪伴性、社交性等特征。2016 年是直播电商元年，据艾媒资讯数据显示，2021 年直播电商市场规模为 12012 亿元，预计 2022 年将保持 10% 的增长率，规模可达 14000 亿元以上，在直播电商发展的 6 年内，从 2017 年不足整体网络零售规模的 1% 提升到占比 10% 左右。2022 年，电商直播的几大头部主播逐渐淡出视野，去中心化发展趋势明显，该趋势对中小商家的发展和入局呈现利好，不仅有利于行业发展的百花齐放和接续创新，也是将直播电商市场规模持续做大的保障。

短视频因其碎片化、嵌入性、社交性等特征一直处在发展的顺风口。自 2020 年始，其广告市场规模一直保持着在线视频的 3—4 倍，由于创作门槛越来越低，短视频逐渐成为吸引用户参与营销共创的一大利器，如用户围绕肯德基可达鸭的再创作，《孤勇者》作为配乐被大量内容生产主体频繁引用，吸引用户主动参与表达和基于关系渠道的社交传播，可在实现营销声量倍数级别扩大的同时，实现良好成本控制和营销回报。

相较于直播和短视频，中长视频由于其较强的单向传播属性，在当下的竞争中处于劣势地位，尽管中长视频也在不断加入交互属性，如可实时交互的弹幕功能，但在营销赋能方面仍略显乏力。由此可见，营销内容的互动性（参与和共创）和社交性（二级传播）正在成为互联网营销增长的关键引擎。用户通过内容共创并启动自身的社交网络，带来了持续走高的营销触点，压缩了用户的货品评价和购买决策流程，更易实现转化。

达人（KOL/KOC）营销是内容营销社交化的重要一环，其首要目标是产品"种草"，"种草"这一社交型营销方式最早诞生于美妆社区，关键意见消费者（KOC）具有很强的人格化属性，作为社群中二次营销传播的关键节点，与社群成员有着较强的关系纽带，也是基于人际传播的信任关系，使"种草"营销一直保持着较高的转化率。从 2021 年初到 2022 年 4 月，快手、百度、抖音、小红书先后升级旗下达人营销平台，改善数据评估维度、达人评价体系、达人匹配、定制化服务等功能，头部平台的纷纷跟进也迎合了市场的需求，改善的效果十分显著，百度星选平台在升级后，可接单达人数量暴增 501%，吸引了各企业的加速入场。据中国广告协会数据显示，在所有成熟品牌中，76% 的企业增加了 2022 年社会化营销预算，其中预算增幅在 30% 以上的企业数量占总体 21%；在新锐品牌中，79% 的企业选择增加社会化营销预算，预算增幅 30% 的企业数量占比 35%①。

（三）人工智能赋能新营销

美国百货零售之父有一句名言："我知道广告上的花费有一半是浪费的，但问题是我不知道是哪一半。"新营销技术与理念的发展致力于这一难题的攻克，人工智能（AI）的底层逻辑是算法，互联网发展至今，大量的数据持续沉淀，支撑着算法的升级与迭代。AI 是信息经济跨时代发展的新引擎，数字营销领域具有足够的经济动能和数据能源支持新引擎的运转，AI 也不断为数字营销各赛道中飞驰的商业主体注入能量。网络营销各个环节已在实践中探索如何与新技术进行适配，探索从数字营销到"数智营销"的发展路径。

2006 年信息流广告问世，拉开了大数据+营销的序幕，如今，AI 的介入让大数据体现出越来越高的价值，AI 目前已被应用在品牌建构、

---

① 秒针系统，中国广告协会 .2022 KOL 营销白皮书［EB/OL］.https：//www.sgpjbg.com/baogao/58319.html.

市场洞察、用户分析、内容创意、交互方式、传播增效、效果评估等营销链条中。百度给出了 AI 营销的定义：应用 AI 技术，对数字营销的全链路进行智能化升级，提升营销的效率和效果，创造新的消费者交互场景，发现和创造消费需求、不断满足个性化需求的营销模式。AI 营销可归纳为五大应用领域：智能场景、智能沟通、智能洞察、智能投放、智能经营①。

1. 场景时代：AI 助力数字智能场景的搭建和"面对点"传播模式下海量内容的精准触达

我们正迈入场景时代，场景时代将建构新的传播模式：由传统媒体时代的"点对面"，到互联网时代的"点对点"，再到场景时代的"面对点"的传播模式。所谓"面对点"，是场景中系列媒介主体对用户的系统化影响，传播效果不仅受单一个体或媒介的情感与内容因素的影响，还受到作为物的媒介及它们背后传播主体的共同影响②。这里的系列媒介主体包括了以 AI 为支撑的智能媒介，如智能家居作为私域场景的媒介要素，车联网构成公域场景的诸多媒介要素等，当越来越多的现实场景被数字化媒介所代替的时候，数据源变得更加海量，数据维度更加多元，AI 通过深度学习对于场景的把控能力也就更强。从决策层面出发，AI+营销使市场与用户数据洞察全面升维，带来更加精准的营销决策。从执行层面出发，AI 使营销实践更加灵活，可以根据用户的实时状态切换数字场景，并将品牌的露出与场景氛围充分结合，打造原生式、沉浸式的场景消费体验。

---

① 百度营销，知萌咨询 . 2022AI 营销白皮书［EB/OL］. https：//yingxiao. baidu. com/edu.

② 喻国明，秦子禅 . 场景时代：主流媒体面临的挑战与创新路径［J］. 媒体融合新观察，2022（2）.

百度是最早在人工智能领域布局的公司之一，在 AI 营销领域占据着稳固的头部位置。百度营销基于 AI+营销的逻辑推出了系列产品，如经营管理中枢基木鱼、智能洞察平台观星盘、渠道线索管理工具爱番番等，产品矩阵共同发力取得了显著成果，在使用百度 AI 营销解决方案后，教育行业客户线索平均增长了 97%[①]，小鹏汽车的关注流量提升30%，成本降低 11%[②]。随着场景和数据的不断升维，AI 将成为商业主体在面临复杂营销环境时所必要借助的工具。

2. AI 赋能传播者，身份型数字人占据主导地位

麦克卢汉在《理解媒介》中提到："媒介是人的延伸"，技术的发展可以看作人的各类感官不断延伸的过程。与传统营销不同，数字营销在视频化的发展潮流下，营销传播过程已从单纯的内容触达发展为传播者和传播内容与受众同时见面的局面，身体在场的重要性被不断强调。在 AI 的赋能下，虚拟人作为人体综合感官的延伸，作为代理传播者实现了和用户的共动。虚拟数字人产业将数字人分为两类，身份型数字人和功能型数字人。身份型数字人具有明显的人格化、社会化特征，虚拟偶像就是典型的身份型数字人。服务型数字人更偏向功能性，如虚拟主播、智能客服等。根据头豹研究院数据显示，2022 年虚拟数字人市场规模将达到 2000 亿元，其中身份型数字人占据主导地位[③]。从知萌咨询发布的用户端数据来看，35.9%的消费者认为虚拟偶像能促进企业正

① 百度营销，知萌咨询.2022AI 营销白皮书［EB/OL］.https：//yingxiao.baidu.com/edu.
② 百度营销，知萌咨询.2022AI 营销白皮书［EB/OL］.https：//yingxiao.baidu.com/edu.
③ AI 营销十大洞察：AI 营销是未来 2 年最期待的营销方式［EB/OL］.https：//baijia-hao.baidu.com/s？id=1728961120427295408&wfr=spider&for=pc.

面形象，且越年轻的消费群体越持认可态度①。

身份型虚拟人依靠 IP 化内容创作，主要围绕粉丝经济进行营销和变现。2020 年 4 月"顶流"虚拟偶像洛天依首次参与直播带货。2021 年 5 月超写实数字人 AYAYI 以潮流博主的身份亮相小红书并成功破圈，后与娇兰、保时捷等品牌达成合作，还以"数字员工"的身份成为阿里天猫超级品牌日主理人。2021 年 10 月虚拟人柳夜熙迅速蹿红，坐拥千万粉丝后，展开了一系列商业化路径的探索，在系列短剧《地支迷阵》中与 Vivo、小鹏汽车等品牌展开合作。业界的多元化商业实践有力地带动着虚拟偶像流量价值的再挖掘。

随着元宇宙概念的火爆，企业纷纷入局打造虚拟人 IP，开始把虚拟人形象作为品牌形象的一部分，实现品牌的具身化和人格化，如华硕游戏本业务代言人天选姬，网易严选代言人"林么么"，百度智能驾驶的数字车主希加加等。企业需求的旺盛也开始吸引科技企业布局 B 端虚拟人定制业务，百度智能云"曦灵数字人平台"于 2022 年 6 月通过中国信通院认证。同月华为云在合作伙伴暨开发者大会推出数字内容生产线 MetaStudio，为，致力于做 AI 数字人产业的底层架构。头豹研究院数据显示，虚拟数字人每年增幅将保持在 15% 以上，预计 2025 年规模将达到 3000 亿。未来几年，品牌的人格化将成为商业主体品牌战略的重要组成部分。

3. AI 创作大幅提升内容生产效率，但仍处于技术攻坚期

2021 年 12 月知乎社区诞生第一个 AI 答主"四十二"。在回答"生命的意义是什么"这一问题时，"四十二"给出如下答案："生命的意

---

① 知萌咨询 . 中国消费趋势报告［EB/OL］. https：//mp. weixin. qq. com/s/5T7fjvEUKwKehmH8Si69nA.

义是体验荒诞重重的可能性，足够你心血奔涌，即使一切终将消逝。请用最大的诚挚与热情去迎接那些会令你灵魂升华的情节。"AI 创作者"图灵的猫"将"四十二"如何深度学习的视频讲解上传至知乎，前后共获得 1337 万的播放量①，不少网友为之惊叹。美国学者库兹韦尔预言，2045 年是人工智能超越人类的奇点时刻②，而与 AI 创作的相关软硬设施作为这一目标实现的基础设施，其实现必然远远早于这一时刻。从凯文·凯利技术进化的三元力量模型来看，技术的发展除了结构性的自发推动力之外，还受到诸多开放性和偶然性因素的影响③，而作为全链智能化营销重要一环的 AI 创作，有着极强的外在和内在的推动力，加速内容池扩容以适应万物皆媒的发展趋势和信息经济推动宏观经济发展的需要是外在的结构性要求，企业通过 AI 创作降低决策成本、沟通成本、试错成本以及提升营销势能是内在要求。

2021 年 8 月，百度发布 AI 核心技术引擎——百度大脑 7.0 版本，具有融合创新、降低门槛两大特点。在数字营销方面，百度大脑为 AI 营销创作持续赋能，同时力推"傻瓜式"AI 建模平台"飞桨 easyDL"，方便非专业人士的参与。AI 内容生产服务的商业化，意味着 MGC 由纯粹的内容产出向智能化服务迈进了一大步。但不可否认的是 AI 仍处于"弱智"阶段，当下 AI 在内容生产方面以低语境内容生成为主，但在营销方面已经起到了重要的辅助创作功能，这意味着 AI 的发展一步一个脚印，从生产力到创造力的距离越来越短。

---

① 图灵的猫. 四十二：知乎第一个 AI 答主——生命的意义是什么？我试着让 AI 来回答［EB/OL］. https://www.zhihu.com/zvideo/1453503929699319808.

② 库兹韦尔. 奇点临近：2045 年，当计算机智能超越人类［M］. 李庆诚，董振华，田源译. 北京：机械工业出版社，2015.

③ 凯文·凯利. 科技想要什么［M］. 严丽娟译. 北京：电子工业出版社，2016.

（四）营销的未来：元宇宙营销

所谓"元宇宙"就是互联网、虚拟现实、沉浸式体验、区块链、产业互联网、云计算及数字孪生等互联网要读的未来融合形态，被称作"共享虚拟现实互联网"，也即"全真互联网"。① 元宇宙营销，则是数字营销变革式的再升维。

1. 超前布局元宇宙"基建"，科技巨头打响身位战

虽然目前元宇宙还处于概念阶段，但作为社会深度媒介化发展的必然趋势，产生的势能非常强劲，从上海市人民政府给出的数据来看，2025 年"元宇宙"相关产业规模预计将达到 3500 亿元②。新概念和新玩法对于走在前沿的科技公司来说从不缺乏吸引力。北京大学—安信元宇宙研究院认为，由于近几年硬件体验及资本运作等多重问题，元宇宙将在 2022 年进入分歧期③。但从国内外互联网科技公司的动作来看，超前布局仍在继续，2021 年 8 月字节跳动收购 Pico，布局作为元宇宙硬件入口的 VR，同年 10 月 Facebook 更名 Meta，打响了最激进的一枪。2022 年，微软大笔收购动视暴雪布局元宇宙内容和场景，收购溢价 45%。科技巨头们在分歧期打响了一场身位战。

2. 新概念引领数字营销升维，各大品牌纷纷试水

当下的传播方式与交互模式将在元宇宙时代被彻底重构，想要实现突破、找到拐点的品牌纷纷围绕以 AI 为核心的元宇宙内容展开探索。虽然元宇宙营销仍处襁褓之中，涌现出的新形势也是八仙过海。目前有

---

① 喻国明，杨雅. 元宇宙与未来媒介 ［M］. 北京：人民邮电出版社，2022.

② 上海市发布培育"元宇宙"新赛道行动方案 ［EB/OL］. https：// baijiahao. baidu. com/s？id＝17384010402369645543&wfr＝spider&for＝pc.

③ 北京大学，安信元宇宙研究院. 2022 元宇宙全球年度报告 ［EB/OL］. https：// mp. weixin. qq. com/s/n90eA_ heToPJMBQW2H0NnQ.

以下几种类型：

布局虚拟数字人，实现品牌人格化、流量粉丝化。应用于虚拟偶像、品牌代言人、跨界合作等方面。虚拟偶像方面，AYAYI、柳夜熙等横空出世并迅速破圈。跨界合作方面，2022 年冬奥会期间，中国移动推出 Meet Gu，阿里数字人宣推官"冬冬"等，百度央视联手打造虚拟小编"小 C"。品牌代言人方面，百度智能驾驶代言人"希加加"，网易严选代言人"林幺幺"等。

研发数字藏品。2022 年冬奥会在国际奥委会的授权下，冰墩墩数字藏品盲盒发售首日便被抢购一空。中国东方演艺集团和阿里合作推出《只此青绿》数字藏品纪念票，引起极大反响。数字藏品是使用区块链技术，对应特定的作品、艺术品生成唯一的数字凭证，在保护器数字版权的基础上，实现真实可信的数字化发行、购买、收藏和使用①。数字藏品是数字内容创作的价值之匙，也是开启元宇宙的文明之匙。2021年被称为数字藏品元年，截至 2022 年 4 月，全球累计交易者已超 400万，累计交易金额超 3000 万美元，数字藏品市场高速发展②。2022 年国内数字藏品平台发售数量实现猛增，腾讯、阿里、百度、字节跳动、京东、网易、哔哩哔哩、小红书等大厂已集中入局。

元宇宙场景营销初探。场景和内容作为品牌露出和触达的核心触点和落点，元宇宙场景的全面数字化升维，为营销创新带来无限可能。早在 2019 年国际知名服装厂商 NIKE 推出虚拟物品包，成为数字营销转型的先行者。2021 年，在新概念的引领下，NIKE 于 Roblox 再次合作推

---

① 百度百科."数字藏品"词条［EB/OL］. https：//baike. baidu. com/item/% E6% 95%B0%E5%AD%97%E8%97%8F%E5%93%81/59663467？fr＝aladdin.

② 洞见研报. 数字藏品行业研究报告［EB/OL］. https：//www. djyanbao. com/preview/ 3081620？from＝search_ list.

出虚拟世界"Nikeland",在虚拟空间中用户可以利用虚拟材料设计自身形象,也有 NIKE 的成品可供选择,12 月 Nikeland 的 AR 版本入驻 NIKE 纽约线下门店,消费者可通过 Snapchat 眼镜体验到虚拟世界。同样的合作方,奢侈品牌 GUCCI 与 Roblox 将 Gucci garden 这一地标性空间搬到数字空间,在 Snapchat 的技术支持下实现用户在线完成试穿。服饰品牌、美妆品牌大力试水元宇宙新体验经济,围绕数字空间沉浸式体验的创意理念,为品牌体验经济的升维提供了经验和样板。

第三部分

专题篇

第七章　公域、私域、心域

　　根据国家互联网信息办公室《数字中国发展报告2021》，从2017年到2021年，我国网民规模从7.72亿增长至10.32亿，互联网普及率提升至73%。特别是农村地区互联网普及率提升到57.6%。互联网市场规模也逐渐稳定，流量红利正在消退，平台获客成本不断上升，流量的价格不断增长，同时在算法分发机制下，用户触达效率的不确定性提升，导致了流量内卷的形成。因此，平台不得不找寻新的流量入口，提升自身变现能力，以及用户的促活及留存率。

　　在此基础上，私域流量池建设成为互联网平台的焦点。私域流量相较于传统的公域流量，其成本更低、触达率更高、灵活性更强，能够随时随地触及目标受众，成为备受追捧的新赛道。随着各大互联网平台入场，私域流量的玩法也更加成熟，除了淘宝、微信等传统互联网企业外，近几年崛起的短视频巨头抖音与快手也纷纷布局私域流量。而近两年出现的心域流量，则是在公域和私域流量的基础之上建立用户信任、达成用户共鸣，沉淀健康、持续、有温度流量的行为。当前，公域、私域流量和心域流量不仅成为社交短视频平台的商业模式，更成为平台健康生态建设的关键，影响着社群强弱关系与圈层赋权。

一、抖音与快手的公域流量与私域流量

长期以来，抖音和快手都有着各自清晰的标签，代表了私域流量与公域流量的典型模式。这一区别的底层逻辑在于，抖音更加依赖算法分发机制，因此流量多集中在智能算法搭建的推荐页，形成巨大的流量池，因此平台对流量有着更大的话语权；而快手更加注重流量的普惠，在平台"去中心化"的理念下，流量向内容创作者倾斜，因此创作者更容易建立自己的私域流量池，与粉丝建立强联系。此外，在 2020 年7 月之前，抖音与快手在平台 UI 结构上也有所差异。抖音采用的是单列内容展示，受众处于被动地位，接收到的信息量有限，而这种依靠算法的分发形式使得流量更加集中于头部创作者，类似于"金字塔结构"；而快手则采用双列结构，用户能够同时看到多个短视频，在内容选择上更具主动性，并且在一定程度上将流量的分发权赋予用户，这也使得许多腰部创作者受益，形成"橄榄形"的流量走向。不过，2020年 7 月底随着快手极速版的上线，快手也逐渐形成了单列双列 UI 的结构互补模式。

（一）抖音：依托庞大用户的公域流量

根据《2020 抖音数据报告》，截至 2020 年 12 月抖音日活跃用户突破 6 亿。① 2021 年除夕当天主站日活用户达 5.8 亿，相较于快手当天的2.8 亿，两者的用户数量显然不在一个数量级②，可见抖音的用户数量在短视频行业内具有断层优势。同时字节跳动特有的算法系统，为抖音

---

① 2020 抖音数据报告 ［EB/OL］. http://www.199it.com/archives/1184841.html.
② 2021 年第一季度抖音日活数据：峰值约 7 亿、平均值超 6 亿 ［EB/OL］. https://baijiahao.baidu.com/s?id=1695547923283831730&wfr=spider&for=pc.

提供了在互联网广告领域甚至能够比肩谷歌以及 Facebook 的技术支持。[①] 这使得抖音的智能分发系统能够洞察用户的需求，挖掘其潜在的喜好，用户会不自觉地沉浸在平台的智能推送中，通过主页的"上下滑"功能索取更多内容。2022 年 6 月开始测试的"自动播放"功能更是使很多用户可以解放双手。

抖音庞大的用户体量以及智能算法推荐吸引了大量的商家与创作者。抖音的公域流量池正是在这样的背景下不断壮大，信息流广告已经成为抖音的主要盈利方式，据报道抖音预计 2021 年其广告业务的收入规模将达 4100 亿美元[②]。抖音依靠平台公域流量还推了开屏广告、搜索广告、DOU+广告业务，将流量作为宣传推广的变现手段。2020 年天猫"3·8"女王节在抖音投放了 3 支视频，总曝光量达 507 万，总点击率为 2.7 万，点击率均值为 0.15%—0.4%，互动率均值为 3%+。[③] 抖音平台国货品牌迅速增长，2021 年第四季度销售额同比增速达 630%。

在抖音发展初期，新用户数量增长，流量并不是稀缺资源，庞大的新用户群使得公域流量相对容易获取。品牌或创作者只要购买平台的推广服务就能够在短时间内依靠曝光涨粉。平台提供的这类服务，通过内容投放提升视频的曝光率以及互动率，帮助广告主以及创作者将平台用户转变为粉丝，实现导流。巨量、星图、抖加综合的数字化营销服务平台，最大限度实现了内容分发的智能化，并且在广告内容、呈现策略、效果预估等方面提供了智能灵活的工具支持，使得抖音的公域流量最大

① 不要神化字节跳动［EB／OL］. https：//baijiahao. baidu. com/s？ id=1682333245541496152 &wfr=spider&for=pc.

② 翟元元. 抖音"快手化"，私域流量故事好讲吗？［EB／OL］. https：//mp. weixin. qq. com/ s/2kyf0LoVtU6yFHOFWyaSFg.

③ 抖音广告矩阵全方位大盘点［EB／OL］. https：//www. july - brand. com/h - nd - 51. html.

限度地由平台调取、分发；"春雨计划"等优质内容扶持计划提供优质流量、荣誉头衔、功能权益等资源扶持，抖音聚集了大量的商家以及创作者。

（二）快手："基因"中的私域流量

快手虽然与抖音的功能相似，均为短视频内容社区，但快手自诞生以来似乎就打上了私域流量的烙印，并通过扶持私域流量实现营收。财报数据显示，2022 年第一季度，快手日活跃用户规模达 3.46 亿，月活跃用户规模达 5.98 亿；快手电商 GMV 同比增长 47.7%，达 1751 亿元。① 相较于抖音对公域流量的把控，以及对算法的执着，快手更加注重优质的内容与创作者。快手将基尼系数的概念加入分配机制之中，想要创作一个流量"普惠"的社区，让每个用户都有得到曝光的机会。这种平等、信任、友好的社区文化，也为快手的粉丝经济以及私域流量提供了生长环境。

抖音注重培养用户对平台算法的黏性与依赖，而快手更加注重创作者与粉丝之间关系，通过创作者与粉丝建立的信任关系来使平台聚集更多用户。据《快手电商生态报告》，快手电商买家平均月复购率达到60%。这在一定程度上形成了快手"家族化"的特点，不仅 KOL 之间互相以"师徒"相称，形成家族关系网，粉丝也逐渐家族化成为"家人"，培养出牢固的信任关系。私域流量在这种关系下逐渐汇聚，并且 KOL 通过粉丝群等方式联系粉丝并且送出福利，进而使双方关系保持良性状态。快手新市井（Meta-marketplace）成为生活和生意融合的所在，创作者的商业价值加速释放。主播的直播、带货等行为也会得到粉

---

① 2022 快手光合创作者大会：全年十亿现金、千亿流量补贴创作者［EB/OL］. https：//baijiahao. baidu. com/s？id=1739667888550232327&wfr=spider&for=pc.

丝的支持与反馈，粉丝们会通过互动、打赏、消费的方式支持自己喜爱的 KOL。与公域流量分发的智能、精准化不同，快手平台在私域流量池中的影响有限，但私域流量池中倾注着粉丝的情感和信任，这也是快手平台直播电商快速成长的关键。私域流量能够在快手上不断累积并且转化为购买力和复购率，与平台始终坚持的流量普惠相关。相较于抖音智能的算法下的流行内容，快手似乎更有"烟火气"和"江湖气"。

（三）心域流量：基于公私域的新阵地

当前，心域流量成为基于公私域流量的平台健康生态建设的新阵地。知萌咨询机构在《2022 中国消费趋势报告》中提出，品牌需要思考如何和消费者更好地沟通，建立更加深层的联系，在现有的公域流量和私域流量的基础上，建立信任和达成用户共鸣，建设"心域流量"。也就是说，如果让消费者感觉到温度，让"公域流量"和"私域流量"更能打动用户，需要考虑更多的情感价值、精神价值或文化价值，而不仅仅重视流量的获取，也要重视在流量当中流动的内容建设，打造可以持续获得流量和健康生态的平台，打造动态的内容引领场、用户参与场，打造品牌价值、品牌调性、品牌个性认同的积极正向的"心流"①。

二、媒介化视域下的社群强弱关系与赋权影响

媒介化视域强调技术与社会的互动，认为媒介既是一种技术手段，也是一种文化形式。媒介化可以促进媒介的融合，形成新的连接和传播业态的重构。借鉴媒介化的视角，探讨短视频在提高用户的主动性、促

---

① 心域流量：数字时代的品牌建设"心法"［EB/OL］. https：//www. 163. com/dy/article/HARS5VE50514HDQI. html.

进同类聚集、形成社会交往和社群活跃度，以及推动资源流通和赋权中所起到的价值和作用。

从品牌口号"抖音记录美好生活"和"快手拥抱每一种生活"可以看出，抖音与快手有着差异化的平台调性和不同的流量走向，这些形塑了整个平台的结构、关系以及文化。有学者研究发现，不同的网络平台架构以及网络社群生态结构对于用户的强弱关系、个体赋权与集体赋权的差别会造成影响。结构、沟通关系、多样性等传播要素是媒介化的重要属性。相较而言，公域流量强调知名度、社会资本的程度，更强调内容，是被动的、低容量的、金字塔形的；而私域流量则更强调归属感、圈层和生活方式的认同，更强调关系，是主动的、高容量的、橄榄型的。

因此，快手与抖音不同平台结构和场域流量的特征，在"个人—群体"（横轴）与"关系资源—赋权资源"（纵轴）所构成的群己网络空间资源象限内发挥着作用，如图7-1所示。

图7-1 群己网络空间资源象限构成

（一）平台上的强关系与弱关系

关系是一个宽泛概念，格兰诺维特在《弱关系的力量》中对其进行了基础界定。学者边燕杰提出关系是"人与人之间、组织与组织之间由于交流和接触而存在的一种纽带联系"。格兰诺维特将关系区分为强关系与弱关系，并将圈子的重叠程度作为评判关系强弱的标准。① 随着互联网的发展，人们在网络平台上复刻现实关系的同时，也在建立新的虚拟关系。虚拟关系的强弱程度不再完全由圈子的重合度所决定。在抖音与快手等短视频平台上，用户与平台、粉丝与创作者、用户与用户间的关系呈现出不同的强弱程度。

1. 用户与平台的关系

在用户与平台的关系层面，抖音的平台黏性更强，与用户的关系更为紧密。通过对用户基本信息以及行为数据的分析，智能算法推荐实现了千人千面的内容推荐，用户能够持续获取喜爱的内容。由此，抖音平台并未将用户的关注页放在开屏后的第一位置，而是将推荐页作为首页，推荐页中的内容大多由用户未关注的账号发出，其中不乏广告或者推广视频。用户在打开应用的第一时间，便进入公域流量池，并且在其中获取大量新鲜的内容。与此同时，用户作为流量，被平台转化为曝光量售卖给被推广对象。

因此，平台想要维持公域流量的稳定，达到预计曝光率，必然要加强对用户注意力的引导与掌控，进而实现更加精准的广告投放。在此逻辑下，抖音不断升级算法，收集用户数据，努力更加了解用户画像和兴趣，缩短与用户的距离，延长用户的使用时间，形成"全域兴趣"。QuestMobile 发布的《90 后人群洞察报告》指出，爱奇艺、腾讯视频、抖音是 90 后用户最喜爱的前三位视频类 APP，抖音短视频的月人均使用时长接近 2000 分钟，在视频类 APP 中位列第一，使用黏性高，已经

---

① 李继宏. 强弱之外——关系概念的再思考［J］. 社会学研究，2003（03）.

成为年轻人的"时间杀手"。① 用户对平台内容的沉迷使用形成强关系，并且这些为平台不断输送流量，使得公域流量池不断扩容。

相较之下，快手平台与用户的关系较弱。一方面在于快手自成立就更类似社区而非平台，对私域流量的培养使得用户对平台的依赖十分有限。快手用户大多能够凭借自身的意愿选择观看的内容，平台在其中仅起到初步推荐的作用，而不是直接"投喂"，因此形成算法依赖的可能性较低。另一方面，快手官方在许多用户看来不是"老铁"或"家人"，更像是"他者"。用户将平台看作维护者、服务者、监督者，而这些角色的生命力以及人格化程度依然有限，两者之间自然无法形成强关系。

2. 粉丝与创作者的关系

在粉丝与创作者的关系层面，快手的粉丝黏性更强，更易转化为私域流量。抖音与快手都不乏千万级粉丝的头部创作者，但快手上创作者的粉丝规模要小一些。同时，两个平台的头部创作者也显现出不同的特点。在抖音粉丝量庞大的账号中，不乏有一定粉丝基础的明星或者专业自媒体，素人出身的网红相对于快手数量较少。正是因为缺乏"草根基因"，抖音对于私域流量的培养缺乏一定的情感基础；而快手创作者中素人居多，从草根一路涨粉为具有话语权的 KOL，这种类似"相互扶持、共同成长"的情感使得粉丝和创作者之间更易形成强关系。

相较于抖音平台，快手的内容更下沉、接地气，能够引发三、四线城市以及农村地区用户的共鸣。这些用户不再是互联网中的"失语"人群，而是可以在快手自由地表达和记录生活。这种转变使他们更加珍

---

① QuestMobile. 90 后报告：用户数破 3.62 亿，抖音月人均使用时长近 33 小时［EB/OL］. https：//baijiahao. baidu. com/s？id=1676889274066001006&wfr=spider&for=pc.

惜发声的机会，共情能力也会更强。例如，快手上拥有 1423 万粉丝的美食创作者"刘妈妈的日常生活"，博主是内蒙古一位普通妇女，因一条吃饭视频意外在快手走红，最终成为拥有千万级粉丝的网红。① 粉丝将其作为农村的"代言人"，并且在评论区像唠家常一样与刘妈妈进行互动。从戈夫曼的"拟剧"视角来看，社交媒体将人们的线上行为区分为"前台"与"后台"。抖音的时尚、潮流、年轻化的趋势更贴近于包装与管理后的"前台"，而快手的真实与下沉更像是不加包装的"后台"，将日常真实的生活记录下来，由此产生的连接情感也更加真切。

　　快手虽然是短视频平台，其直播业务也有大量用户。根据《2020年快手内容生态半年报》，快手直播日活达 1.7 亿，在快手有 80 亿对"互相关注"。直播相较于短视频有着更强的陪伴感，维系、加强两者关系的重要渠道，也需要主播投入更多时间和精力。直播期间，粉丝可以通过点赞、评论、打赏、连麦等方式与主播进行互动，主播也可以通过抽奖、送虚拟币的方式回馈粉丝。快手上有许多专业的情感主播，通过连麦的方式帮助粉丝化解生活中的情感难题。例如，黑龙江广播电视台主持人叶文，通过与女性粉丝连麦帮助她们在家庭矛盾中寻找出路，很多女性粉丝寻求帮助与建议，离婚、家暴、婆媳关系、结婚彩礼等问题在直播间被讨论，粉丝们或是倾诉者、倾听者，又或是"智囊团"参与其中，在家长里短中与主播成为"一家人"，心理距离被大大缩短。

---

① 　快手. 收入千万的农村大妈坐拥 1500 万粉丝！曾因 5 块钱生活费掉眼泪！［EB/OL］. https：//mp. weixin. qq. com/s/fAdDNu9sO-g8cmxLo4K4qA.

3. 用户与用户的关系

在用户与用户关系层面，抖音与快手都在努力打通、延长关系链。作为具有社交属性的短视频平台，用户关系的沉淀是平台长久发展的关键。在用户的强关系方面，两个平台均推出了通讯录朋友推荐、共同关注好友等常见功能，但仍难以达到微信上载现实社交的程度。因此，抖音与快手都想要与微信相连接，利用其中成熟的社交关系网，帮助平台实现站外传播与关系链沉淀。但微信始终将抖音拒之门外，抖音小程序、分享链接等均遭到"封杀"。而腾讯作为快手的股东之一，曾在2017年领投3.5亿美元战略投资。因此快手在微信上的限制较少，不仅能够将平台上的内容以链接形式转发给微信好友，还上线了快手短视频、快手小店、快手课堂等小程序，用户不仅能够通过小程序看短视频、直播，还能实时上传作品、购买商品等。内嵌在微信生态中的小程序为快手的站外扩张提供了背书，利于平台间引流以及快手社交功能的完善。

除了现实关系外，维系好用户的平台原生关系，帮助用户在平台上找到归属感和朋友也是抖音与快手的努力方向。以私域流量为重心的快手在建立和加强用户关系方面有着天然的优势。由于创作者与粉丝的紧密联系，喜欢同一创作者的用户间的联系也会自然加强。例如，在短视频直播间，粉丝送"穿云箭"等礼物不仅会得到主播的感谢，还会引起其他粉丝的关注，观众榜单的前几名用户也会收获到一定的粉丝；加入主播粉丝团的用户在直播间评论时也会显示特殊的"灯牌"如"×家军"等，帮助他们在直播间、评论区产生归属感。

快手平台的用户职业包括卡车司机、群众演员、赶海渔民、快递员、小卖铺店主、垂钓爱好者等，他们有着不同身份和爱好，能够在快手找到"组织"，形成趣缘社群。据报道，快手上有着近1200万卡车司机，其中很多司机通过短视频相识，从而建立互助群，不仅交流工作经验还互相介绍工作、转卖卡车、提供救助等。类似的如垂钓群等趣缘社区，用户在平台上找到志同道合的朋友，分享垂钓经验，展示垂钓成果。这些社群虽然小众，但充满活力，用户间不再是毫不相关的陌生人，而是有共同语言和互相帮助的朋友，由此产生的关系也更加密切、质量更高。

（二）短视频平台与赋权

赋权最初是一个社会学概念，后来延伸至传播学、管理学、政治学等学科。赋权的定义可以从个人和集体两个层面分为动机性概念与关系性概念。[①] 个人层面的赋权，主要强调个人效能感与自我控制能力的提升，使得个体强化达成目标的动机；而集体层面的赋权是一个动态的、跨层次的、关系性的概念体系，是社会互动的过程。随着计算机技术的发展，赋权与网络结合，尼葛洛庞帝在《数字化生存》中提出，"赋予权力"是数字化生存的特征之一。社交媒体上不同群体的话语权大小存在鸿沟，但面对平台与算法的强大力量，大多数普通用户都是弱势群体；平台赋权使部分权力向用户或用户群体流动，给予个人或群体更多权力及使用权力的空间。

1. 个人赋权

从拓宽表达自我方式，丰富社会连接，拓宽实践空间等层面来看，快手和抖音等社交类短视频都为用户提供了更多可能，赋予了更多权力。从通过短视频找到亲人的老兵、通过直播带货创造收入的主播、到借由短视频筹集善款的乡村教师，都是媒体技术赋权的受益者。短视频平台降低了网络表达的门槛，并且表达效果更加直观。就具体平台而

---

① 丁未 . 新媒体与赋权：一种实践性的社会研究 ［J］. 国际新闻界，2009（10）.

言，抖音与快手的赋权对象及方式都存在差异。

一方面，抖音和快手的赋权对象有着明显差异。抖音虽然为用户带来了更加直观、生动的表达和记录方式，但是其更加注重头部和优质计划账号的培养，这也形成了平台的"马太效应"。由于快手的流量分发逻辑，每位用户的作品都有 100 人左右的基础流量，也就是说通过审核的每个作品都会被推荐到 100 位左右的用户的主页，如果作品的数据达到标准，那么这个作品则会被投放到更大的流量池中，推荐给更多用户，获取更多曝光。

另一方面，抖音与快手的赋权方式也有所不同。运用平台实现变现是抖音与快手赋权用户的重要表现，变现方式以广告和直播带货为主。在广告变现方面，有着 6 亿日活且公域流量巨大的抖音具有流量优势，并且配套的巨量星图平台具有帮助广告主决策、供需匹配、高效流程、数据复盘的功能。广告主下单后，巨量星图会在平台发布任务，达到要求的用户便可接受任务，平台会根据播放量计算收益，结算给用户。此类广告推广在抖音的公域流量池更容易被优先推荐，保证广告的传播效果。同时，快手的变现方式则以直播带货为主。据《2021 快手创作者生态报告》，2020 年 1—9 月，2300 万人在快手上获得收入①，66% 的快手商家粉丝量低于 1 万②。快手创作者的粉丝数量可能很难达到千万或是百万量级，但粉丝忠诚度较高，愿意为喜欢的 KOL 买单，因此平台内实现变现并非难事。

---

① 快手大数据研究院.2300 万用户在快手获得收入！［EB/OL］.https：//mp. weixin. qq. com/s/W6Q8SXzewlE07p6xeXeUBQ.
② 快手大数据研究院. 快手电商 GMV：2 年增长 1000 倍［EB/OL］.https：//mp. weixin. qq. com/s/hNh9Dz1PE9zhi6jJd8Rkdg.

2. 群体赋权

群体赋权更倾向于关系性的概念，不仅是个人的赋能，更是关系与关系的联结、群体内外的互动。目前，在抖音和快手上已经形成一些基于兴趣的规模社群。从社群关系的强弱来看，快手作为强关系平台，用户间的联系更加紧密，因此更容易形成粉丝社群或趣缘、业缘社群。快手推出的群聊功能，能够通过群名检索到相关群聊，类似于 QQ 群，为社群的形成与发展提供了支持。同样，抖音也推出了群聊功能，且更倾向于熟人社交，类似于微信群，弥补了熟人社交的空白。此外，私域流量集聚也为快手社群化提供了机会，当粉丝流量聚集到一定程度便有可能出现组织化的社群；而社群文化一旦形成，则会反过来加固用户关系使私域流量更加稳固。

快手的社群细分更加多样，很多弱势群体也能够在快手找到交流空间。例如，在快手有许多大棚建造、种植交流群，种植大棚的农民可以通过群聊联系厂家，分享经验。因为平台的下沉特点，快手将不同地区四、五线城市的工人、乡下的农民、海上的渔民、草原上的牧民等一直在互联网沉寂的个人与群体相连接，在记录他们生活的同时，将他们的故事向更多用户传播。

虽然抖音与快手在公域流量与私域流量上各有侧重，但是随着两者市场份额的不断扩大，差异化发展的方式很难获取更多新用户，两者的发展策略已经开始趋向同质化。抖音正在努力打造私域流量池，在平台内推出了企业号功能，将企业和粉丝连接起来，培养强关系；同时抖音在直播带货赛道持续发力，罗永浩入驻抖音后成为带货一哥，并通过多个粉丝群沉淀粉丝，建立起私域流量；升级"全域流量电商"，打造正能量主播，如"东方甄选"。据灰豚数据显示，2022 年 7 月，东方甄选的 30 场直播累计共创下 6.4 亿元的销售额成绩。同时，快手虽然一直坚称"得私域者得天下"，但依靠私域变现的收入远不及抖音公域流量带来的变现能力。因此快手也推出了类似于"巨量星图"的"磁力聚星"平台，推动平台广告变现的脚步，想要从私域走向公域。

当然，公域流量与私域流量其实不是非此即彼的关系，尤其在平台想要利用一切流量扩容的时期，更是要将公域流量与私域流量相结合。做大公域流量能够为私域流量提供更多积累粉丝的机会，而私域流量池内沉淀的"真爱粉"能够反哺公域流量，提升平台变现能力。抖音与快手虽然有着已经积淀下的结构与格局，但随着竞争的加剧，平台的流量大多处于流动、持续的状态，对于社群强弱关系以及赋权的影响也并非一成不变。当前，建立在公私域流量基础之上的"心域流量"似乎能够为流量密码重新洗牌，将注意力的争夺转移到品牌质量提升、用户信任打造与正能量健康平台生态的建设之中。

第八章　数字藏品

数字藏品作为一种建立在区块链分布式网络架构之上的虚拟交易物，背后所蕴含着的是在数字空间中人们交互方式的无限可能性。如果说元宇宙承载着人们对未来社会的想象，那么数字藏品的流行则是将这种想象落地化的实体物。从短期的视角看，数字藏品融合了 IP、品牌以及潮流文化等内容，通过整体营销价值链的延展来强化社群之间的认同感，其作为新型社交货币，进一步激活用户的情感消费行为；而从长期视角来看，数字藏品结合了区块链技术与 IP 产业链链路，通过版权、确权以及用权保护机制的建立，来推动元宇宙空间中数字资产价值的全面重估，成为元宇宙经济系统中的重要支撑物，并且在营销场景中与用户产生新型的交互方式与联结关系，以此来承载品牌观念的复杂化表达。但是数字藏品的流行仅仅是元宇宙时代营销产品迭代的一个缩影，其背后折射的问题包括了对创作者的知识产权保护、广告主的营销行为监管以及平台的算法规制。

一、数字藏品的概念

（一）数字藏品的特征

北京时间 2021 年 3 月 11 日，纽约佳士得网络拍卖艺术家 Beeple 的一幅 NFT 数字艺术品《每一天：前 5000 天》经过 14 天的网上竞价，最终以约 6900 万美元成交（约 4.5 亿元人民币），是世界上第一件在传统拍卖行出售的纯数字非同质化代币（NFT）作品。[①] 伴随着元宇宙的横空出世，数字藏品这个新鲜事物也开始逐渐步入人们的视野之中。无论是互联网公司、文博机构，还是企业高校，都纷纷开始步入数字藏品这个蓝海之中。

1. 产品特征

根据百度百科对其的定义，数字藏品是指使用区块链技术，对应特定的作品、艺术品生成的唯一数字凭证，在保护其数字版权的基础上，实现真实可信的数字化发行、购买、收藏和使用。通过定义我们不难发现，数字藏品具有唯一性、可追溯性、稀缺性和所有权的特点。

（1）唯一性（Unique）

每一个数字藏品都具有唯一的编码表示，在公链上具有独一无二的标识，可以保障消费者的权益，且永久不可改变。

（2）可追溯性（Traceability）

数字藏品从创建到售卖的每一个环节，每个 NFT 在链上都有交易记录，都可以得到追溯和验证，进而保障交易的安全与透明。

[①] 洞见研报. 数字藏品拉开"加密艺术"浪潮——数字藏品行业专题研究［J］. 大数据时代，2022（6）.

（3）稀缺性（Rare）

由于其具有一定的市场价值，每一款数字藏品在发行的过程中都是限量的，而且创作者可以自行决定其艺术表现形式，进而保障其稀缺性。

（4）所有权（Ownership）

数字藏品的区块链技术保障了每一个数字藏品的所有权不会被破坏，与此同时，数字藏品使数字世界与现实物理世界之间的连接变得更加紧密、更加有黏性。

2. 产业特征

相关统计数据显示，2021 年我国共计发售数字藏品约 456 万份，总发行价值约 1.5 亿元，预计在未来几年或将保持 150% 左右的增速，并且据数据领域研究平台头豹研究院测算，2026 年我国数字藏品市场规模将达 300 亿元。纵观数字藏品产业的发展历程，最早可以追溯到 1993 年的加密交易卡，数字藏品的发展经历了种子期、萌芽期、建设期和快速扩张期。同时，数字藏品产业在发展规程中，也不断涌现出新的商业模式和新的产业特点。

（1）技术实现上，区块链是核心

元宇宙中的区块链技术实现了自治，让发行方、中间市场方和购买方按照一定的公开算法和规则形成了一套自动协商一致的商业机制。与此同时，区块链技术中分布式、透明化的特点，保障了数字藏品有永久在线、永久保存和交易透明的特点；区块链的智能合约技术，也保障了数字藏品在交易过程中的稀缺性、可验证等特点。目前的数字藏品结合了 VR、AR、建模等高科技，但区块链技术赋予了数字藏品产业新的活力。

（2）产业参与上，多主体布局

在数字藏品产业建设的参与方中，产业主体呈现着多点开花的趋势。从产业的内部主体来说，其包含着数字藏品的创作方、发行方、购买方和产业平台，其构成了一个完整的产业链条。从产业外部来说，其还包含着数字监管机构、数字认证机构、司法鉴定中心等。

（3）产品形态上，多样化趋势

从数字藏品的形态上来说，数字藏品如今的发展多样化是其主要的特点。目前市面上的数字藏品大致可以分为三种类别：复制品、二次创作品和网络原生品。复制品是目前市面上数量较多的一种类别，主要集中在文博领域，如2022年文化和自然遗产日推出的敦煌飞天壁画限量数字藏品就是来源于现实物理世界的。二次创作品，其产品也来源于物理世界，但是进行了一定的二次创作，并进行了数字化。网络原生品，其特点是基于区块链技术和数字技术直接生成的数字藏品，比如小米、美的、奥克斯等品牌在天猫"618"上推出的定制潮酷数字藏品。与此同时，数字藏品的表现形式也凸显多样化的趋势，如图片、视频、音乐、纪念品、艺术品、3D模型、游戏等。

（二）数字藏品形成的技术基础：区块链

数字藏品之所以成为藏品而非一张网络图片，其技术核心就在于区块链技术的确权。数字藏品是使用区块链技术通过唯一标识确认权益归属的数字作品、艺术品和商品。其形式包括但不限于数字画作、图片、音乐、视频、3D模型等各种形式，能够在区块链对其所有者进行确权，并对后续的流转进行追溯。数字藏品源自国外的NFT（Non-Fungible Token），即为"非同质化代币"，其本质为一种储存在区块链上的不可交换的数据单位。进入国内市场后，NFT弱化其交易属性，更多以

"数字藏品"身份出现。之前用户只能享受数字内容使用权，区块链技术赋予数字藏品的唯一性使数字内容真正成为一项资产。同时，这种技术能够进行确权，对后续的流转进行追溯。NFT 主要通过其稀缺真实性、所有权证明、不可替代性、版税、直接分销基础设施重构营销链路，成为连接物理与虚拟体验的关键经济入口。

1. 基于区块链技术的去中心化网络架构为数字藏品提供了产权、确权以及版权证明

区块链技术的去中心化、完全开源所创造的无须信任的交易模式为数字藏品搭建了作品创建和交易的平台，通过哈希算法与时间戳技术在版权登记成本、所有权追溯、侵权和创作者保障方面提供了技术支持。

首先，在版权维护方面，区块链技术通过上链的方式标记了作品的唯一性，并且具有不可篡改性，助力作品的存证确权。与传统数据库相比，区块链具有时间戳，保证数据真实有效，并且鼓励多方主体参与该数据库的同时保障了数据所属权。这一技术核心点在于哈希算法和时间戳，通过用户信息的不可篡改、时间的不可篡改和电子数据的不可篡改实现了知识产权保护。在这一技术基础上，首先，NFT 具有不可变的特点，无法被变更或伪造，不变性源于 NFT 被记录在区块链上，即由计算机和算法组成的去中心化网络，用于验证和验证网络上的每条记录。其次，NFT 是不可互换的，无法变更与伪造。区块链确保每个 NFT 都是唯一且真实的，使其对买卖双方都有价值区块链保证了数字藏品的真实性，为内容创作端提供保障。具体来说，区块链以技术信任促成了产品交易信任，每一个数字藏品都"上链"，在具有独异性的同时，也有助于防止业内造假导致的"劣币驱逐良币"效应。同时，这一特性也为文化产品和艺术收藏品的版权提供了保障，在版权维护的基础上，激发创作者加入数字藏品的过程中。

其次，在内容流通方面，区块链技术降低了交易的成本和信任问题，提升了内容的流通性。区块链技术具有链上价值转移、链上协作的特性，无须第三方机构即可运行。区块链的技术去中心化使得数字藏品具有透明性的特点，一旦验证并记录在分布式账本上，NFT 的财产所有权对各方都是透明的，由此摆脱了中介机构，便捷了内容流通端的交易模式。具体来说，区块链的去中心化机制使得交易透明化、便捷化，允许自由交易，缩短了交易流程，提升了交易效率，进一步扩大了数字藏品的流通。区块链技术实现了数字藏品的虚拟权益，解决了传统营销的物流问题，并且数字藏品的线上交易渠道丰富，促进了内容的流通。

最后，在内容交易信任方面，区块链技术实现了分布式共识。共识与信任是推动交易与社会发展的黏合剂，区块链技术在交易启动到交易完成的过程中扮演着重要角色。在交易启动到发布传播的过程中，通过节点与账本的公开性记录了交易信息和传播过程；在交易的确认环节，区块链提供了透明可追溯的交易记录，保障了交易过程；在交易完成之后节点也可以继续访问。在用户收藏端，区块链提供的联盟链的方式，用户无须经过大量节点验证，就可以将较大的图片上传至链上，仅需实名认证，用户就可以进行购买，并且通过人民币支付，用户收藏的门槛进一步降低。

2. 区块链与数字藏品相结合的核心不仅是技术，还是用户需求与内容资产

区块链和数字藏品结合是以用户需求和内容资产为核心，实现了数字藏品的实际落地和应用。在用户需求方面，数字藏品满足了用户的社交、娱乐与享受、自我实现的需要；在内容资产方面，数字藏品促进了新闻领域新闻的生产、发布和接收。首先，数字藏品以元宇宙为背景，拓宽了用户的生活空间与社交关系，品类丰富的数字藏品，满足了用户

的多样化需求。目前，数字藏品的种类包括了艺术收藏品、数字音乐藏品、数字游戏藏品、数字文化藏品、数字体育藏品、数字票务藏品。如2021年，视觉中国旗下的数字藏品交易平台"元视觉"上线，主要售卖摄影作品、视频作品、插画等多种数字艺术品。

数字体育藏品中，2022年1月5日，"央视频"限量发放"数字雪花"，赋能北京冬奥会赛事传播，通过数字雪花，用户可以上传照片、新年祈福，获得"我的冬奥雪花"特别证书。此外，还推出《十二生肖冰雪总动员》3D数字藏品。

在内容资产方面，数字藏品与区块链的结合为新闻传媒领域提供技术支持，赋能传统媒体发展，促进媒介融合。传统媒体具有新闻专业性和新闻生产编辑的优势，因此在记录新闻事件方面发挥着专业作用。在新闻生产环节，数字藏品与区块链保障了新闻版权，提升了新闻记者的创作热情。在新闻分发环节，新闻作品具有独特的时间戳，能够防止"旧闻翻新"造成的谣言传播，同时数字新闻藏品的售卖也为媒体提供了内容收益。在新闻接收环节，数字藏品的稀缺性使得新闻作品具有了文化藏品的特质，在记录历史新闻事件的同时，也使得该记录永久保存。2021年12月24日，新华社推出中国首套"新闻数字藏品"，精选2021年报道，记录了珍贵的历史时刻。此外，NFT以不可替代性和稀缺性、真实性等特点促进了内容的众包生产和直接售卖。任何艺术家都可以为一件作品铸造NFT，在Opensea等在线市场中设定自己的价格，通过社交媒体进行推广，并将所有收入保留在出售NFT的基本交易费用之外。众包生产、内容创作与经济交易基于技术基础设施之上成为元宇宙的动力引擎。

（三）数字藏品的发展状况

1. 发行主体

国内数字藏品的发行主体大致有以下几类：一是阿里、腾讯、京东、百度等头部互联网公司；二是文创平台、科技公司，如视觉中国、风语筑、蓝色光标、海南文化等；三是传媒机构，如芒果 TV、人民网、凤凰网等；四是风投机构；五是个人。

2021 年下半年开始至今，数字藏品热度不断升高，许多互联网大厂、上市公司、国资平台等纷纷入局。根据国家网信办发布的境内区块链信息服务备案编号公告，目前国内已备案的数字藏品平台已超过 800 家。据《华夏时报》不完全统计，截至 2022 年 6 月 15 日，国内数字藏品发行平台数量已经突破 500 家。而在 2022 年 2 月，国内数字藏品平台为 100 余家，[①] 可见数字藏品赛道正在迎来爆发式增长。数字藏品平台先发优势明显，较早入局的阿里巴巴、腾讯、网易收拢用户。蚂蚁集团旗下鲸探 DAU 稳定在 36.7 万，远高于网易星球与腾讯幻核，稳居行业首位。除了平台不断增加，文化传媒机构、博物馆、收藏机构以及个人创作者也都希望借助发行平台推出数字藏品，甚至新华社、央视网等央媒也推出了自己的数字藏品。近期较多上市公司通过成立数字藏品平台或发售专属数字藏品的方式入局：蓝色光标数字藏品平台 MEME 4 月上线；中文在线 5 月上线数字藏品平台"第五镜面"APP，打通公司内容库及 IP 资源；视觉中国海外数字藏品平台 Vault 开启 beta 测试。

2. 发行规模

早期数字藏品的发行数量少、价格低，甚至赠送，发行的速度也比

---

① 王永菲，冉学东. 数字藏品平台已突破 500 家，正陷入"假性存量竞争"怪圈[N]. 华夏时报，2022-06-16.

较慢，随着市场的不断发展，数字藏品发行规模迅速扩大。以腾讯幻核为例，自 2022 年 1 月份开始，每月发行的频次开始稳定并逐渐增加，发售价格也逐步抬高，4 月份出现了自上线以来最高发售单价 188 元；藏品发售的金额越来越大，2021 年发售的总金额为 150 多万元，2022 年 1—3 月份发售金额分别为 270 多万元、617 多万元和 1000 多万元，4 月份半个月发行 3 期，金额接近 1000 万元。其他平台，如与幻核体量相当的阿里鲸探，呈现的发展趋势也几乎相同，总体规模也在不断扩大，可以说无论从数量上还是从规模上，数字藏品发展得非常之快。

3. 发行模式

目前，我国互联网平台数字藏品的商业运营模式各不相同：部分互联网平台依托自身开发的联盟链发布数字藏品，而且严格禁止转售，杜绝二级市场交易；有些平台选择公链作为底层技术，这种做法与国际上的 NFT 产品更加一致；还有些平台开放转售功能，允许用户在购买后交易，此类藏品的价格经过炒作后水涨船高。主要可分为以下三大模式：收藏模式、转赠模式、二级市场模式。

（1）收藏模式

不同于国外的 NFT 产品，国内的数字藏品大都布局在联盟链之上，并不具有二次交易的属性，大部分都不可以转赠。以幻核、元视觉为代表的部分平台，通过发行具有强大 IP 流量的数字藏品（NFT），让喜欢的消费者进行购买收藏。平台不支持交易、赠送，相当于杜绝了数字藏品二次流转可能，可确保平台内藏品无法进行价格炒作，但是缺少二级交易就意味着缺少市场化的价格发现机制，数字藏品无法流通便只有欣赏、存证作用，商业价值相对较低，无法有效地激励生产端或创作端。

在该模式下，不得不提到一个平台，由北京海纳星云公司开发的丸卡平台，该平台发布数字藏品以电影 IP 为主，将电影中的道具数字化进行发行，同时多个道具数字藏品可以合成电影的宣传海报数字藏品，并且对合成的电影海报数字藏品进行赋能——持有电影海报数字藏品的所有人平分电影固定日期票房的1%分成，这样，虽然数字藏品没有二级交易，依然可以受到消费者青睐。

（2）转赠模式

该模式下的数字藏品被限制二次交易，但可以赠送，采取该模式的平台大多要求赠方与接受方在平台内进行实名认证，只有极少数平台额外附加了较长的持有时间作为转移前提。转赠是一种无偿的赠予行为，表面上虽不涉及交易，但实际上却使得场外交易可以进行，即用户可以在平台外将数字藏品出售，再回到平台中通过赠予的方式实现藏品交付，形成交易闭环，因此存在炒作可能。当前头部企业都在《用户协议》或《购买须知》中明确进行了"禁止场外交易"的要求，但仍存在大量平台对"场外交易"未做表态。

（3）二级市场模式

该模式意味着用户购买藏品后可以直接在平台挂售，且部分平台允许用户直接在平台内发售数字藏品并收取提成。此类平台用户的活跃度和黏性更高，但也意味着更高的监管义务。受数字藏品发行量、市场波动、官方活动赋能等因素的影响，数字藏品在二级市场的价格和首发价格可能相差数十甚至数百倍，该模式下数字藏品溢价问题成为一大焦点。

二、数字藏品营销的商业模式

（一）人——数字藏品作为新型社交货币，进一步激活用户的情感消费行为

1. 数字藏品的价值属性

数字藏品既是虚拟世界和现实世界的连接物，也是人与世界的连接手段，作为一种新型的社交货币，其价值属性在发展的过程中也渐趋多样化。在市场经济的逻辑之下，其具有资产价值；在元宇宙的虚实交互逻辑下，其具有工具价值；在品牌消费的逻辑下，其具有情感价值；在文化数字化的逻辑下，其具有一定的文化价值。

（1）资产价值：数字藏品是一种对社交身份的认定，代表数字资产和身份象征

在过去一段时间里，据国外专业数字藏品数据平台 Dune Anlytics 统计，2022 年第一季度，国外数字藏品市场的交易规模已经超过 1800 亿元，其中海外最大的数字藏品交易平台 Opensea 单季度交易额为 110 亿美元，约合 700 亿元人民币。与之相比，目前国内数字藏品市场规模还是百亿元，仍是一片"蓝海"，具有一定的资产价值。

从社交逻辑来看，数字藏品一定程度上代表着一种社交身份，这种身份基于用户对于数字产品的收藏、观赏与展示的需求，借助社交渠道逐渐放大，使其成为用户的自我表达和社交货币。数字藏品是展现个人爱好、身份的社交方式，有助于用户获得一定的社交资本，与同样群体的成员产生共鸣，享受社区归属感，形成强共识。数字藏品在销售与消费者购买的过程中，其数字化表达具有天然的社交优势。用户购买后有着唯一性、不可复制、易于分享等特点，数字化的表现形式也承载着更

丰富、更便捷、更多样的社交表达。与此同时，当元宇宙逐渐拓展虚拟社交空间，数字藏品作为虚拟社交空间连接的代表产品，借助着社交渠道的逐渐多样化，数字藏品也开始涌现出新型的社交方式。

以百度发行的"太空数字乘客"数字藏品为例，这是中国第一艘载人数字飞船藏品，也是数字藏品从版权确权到身份确权的创新尝试，更是数字藏品在航天事业的标志性事件。太空数字乘客借助用户的自我表达路径，增强其社交共鸣，让普通人也体验到航天的热情。

（2）工具价值：数字藏品是"认知时代"向"体验时代"过渡的入口

元宇宙作为一种升维意义上的集成形式，其对于视觉、听觉、触觉等多种感官的连接、激活和虚拟与现实的交融已超越传统技术单一、静止的感官触动，有望在更大程度上实现多元感官与环境的整合，对世界产生新的感觉和认知，使个体的思维方式得到改变，在感官平衡中得以统合，人们开始向"体验时代"过渡，而数字藏品的出现为"认知时代"向"体验时代"过渡提供了一个天然的入口。

当新媒介技术下沉为社会变革的"核心序参量"，声音、图像、文字、感觉等多种信息载体的融合过程中，又给人们的感知系统带来了新的突破。数字藏品作为一种连接，这将虚拟世界与现实世界的壁垒成功突破，数字藏品在人、物和环境之间建立了广泛连接，实现虚拟和现实交互。同时，数字藏品承载着一定的情感认知，人们借助数字藏品达到了感知的巅峰，将原来无法亲身体验的内容逐步落地，同时，人们借助数字藏品提供的新的感官连接快速沉浸，将未知的生活场景变为第一人称的体验场景，实现了"认知时代"到"体验时代"的跨越。

（3）情感价值：数字藏品成为元宇宙背景下品牌与用户的情感连接

如今，品牌营销已经成为数字藏品应用的主要领域之一。伴随着元宇宙概念的兴起，数字藏品的"数字化"特点带来数字化体验和全新的表达方式，以及成为增强用户黏性、建立情感连接的全新力量，为品牌营销注入了新的活力。当用户通过数字藏品与品牌获得链接后，因为收藏的属性在于藏品增值，用户会为品牌自发带来更多曝光，同时品牌借助新的内容形式，使传播更有力，并可快速精准划定用户圈层。

中国市场，不少国产品牌也已开始布局数字藏品的营销矩阵。例如，李宁推出附带篮球明星韦德电子签名的超现实主义新鞋数字藏品《悟道里的巫师商店》；安踏围绕冰雪主题发行数款冬奥纪念版数字藏品；奈雪的茶则打造品牌人格化的虚拟偶像 NAYUKI，并推出相应的数字藏品。品牌通过这些数字资产矩阵，与消费者建立虚拟世界的情感连接，当这种共鸣被逐渐唤醒后，消费者将情感投射到品牌之上。虚实共生的趋势下，品牌沉淀自己的数字资产，形成数字资产矩阵，吸取核心用户，吸附私域流量。数字藏品可以把品牌本身的 DNA 赋予藏品，通过区块链技术让渡到用户。其实，数字资产的虚拟性让现阶段的数字藏品在情感维系上缺少基础，数字藏品却承载着品牌的复杂表达，实物的结合不仅是沟通的深层次，也是沟通的持续性。

（4）文化价值：数字藏品是传统文化适应数字化转型的关键路径

近日，中共中央办公厅、国务院办公厅印发的《关于推进实施国家文化数字化战略的意见》提出，"促进文化和科技深度融合，集成运用先进适用技术，增强文化的传播力、吸引力、感染力"。诚然，数字藏品的出现，是我国传统文化适应数字化转型的关键路径。数字经济时代，文化的竞争力需要数字技术与文化产业相互支撑、相互融合。作为一种文化创新的载体，数字藏品借助区块链技术，可以让传统文化资源以更年轻鲜活的方式呈现出来，成为促进文化产业数字化和价值变现的重要工具，也是实现文化强国、数字强国的重要支撑。

首先，数字藏品的科技属性带来了全新的文化体验。数字藏品注重线上线下一体化、虚拟与现实相结合，带给人们全新的数字化感知，极具沉浸感和体验感。其次，数字藏品打破了文化时空限制，再现和复原历史遗迹和历史空间，为观众提供跨越历史、融通古今的感受，用户不再局限于地点和时间，可以随时随地进行文化观赏。最后，数字藏品丰富了文化的表现形式，科技创新与文化创新深度融合，文化生产流程和生产方式发生了改变，传统文化在数字藏品的加持下有了新的文化表达，也赋予了传统文化新的参与感和互动性。

以 2022 年文化和世界遗产日发行的"天歌神韵 神化轻举"敦煌飞天壁画数字藏品为例，通过由 FISCO BCOS 技术支持的人民链平台进行区块链认证，并在人民网平台进行个人藏品的统一管理，具有唯一编号、永久存证、不可复制、不可篡改等特性。通过内容科技弘扬中华传统文化，以创新手段讲好中国历史故事，本次数字藏品的发行给文化创新带来了新的路径，通过数字化、信息化等高技术手段，实现敦煌文化艺术资源在全球范围内的数字化共享，助力于讲好敦煌故事，传播中国声音。

2. 数字藏品的价值实现路径

（1）平台建立

在价值互联网时代，区块链技术无疑有着独特的价值。Web3.0 时代，传播权力逐步让渡，用户主权意识、平权意识、共享意识不断深入，用户对分布式、去中心化、自组织等诉求更加强烈。数字藏品被看作元宇宙布局过程中的重要入口和形式之一，很多互联网平台争相将数字藏品作为元宇宙搭建的首个场景，在这样的背景下，数字藏品被不断开拓，新的消费场景被不断建立。在元宇宙中，消费更强调精神消费和价值消费，传统的供给关系被逐渐淡化。同时，数字藏品开拓了价值互联网时代下虚拟消费模式和商业模式，Web3.0时代的商业开始起步。当前，数字藏品的价值主要展现在文化传承、情感消费、情感社交等领域，其带来的品牌营销、社交价值、用户引流等作用使得各大平台纷纷投资搭建。目前国内数字藏品赛道中已现多家互联网大厂身影，包括阿里巴巴、腾讯、百度、京东、网易等都基于自身区块链技术，推出数字藏品交易平台以及藏品，不断开拓新场景、新需求，在保持自身现有行业地位的同时，也在合力塑造元宇宙的最终形态。

（2）用户赋能

目前数字藏品的广泛生产与传播，离不开用户的赋能与参与。平台积极签约创作者，不断孵化优质内容，提高数字藏品多样性以及艺术价值，丰富平台数字藏品生态。数字藏品的内容主要来源于以下三个方面：平台自身的内容储备、签约创作者用户和第三方机构用户。与此同时，用户乐于在自己的社交平台分享也成为赋能的一个途径。很多社交平台也允许用户将持有的数字藏品引入社交平台，比如推特允许用户验证所拥有的NFT头像或数字艺术藏品，并以六边形独特显示，用户的赋能助力数字藏品的发展。

（3）平台赋权

强调数字藏品确权功能，助力市场健康规范发展。社交平台允许自身平台的用户进行作品确权，生成数字藏品。数字藏品通过技术推动实现数字内容的认证与确权，在未来虚实共生场景内产生交互、联结并形成场域，是元宇宙的重要入口。以鲸探为例，鲸探搭载区块链为阿里巴巴自主开发蚂蚁链，为平台数字藏品发行提供底层技术，实现了用户数字藏品交易、转赠、社交等全环节均需要在鲸探平台完成，确保数字藏品确权与交易的同时，也确保用户在鲸探形成长期互动。与此同时，对于发行方和发售方所生产的内容进行严格把关，所有内容均来源于 PGC，不支持 UGC 以及二次创作，保障了数字藏品本身的收藏价值和艺术价值。

（二）物——数字藏品作为 NFT 的使用场景承载着元宇宙的新经济入口，通过 IP 重组重构营销链路实现文化出海

1. 数字藏品作为 NFT 的使用场景：虚拟产品与实际权益承载元宇宙新经济入口

元宇宙融合了物理世界和虚拟世界，并且实现了数字化和具身的双重体验。元宇宙其价值意义在于为主体提供了一个全新的社会交往空间实现社会关系的重塑，自由与理性始终作为崇高的价值被奉为圭臬，元宇宙的出现承载着人们对于更大的自由度和更广阔的社会交往的愿景。马克思认为社会交往是人类生存、活动、实践以及社会发展的重要方式。[①] 站在发展的节点，元宇宙的发展动力或许来自内容生产以及经济交往行为，并借助此种行为投射出以自由、去中心化、自组织为特点的数字交往空间。

由此，从虚拟经济交易的角度来看，其作为元宇宙的引擎，连接了虚拟产品与实际权益，有望成为元宇宙的经济入口。美国游戏创作者 Jon Radoff 认为，在元宇宙中有七层价值链，最底层的是基础设施，而最外层的则是体验层，包括了游戏体验、社交体验、电子竞技体验与购物体验[②]。体验层代表着对现实空间、距离及物体的"非物质化"，比如游戏的沉浸式体验、沉浸感以及虚拟社交重塑的虚拟经济形态。在这种经济形态中，数字藏品作为 NFT 在文化方面的使用场景，具有物理数字二元性、不可替代性，促成了虚拟和物理对象的交易，承载着元宇宙的

---

① 邓伟志. 社会学辞典［M］. 上海：上海辞书出版社，2009：47.

② Jon Radoff. Market Map of the Metaverse.［EB/OL］.（2021-04-14）［2022-07-23］. https://medium.com/building-the-metaverse/market-map-of-the-metaverse-8ae0cde89696.

新经济入口。

　　从 NFT 的特点来看，NFT 的核心特点在于"不可替代性"。可替代性或可互换性是加密货币和货币的特征之一，NFT 的不可替代性是重要的资产特征之一，因此 NFT 每一个代币都是独一无二的。NFT 的不可替代性保证了虚拟资产的唯一性和用户对于资产的所有权，从而保护了虚拟商品的价值，促进了去中心化环境中的点对点交易。从功能来看，代币主要可以分为三类，第一类是支付货币，比特币和以太坊是典型案例，它们是不可分割的，并且并非唯一的，表示为可替代货币（FTs）。第二类是实用代币，一般用于提供应用服务或数字访问。第三类是资产代币，NFT 的出现大大扩展了这些代币的范围。基于以上特点，NFT 有助于构架新的经济系统，为内容创造注入活力，并且在艺术、体育、法律等行业产生颠覆性影响，未来将对车辆、金融和整个数字世界产生影响。

　　从 NFT 的产业链来看，其产业链包括基础层、协议层和应用层。基础层即为 NFT 提供基础的区块链，协议层主要是数字藏品，应用层为 NFT 资产的应用，如海外的 Opensea 平台。由此，数字藏品作为 NFT 文化场景应用，勾连起企业端、平台端与用户端。在企业端，数字藏品成为企业营收和品牌变现的新方式，通过游戏化营销、粉丝社群经营维系用户。Visa 在 2021 年 8 月发布的 NFT 白皮书中提到 NFT 可以为企业带来新的商业机会，它可以让粉丝或用户融入企业生态，帮助企业更有效地进行客户管理，为企业创造营收来源。① 如通过游戏化提升粉丝忠诚度，让粉丝对品牌和团队进行决策获得 VIP 体验，以及游戏发布使得

---

① Visa. Engaging Today's Fans in Crypto and Commerce. ［EB/OL］. https：//usa. visa. com/content/dam/VCOM/regional/na/us/Solutions/documents/visa－nft－whitepaper. pdf.

NFT 变为资产，授予未来对 NFT 的访问权限，增加其效用价值。同时NFT 也作为匿名性的粉丝数据而存在，便于企业进行精准营销。如NBA Top Shot 以数字藏品的形式展现了球星视频短片，凝聚起粉丝经济。在平台端，NFT 与数字藏品成为平台商业新方向，腾讯、阿里巴巴、网易等互联网公司率先开启 NFT 的布局。支付宝推出"敦煌飞天，九色鹿" NFT 付款码皮肤；腾讯音乐开启数字音乐藏品；网易推出"网易星球数字藏品"；京东上线"灵稀"数字藏品交易平台；Sandbox 是一个在线虚拟世界（元宇宙），目前推出 NFT 多媒体元宇宙平台，采用区块链基础设施来激励赚钱机制。在用户端，数字藏品满足了用户的收藏需求，在元宇宙中以体验的形式吸引用户的使用。

从企业营销方面来看，NFT 可以采用消费者购买决策模型引导消费者进行购买，消费者决策购买模型包括四个阶段：意识、兴趣、欲望和行动。[①] 在第一阶段产生意识的过程中，主要是通过 NFT 的稀缺性来吸引消费者的注意力，稀缺性有助于商品价值的实现，通过引导消费者的独异性消费心理助力商品营销。并且，NFT 在稀缺性的基础上，保证了商品的所有权和真实性，解决了商品的信任问题，在艺术、文化藏品方面，形成了独特的收藏价值。在第二阶段诱发欲望的过程中，NFT 通过其跨媒介属性与商品属性能够从直觉上诱发消费者购买、使用、收藏的欲望。NFT 促销过程中，通过提供限量发行的商品和服务以及具有独特纪念价值的商品吸引消费者购买欲望，比如通过 NFT 售卖数字音乐专辑，NFT 的音乐平台 Mozik 和 Async Music 通过版权交易和衍生品交易进行数字藏品售卖。第三阶段是鼓励行动，通过去中心化的售卖模式和简易的交易程序鼓励消费者进行购买。第四阶段是重复动作，NFT 在收

---

① Chohan, R., Paschen, J.（2021）. What marketers need to know about non-fungible to-
kens（NFTs）. Business Horizons.

藏领域一方面帮助商品保值，另一方面收藏品随着时间推移逐渐升值。

在数字藏品落地的"最后一公里"的问题方面，主要在于数字资产如何通过虚拟产品给予真实权益，促进线上线下的交互过程，为元宇宙提供动力源。目前主要是通过人民币售卖，在未来可能通过虚拟货币如数字人民币进行交易，或者将离线资金转换为比特币，关键在于找到虚拟与物理空间连接的入口。

2. 数字藏品重构营销链路：国内市场通过与 IP 产业链的联合重构群体连接的叙事文本，国际市场中 IP 出海开启流量转化的新进程

数字藏品既包括产品的经济特性亦包含文化属性，文化和 IP 的认可度成为数字藏品流行的关键要素。从数字藏品的属性来看，国内数字藏品不会过多强调其金融属性，将在数字经济、文化数字化的大背景下，不断做大做强其生产力属性以赋能实业。例如，2022 年 4 月 13 日，中国互联网金融协会、中国银行业协会、中国证券业协会联合发布《关于防范 NFT 相关金融风险的倡议》，表明需要坚持数字藏品以虚促实、赋能实体的属性。因此，虽然数字藏品是一种虚拟价值物，但是人们却可以像拥有实体资产一样对其进行支配。

数字藏品在形态上以 3D 的数字形态实现对艺术品的展示和收藏，激发了新的 IP 扩张活力。数字藏品交易流通的背后包含了创作者以及品牌方对其可支配资源的管理与分发，IP 产业链与数字藏品的结合则为整个产业链带来了新的想象空间和创作方式，数字藏品为 IP 提供了新的载体，使其衍生品不仅包括盲盒、手办、周边等实体，还可以包括图片、动画等数字内容，这将进一步激励 IP 创作者，提升整个产业链的商业价值，打造更多符合品牌营销理念的数字藏品。数字藏品往往基于线上的方式借助品牌 IP 进行营销，如奈雪的茶通过"直播+盲盒+潮玩+数字藏品"的方式进行品牌推广。在文旅行业，数字藏品同样实现

了 IP 变现，例如阿里拍卖平台推出的三款大明宫数字藏品，每份售价19.9 元，集齐三款即可享受终生游玩大明宫的特权，3 万份藏品 10 分钟内全部售罄。

人民网发文《数字藏品＝NFT？有关联更有本质区别》，提出我国数字藏品不会代币化，主要是发挥文创作品的价值，助力品牌传播，保护传统文化，通过 IP 属性提升中华文化在国内外的影响力。在文化数字藏品方面，河北博物院在支付宝上发售长信宫灯 3D 数字藏品，售价仅为 19.9 元，湖北博物馆发行了"越王勾践剑"数字藏品，数字藏品使得传统文化产品焕发新的生机。2022 年 5 月，国务院办公厅发布《关于推进实施国家文化数字化战略的意见》，提到文化产权交易要充分发挥在线交易平台优势，推动标识解析与区块链、大数据等技术融合创新，为文化资源数据和数字文化内容的确权、评估、匹配、交易和分发提供专业服务。目前我国的数字藏品主要是防止炒作，未来通过普及监管措施将进一步促进文化产品的数字藏品化，随着数字藏品的发展，未来将在教育、科研、社交等领域进一步拓宽。

在国际市场方面，以数字藏品的诞生为 IP 提供了新的发行模式与发行渠道，此类文化元素能够强化国家标识与文化交流。同样，全球对于中华文化 IP 价值认可度较高，有望开启 IP 出海和流量转化新进程。根据《关于推进实施国家文化数字化战略的意见》，到"十四五"时期末要基本建成文化数字化基础设施和服务平台，形成线上线下融合互动、立体覆盖的文化服务供给体系；到 2035 年，建成国家文化大数据体系，中华文化全景呈现，中华文化数字化成果全民共享、优秀创新成果享誉海内外。推进实施国家文化数字化战略，必将为文化强国建设筑牢"数字基石"。

（三）场——数字藏品成为打通品牌、创作者、平台的新沟通方式

1. 数字藏品通过搭建虚拟社交社区，能够为品牌沉淀私域流量

数字藏品作为一种建立在区块链分布式网络架构之上的虚拟交易物，背后所蕴含着的是在数字空间中人们交互方式的无限可能性。如果说元宇宙承载着人们对未来社会的想象，那么数字藏品的流行则是将这种想象落地化的实体物。从短期视角看，数字藏品融合了 IP、品牌以及潮流文化等内容，通过整体营销价值链的延展来强化社群之间的认同感；而从长期视角看，数字藏品结合了区块链技术，通过版权、确权以及用权保护机制的建立，来推动元宇宙空间中数字资产价值的全面重估，成为元宇宙经济系统中的重要支撑物，并且在营销场景中与用户产生新型的交互方式与联结关系，以此推动新场域的形成。例如，在国内市场中，目前已经围绕数字藏品搭建了一系列产品平台与技术基建，这些渠道不仅仅可以单独展示数字藏品，还可以连接各大社交平台，达成品牌与平台之间的联动。

更具体地看，数字藏品在开辟新营销场域的作用路径，可以发现其主要通过与 IP 产业链的跨界融合来重新定义数字时代的品牌营销。其中，IP 本身具有的高辨识度、自带粉丝等特征为数字藏品的推广打开了新的流量入口，也同时开辟了新的营销场域与消费空间。对品牌方来说，通过数字藏品这一载体来推广产品更容易在虚拟空间中搭建一个高黏性的交互社区，建立一个更成熟的服务生态体系。例如，目前市场上已经有相关运营商从 GIF 表情包的渠道切入"数字藏品云服务"市场，让 GIF 数字藏品在聊天信息流中呈现，低成本发挥数字藏品在社交层面的营销机制。而对用户来说，数字藏品不仅仅具有观赏和收藏价值，也是自我表达的"社交货币"。用户通过对 IP 化数字藏品的消费与分享

表达出自己的群体归属与价值倾向，在社群之中建立新的社交联系，拓宽社交链路。

2. 为创作者提供版权保护以及创作环境，推动创作者经济时代的到来

在智能互联网时代，平台已经日益成为一种泛化的基础性设施，在整个营销市场中发挥着举足轻重的作用。在平台崛起的过程中，平台权力也在日益扩张，这是对社会参与主体、总体资源以及信息与数据等要素的聚集与凝结，不仅主宰着公共价值的形成，也影响到了营销市场的产业结构与商业模式。在元宇宙的概念走红之后，以平台为基础所开展的营销活动也发生了巨大变化，现实世界中的任何一种消费场景都有可能在虚拟空间中复刻甚至延伸，正如扎克伯格所预测："数字商品及其创作者将变得非常庞大。"[①] 这些转变最终将为消费者创造更真实且多元的用户体验。

数字藏品的流行无疑为市场开辟了一条新的营销赛道，这不仅仅激活了大量的创作者，也在倒逼市场建立一套新的规则秩序。这主要表现在内容创作者可以直接通过区块链的加密技术来点对点地对接消费者，从而减少中间商环节，获得持续的版权收益。数字藏品的本质是一种真实可信并且具备版权保护的数字资产，表现为将某些数字作品的所有权记录在区块链之上，并通过加密货币的去中心化数字账本技术赋予每一个代币以稀缺性、唯一性以及不可替代性特征。但是值得注意的是，区块链与其他产品相结合的核心并不仅是技术，还包括了用户需求。[②] 特

---

① Kyle Chayka. 2021. Facebook wants us to live in themetaverse. https：//www. newyorker. com/culture/infinite-scroll/facebook-wants-us-to-live-in-the-meta-verse.

② 马茜，许志强. 区块链对社交媒体的价值重构与生态赋能［J］. 电视研究，2022（2）.

别是在去中心化格局的加持之下，每一个微粒个体所具备的微资源都被激活，每一个人都有机会成为数字藏品的创作主体，这意味着中心化平台在内容流通环节的支配权有可能被削弱，其垄断式的权威以及不公平的置换规则都有可能在新的传播时代得到重构，在此背景下，以平台为主导的"计划式"议价模式将逐步向"市场化"倾斜，最终带动营销市场产品估值定价模式的转变。

三、数字藏品的监管

数字经济在当下已然成为产业数字化的大背景，数字技术也在消费场景、基础设施和社会交往等各个方面发挥越来越重要的作用，互联网广告产业也迎来了新的机遇与挑战。值得注意的是，市场对某一新兴事物留出足够的创新空间时，也需要引导其发展方向，防止无序化现象的产生。在当下，国内外对元宇宙或者是数字藏品的监管更多是以自律公约的方式呈现，如 2021 年 10 月 31 日发布的《数字文创行业自律公约》、2022 年 4 月 8 日发布的《2022 中国数字藏品自律公约》以及 2022 年 4 月 14 日发布的《关于规范数字藏品产业健康发展的自律要求》，通过规范人们在进行数字藏品交易过程中的相关行为，来建立行业的良性竞争。

（一）创作者层面：对知识产权的保护

在数字藏品的创作与发行过程中，知识产权的纠纷往往会在一系列法律问题中占据突出的位置。例如，在 2021 年，国外的唱片公司 Roc-A-Fella 就曾起诉其联合创始人，禁止他拍卖某专辑封面的数字藏品，公司声称拥有该专辑封面的版权，即使是创作者也无权将该专辑封面作为数字藏品出售。除此之外，《堡垒之夜》开发商 Epic Games 也曾被起诉，原因是游戏中未经许可采用了其他作者创作的商标舞蹈动作。由此可见，在虚拟空间中对数字藏品这一虚拟交易物进行发行与流通，往往会引起新的知识产权问题，而这些问题可能在现实世界没有先例，这包括对数字藏品所有者或者创作者所持有内容的使用范围的界定问题，或者是对虚拟内容资产的侵权边界的界定问题。

虽然数字藏品可以通过区块链技术进行加密，为作品打上"防伪编码"，对其追根溯源，明确版权范畴，但是真实市场环境往往更复杂，更难以用传统的方式来解决。特别是在数字空间中，对虚拟产品的知识产权保护范围以及侵权问题的界定标准尚不明确，现有法规或是传统解决知识产权纠纷的方法需要被重新审视。

（二）广告主层面：对营销行为的监管

通过数字藏品进行营销是品牌与消费者建立联系的新方式。例如，国外的温迪公司在 Meta（Facebook）的地平线世界中推出了"Wendy-verse"这一产品，让消费者可以在虚拟空间中与营销内容进行互动，并可能在现实生活中解锁相应的免费食物。但是这就涉及了"营销内容真实性"的问题。在 Web2.0 时代，广告主已经实现通过相机角度、胶片、灯光或背景等技术来优化产品在照片或者视频中的吸引力，但是这种情况在很多情况下已经引起了消费者诉讼——产品的宣传是基于数字技术所产生的虚假广告。例如，在美国，有消费者起诉汉堡王在广告中使用了"虚假图片"，误导了消费者对其汉堡包的看法，他们指称，汉堡包的广告"严重夸大"了汉堡的大小和肉的数量，与实际供应的汉堡严重不符。

而在即将进入的 Web3.0 时代，广告主或者品牌商需要考虑的不仅仅是二维层面的产品推广，还包括三维层面的视觉以及听觉通道的宣传，如何在突出产品优点的情况下保证营销内容是真实的、没有误导性的，是广告主在下一阶段需要考虑的问题，也是监管部门需要立法规范的新赛道。

（三）平台层面：对算法透明度的规范

创作者经济时代的到来可以在一定程度上提高内容创作者的地位，减少中心化平台的佣金分成，从而分解平台的垄断式权威与支配性权力，让整个产业的分工更趋向于公平。但是从目前的市场发展态势来看，平台的地位依然不可撼动，建构一个完全扁平化的创作生态仍然任重道远。在此背景下，对平台算法的规制依然十分重要。美国的联邦贸易委员会（Federal Trade Commission）已经警告了各平台禁止使用"黑暗模式"，指的是利用用户的启发式思维，欺骗或诱导他们做出原本不打算做出的决定。因此，在数字技术大行其道的当下，算法以精准化的匹配模式让消费者以低成本的代价获得了想要的内容，但是这同时也让他们被困在这些平台之上，在不知不觉之间被他们无法理解的算法决策系统所摆布。而算法的数据反哺可能也会让消费者模糊其"自身需求"与"算法预测用户需求"之间的界限，让用户在无意识之间失去其主体性。

因此，数字藏品的流行仅仅是元宇宙时代营销产品迭代的一个缩影，其背后折射的问题包括了平台的算法规制。但是目前各大平台在算法优化机制和算法透明度方面仍然缺乏行业自律意识，还需要依靠外部力量对其进行引导与规范。

四、数字藏品的未来发展

2022 年 8 月 16 日，腾讯旗下的数字藏品平台"幻核"发布公告称，基于公司聚焦核心战略的考量将做出业务调整，自 2022 年 8 月 16 日起，"幻核"将停止数字藏品发行，同时所有通过其平台购买过数字藏品的用户可自行选择继续持有或发起退款申请。在此之前，"幻核"的多个产品已呈现出滞销的状况，并且已在 7 月 8 日起停止更新。在数字藏品的概念如火如荼的发展趋势下，"幻核"平台的停摆无疑给数字藏品市场敲响了警钟。

（一）数字藏品的"去金融化"限制了其流通性

一种资产的金融化，是通过提高该资产市场的流动性产生的。[①] 从这个视角来看，数字藏品的金融化就意味着数字藏品在我国市场上流动性提高。但由于数字藏品从出世开始就带有数字货币化属性，NFT 在国内发展的最初就经历了"去金融化"的改造，这也意味着去金融化属性对其流通性有一定的限制作用。

从数字藏品的市场来看，"幻核"难以为继的原因之一是流通性不足。相较于国外的 NFT 产品，国内的数字藏品布局在联盟链之上，不具有二级交易的功能，且大部分不能转赠，即使可以转赠，也有明确的时间限制。如蚂蚁鲸探规定用户可以在 180 天后转赠，两年后再次转赠。目前"幻核"搭载的区块链是至信链，交易规则上是不能二次交易，也不能转赠。

从数字藏品的定位来看，与国外不同的是，我国数字藏品定位弱化

---

① 郭怡萱. 艺术品金融化时代风控与监管体制优化分析［J］. 中国市场，2022（24）.

了 NFT 的交易属性,可以被理解为是一种数字文化消费品,追求的是文化价值和社会价值,而非经济价值。随着国内监管架构的逐步明晰,数字藏品的金融属性逐渐淡化,更强调其内在权益和文创价值。从这个意义上说,流通属性也开始削弱。

从总体市场来看,国内的数字藏品市场始终没有开放二次售卖功能,国内平台的数字藏品都在规避其交易属性。数字藏品在这样的强规制下,流通性受限,私下交易的形式难以保证数字藏品市场的活跃度。

(二) 数字藏品的不确定性风险让市场虚火回归冷静

目前我国的数字藏品发展仍处于早期探索阶段,既没有对数字藏品进行明确定性,也没有对相关交易平台进行规制和监管,相关法律仍然处于空白状态,对 NFT 或数字藏品的监管更多以行业自律公约的方式出现。4 月 8 日,部分单位联合发布《2022 中国数字藏品自律公约》;4 月 14 日,中国移动通信联合会元宇宙产业委员会、中国通信工业协会区块链专业委员会联合发布《关于规范数字藏品产业健康发展的自律要求》;6 月底,在中国文化产业协会牵头下,近 30 家机构在北京联合发起《数字藏品行业自律发展倡议》,反对二次交易和市场炒作,提高行业准入门槛。除此之外,数字藏品相关标准的制定也尚未完善,目前主要从理论层面对 NFT 或者数字藏品的技术和产品做出规范。

数字藏品行业监管不明确、标准不统一的现状给行业发展带来了诸多不确定风险。对于企业而言,首先,数字藏品的原创性没有保障,NFT 虽然能够确保数字资产不可复制,但不可复制并不代表艺术品是原创艺术品,内部还存在确权的问题;其次,数字藏品市场的监管环境越来越严,但始终没有明确的监管条例,相关业务在未来存在一定的合规风险。腾讯幻核停止数字藏品发行,或许有这部分的考量。目前数字藏品的本身价值，与其现有市场热度并不匹配，缺乏持续性的盈利能力，能带动的价值量有限，同时面临着巨大的不确定性风险，需要行业回归理性，重新思考发展价值。腾讯幻核的退出，对数字藏品行业而言，未必不是一个良性调整的契机。

这也进一步说明，数字藏品的未来发展，需要在法律层面进行必要的制度性完善，才能推动这一新兴行业规范发展，规避可能引发的金融或法律风险。

（三）数字藏品整体的可信度、智能化和开放度等方面有待提升

整体来看，国内数字藏品市场在生产端的智能化、用户端的可信度和整个市场的开放度方面需要进行调整，以发挥稀缺性、独特性和不可替代性。幻核的关闭象征着对数字藏品监管力度、商业模式和供求市场的再思考。在监管力度方面，数字藏品的流动性受到限制，因此在价格方面波动较为稳定。然而，虽然平台禁止二次交易数字藏品，但仍有平台进行转售，如此数字藏品高度依赖于平台，一旦平台关闭，消费者将承受高额损失。因此在监管方面，仍需考量具体的落地场景对其进行管理。在商业模式方面，在用户购买之后结束了产品的商业链条，并且目前数字藏品依靠 IP 进行营销，也存在诸多炒作风险。在供求市场方面，数字藏品作为新兴技术的产物，根据创新扩散理论仍需要经历从早期采纳者、早期跟进者到后期跟进者和滞后者的扩散过程，目前处于存量市场的数字藏品需要进行一定程度的发展改革来跨越这一鸿沟。

数字藏品在生产端和交易端需要解决当前的技术安全性问题，增强智能化管理。在区块链交易的安全性方面，数字藏品涉及的可能是中心化服务器链下资产，需要避免中心化带来的安全问题。此外，在智能合约中也要避免出现安全漏洞。在交易端，需要避免价格的炒作，目前高度依赖投机驱动的数字藏品交易若不能优化改进，则可能面临行业遇冷的问题。此外，金融风险和网络欺诈等假货行为需要通过监管措施进行防范。

最后，数字藏品在用户端象征的是开放连接和所有权归属，保障了用户的实际权益，因此要保障藏品的著作权，保障买家的实际权益，激励更多优质创作者，提升整体的开放度，延伸数字藏品的商业链条，使其真正成为元宇宙当中具体落地场景，赋能文创、影视、娱乐、体育、旅游等行业。

第九章　银发经济背景下的互联网广告营销

银发经济又称老年产业、老龄产业，指的是随着社会的老龄化而产生的专门为老年人消费服务的产业，也包括老龄社会条件下的分配、交换、消费乃至科技、劳动力等经济活动的各个方面。随着中国人口结构呈现老龄化发展趋势、银发网民规模迅速扩大，银发经济是中国互联网经济乃至社会经济的重要构成部分。

一、市场背景：银发经济为何成为大势

随着老龄化叠加城镇化，生育意愿降低，出生人口下降，据预测我国将在 2025 年进入中度老龄化社会，即 60 岁以上人口占比超 20%。这一趋势在 2025 年之后将进一步加速，2030 年中国 60 岁以上人口占比将达到 25%①。面对已然到来的老龄化社会现实，继全国老龄工作会议提出要推动老龄事业和产业高质量发展后，2021 年 11 月 24 日，《中共中央 国务院关于加强新时代老龄工作的意见》正式对外发布，明确提出，要积极培育银发经济，加强规划引导和发展适老产业。

---

① 东吴策略行业风火轮. 老有所为，银发经济［EB/OL］. https：//data. eastmoney. com/report/zw_ strategy. jshtml？encodeUrl=eJGKBncYFMEoY41cy8fjNH6Itv0NIs6TS7Q48l2LVNc=.

银发经济逐渐成为社会经济中的重要组成部分，除老龄化逐步加深这一不可逆因素外，还有以下四大重要推动因素。

一是政策红利。近年来，国家出台了一系列老龄政策，不断深化银发经济领域的"放管服"改革，逐步破解市场准入、用地、融资、用工等难题，持续释放政策红利，引导、扶持和规范银发经济发展。

二是投资倾斜。不少央企和大型民企，如泰康人寿、中国人寿、合众人寿等保险公司，万科、远洋、保利、绿城等房地产公司等，也纷纷布局养老领域，打造各类养老社区。境外投资者也开始进入中国的银发市场，主要集中在老年健康和照护服务行业，其中不乏国际知名的养老和医疗保健企业或集团。资本对银发市场十分关注，已经渗透到相关细分领域。

三是科技创新。智能科技成为银发经济发展的强大助力，从信息平台的打造、信息系统的建立，到可穿戴设备、智能化产品的生产，再到远程教育、远程医疗的实现，银发经济注重与先进科技结合，智能化、智慧化程度不断提高，产品和服务在技术手段上不断更新迭代。

四是产业发展。中国社科院给出的预测是到 2030 年我国养老产业达到 13 万亿元。而据全国老龄工作委员会发布的《中国老龄产业发展报告》①，在 2014—2050 年间，我国老年人口的消费潜力将从 4 万亿元增长到 106 万亿元左右，占 GDP 的比例将增长至 33%，成为全球老龄产业市场潜力最大的国家。

基于政策红利、投资倾斜、科技创新与产业发展四重助力，中国银发经济逐步壮大。在既有增量用户有限的大背景下，银发市场成为大多数互联网平台、企业布局的重要新赛道。

---

① 全国老龄工作委员会. 中国老龄产业发展报告［R］. 2022.

二、作为互联网消费者的老年人

（一）群体特征

中国的老年人群体是较为特殊的。相较于一刀切地将老年人划分为60岁以上群体的一般做法，或是西方主流的婴儿潮、X世代、千禧一代、Z世代的世代划分方式，中国人更习惯以出生的年代作为世代划分的节点。老年群体经由世代划分后可分为更多细分类型。根据WAVE-MAKER在《中国老龄化社会的潜藏价值》中所提出的划分方式，结合出生所属的历史时期与中国的实际情况，可将中国老年人划分为革命见证者（69—85岁）、百炼成金建国一代（56—68岁）、改革开放新生儿（49—55岁）。

THEIR VASTLY DIFFERENT UPBRINGING HAS SHAPED THE DIFFERENT MINDSETS AND BEHAVIOURS OF THE THREE GENERATIONS
不同的社会时代背景，塑造了截然不同的三代人

	❶ WITNESS OF REVOLUTION 革命见证者 "A cog in the machine" to create collective value 一颗创造集体价值的螺丝钉	❷ TOUGHENED NEW-CHINA 1ST GENERATION 百炼成金建国一代 Missed opportunities but now restarting life 错失芳华但重启人生	❸ THE OPENING UP NEWBORNS 改革开放新生儿 Benefiting from economic and cultural opening 经济文化开放的受益人
Birth years 出生年份	1934 - 1950	1951 - 1963	1964 - 1977
Formative years 个性形成期	1949 - 1965 Hardship & poverty 艰苦启程	1966 - 1978 Twists & turns 波折动荡	1979 - 1992 Openness & prosperity 开放繁荣
Age now 目前年龄	69 - 85 y/o Report focuses on 本报告聚焦 69 - 76 y/o	56 - 68 y/o	42 - 55 y/o Report focuses on 本报告聚焦 49 - 55 y/o

22

WM
WAVEMAKER

SIGNIFICANT GENERATIONAL DIFFERENCES ALSO INDICATE THE DIVERSITY AND VIBRANCY OF THE AGEING SOCIETY IN CHINA
差异化的三代人意味着中国的老龄社会，既具多样性又充满活力

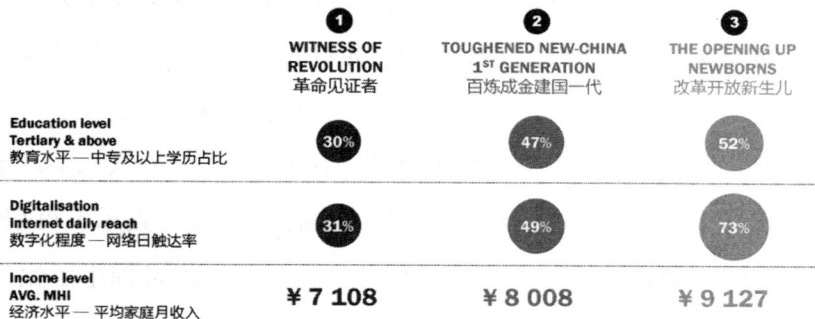

	❶ WITNESS OF REVOLUTION 革命见证者	❷ TOUGHENED NEW-CHINA 1ST GENERATION 百炼成金建国一代	❸ THE OPENING UP NEWBORNS 改革开放新生儿
Education level Tertiary & above 教育水平 — 中专及以上学历占比	30%	47%	52%
Digitalisation Internet daily reach 数字化程度 — 网络日触达率	31%	49%	73%
Income level AVG. MHI 经济水平 — 平均家庭月收入	¥7 108	¥8 008	¥9 127

图 9-1　WAVEMAKER 提出的中国老年世代划分方式

这三代人在教育水平、数字化程度与经济水平方面都有比较显著的差异。但作为中国的老年人，他们又有许多相同之处。例如，根据调查，中国老年人普遍认为自己心理和生理年龄都比实际要小。他们看重健康与养生，大多数老人渴望与时俱进，学会数字化生活的必备技能，是互联网消费增长的主力军。截至 2021 年 12 月，我国 60 岁及以上老年网民规模达 1.19 亿，互联网普及率达 43.2%。能独立完成出示健康码/行程卡、购买生活用品和查找信息等网络活动的老年网民比例已分别达 69.7%、52.1% 和 46.2%①。在疫情的助推下，老年网民线上化生活程度进一步加深，银发族月均移动互联网使用时长与一般网民几乎无差异。但在其他方面，银发族有其更为突出的特征：他们有更多的闲暇时间、较为充足的财力与保守的金钱观。

① 中国互联网信息网络中心．第 49 次中国互联网络发展状况统计报告［DB/OL］．http：//www.cnnic.cn/hlwfzyj/hlwxzbg/hlwtjbg/202202/t20220225_71727.htm.

理解银发族的关键在于理解他们成长世代与我们成长世代的不同。银发族成长于物质短缺的时期，这也就注定了老一辈人会形成勤俭节约的消费观念；当时的教育普及程度较低，许多老年人留有学业未尽的遗憾，反而使现在的老年人更偏好以学习为目的的互联网使用等活动；曾经老年人受到"吃苦拼搏、集体为先"的价值熏陶，现在有了自由支配的时间，他们更向往轻松、自在的娱乐活动，但也会在娱乐活动上发扬"拼尽全力"的冲刺精神，投入大量的时间精力去娱乐。可以说，老年群体的"消费解放"来源于他们的群体特征，但也催生了银发经济的市场机遇。

（二）消费特征

作为消费主体的老年人，其在银发经济市场中的消费活动呈现出以下三点重要特征。

1. 追求集体归属感与认同感：成长于集体为先的社会环境中的老年人热衷于寻求集体的归属感和认同感，表现出增长的社交需求，热衷于抱团行动。

2. 偏好健康、学习与自我提升类消费：老龄化群体积极获取健康信息，使用各类健康产品和老年用品，并热切投身于丰富多样的集体文娱活动，维护自我身心健康。退休后的中国老年人渴望自我释放、重拾梦想、把握当下，因此社交、休闲、运动、旅行、自我学习和精进等消费不同品类增长迅速。

3. 重视情感连接与自我价值实现：老年群体可以借助网络技术突破自身身体条件带来的物理限制，增加与社会的联系，获得更多的社会支持，减少孤独感。网络社区是老年人扩宽交流圈、获得认同感和社会支持的重要渠道。以上两类互联网产品消费都与老年群体的幸福感密切相关。

从上述三点特征中可以看出，老年群体对于消费行为的需求和偏好与其世代特征密切相关。而面对已然到来的数字化社会，作为银发网民的老年人也在碰撞与适应中逐渐形成自己的数字消费观念、行为模式与特征。根据企鹅有调发布的《银发人群用网情况社会调查》，通过互联网服务使用深度的不同，可以进一步将银发网民划分为三种类型：轻娱者、影响者、信赖者。其中，轻娱者是银发网民触网后最容易形成的群体，他们使用的服务主要集中在社交、娱乐和资讯获取层面，对互联网服务的理解主要在"聊、看、玩、搜"方面。虽然其服务使用主要停留在基础应用层，但仍有向过渡、进阶应用尝试的可能。影响者是完成了从基础应用层向过渡应用层转变的用户，开始关注和使用更高层级服务的银发用户群体，在分享、学习和支付方面有所深化，他们的生活正被移动互联网服务深刻影响。信赖者是使用进阶应用层服务（生鲜、电商、出行）程度最深的银发网民，他们对移动互联网服务保持信赖、愿意主动运用各类服务拓宽生活边界，是数字化生活程度最高的一群银发网民。在三类用户中，信赖者占比最低，说明银发网民在使用进阶应用服务方面仍存在戒备心理，影响者缺乏转化提升为信赖者的契机。对于移动互联网市场来说，未来这一群体还有很大的开发空间①。

总的来说，对市场和品牌而言，老龄化群体所蕴藏的消费力和多样的消费需求，无疑会是未来的一大"增长动能"，亟待我们去挖掘和深耕。但在深耕开始前，我们需认清老年群体内部具有其特殊性、复杂性与多样性，理解各类老年消费者的需求痛点，才是转换赛道、开拓银发市场的第一步。

---

① 企鹅有调．银发人群用网情况社会调查［R］．2021．

三、互联网广告营销的适老化改造

我国的"互联网应用适老化及无障碍改造专项行动"已开展一年有余。专项行动主要瞄准 115 个常用的公共服务类网站，以及 43 个普及率较高的手机 APP 进行改造，覆盖国家相关部委及省级政府，重点针对老年人生活相关的重要领域展开，如出行类、金融类、医疗类、资讯类等多个方面。专项行动重点提出，改造要根据老年人老化阶段的生理特点，进行以方便使用为主要目的的调整，例如更大字体、更大图标、更高对比度的图文等功能特点的产品，以简单、方便的操作界面实现无障碍操作，同时为方便说方言的老年人用语音辅助使用，特别针对部分应用的方言识别能力做出明确的修改要求。

与此同理，互联网广告营销也应当进行相应的适老化调试。目前的广告营销适老化有以下三个主要方向。

（一）界面适老化

互联网平台将各类 APP 的"长辈模式"进行适老化处理，主要集中在简化购买使用流程、放大字号、配备专门的客服专员、强化语音搜索与图片展示等方面。例如，京东 APP"长辈模式"可通过微信一键完成注册，并在验证码等环节简化验证加强手势引导，降低学习成本。同时，APP 页面还将精简信息、加大字号，方便阅读和使用，并按照长辈们的使用习惯对商品页面进行视频化改造，重点突出短视频内容，方便老人了解产品详情和选购。此外，还将通过强化"家人协助"，方便长辈们购物出现问题时一键询问子女。

在购买和支付上，京东 APP"长辈模式"还将专门打造一键自动切换最优促销功能，让长辈们可一键享受最大优惠。在支付过程中，还将支持短链路支付，减少跳转环节，同时支持货到付款和家人代付款，让不熟悉在线支付的长辈们也能享受到网购的乐趣，打消对支付安全的担忧。

（二）内容适老化

广义上来看，营销内容的适老化主要有以下两方面：一方面，从内容的物理特性上来看，多采用老年人感兴趣、易观看的内容类型。根据调查，视频的内容形式，更容易被银发网民接受，尤其是 60 岁以上网民。易理解、观赏性强的视频内容形式也更容易在银发网民圈层中传播，在以视频为核心的内容形式中，考虑字幕的清晰化处理，做到大字体、不重叠、易辨识，可以提升银发网民视频浏览与信息接收方面的体验。这也是为什么许多电商 APP 的老年版更注重短视频讲解内容的推送呈现，而不是复杂的文字堆叠。另一方面，从内容的心理价值上来看，老年人更关心广告营销内容中包含的附加价值与情感连接。附加价值即在产品之外，为老年用户提供产品价值感的升级，核心在于提高满足感。从需求角度而言，这种附加价值可以是超高性价比、稀缺性或是满足社交以及自我实现需求。老年人群体非常重视情感连接，细节处的用心与关怀即可换来老年用户支持、喜爱甚至推荐。

值得注意的是，开拓老年市场的营销内容"适老化"还可以转向子女与晚辈，进行老年相关产品与消费品的推广。例如，百度大字版的一系列广告瞄准的是年轻人群体，给一群年轻人"安利"老年产品，以年轻人为桥梁触达老年用户。系列广告采取年轻人喜爱的鬼畜形式，例如《我就要大的》这一广告片段，母亲跟儿子要西红柿吃，儿子端来了迷你的小西红柿，母亲不满意，要"大的"。接着两人就大的、小的争论了一番，最终儿子认输，端来了大西红柿，母亲吃着西红柿看着百度大字版 APP。这支短片的喜剧效果很明显，父母和甲方一样，喜欢"大的"。现实中我们的确能感知到父母喜欢"大的""红的"的特殊审美，而喜剧的背后却是老年人面临着的视力下降问题。用喜剧效果衬托出老年人的实际问题，让人看了不禁反思，我们平时对父母的关怀是否停在了表面？连父母基础的身体变化都没有注意到。喜剧和现实的反差，触发观众的情绪，更能呼吁儿女对父母的关切。此类广告内容，以真实的两代人相处场景引起共鸣，从以老年人需求出发设计文案与内容，从年轻人喜好出发直击子代内心。在深化品牌形象的同时，也给年轻人提供了关怀父母的"参考答案"和实际思路，让营销内容具有深远的社会价值。

（三）渠道适老化

将营销信息最快传递到老年人感知范围内的方法就是踏入其生活圈与关注域中。互联网环境中的老年消费者其实大多是警惕、不易产生品牌信任度的。数字化浪潮下，与年轻人相比，老人对信息的分辨能力更弱、获取能力更有限。这也意味着老人的信任门槛被拉高，短期内很难对陌生事物建立信任感，对更加庞杂繁复的外界信息亦如是。加之生理功能减退带来的记忆衰退等原因，相较于其他群体来说，营销信息要"入心"显得格外困难。过去许多中老年互联网产品，在"流量拉新"上突破很快，动辄吸引了两三千中老年用户，但也有不少项目倒在了"变现"这一步。

破局有两种方式，一是在渠道选择上，关注老年人触媒重点区域。对于老年人来说，互联网广告营销的线上渠道大多集中在以其社交关系维系的抖音、微信等平台，或是小年糕、糖豆等老年人聚集的垂直渠道。除此之外，能够动用移动设备参与信息获取的线下渠道，如公交、电梯等场景，具有封闭、低扰、强制观看、高频曝光的特征，更容易与老年群体产生信息传达与交互的过程。老年高端消费品代表的美丽岛老花镜就验证了这一点。在从 0 到 1 的获客中，美丽岛注重老年用户触点传播。曾经该品牌主要获客来自电视台等传统媒体，后美丽岛将布局四大航空、几百列高铁全覆盖，注重大媒体拉动效应，在引流后至老人消费决策前全过程致力于与消费者建立信任感，从第一次做宣传选择的媒体渠道，到产品服务过程，再到后期的客服沟通过程，甚至呼叫中心、售后服务等都提供面向老年消费者的优质服务，实现从触点到变现的直接转化。

二是线上线下渠道的联动也是面向银发群体的营销"适老化"方式。老年群体的活动半径主要集中在社区、菜市场等区域，结合其务实的消费特征，线上推送与线下地推、人员推销等方式，反而比单纯的线上营销更能够进入老年市场。例如，叮咚买菜与新潮传媒联合，登录新潮电梯智慧屏，覆盖杭州、深圳、上海等多个核心城市，简明生动的品牌海报在电梯间循环展现，"即需即达"的快送服务与拉新奖励的政策得以有效被老年人熟悉接受，获得更多消费者①。

---

① 运营派. 互联网遍地是老年人［EB/OL］. https：//www. yunyingpai. com/market/676148. html.

第十章　认知争夺

商场如战场。过去的商战主要聚焦在渠道战、价格战或广告战，而在当前的网络营销环境中，品牌面对的是攻心战，是对用户心智的争夺。网络营销环境既复杂又多变，对品牌的营销能力提出了巨大挑战，品牌不再凭借资金实力和营销预算优势就能取得预期的营销效果。占领用户的心智也远比单维度竞争困难，意味着要从多维度、多层次、全方位争夺认知资源，具体来说，可以围绕用户心智从网络营销传播控制、品牌定位和行业认知、用户认知域、认知技术应用四个层面展开由宏观到微观、由浅层到深层的竞争。

一、争夺网络空间营销传播主导权

据数字营销专家估计，大多数美国人每天接触 4000—10000 个广告，现代人平均每天接触大约 5000 个广告①。考虑到中国互联网发展水平和网民的互联网使用现状，中国网民和美国网民每日接触广告的总体水平相似。互联网传播呈现智能化、圈层化、社交化、商业化、复杂

---

① How many ads do people see in a day 2021［EB/OL］. 2021-12-8］. https：//advertisingrow. com/advertising-magazine/how-many-ads-do-people-see-in-a-day-2021.

化等特点，传播渠道、传播主体和传播规律与过去相比发生颠覆性变化。品牌需要有更高的营销智慧，从全局战略布局出发，以极致化的操作手段，争取网络空间营销传播的主导权。具体可以从以下三个方面入手。

（一）整合目标用户媒介菜单，确定营销重心

媒介菜单指人们在日常的跨媒介使用中，从丰富媒介渠道选择个人媒介消费的行为，即一种个人消费者对媒介消费的配置行为①。品牌选择传播平台应从用户媒介菜单出发，找到目标用户群特定兴趣（美妆、汽车、服装、食品等）的媒介菜单重叠部分，按照权重进行营销平台布局，确定预算分配比例，建构传播平台矩阵。以美妆品牌为例，2021年美妆品牌方在不同社交媒体平台的营销预算占比反映了美妆用户的美妆消费媒介菜单。如图 10-1 所示，用户主要在抖音和小红书上浏览美妆内容，微信公众号和微博份额较小。因此，美妆品牌在选择营销传播的平台矩阵时，可以将营销重心放在抖音和小红书平台。

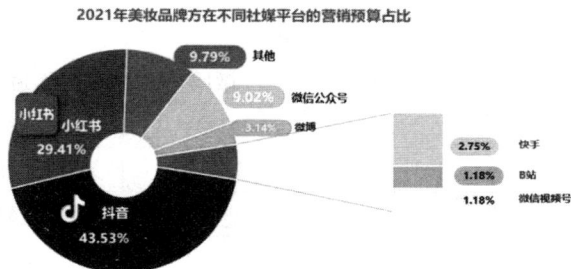

图 10-1　2021 年美妆品牌方在不同社媒平台的营销预算占比②

① 曲慧，喻国明. 媒介菜单与消极自由——论个体媒介认知的三重框架［J］. 探索与争鸣，2019（7）.
② 有米云研究院.《2021 抖音 & 小红书美妆行业营销报告》发布，全面解读潜力单品 & 品牌营销打法！［EB/OL］. http：//mtw. so/5uQRjp.

品牌还要善于争取平台政策支持，如抖音平台针对高潜力的新锐品牌推出"抖品牌成长扶持计划"，给予商家 GMV 增速激励、自播激励和热度值激励等优惠政策。2022 年抖音增加扶持力度，计划新增 1000个抖品牌入池，全年打造 100 个过亿的抖品牌商家。针对头部品牌商家，抖音平台还推出 2022 年"DOU2000 计划"，给予政策倾斜①。入选计划的品牌将获得平台在经营政策、达人合作、服务商权益、营销 IP和阵地建设、基础权益等多方面的支持。

（二）"流量保障+多元内容"，打造环绕立体声量

当前的营销生态中，"流量保障+多元内容"是形成品牌营销核心竞争力的主要模式。流量决定了品牌传播的用户规模和接触频次，内容决定了用户的品牌接触意愿和卷入度，两者之间可以形成良性互动：内容收获流量，流量反哺内容。

表 10-1　2021 年"双十一"欧莱雅营销社媒投放对比（90 天内）②

性质	非销售		销售	
渠道	小红书	微博	渠道	抖音
相关文章 & 视频数	5155	340	关联直播场次	5234
互动总量	111.41 万	63.73 万	关联视频场次	810
达人数	4961	—	主播数	1969
主要达人属性	初级达人、素人	—	主播主要分布	潜力主播肩部达人
			预估总销售额	6494.1 万

---

① 2022 抖音电商生态大会：做"全域兴趣电商"，用责任守护美好［EB/OL］. https：//baijiahao. baidu. com/s？ id=1734510937161357915&wfr=spider&for=pc.
② 有米云研究院.《2021 抖音 & 小红书美妆行业营销报告》发布，全面解读潜力单品& 品牌营销打法！［EB/OL］. http：//mtw. so/5uQRjp.

过去两年，品牌在抖音、小红书、B 站等 KOL 和 KOC 活跃社交媒体平台的传播营销表现出铺量打法的倾向，无论发布的内容数量还是合作的达人数量，都呈现出数量竞争的态势。以 2021 年"双十一"美容护肤类目店铺面部护理套装榜单第一名欧莱雅（交易金额为 17.85 亿元）为例，其主要社交媒体投放内容与合作达人数对比如表 10-1 所示，小红书投放文章/视频数达 5155 个，达人数 4961 人；抖音直播场次 5234 场，视频数 810 个，主播数 1969 人，数量上具有明显优势。

2021 年"双十一"期间视频发布数和互动量稳居运动服饰行业第一的鸿星尔克可谓令人惊叹，在 23 天的时间内共发布 565 万余条视频，完成 2 万余次互动①，遥遥领先行业平均水平。品牌声量大不仅能增加其可见度，减少竞品的曝光度，还有利于形成品牌曝光效应。曝光效应又被称为展露效应，是指同一事物反复多次出现会增加观看者对此事物喜爱程度的现象②。然而，我们也应该注意到广告重复曝光次数过多，用户对产品的正面感受并不会持续增多。品牌要坚持精准传播思路，对广告曝光进行控频，避免在同一用户过度曝光，以达到投入产出的最优配置。

自播是直接触达用户、获取用户反馈、高效转化销售的营销方式。品牌一般在自播时选择建立多个自播账号，形成矩阵式自播体系。建设品牌自播账号矩阵首先要明确各账号之间的差异化定位，有利于更好地细分用户，针对不同粉丝画像制定不同的产品销售策略。

---

① 2021 年双 11 抖音品牌声量分析报告 ［EB/OL］. http：//www. 100ec. cn/detail - 6603796. html.

② Zajonc, Robert B, 1968, "Attitudinal effects of mere exposure. ", Journal of personality and social psychology 9. 2p2：1.

品牌多元广告（内容）的创作需要依靠众多达人的力量，因此有必要建立合作达人矩阵，对达人进行精细化管理。品牌方可以根据达人粉丝量级采取倒金字塔投放策略，以便产出更多多元化相关文章、视频和直播。以韩束在抖音合作的达人为例，KOC（粉丝量级为 0—10w）占比 82.61%，尾部达人（粉丝量级为 10w—100w）占比 8.57%，腰部达人（粉丝量级为 100w—500w）占比 5.88%，头部大 V（粉丝量级为 500w 及以上）占比 2.94%，并且韩束复投直播也以 KOC 达人为主①。韩束在小红书合作达人及粉丝量级分布与抖音基本相同。

（三）"品牌联名+UGC 互动"，助品牌自带流量

品牌联名本质上是一种连接。不存在竞争关系的两种或多种品牌跨界合作，不仅可以共享各方用户资源，提升品牌知名度与喜爱度，还能提高品牌关注度和话题度。如瑞幸咖啡与椰树椰汁联名打造的"椰云咖啡"单品销量突破 1 亿杯②，品牌双方都获得了巨大的关注度和商业利益。一些限量款的联名产品更是易于形成饥饿营销，如优衣库和 Kaws 联名款衣服开售时，微博和微信朋友圈都在刷一个视频：门店卷闸门还未完全开启，消费者争相爬进店里疯狂抢衣服，③ 由此，品牌搭借联名的热度，免费地进行了一次事件营销，成功收获大量用户注意力。

品牌与 UGC 互动营销可以提高品牌热度和传播广度。添加话题标签提供了一种品牌在社交媒体上与他人以及与算法技术连接的形式。人

---

① 《2021 抖音 & 小红书美妆行业营销报告》发掘爆款品类 & 潜力赛道［EB/OL］. https：//baijiahao. baidu. com/s？id=1722923499235190493.
② 新消费品牌联名，真能 1+1>2？［EB/OL］. https：//36kr. com/p/1703616635076864.
③ 优衣库联名 T 恤遭疯抢：卷闸门还没开启就爬进店抢衣服 模特身上的都扒走［EB/OL］. https：//baijiahao. baidu. com/s？id = 1635312259424519781&wfr = spider&for = pc.

们依据"#美食""#旅行""种草"等共同感兴趣的话题，在标签搭建的网络"临时社区"中聚集，进行短暂交流与互动①。品牌通过参与公域流量的标签话题，可以连接社交媒体热点，增加品牌曝光度以及和用户互动的机会。

二、争夺品牌定位和行业认知引领权

认知神经科学家阿尼尔·塞思认为："人脑中数十亿个神经元正在共同产生一种有意识的体验……我们所感知到的现实，其实是我们基于知识和经验制作出来的，可以说是大脑创造出来的幻觉。"② 这意味着用户怎么认知品牌（产品）比品牌（产品）本身是什么样更重要。

（一）品牌定位固化品牌认知

商业中的定位观念源自美国两位著名的营销战略专家艾·里斯和杰克·特劳特。在他们合著的《定位》中，论述了要进入顾客心智以赢得选择的定位之道。

品牌定位是品牌营销的首要任务，是品牌成功的前提。品牌定位是将品牌烙印到消费者的心中，为品牌在消费者心中树立一个独特鲜明、差异化的形象，品牌定位已经进入"心智定位时代"。③ 品牌定位可以启发用户在自身需求感知和品牌感知之间建立强联系，提升购买动力。

差异化定位、情感定位和场景定位是日常品牌定位中常用的策略。

① 刘涛，李昕昕. 作为"技术化身"的标签：图像社交时代的连接文化及其视觉生成机制 [J]. 新闻与写作，2021（8）.
② TED. Your brain hallucinates your conscious reality [EB/OL]. https：//www.ted.com/talks/anil_ seth_ your_ brain_ hallucinates_ your_ conscious_ reality.
③ 李峰，郑瑶. 企业社会责任对品牌定位的影响研究——基于品牌感知的中介效应 [J]. 价格理论与实践，2021（3）.

差异化定位即通过与竞品比较凸显品牌在产品功能、外观、价格方面的独特优势，如霸王防脱发洗发水、甲壳虫汽车、拼多多的"9块9包邮"。情感定位即赋予品牌情感属性，引起用户共情，如南方黑芝麻糊"让人想家"、I Do 钻戒"一生只爱一人"、鸿星尔克的爱国情怀。场景定位，将品牌产品"焊牢"在用户特定的生活场景中，通过场景唤醒品牌需求感知。如王老吉"怕上火喝王老吉"的品牌定位让人在吃火锅和烧烤时总想要来一瓶；过年回家看望长辈，脑海里总会冒出脑白金的"今年过年不收礼，收礼只收脑白金"；运动累了、开车困了也是总能在第一时间想起"困了累了喝红牛"。好的品牌定位能够让营销事半功倍。

（二）做行业认知引领者

行业认知引领者与行业引领者不同。行业引领者通常因行业销量领先而被赋予话语权，行业认知引领者也许在全行业并没有占据龙头地位，但是在行业细分市场拥有用户最大认可并引发同行的热议与模仿。因此，被跟进者，才是真正的行业认知引领者。品牌应当在准确把握市场走向的基础上，打造满足用户潜在痛点的产品，通过升级用户对行业的认知理念，保持自己在用户同类品牌认知中的绝对话语地位。

元气森林的成功引起了巨大的关注，主要原因在于一直以来饮料行业竞争处于红海状态，其他品牌似乎没有太大的机会再分一杯羹，特别是可口可乐、农夫山泉、康师傅、统一等品牌稳固占据市场份额。[①] 在奶茶消费和健康饮食的社会潮流下，张雨绮在 2020 年夏天元气森林广告里的灵魂提问"为什么没有好喝又不长胖的饮料呢"，说出了一众消

---

① 核桃战略. 元气森林如何运用定位理论在巨头林立的饮料行业中破圈爆红？［EB/OL］. https：//baijiahao. baidu. com/s？id = 17168653534420785886&wfr = spider&for = pc.

费者的心声，让元气森林品牌 3 年拿下 40 亿元估值①，还将 "0 糖 0 脂 0 卡" 概念植入用户心智。元气森林的出圈不仅仅是产品的创新，更是改变了用户对饮料行业和碳酸饮料细分市场的认知，即碳酸饮料可以是无糖的。虽然品牌在后期经历了无糖还是无蔗糖之争，但是随着一系列关于代糖知识的科普，用户还是坚定地选择了使用高级代糖赤藓糖醇作为主要甜味剂的元气森林，满足兼顾口感与健康的需要。随着人们对 "0 糖 0 脂 0 卡" 理念的认可，无糖饮料的市场需求迅速攀升，大量品牌都跟进推出无糖饮料。可以看出，元气森林成功的核心是帮助用户建立起了对饮料行业的新认知——无糖饮料既好喝又健康。回顾商业发展历程，每一个成功企业的背后都是一次次对行业认知的刷新与升级，比如淘宝——网购、7 天无理由退货、"双十一" 电商节，京东——大家电网购、购物当天达，大众点评网——用餐前先看餐厅口碑，美团——美食可以团购、美食可以外卖，滴滴出行——出门前先网约车，等等。

（三）品牌叙事提升品牌价值

故事是人们理解周围世界的一种方式。人们通过创造故事将零散的事件联系起来，组织他们的经历、创造顺序、形成观念和产生评估。② 在制定购买决策过程中，用户把品牌、心理体验、个人经验等信息用故事组织起来，通过故事对品牌赋予意义，并把它与购买者的特征联系在一起，最终做出购买品牌产品的决定。③ 与此相对应，品牌叙事就是想通过故事的方式将品牌形象、理念和核心价值观传递给用户，影响用户

---

① "0 糖 0 脂 0 卡" 概念爆火，新茶饮如何赶上这个风口？ ［EB/OL］. https：// static. nfapp. southcn. com/content/202007/30/c3834754. html.

② Bruner, J. S. Actual minds, possible worlds. Cambridge. Mass.：Harvard University Press，1986.

③ 严进，杨珊珊. 叙事传输的说服机制 ［J］. 心理科学进展，2013 (6).

的消费认知和消费决策。因此，从认知角度来看，品牌故事世界是品牌与用户在营销沟通互动中共同构建的心理模型①。

品牌叙事的本质是建立品牌核心价值观的过程，在这一过程中品牌被人格化，品牌方赋予品牌人类社会所具有的部分美好精神，使品牌更具魅力和吸引力。如广为人知的褚时健和褚橙的故事。74岁高龄颇具争议的"烟草大王"褚时健再创业吸引了大众的关注。品牌叙述了一个虽然经历人生沉浮，仍然老骥伏枥、不屈不挠、无悔生命的创业者形象，为褚橙打上了"励志橙"的独特烙印，为用户展现了品牌的价值观：人生总有起落，精神终可传承（橙）。② 褚橙也因此收获了很高的市场认可度和产品销量。

Web2.0时代开启了品牌叙事的新阶段，叙事主体越来越多元化。用户通过网络互动、短视频创作、品牌二次创作成为品牌叙事的重要参与者，一些情况下还成为品牌出圈的重要叙事线索贡献者。比如助鸿星尔克冲上热搜的"破产式捐赠"营销点，并不是由企业刻意策划制造，而是源于一名微博用户的评论"鸿星尔克的微博评论好心酸"。鸿星尔克的成功之处在于反应迅速，品牌总裁吴荣照变身网红与用户积极互动，大力布局短视频直播电商营销，积极采纳了这一意料之外的"品牌叙事"，"接住"了其带来的巨大流量并顺利完成流量变现。

---

① 王菲. 品牌叙事［M］. 北京：中国人民大学出版社，2022.
② 褚时健谢幕：人生起落，"橙"就传奇［EB/OL］. https://baijiahao.baidu.com/s?id=1627174902847808712&wfr=spider&for=pc.

三、争夺消费者认知域掌控权

（一）认知基模：品牌认知与购买决策的心智结构

认知心理学认为，我们之所以能够快速有效地认知、分析和判断新信息或新事物，是因为在我们的大脑中有一种被称为"认知基模"的结构在起作用。所谓基模，指的是人的认知行为的基本模式，也叫心智结构或认知结构①。通俗地讲，人们在接触新事物时，都要依靠基模这一预存的认知逻辑，来帮助学习、理解和判断这种事物。基模是与生俱来的结构，且随着人脑的认知发展而发展和改造。在营销活动中，品牌通过重复曝光和各类叙事触达消费者，消费者建立起的品牌认知，是基模发展和改造的一部分。

1. 好的营销推动认知基模的发展和改造

对于没有接触过某类产品的消费者而言，此类产品对他而言即为新事物，因为其往往携带着与固有认知或多或少的差异性内容和逻辑。从认知神经科学角度来看，营销不仅在于为消费者提供一套现有的需求解决方案，更在于唤起人们发展和改造现有认知结构的兴趣和欲望。微博在兴起之初以 140 字的内容发布限制造成了身处博客时代的用户的认知冲突，但正如新浪微博的最初标语"随时随地分享新鲜事"一样，有限简短的字数限制降低了参与门槛，使微博这一弱关系平台成为真正的信息广场，空前的参与性与接近性使用户迅速适应了这一碎片化的网络话语空间，改变了对 UGC 社交平台的认知逻辑。

---

① 郭庆光. 传播学教程［M］. 北京：中国人民大学出版社，1999.

2. 颠覆式创新产品是全新的感官体验，也是全新的认知资源

苹果公司创始人乔布斯将其想要改变世界的偏执倾注于苹果产品中，苹果产品以其近乎极致的用户体验追求，刷新了人们对电子产品的认知，并在市场的迅速扩张中重塑了整个行业的用户体验设计规则。有业内人士这样评价苹果产品，"夏娃的苹果带我们看到这个世界，牛顿的苹果带我们理解这个世界，乔布斯的苹果带我们体验这个世界"，可见一个成功的品牌影响的不仅是用户的认知结构，还可以对整个行业的认知逻辑拥有一定程度的解释权。

字节跳动在国内的崛起对推动网络社会的发展具有里程碑意义。推荐算法的引入彻底地改变了用户对信息获取方式的认知。在 Web1.0 时代，网民在商业门户大橱窗式的信息陈列中"冲浪"，信息如同超市货架中的商品供用户选择，字节跳动紧紧围绕了用户在信息选择过程中的认知困境：信息选择所耗费的认知资源和所选择信息是否有价值之间经常是不匹配的情况，于是"个性化"的内容分发模式得以迅速占领市场，改变了用户对信息分发方式的认知，从而深刻地、整体地影响了网民浏览网络信息的行为习惯。"个性化推荐"这一准则迅速成为整个互联网领域信息分发逻辑的样板，字节跳动由此掌握了强大的技术主导权与市场话语权。由此可见，能够对用户认知结构带来真正影响的技术或产品，可以在商业市场中占据极其有利的地位。

（二）消费认知的平衡与失调

1. 认知平衡：基于三方认知关系的营销规则

20 世纪 50 年代，认知心理学家海德、费斯汀格等提出了认知一致性理论。海德的平衡理论是认知一致性理论的阶段成果之一。海德指出，当两个人面对一个客体，他们之间的关系有平衡和不平衡两种类

型。平衡是一种稳定的状态，外界信息很难打破认知；不平衡则是不稳定的①，人们会寻求改变以恢复平衡，此模型包含了抗拒态度改变和态度改变的基本认知模式。

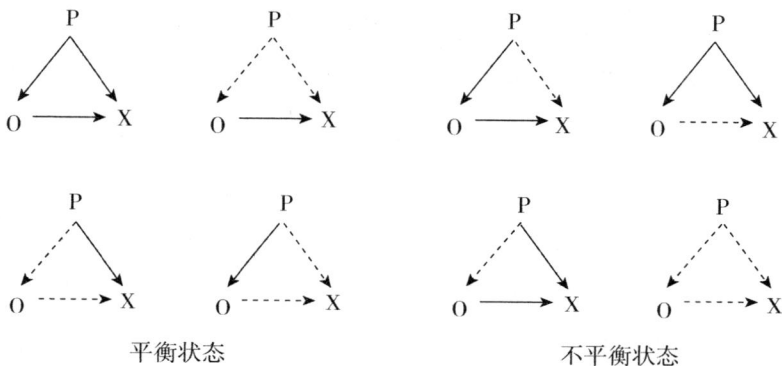

平衡状态　　　　　　　不平衡状态

注：实线代表正面关系，虚张代表负面关系

图 10-2　海德的不平衡理论模型

在营销活动中，消费者、品牌代言人和产品之间构成了这一平衡关系。品牌代言人一般具有一定影响力和粉丝基础，粉丝和代言人的稳固关系形成了对产品的一致性认知，但如果明星人设崩塌则会迅速影响消费者对品牌产品的正面认知，品牌往往会迅速采取诸如终止代言合作的措施。同样，如果品牌出现问题，也会导致消费者与明星的认知不平衡，明星也会迅速作出反应终止品牌代言以维护和粉丝之间的认知平衡。虚拟偶像之所以能站在风口，原因之一是其"完美人设"的特性，有助于维持虚拟偶像与粉丝之间长期的认知平衡关系。因此，在当下数字人行业发展的萌芽阶段，互联网巨头纷纷入场，争相打造虚拟偶像或虚拟品牌代言人，虽然能直接带来的经济效益规模非常有限，但从抢占

---

① 段鹏.传播学基础：历史、框架与外延［M］.北京：中国传媒大学出版社，2020.

初期用户对虚拟人认知资源的层面来看，具有极强的战略意义。

此外，代言人的风格和品牌叙事是否契合也非常重要，例如网络中关于为什么歌坛"天王"周杰伦总是代言下沉品牌的探讨，从认知一致性视角出发，代言人的前台形象、作品风格是形成其粉丝认知基础的关键要素，品牌叙事是否能与周杰伦为粉丝群体营造的大众性、流行性文化氛围之间产生持续张力，决定了用户能否达成对偶像及其代言品牌的认知一致，从而直接影响着营销效果。

2. 认知不协调："感性至上"成营销取胜之密码

"知行合一"是中国传统文化的经典训诫，然而现实情况中人们经常处于知行的失调状态中，人们对自身的认知总会出现偏差，经常出现行动能力低于认知水平的情况，也就是说人们在日常生活中的认知不协调是一种常态。

费斯汀格指出，人们在观点、态度、行为之间具有一种一致或平衡的取向，即每两个认知元素之间要达到一致的趋向①。认知元素即一个人对自身、对自己的行为及对环境所了解的事情②。当出现认知失调时，人们会倾向做出调整以恢复认知平衡，即出现观点、态度或行为的调整。

美国神经心理学家斯佩里通过著名的脑割裂实验证实了左右脑的分工确实存在，并提出左右脑分工理论。该实验指出人的大脑左脑为理性脑，右脑为感性脑。在对同一事物进行认知建构的时候，大脑由于左右脑的分工会出现感性声音和理性声音，并在二者的对抗和纠缠中做出认知决策。资深营销专家叶茂中认为，营销的本质是解决消费者冲突③，

---

① 费斯汀格. 认知协调理论［M］. 杭州：浙江教育出版社，1999.
② 彭兰. 新媒体用户研究［M］. 北京：中国人民大学出版社，2020.
③ 叶茂中. 冲突［M］. 北京：机械工业出版社，2017.

这里的冲突即可理解为消费者在选择产品时功能性满足和精神性满足的认知失衡状态，品牌与产品分别承担了针对冲突的"洞察—解决"职责。

随着时代的发展，品牌由"左脑营销"向"右脑营销"全面迈进，即从产品物质层面的功用的广而告之到品味、格调、生活方式等精神层面的价值渲染。在物质层面的产品功能能够满足甚至远远超越人们的日常需求时，精神层面的感性需求正在被品牌不断挖掘和创造，以制造用户在消费场景中的认知不协调，从而构成使用户开始进行品牌认知的心理驱动，最终对解决冲突的承担者——产品产生购买行为重新达成认知平衡。

以雪糕市场为例，国内品牌钟薛高能在短时间内突破国外高端雪糕品牌的围猎，成为国内第一雪糕奢侈品牌。首先，品牌利用左脑思维，采用的雪糕配料均给人一种"精选""稀有"等印象，以满足消费者理性思维的逻辑自洽。其次，钟薛高紧紧围绕近年来兴起的国潮风，抓住年轻群体的民族情结，无论是包装设计还是雪糕外形都透露着东方美学，能够迅速地抓住消费者的右脑思维。2021年"618"期间，钟薛高位居天猫冰品类目销量第一。精准的定位、突出的审美让一款雪糕品牌在社交媒体中成功触发凡勃伦效应（指消费者对一种商品需求的程度因其标价较高而不是较低而增加），消费者对其品牌认知远远超出了口味、解暑等功能性的感官属性，更多的是品味、文化、身份、社交动力等感性层面的精神满足。

在没有品牌价值介入之前，消费者面对陌生产品一般采取左脑思维。2022年入夏，高端雪糕品牌进入传统渠道后遭遇了一场滑铁卢，"雪糕刺客"迅速成为网络热词，指没有明码标价的雪糕被拿到收银台后显示的价格如同一把"尖刀"刺进"消费者"的心脏，引发了网民对"钟薛高们"的口诛笔伐。"钟薛高们"在扩展销售渠道时，显然没有做好准备，单纯依靠雪糕的口味、包装、形状等感官刺激无法调和用户对超高定价的认知冲突，形成了一次右脑思维产品对左脑思维消费者的粗暴式闯入。任何想要凸显右脑思维价值的产品，必要做好品牌营销的铺垫，否则产品一旦脱离目标用户，失去感性层面的价值认同，高溢价与左脑思维直接碰撞，翻车的风险将大大提升。

3. 飞沫化商品的出路：促进消费者核心认知路径的启动

在空前繁荣的消费景观中，商品虽挤满货架，但大部分都难逃被消费者有限的认知资源所过滤的命运，成为如同在空气中无足轻重的飞沫一般被视而不见。社会心理学家佩蒂提出，人们在面对信息时会采取两种不同的处理方式，即"核心路径（central route）"和"边缘路径（peripheral route）"。核心路径是以详尽的方式，用严谨的思考来处理信息。边缘路径则以简单粗略的方式来处理信息①。当对于某事物的认知有必要性和迫切性时，人们会启用核心路径。飞沫化的商品即被用户通过边缘路径处理的商品。一次成功的营销在于使消费者启动核心认知路径。从认知一致性理论可知，当人们处于认知平衡状态时，倾向于拒绝外界信息。这意味着如果营销不能有效挖掘或创造认知不平衡，则难以触发消费者的核心认知路径。

在新媒体环境中，健康内容的飞沫化特征非常明显②。"丁香医生"经过数年的营销实践成功崛起，成为国内头部健康博主。在产品打造过程中，"丁香医生"一边紧紧围绕社会健康热点话题给用户带来的认知

---

① R. E. Petty, J. Cacioppo, Communication and Persuasion：Central and Peripheral Routes to Attitude Change, New York：Springer Verlag, 1986.

② 徐艺丹. 新媒体环境下健康传播"飞沫化"问题探析［J］. 医学与社会, 2018（3）.

冲突，给予及时专业的医学解答促成认知平衡，一边通过更多健康内容的产出造成认知失调，通俗又不乏专业、生动且诙谐的话语表达触达用户后，成功激活了核心认知路径。在此过程中，"丁香医生"精心打造的话语模式和知识集树，发展了用户对健康信息的认知基模，形成了牢固的品牌认知。

在电子游戏的营销领域，游戏 CG 作为游戏营销的重要部分一般由人物、叙事、动作、布景、配乐等几大元素构成，内容突出用户对成就、仪式、加冕及多元文化体验的渴求与现实环境无法提供即时满足条件的冲突，已成为游戏营销的必然逻辑。值得注意的是，配乐元素通常作用于人的边缘认知路径，起到氛围烘托的作用。在《英雄联盟》2021 年的营销案例中，配乐《孤勇者》引发了人们对人生、成长、经历等方面的认知失调，突出了理想与现实的冲突，使其打破了用户对配乐边缘路径处理模式的惯性，同时成功破圈引起了非游戏玩家群体基于核心认知路径的情感共鸣，《孤勇者》成为用户寻求自我慰藉、情绪宣泄、磨砺意志以恢复认知平衡的有力支点。

4. 认知与情绪调节

台湾学者洪兰指出，情绪是认知对情境的解释①。情绪影响行为，情绪状态影响消费决策。营销既可以通过品牌价值、产品功能来帮助用户调节情绪，也可以制造情绪冲突。

2016 年，媒体人罗振宇推出大型跨年演讲项目《时间的朋友》，并承诺要做 20 年。很多人对此不以为然，对于风云变幻、沉浮不定的市场来讲 20 年可谓"天文跨度"。2022 年前夕，罗振宇感慨，跨年演讲不知不觉已进行了 7 年，这个数字不禁使人一颤：一股沉默、焦虑、无

---

① 洪兰. 认知神经科学：思维与行为 [EB/OL]. https：//www. bilibili. com/video/BV1uF411z7kT? p＝6&vd_ source＝8f463e2c062539df72fd6516f74b88de.

助的情绪涌上心头。对于用户来说，往年的演讲内容或已淡忘，却仍习惯性地在元旦前夕等待着罗振宇的答案，找到高压下的生活与工作的情绪突破口，找到随时间飞逝的人生的里程碑。跨年演讲真的成了"时间的朋友"，成为成长中认知发展与情绪调节的陪伴者。《时间的朋友》是内容营销的成功典范，它首先通过情绪调动，吸引用户参与到这场仪式中；然后通过讲演内容不断触发观众的认知失调，并围绕一套清晰的情境（或商业的，或工作的，或生活的）逻辑来帮助用户梳理引起失调的认知结构，用户在参与和互动中不断调节情绪；最终形成情感共鸣、认知共鸣。

通过压力制造焦虑情绪也是营销常用的方法。最常见的例子是"饥饿营销"，通过制造紧张情境所触发的焦虑情绪，使用户迫切地寻找恢复平衡的解决方案。电商直播间中充斥着大量如"买它！买它！"的紧迫性、刺激性的口号，旨在短时间内屏蔽左脑思维的逻辑性信号，通过氛围渲染制造紧张情绪，从而最大限度地激发右脑的感性判断，引发不少消费者事后"再买就剁手"的叫苦不迭。

"东方甄选"直播间在本年度实现突围，曾为人师的主播们将以往带货过程中刺激性、压迫性的氛围拖入一种慢节奏当中，甚至有人分不清他们是在讲课还是在带货。董宇辉在一次直播中将玉米的销售场景与儿时的纯真回忆联系在一起，用户情绪顿时沉浸在一片怅惘的追思当中。在被提到农产品价格过高时，一句"谷贱伤农"瞬间化解了消费者的认知失调。从东方甄选的营销实践中可以看到，他们的用户已经习惯了甚至是在寻求这种情绪上的温和式失衡，并期望在直播间中获取情绪调节的良方，这种良方不仅仅是"买它！"，还有携带品牌价值的知识型内容。

因此，从长期规划来看，品牌价值应致力于消解焦虑，帮助用户调节既有情绪冲突是改变认知的有效途径，是认知争夺过程中的制胜利器。从短期的销售方案来看，迫于绩效压力的制造焦虑必须保持克制，不然则无异于饮鸩止渴。

四、神经科学引领下的"制脑权"争夺

在传统营销学中，一般通过问卷调查、焦点小组等方式来获取消费者有意识的认知，但认知心理学认为，人的显性认知只占整体认知的小部分，意识的其余部分则隐藏在潜意识当中，哈佛大学营销学教授萨尔特曼研究认为，人类95%的体验是无法表达的①，心理学博士普拉迪普则认为这一比率应当是99.999%②。这意味着人的大脑就如同黑箱一般，消费者潜意识做出购买决策的依据和原理绝大部分是未知的。神经营销（Neuromarketing）是指应用认知神经科学测量与评估消费者在面对营销刺激时的大脑行为和情感方面的变化，来分析消费者潜意识活动对消费决策的影响。消费者在产生购买行为前有一系列的认知活动和决策体系的启动，这些机制如何运作是神经营销学的核心主题。

（一）潜意识广告：强操控还是弱影响

营销界流传着一个案例：1956年，一位美国营销专家在电影胶片中插入"吃爆米花""喝可乐"的字样，这些字样以超出视觉阈限的速度在屏幕中闪过，虽然没有被直接看到，但电影结束后爆米花和可乐的

---

① 萨尔特曼. 隐喻营销：洞察消费者真正需求的7大关键［M］. 杭州：浙江人民出版社，2014.

② A. K. Pradeep. the buying brain：Secrets for Selling to the Subconscious Mind. Hoboken：John Wiley&sons Inc，2010.

销量却大幅增加①。基于意识形态层面的各类可能性风险评估，此类营销手段被官方明令禁止，实验人员随后也称数据是假的，这类方法目前在被大多数国家列为非法手段。

实际上，该案例被后人不断引述着，是因为超过人感知阈限的广告元素确实能够作用于潜意识而产生影响，此类广告又称为潜意识广告或阈下广告。营销刺激中的视觉信息、听觉信息和感觉信息会分别激活大脑中的枕叶、颞叶和顶叶区，按照各自相应的路径汇集到额叶区，进行相应的高级认知加工处理，从而形成消费者偏好和决策②。1980 年，两位著名学者 R. Zajonc 和 W. Knust-Wilson 在科学杂志上刊载的一项权威调查为阈下技术的有效性提供了支持，证明阈下刺激可以影响"满意度"的变化③。2000 年美国总统大选，布什团队在竞选对手戈尔出镜的一个电视片段中加入了一个阈下刺激——一个大写的单词"RATS"（欺骗），以影射戈尔的政策是在欺骗民众。事情暴露后，布什和共和党的广告策划专家们宣称这是一次偶然的失误，并对其幕后的意图加以否认。但他们利用阈下广告操纵选民的潜意识，以此贬低竞选对手的企图已经再明显不过④。

由于法律的禁止，"爆米花与可乐"式具有强心理引导性的阈下广告不能被使用，但仍有品牌采用类似的方式，只不过潜意识影响元素由阈下转为隐蔽但可被察觉的形式。如图 10-3 所示，肯德基在宣传海报中将 100 美元的纸币放进汉堡中，可口可乐将灌装可口可乐开口做成笑脸状，以弱心理暗示的方式影响消费者潜意识。

① 津巴多，利佩．态度改变与社会影响［M］．北京：人民邮电出版社，2007.
② 施卓敏，张珊．神经营销 ERP 研究综述与展望［J］．管理世界，2022（4）.
③ 顾剑．广告阈下技术及其伦理问题［J］．中国广告，2007（4）.
④ 王红宇，刘国芳．潜意识理论与信息传播研究［J］．心理技术与应用，2014（12）.

图 10-3　隐藏 100 美元钞票的肯德基汉堡海报 & 笑脸开口的可乐罐

　　由此可见，目前的潜意识广告并非强势的意识操控，而是在影响消费者做出购买决策时起到一定的辅助作用，这种不易被察觉的辅助作用在社会心理学中又被称为"外周路径劝服"机制。但其伦理方面的争议仍然存在。有学者认为，随着脑科学及互联网技术的发展，网络可以轻而易举地将声音、图片以及动画隐藏在操作系统软件和游戏软件中，这无疑剥夺了消费者的知情权和选择权，实际上是对消费者的操控①。由于现阶段的神经科学还不能十分精确地给出"阈上"和"阈下"的边界划分标准，所以在此类广告的应用与探索中，商业主体对道德判断、伦理边界、法律意识的充分把持是非常重要的。

（二）神经营销研究方法的常用技术

　　就目前来看，无论是潜意识广告或是外周路径劝服机制，其能够起到的效果还难以精确测量，仍然需要靠外部数据来进行推断，难以准确推定消费决策的心理过程。要从人大脑内部获取更加直接可信的数据，必须借助认知神经科学的研究方法。神经营销引入了认知神经科学的研究工具，如脑电图（ERP）、功能核磁共振成像（FMRI）、眼球追踪及生物识别等技术。ERP、FMRI 可直接获取大脑活动所产生的生物电信

---

　　①　顾剑 . 广告阈下技术及其伦理问题［J］. 中国广告，2007（4）.

号，测量人在接受营销刺激时大脑不同功能区域的活跃程度。眼球追踪可以收集人的视觉停留时长、视线运动轨迹等数据，生物识别技术可实现诸如心跳、呼吸、皮肤汗液等信息的收集，此类数据主要起到代理推断神经反应的分析作用。

神经营销技术目前主要使用在用户体验测量、产品设计测试、广告效果测量及品牌重塑等环节中，与传统营销的调查研究方法形成一种对应关系。神经科学为营销带来了全新的分析维度，但各类技术的应用仍处于起步阶段，还有很大的发展空间。以 ERP 为例，由于其具有便携性、高精度等优点，可以适配更多的消费场景，且具有较高精度的时间序列，但它也存在脑电信号有时过于抽象，基于现有水平难以充分解读的困境。

（三）脑机接口：神经营销未来的关键一环

脑机接口（Brain Computer Interface，BCI）最早起源和应用于医学领域，通过建立脑神经与机械设备的连接，来帮助有肢体行动障碍的人群重建交流与交互的能力。建立这种大脑与机器连接通路的设备便是脑机接口，它将带来更高维的人机交互方式。

1999 年，美国亚拉巴马大学心理科技研究中心为损伤了大脑平衡器的中学生凯利植入"运动记忆芯片"，芯片植入成功后的凯利能做出优美的体操动作[1]。

2013 年，麻省理工实验人员通过对鼠脑记忆区域的光刺激，改变了老鼠的认知。这些实验表明，我们应对脑科学及脑机接口技术的发展期待留有足够的想象空间。在一些科幻电影中呈现了这样的场景：《黑

---

[1] 中国科学院现代化研究中心.科学家实现生物间记忆移植，获取记忆真可以走捷径！[J].科学与现代化，2020（1）.

客帝国》中的"黑客"可以通过脑机接口直接刺激大脑，在极短时间内学会被解码好的各类程式，如柔道、跆拳道、器械操作、飞机驾驶等，极大地释放出了人脑与人体的潜能。

2021年，美国神经技术公司 Neurable 公布了脑机接口耳机的计划，并开放了首款产品 Enten 的预购，耳机可以完成意图的预测来控制电脑光标，但就交互效率方面来看还有很大提升空间。就目前来看，脑机接口技术存有两大难题：第一是机器对神经信号解码的准确度问题。第二是如何让机器产生感官信号并被大脑理解的反馈问题。所以脑机接口目前在各领域中的应用基本还都处于实验科研阶段，主要在医疗康复、人机交互探索等领域使用。

我们前面已经提到，探究消费主体的认知活动和决策体系等的心理机制是如何运作的，是神经营销的核心主题。研究表明，基于脑机接口介质的信息通量将呈指数级增长，这无疑将提供更加丰富、更加准确的营销数据。在对元宇宙的展望中，神经科学理论基础、技术实践已相当成熟，"人机共生"作为未来人的典型特性，意味着脑机的直接交互将成为常态，脑机接口技术的应用或成神经营销在元宇宙时代的终极解决方案。未来的营销阵地将从"认知争夺"向"制脑争夺"的竞争态势演进。

第十一章　智能网联汽车

随着苹果公司在全球开发者大会上展示了能够控制车内所有屏幕的全新 CarPlay，百度提出量产新一代 L4 级别无人车 Apollo RT6……互联网公司已经在智能驾驶领域角力，汽车或许要从传统的制造业领域转向互联网服务业，在智慧交通系统的支持下实现辅助或自动驾驶，成为能够快速移动的智能网联终端。

一、智能网联汽车的发展现状

智能网联汽车也称为智能汽车，是指通过搭载先进传感器等装置，运用人工智能等新技术，具有自动驾驶功能，逐步成为智能移动空间和应用终端的新一代汽车。根据 Quesr Mobile 数据显示，2022 年 5 月，在智能设备细分行业中，智能汽车月活跃用户规模为 2445 万个，仅约为位居第一的智能家居活跃用户规模的八分之一。然而，值得注意的是，智能汽车的同比增长率为五类智能设备（智能家居、智能穿戴、智能汽车、智能健康以及智能配件）中最高，达到了 62%。[①]

---

① Quest Mobile. 2022 全景生态流量半年洞察报告 ［EB/OL］. https：//www. cbndata. com/report/2961/detail？isReading＝report&page＝1.

随着未来智能汽车技术的发展、普及以及对于驾驶员驾驶任务的解放，智能汽车所能引发的活跃用户规模以及驾驶期间使用的应用数量和流量将会不断上升。

相较于智能设备细分行业中常见的智能家居、智能穿戴、智能健康以及智能配件等产品而言，智能汽车中涉及的智能技术更加复杂和多样。当前智能汽车中较为广泛使用的是以高分辨率显示屏和仪表盘为硬件，以智能人机交互系统为软件的视觉和辅助驾驶功能。而更为复杂的智能驾驶需要不同类型的传感器实现对车辆周围人、车、路、障碍物以及路侧单元的感知，从而在不同程度上实现车辆安全、自主、智能驾驶，是人工智能与汽车领域融合的重要发展方向。

（一）政策支持

自 2015 年起，国家已颁布了多项法律支持智能驾驶领域的项目研发和落地（见表 11-1）。2020 年，国家发改委等十一部门联合发布了《智能汽车创新发展战略》，其愿景是到 2025 年，中国标准智能汽车的技术创新、产业生态、基础设施、法规标准、产品监管和网络安全体系基本形成。在 2035—2050 年，中国标准智能汽车体系全面建成、更加完善。安全、高效、绿色、文明的智能汽车强国愿景逐步实现，智能汽车充分满足人民日益增长的美好生活需要。[①]

2021 年 2 月，国务院印发的《国家综合立体交通网规划纲要》提出到"2035 年基本建成便捷顺畅、经济高效、绿色集约、智能先进、安全可靠的现代化高质量国家综合立体交通网"[②]。其中提到的"智能

[①] 国家发展改革委，中央网信办，科技部等. 智能汽车创新发展战略［EB/OL］. www. ndrc. gov. cn/xxgk/zcfb/tz/202002/t20200224_ 1221077_ ext. html.

[②] 国务院. 国家综合立体交通规划纲要［EB/OL］. http：//www. gov. cn/zhengce/2021 -02/24/content_ 5588654. htm.

先进"是指"基本实现国家综合立体交通网基础设施全要素全周期数字化。基本建成泛在先进的交通信息基础设施，实现北斗时空信息服务、交通运输感知全覆盖。智能列车、智能网联汽车（智能汽车、自动驾驶、车路协同）、智能化通用航空器、智能船舶及邮政快递设施的技术达到世界先进水平"。此外，"智能先进"的具体指标为交通基础设施数字化率，其目标值为90%。

《深圳经济特区智能网联汽车管理条例》（以下简称《条例》）于今年8月1日开始施行，这是国内首部关于智能网联汽车管理的法规，并对智能网联汽车的准入登记、上路行驶等事项做出了具体的规定。《条例》规定，列入产业目录的智能网联汽车，经过公安机关交通管理部门登记后，可上路行驶，其中，无人驾驶可在市公安机关交通管理部门划定的区域、路段行驶。这无疑为国内快速发展的智能网联汽车产业带来了应用领域的实质性推动，也能在一定程度上加速智能网联汽车的商业化落地。①

表 11-1　2015—2021 年中国智能驾驶相关国家政策法规梳理（部分）

发布时间	政策名称	发布单位	相关内容
2015 年 5 月	《中国制造 2025》	国务院	统筹布局和推动智能交通工具等产品研发和产业化。继续支持信息化、智能化核心技术，形成从关键零部件到整车的完整工业体系和创新体系

① 刘友婷.无人驾驶合法上路，智能汽车加速驶来［EB/OL］. http：//t. ynet. cn/baijia/33103994. html.

续表

发布时间	政策名称	发布单位	相关内容
2017 年 4 月	《汽车产业中长期发展规划》	工信部、发改委、科技部	到 2025 年，形成若干家进入全球前十的汽车零部件企业集团
2017 年 12 月	《促进新一代人工智能产业发展三年行动计划（2018 - 2020 年）》	工信部	支持车载智能芯片、自动驾驶操作系统、车辆智能算法等关键技术和产品研发，到 2020 年，简历可靠、安全、实时性强的智能网联汽车智能化平台，支撑高度自动驾驶（HA 级）
2018 年 1 月	《智能汽车创新发展战略》	发改委	到 2020 年，中国标准智能汽车的技术创新、产业生态、路网设施、法规标准、产品监管和信息安全体系框架基本形成；到 2035 年体系框架全面形成
2018 年 12 月	《车联网（智能网联汽车产业发展行动计划）》	工信部	到 2020 年，实现车联网（智能网联汽车）产业跨行业融合取得突破，具备高级别自动驾驶功能的智能网联汽车实现特定场景规模应用，标准规范和安全保障体系初步建立
2020 年 10 月	《新能源汽车产业发展规划（2021 - 2035）》	国务院	实施智能网联技术创新工程。以新能源汽车为智能网联技术率先应用载体，支持企业跨界协同，研发复杂环境融合感知、智能网联决策与控制等技术和产品
2021 年 2 月	《国家综合立体交通网规划纲要》	国务院	到 2035 年基本实现国家综合立体交通基础设施要素全周期数字化、基本建成泛在先进的交通信息基础设施，实现交通运输感知全覆盖。智能列车、智能联网汽车（智能汽车、自动驾驶、车路协同）的技术达到世界先进水平

续表

发布时间	政策名称	发布单位	相关内容
2021 年 3 月	《道路交通安全法（修订建议稿）》	公安部	新增自动驾驶相关法规。第一百五十五条规定，发生道路交通安全违法行为或者交通事故的，应当依法确定驾驶人、自动驾驶系统开发单位的责任，并依照有关法律、法规确定损害赔偿责任。构成犯罪的，依法追究刑事责任

（二）自动化等级划分与发展趋势

目前，世界各国对智能驾驶的理解和分类相对统一，业界广泛采用的是国际自动机工程师学会（SAE）的 6 级划分方法（J3016™）①，将智能驾驶按照功能主要分为 L0—L5 六个等级（见表 11-2）。

表 11-2　驾驶自动化等级与划分要素的关系

类别	分级	名称	车辆横向和纵向运动控制	目标和时间探测与响应	动态驾驶任务接管	设计运行条件	主要内容
人工驾驶	0 级	应急辅助	驾驶员	驾驶员及系统	驾驶员	有限制	可感知环境，并提供报警、辅助或短暂介入以辅助驾驶员（如车道偏离预警、前碰撞预警等应急辅助功能）

① SAE J3016_ 201806, Taxonomy and Definitions for Terms Related to Driving Automation Systems for On-Road Motor Vehicles ［S］. https：//www. sae. org/standards/content/j3016_ 201806/, 2018. 6. 15.

类别	分级	名称	车辆横向和纵向运动控制	目标和时间探测与响应	动态驾驶任务接管	设计运行条件	主要内容
高级别辅助驾驶（AD-AS）	1级	部分驾驶辅助	驾驶员和系统	驾驶员及系统	驾驶员	有限制	驾驶员和驾驶自动化系统共同执行动态驾驶任务，并监管驾驶自动化系统的行为和执行适当的响应或操作
	2级	组合驾驶辅助	系统	驾驶员及系统	驾驶员	有限制	驾驶员和驾驶自动化系统共同执行动态驾驶任务，并监管驾驶自动化系统的行为和执行适当的响应或操作
自动驾驶	3级	有条件自动驾驶	系统	系统	动态驾驶任务接管用户（接管后成为驾驶员）	有限制	驾驶员自动化系统在其设计运行条件内持续地执行全部动态驾驶任务
	4级	高度自动驾驶	系统	系统	系统	有限制	驾驶自动化系统在其设计运行条件内持续地执行全部动态驾驶任务和执行动态驾驶任务接管
	5级	完全自动驾驶	系统	系统	系统	无限制	驾驶自动化系统在任何可行驶条件下持续地执行全部动态驾驶任务和执行动态驾驶任务接管

L0 级别的系统仅能提供预警类功能，车辆的控制完全由驾驶员掌控，因此属于辅助预警级别。L1—L2 级别的汽车系统可以接管少部分、不连续的车辆控制任务，但是需要驾驶员随时准备接管汽车的驾驶功能，属于高级别辅助驾驶范围（Advanced Driving Assistance System，简称"ADAS"或"辅助驾驶"）。辅助驾驶功能是智能汽车实现自动驾驶的过渡型产品，它们以主动安全功能为主，是汽车实现自动化、智能化的初级阶段，当前处于市场快速普及期，且展现出由高端车型向中低端车型不断渗透的特点。L3—L5 级别的系统可以在激活后的一定情况下执行连续性驾驶任务，属于自动驾驶范畴。其中，L4 级别是指汽车能够在特殊场景、条件下实现从一点到另一点的自动驾驶，是可行性较高且落地性较强的高级别自动驾驶等级，根据目前的技术发展状况而言，即使完全的 L4 级别自动驾驶也尚需时日。而 L5 功能是指汽车不区分具体功能和产品形态，可完成在全速、全域以及全场景下的完全无人驾驶，只是由于当前法规、伦理以及技术等限制使其难以在短期内实现落地。①

根据艾瑞咨询在 2002 年对于 2020—2030 年中国 L2 级别及以上自动驾驶乘用车销量的预测②，从 2020 年到 2023 年，L1 新车销量将持续上升并在 2023 年达到渗透率 49% 的水平，随后开始下降。而 L2 则是从 2020 年到 2026 年期间一直保持销量的稳步上升，并在 2024—2027 年之间保持销量在 770 万—790 万辆之间，渗透率在 40% 左右。L3 级别智能

① 艾瑞咨询.汽车产业变革的浪潮之巅 中国智能驾驶行业研究报告［EB/OL］. https：// report. iresearch. cn/report_ pdf. aspx？id＝3888.
② 艾瑞咨询.中国智能互联——汽车产业变革研究报告 探讨汽车智能化、互联化发展对汽车产业影响［EB/OL］. https：// mp. weixin. qq. com/s/OpFzYor1vJkgZcNaHXm2Eg.

汽车在 2021 年开始起步，到 2030 年持续上升，并达到 1470 万辆的新车销售量和 70% 的渗透率。相对应的是 L4 级别汽车在 2025 年开始起步并逐年缓慢上升，在 2030 年达到 170 万辆的销售量和 1% 左右的渗透率。

今年 7 月 21 日，百度公司在 2022 年百度世界大会上发布了搭载最新一代无人驾驶系统的 APollo RT6 量产无人车。该型号汽车具备比上一代车型更强的 L4 级自动驾驶能力以应对城市各类复杂道路和场景，根据规划，该车将于 2023 年率先在萝卜快跑上投入使用。随着近几年互联网公司和车企纷纷下场大力推动智能汽车的技术研发和功能迭代，无人汽车领域的发展已经比前面的预期有所提前，或许高级别无人驾驶乘用车的量产和普及能够在未来几年提前实现。

二、智能网联汽车支撑技术

（一）智能汽车

清华大学李克强团队针对未来复杂交通场景提出了智能网联汽车云控系统概念，这一概念融合了人、车、路、云多个元素，基于融合感知、决策与控制的方法来提升道路交通系统的安全性、效率以及综合性能。尽管这是一个致力于提高整个交通系统智能化的设计，但是，由于智能网联汽车是其中不可或缺的一部分，因此其中所涉及的关键技术与智能网联车之间也存在着很大的关联。其中，智能网联车所涉及的技术主要包括感知技术、决策技术、控制技术和应用技术。[①]

[①] 崔明阳，黄荷叶，许庆，王建强，Takaaki SEKIGUCHI，耿璐，李克强．智能网联汽车架构、功能与应用关键技术［J］．清华大学学报（自然科学版），2022［62（3）］．

1. 感知技术

感知技术利用传感器这一硬件来获取外界信息，并形成进行驾驶决策所需的输入依据，是智能驾驶的基础。它主要包括单车自主感知、网联协同感知和环境理解三项技术体系。单车自主感知关注单个智能汽车使用时所需的高精度地图与定位技术、目标识别与跟踪技术，这些技术依赖于硬件传感器与软件之间的协同。除单车感知外，以车—车互联、车—路互联为基础的交通场景物联网系统对于未来高级别自动驾驶的实现有着重要的作用。环境理解主要包含交通参与者意图识别、轨迹预测以及行车风险评估等以机器学习为核心的人工智能技术。

2. 决策技术

感知系统获得的车辆、环境信息提供给决策系统对行驶轨迹进行规划，是智能驾驶的核心任务。根据控制对象，决策技术分为单车自主式决策和网联协同式决策。由于决策技术起着汽车"大脑"的作用[1]，其需要汽车具有较高技术含量的域控制器或芯片作为硬件支持，同时还要有精确细致的任务规划、行为规划和动作规划算法作为软件支撑，[2] 从而保障智能汽车在复杂道路中的安全行驶。

目前，大多车辆使用 ECU（Electronic Control Unit）作为控制单元，并采用 MCU（Microcontroller Unit）芯片。然而，随着汽车自动化程度的提高以及实现的功能不断增多，电子电气架构向域/跨域控制转变，因此对决策层的芯片和算力提出了更高的要求。[3] Tesla 作为落地量产产品中智能化程度最高的品牌，其面向中低端市场的 Model 3 车型甫一

---

① 李克强. 智能网联汽车的发展现状与对策建议［J］. 前沿，2020（6）.

② 艾瑞咨询. 中国智能互联——汽车产业变革研究报告［EB/OL］. https：//report. iresearch. cn/report_ pdf. aspx？ id＝3696.

③ 艾瑞咨询. 汽车产业变革的浪潮之巅 中国智能驾驶行业研究报告［EB/OL］. https：//report. iresearch. cn/report_ pdf. aspx？ id＝3888.

推出便获得了市场的关注、认可和大量订单，在美国和中国电动汽车市场相继获得了成功。这一车型的优势在于采用了自行研制的 FSD 芯片，大幅提升了传感器的数据计算能力，更加集中的计算架构设计（用 CCM、BCM LH 和 BCM RH 3 个域控制器代替传统的上百个 ECU）使车载计算能力大幅提升的同时极大简化了车内通信网络布线。[①]

目前，全球芯片产业被国外厂商主导，英飞凌、恩智浦等 5 家企业占据了半数市场份额。由于技术和起步较晚等原因，我国芯片产业实力较为薄弱，光刻机等制造及测试设备或在 2025 年后实现突破。目前来看，国产芯片渗透呈不断升高的态势，国资车企和民企已经率先搭载，合资企业因考虑自身利益仍持观望态度。尽管我国芯片领域起步较晚，且城市道路交通较国外更为复杂，然而国内领域的专家们也提出了一套符合我国国情的"车路协同"方案，即以云控平台、路侧基础设施、通信网、网联式智能汽车以及资源平台共同协作以实现系统性的无人驾驶及其保障系统。[②] 这一系统不仅能够发挥我国占优势的 5G 和云计算技术，还能弥补我们芯片领域的弱势。

3. 控制技术

控制系统是对决策系统产生的轨迹规划，以车辆动力学模型为基础，通过对转向、制动等执行装置的实际控制来实现变速、转向、变道超车等规划结果，是智能驾驶的关键。根据控制对象的不同，智能网联汽车控制技术分为自主式控制与协同式控制两类。根据控制方式的不同，还可以分为横向控制和纵向控制。在具体应用中，控制技术需要根

---

① 艾瑞咨询. 中国智能互联——汽车产业变革研究报告［EB/OL］. https：//report. iresearch. cn/report_ pdf. aspx？id＝3696.
② 李克强，常雪阳，李家文，许庆，高博麟，潘济安. 智能网联汽车云控系统及其实现［J］. 汽车工程，2020（42）.

据不同场景、不同需求下的应用来完成不同智能程度的驾驶。

（二）电动汽车

不同于智能网联汽车需要克服较多的技术壁垒，电动汽车的技术与传统燃油汽车差异并不是很大，但是也存在着未来可能遇到的困境，即电动汽车的核心——电池问题。当前电动汽车使用的是锂电池，近年来随着全球碳双减趋势，锂的需求量也出现了猛增，而锂作为一种矿产资源，其生产能力取决于原材料所在地的矿产资源储量及其被许可的开采规模，因而市场对于锂电池的激增导致了电池价格的激增。但另一方面，近期我国台湾艺人林志颖驾驶特斯拉汽车发生碰撞后起火，引发了外界对于事故中是否由于电池短路而导致汽车二次起火产生猜测。这也使公众对特斯拉乃至新能源汽车的安全性产生了怀疑，因此，除电能作为清洁能源外，在短时间内找到为新能源汽车供能的可替代材料成了公众新的期待。

三、智能网联汽车在未来互联网营销中的价值

智能网联汽车发展的最终目的是解放驾驶员的双手，使驾驶者从枯燥的驾驶工作中解放出来，有时间和精力在车上从事其他工作。随着未来自动驾驶级别的不断提高，驾驶员能够从物理位移过程中获得更大的自由度，这便给了以智能网联车作为元宇宙入口一个新的营销契机，[①]即基于智能汽车移动场景的网络营销。

智能网联汽车作为可以快速移动的智能终端，能够为乘客提供基于

---

① 郭婧一，喻国明 . 元宇宙新"入口"：智能网联汽车作为未来媒体的新样态［J］.
传媒观察，2022（06）.

空间位置信息的相关推送或者根据乘客要求或喜好提供出行目的地选项，并将乘客安全、快速地送至目的地。基于移动场景的广告也将为未来网联车上的营销提供新的契机，例如，当你从上午 8 点开始"驾"车行驶到中午 12 点，汽车会在附近有餐厅时提醒你及时吃午饭。当你周末开车路过某地时，汽车会提醒你附近有哪些休闲娱乐场所或者你某位好友的家就在不远处等。这些基于场景的网络服务会因为你在自动驾驶的交通工具中而更为便捷。

汽车作为具有独立空间的载体，也为乘坐者提供了相对宽敞和独立的私密空间，而 5G 基站的大范围覆盖也使得人们在长途出行过程中在车上借助大屏观看影视剧作或者畅游元宇宙成了可能。

真正意义上的 L5 级别自动驾驶与应用仍然有着一定的时间距离，但是，国内外智能汽车领域正在不断进步和突破，相关配套设施也在持续建设，相信随着该领域工作者的不断努力，我们能在不远的未来看到越来越多高级别辅助和自动驾驶汽车的出现和应用，而基于智能网联汽车的网络营销布局已悄然开始。

第十二章　守正出新，登顶智途
——ACME iStar+MAP 品牌
智胜营销方法论

2019 年到 2021 年，我国人均 GDP 逐步增加并突破 1 万美元大关，超过世界人均 GDP 水平。消费结构、市场规模、创新条件也随之进入了新阶段。这一强劲动力助推我国新消费品牌、新零售业态蓬勃发展，也推动着品牌不断寻找新的业务增长点。

新消费、新赛道不断裂变。当前趋势下价值链路正在重塑，新老品牌都面临资源和能力约束造成的短期增长模式失效、可持续增长乏力的困局。他们急需解决最大化品牌效益这一新命题，力求通过全视角、多维度、可衡量的科学方法论，实现观行业、知对手、懂自身、智成长。

京东在过去几年中持续创新营销方法论。2018 年的 4A 模型从用户运营角度出发，细化品牌人群资产分类；同期发布的 4E 以及后续迭代的 iStar 方法论通过打造品牌营销活动执行方法实现闭环，是营销征程上的"正途"。2022 年聚焦于品牌价值增长，京东和埃森哲进一步迭代推出了京东 ACME iStar+MAP 品牌智胜营销方法论，致力于为品牌匹配智慧成长能力要素（ACME），并制定成长链路（MAP）。该方法论基于现有的 4A 用户模型，完善了品效维度，升级为品牌综合营销能力评估模型；同时将 MAP 成长链路贯穿 iStar 全阶段，形成 iStar+MAP 的执行方法论。

京东 ACME iStar+MAP 品牌智胜营销方法论旨在帮助品牌找到解决当下问题和放眼长期主义的平衡点。该方法论综合考虑了短期效益和长期价值、品效运营和用户运营，能够帮助品牌方基于自身现状和特点发现未来的差异化发展之路。借助该方法论，老品牌可以实现数字营销转型，新品牌可以借势加速成长，各品牌都将在京东不断创新，登顶"智途"。

未来，京东和埃森哲希望越来越多的品牌可以应用京东 ACME iStar+MAP 品牌智胜营销方法论找到成长之道，共同打造增长新势力。

一、营销逻辑重塑，品牌挑战加剧

在全球性经济环境变局下，特殊的市场环境深刻改变了中国消费者的需求和采购行为，消费行为更加多元和跳跃，消费场景更加碎片化。这一巨变迫使品牌方在营销领域迅速采取有效的应对举措，获取短期效益的同时追逐长期价值的塑造。但是有效推进这些举措充满挑战。

（一）场景模糊与决策跳跃：消费行为重构

1. 模糊的消费场景

随着移动互联网应用的丰富与普及，消费场景和时空更加多元并相互渗透。一方面，消费者随时随地或主动或被动地获取购物信息：与朋友聊天时，看到电梯间广告时，观看直播时……消费场景日趋复杂，难以定义。另一方面，消费者灵活地在线上线下、多平台间切换以获得更好的购物体验：切换不同购物类 APP 比较产品，线上线下灵活切换购物渠道以更好地体验产品，导致消费场景频繁变化。

模糊的消费场景使品牌在场景的融合与创新中更加聚焦于目标人群的圈定与心智捕捉，并思考如何通过数字营销把握每一个消费触点以实现销售转化。

2. 跳跃的购买决策链路

消费场景的模糊化、个性化带来更多的消费行为转变。消费者的决策链路从简单的线性或闭环路径，进化为开放、跳跃的决策网络。复杂且跳跃的决策网络使消费者行为变得扑朔迷离。有时，消费者对信任的品牌可以跳过搜测评、比价格的环节，直接下单；也有时，消费者已将商品加入购物车，却被其他品牌吸引而放弃这成交的"最后一公里"；甚至有时，消费者并不了解该品牌，仅仅是因为被推荐种草、被广告吸引或体验了产品之后才会返回了解品牌（见图12-1）。

顺序的购买决策链路　　　　　　　　　　　跳跃的购买决策网络

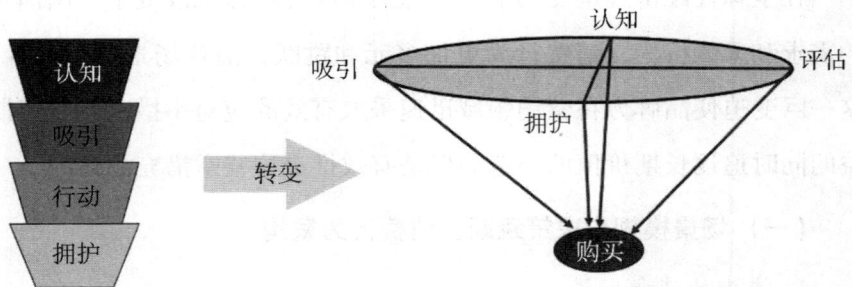

图12-1　顺序的购买决策链路转变为跳跃的购买决策网络

消费者可能在任何一个决策环节购买商品。因此品牌也增加了机会，可以在任何一个节点上抓住消费者的注意力，命中消费者关注点，触发购买行为。这个"点"，可能是精致美观的外观设计，可能是切中痛点的实用功能，也可能是体现人设的价值标签。

多元化的消费者带来了多元化的转化驱动力。因此，品牌与消费者互动的每一个机会都至关重要。

（二）价值认同与忠诚培养：品牌长期主义

消费行为重构结束了流量为王的时代。领先品牌致力于寻找实现长期价值增长的新方向，即消费者价值认同与忠诚。

埃森哲 2021 年消费者调研显示，在影响中国消费者购买决策的因素中，品牌可信度和声誉居第三位[①]。一些领先品牌基于对消费者的深刻理解，灵活应用多种数字化营销工具为消费者提供优质体验，同时激发了消费者的思考和共创热情。因此，这些领先品牌既满足了消费者理性的品质追求与感性的价值认同，又与消费者产生持续的高效互动和情感共鸣。

忠诚客群为品牌带来的价值不可低估，但模糊的消费场景、跳跃的决策行为导致客群忠诚度的维系与提升举步维艰。为培养用户忠诚度，领先品牌一方面通过多种渠道组合实现与消费者的触点叠加和互动，另一方面关注消费者的共鸣和心智以延长消费者的注意力和黏性。

品牌对于长期价值的追求道阻且长。消费者作为品牌关注的核心，对于品牌的认可与忠诚也将决定品牌的长期发展。

（三）挑战加剧：寻找差异化的品牌营销新策略

面对消费者行为重构、品牌对长期价值塑造的渴望，品牌营销将在短期效益提升、长期价值塑造、用户运营深化和品效运营升级四个方面面临叠加的挑战。

---

① 埃森哲 . 2021 中国消费者研究-后疫情篇报告［EB/OL］. https：//coffee. pmcaff. com/article/13751180_ j.

1. 短期效益+品效运营：流量碎片化，获客成本高

消费者触点碎片化导致流量资源分散化。公域广告投放成本增加，精准流量的获取越发困难，导致品牌商营销和管理成本高涨，流量红利消失，获客裂变增长模式不再是增长法宝。

2. 短期效益+用户运营：客户定位失焦，心智捕捉难

消费决策链路改变、跨平台用户数据孤立等一系列问题导致营销人员难以聚焦目标人群、拉动新客增长。品牌商无法获得及时、全面的数据以进行准确的用户分析，更难以通过高效营销来影响用户心智、吸引新客增长。

3. 长期价值+用户运营：老客消费低，用户黏性差

新消费趋势不断涌现，为消费者提供多样选择，消费者极易在碎片化的决策过程中被其他品牌信息吸引后流失。而品牌方时常由于缺乏有效的工具和营销策略，导致维护老客黏性的能力不足，获客成本增加。一项针对中国直播电商市场的研究显示，2021年新增用户中，复购率同比下降最多（18.3%）的是中高收入人群①。究其原因，是中高收入人群更追求直播购物的新鲜感。一旦新鲜感消失，他们便回归传统的在线购物以追求效率及服务品质，因此直播购物的次月复购率大幅下降。

4. 长期价值+品效运营：情感互动少，品牌共鸣浅

眼球经济时代的消费者更容易被热点和噱头吸引，碎片化的接触时间使得品牌难以传递深层次的价值理念。一方面，品牌单向信息输出只能在消费者心中形成转瞬即逝的印象，很难与消费者产生共鸣；另一方面，营销信息爆炸的情况下需要品牌能突出重围，形成差异化情感互动内容，不断与消费者深度沟通。如何在短时间内与消费者实现有效的情

---

① 极数 .2021，《直播带货 中国直播电商行业报告》，https：//max. book118. com/html/2022/0529/6053043134004152. shtm。

感共鸣成为品牌塑造的难点。

5. 寻找差异化的品牌营销新策略

面对复杂的发展环境，品牌方需要同时实现提升营销效率、运营用户心智、增强用户黏性、培养品牌共鸣。然而，由于品牌所处的行业环境和自身发展速度不同，面临的营销挑战、所需能力和策略打法也各不相同。

因此，品牌方寻找差异化营销新策略的关键在于如何定位成长阶段和目标，如何进行精准的能力评估并匹配最佳的发展策略，最终实现营销效果最大化并实现高速成长。

二、京东 ACME iStar+MAP 品牌智胜营销方法论模型解析

为了在快速变革的新消费时代找到最适合自己的成长之路，品牌需同步关注长期与短期的品效运营和用户运营。京东携手埃森哲联合提出"ACME iStar+MAP 品牌智胜营销方法论"（简称 ACME iStar+MAP 方法论），能够帮助品牌基于自身的成长定位进行精准能力评估，并匹配最佳营销策略。该方法论通过卓越的营销闭环，不但帮助品牌实现在自身定位中的健康成长，还能进一步帮助品牌实现跨越式定位跃迁。

其中，ACME 指品牌成长需要修炼的四大能力要素——用户心智（Approval）、用户黏性（Cohesive）、品牌共鸣（Moving）、营销效率（Efficiency）；iStar 执行方法为执行的串联——营销洞察（Insight）、营销战略（Strategy）、营销策略（Tactics）、营销执行（Action）、复盘及优化（Result）；MAP 则代表品牌价值提升过程中需要遵循的三步走成长链路——成长定位（Match）、能力评估（Assess）、策略匹配（Practice）。

（一）破译成长密码：ACME 能力要素

成功的品牌总是擅长捕捉快速的变化，抓住稍纵即逝的机遇，智胜未来。但这需要品牌具有很强的综合能力：既要实现短期的营销效果，又要具备耕耘长期价值的能力；既要实时响应用户潮流与动态，又要在瞬息万变的浪潮中树立统一鲜明的品牌形象。

我们将这种综合能力提炼成 ACME 四大能力要素，即用户心智（Approval）、用户黏性（Cohesive）、品牌共鸣（Moving）、营销效率（Efficiency）。

1. 用户心智（Approval）

用户心智要素指品牌通过深耕公域人群资产，实现消费者从认知到购买的心智转化的能力。这是积累人群资产、确保流量增量的关键，也是品牌实现有机成长的基础。用户心智能力突出表现在定位品牌人群，积极与消费者进行有效互动，在互动中识别、圈定出高转化、高价值的细分群体。

品牌提升用户心智能力，可促其源源不断地扩大品牌的用户基础，实现用户从公域到商域的聚拢，延长品牌的生命力与新鲜度。成功品牌不但深谙与消费者积极互动之道，更能从中圈定高价值用户人群，最终快速实现消费者心智转化，实现品牌长青。

2. 用户黏性（Cohesive）

用户黏性要素是指品牌持续经营商域消费者忠诚度，让消费者"只买我"的能力。这是实现品牌可持续发展的关键。用户黏性能力主要表现为通过对品牌已购用户的精细化、定制化运营，使消费者对产品的好感度拓展为对品牌的忠诚度。通过提升用户黏性能力，品牌可以不断加深、稳固与消费者之间的正向关系，为品牌实现长期价值并沉淀人群资产。

品牌可通过复购、跨品类购买等方式，持续经营消费者的忠诚度，实现品牌的可持续发展。

3. 品牌共鸣（Moving）

品牌共鸣要素指品牌不断传递价值观，与消费者进行情感互动，获得价值认同的能力。这是扩大品牌拥簇者，树立品牌形象的基础。品牌共鸣能力主要体现为在碎片化、粉尘化的场景与触点中抓住关键时机，最终吸引用户注意力、根植品牌核心价值理念。提升品牌共鸣能力，打造用户与品牌的共鸣圈，并通过裂变分享不断扩大这个圈层，是品牌耕耘长期形象与价值的关键点。

4. 营销效率（Efficiency）

营销效率要素指品牌进行精准、高效、创新营销并实现高转化率的能力。这是品牌实现成长和拓展的基础，可以帮助品牌让付费流量发挥更大的价值，用有限的资源撬动更大的增长。营销效率能力有多种体现，如品牌商通过智能多维的数据手段，对各种营销渠道和方式进行深度洞察和匹配，并在投放中根据关键指标进行动态调优等。

品牌可以通过精确分析行业及竞争特性来细化营销目标，匹配更有针对性的营销策略，为品牌不断的成长和探索提供基础。

（二）营销思考框架：iStar 执行方法

品牌可以通过怎样的逻辑框架，串联营销执行步骤？

iStar 是京东基于历年理论及实践经验而沉淀的系统性营销方法论，是 4E 执行方法论的升级，它由五步组成，分为营销洞察、营销战略、营销策略、营销执行、复盘及优化。整个 iStar 执行方法逻辑严谨、层层递进，品牌及商家可以根据营销项目的特殊性进行步骤的机动选择与组合，不是每一步都需要深度执行，可根据营销项目的目标灵活进行选择。

1. 营销洞察（Insight）

品牌在实施营销执行动作之前，需要将需求放到更宏观的背景中去理解，把宏观、行业、竞争、用户和品牌本身的情况相结合进行体系化的洞察，做到万事先洞察、谋定而后动。

2. 营销战略（Strategy）

特别是在一些大型营销活动策略制定前，品牌需要对本次营销传递的信息与商家本身的业务、品类、品牌、营销等战略方向进行匹配，如果忽视战略方向的把握，就会失之毫厘，谬以千里，导致营销动作和品牌需求呈现离散、割裂的结果。因此，前期在战略方向的审视，可以帮助品牌方随后更好地适配营销策略。

3. 营销策略（Tactics）

确定清晰的目标是制定策略前非常重要的一步，进而品牌可以更好地选择适配性的落地场景、渠道，是否复用京东现有的联盟，或者社群生态等。

4. 营销执行（Action）

京东提供了整合营销能力、域外触达用户能力、去中心化组件能力、垂直专业领域营销能力营销四大组件能力。品牌可以基于整体策略，选取营销组件能力下适配的触达方式、转化工具、营销产品等，进行最优组合，对营销活动进行执行。

5. 复盘及优化（Result）

品牌在做完所有执行后，通过定性、定量等多维度指标对目标的达成情况进行整体监控，在进行体系化复盘的同时，发掘可优化方向，以实现营销执行效果的持续提升。

（三）探索实践步骤：MAP 成长链路

拥有了成功的能力要素，品牌可以通过哪些举措走向成功？

在风云变幻的商业领域，领先企业并不会坐等时机。他们擅长整合资源、抓住机遇主动出击，借助先进技术并遵循科学方法论智胜未来。本方法论整合提炼了品牌最佳实践，形成 ACME iStar+MAP 方法论中的 MAP 部分，指导品牌方积极行动，针对自身特点，实践品牌的科学成长链路。

虽然品牌成熟度不同、受众不同、在京东上运营的时间不同，但通过梳理品牌方自身具备的能力并匹配发展所需的能力要素，可以帮助品牌实现可持续成长。当然，因品牌自身所处定位不同，决定了对 ACME 能力要素进行提升的轻重缓急各不相同。

1. 成长定位（Match）

成长定位实现了用数字化工具代替经验主义，通过品牌成长阶段与行业竞争态势精准定位品牌。

区别于经验主义，MAP 成长链路在数据驱动下，针对品牌自身发展增速和行业竞争态势两大维度进行科学的探索、验证、分析、确认，实现品牌自我认知和精准定位。

2. 能力评估（Assess）

能力评估服务于品牌对自我表现的评估、与其他品牌差距的评估，进而发现破局要素。

首先，品牌基于 ACME 模型进行自我评估。这样品牌既能了解自身在行业中的营销表现以及与其他品牌的差距，也可知晓在同一定位下的品牌的综合表现如何。

其次，聚焦优势和短板，找到品牌破局要素。在品牌明确自身定位后，需分别对标行业头部品牌与定位中领先品牌，认知自身 ACME 能力优劣，进一步寻找破局提升要素和方向。

3. 策略匹配（Practice）

策略匹配可基于不同定位，为品牌匹配不同侧重的 ACME 提升策略。

根据品牌的不同定位，应针对不同定位特性、痛点、侧重的能力要素，定制匹配策略打法，引领品牌实现全局成长。

（四）指引智慧方向：京东引领 ACME iStar+MAP 有机结合

ACMEi Star+MAP 方法论是一个将能力要素与实践步骤综合应用的方法论。ACME 是品牌实践智途登顶时的指南针；iStar 是营销链路中的方向指引；而 MAP 则是品牌方制定个性化发展策略，实现长期价值和能力提升的具体实践路径。

在 MAP 的每一个步骤中都不同程度地应用到 ACME 要素作为指引。如在定位（Match）时，品牌先依据横纵轴的定义进行定位，这是后期使用 ACME 进行评估和策略匹配的基础；品牌定位不同导致能力要素侧重也不同，因此在评估（Assess）时，运用 ACME 能力要素对品牌进行个性化综合能力评估后，品牌得到符合当下实际情况的评估结果；最终为品牌匹配（Practice）符合定位和能力需求的策略打法。AC-ME 和 MAP 二者相结合，兼顾能力与实施过程，提供给品牌方可持续的成长策略。

成功的方法论既需要科学且深度的数据指导，也需要拥有海量的行业数据来助力品牌，使其实现全方位的对比与提升。京东已成为引领品牌营销和商品交易的重要场域，在方法论创新方面具有强大优势。作为持续发展的零售企业，京东聚合了大量品牌商和终端消费者，2021 年度活跃购买用户数已达到 5.697 亿，积累了海量数据资产和消费者资产，并能够依靠卓越的数字能力保障方法论模型的严谨性和执行的有效性，为品牌提供切实有效的成长体验。

案例：雀巢咖啡市场团队是京东长期的合作伙伴。他们深知科学的营销方法论对于指导品牌营销策略的重要性，因此深度参与此方法论的实践，从定位到评估再到策略匹配，最终实现品牌跃进。

1. 成长定位：根据京东生态数据，将雀巢咖啡定位于头部重塑阶段。鉴于雀巢咖啡在京东运营多年，规模一直处于品类第一，而品牌增速较品类放缓，这个定位也与品牌对自身的认知一致。同时品牌对 GMV 有进一步提升的诉求，也正是京东对头部重塑定位下总结的品牌关注方向。

2. 能力评估：京东基于雀巢咖啡的头部重塑定位，协助雀巢评估单项 ACME 要素得分与 ACME 综合得分，结合雀巢及"头部重塑"定位综合得分最高的品牌得分的综合对比，雀巢将营销重点放在黏性（C）提升上，同时也持续对效率（E）保持关注。

3. 策略匹配：华美互通借助京东的推荐策略，结合品牌现状，将营销投放机会点定位为老客复购+会员运营，围绕两个机会点，定制对应的投放策略：通过数坊挖掘"品牌会员 * 购买老客 * CLV"三个标签组合人群进行分析，将营销重点放在"品牌老客"，希望实现三种效果：

a. 将非会员老客转化成会员；

b. 将无 CLV 标签的人群转化为 CLV 标签人群；

c. 将"较低、低、中等"CLV 标签会员转化为"较高、高"CLV 标签会员。

通过京东快车与购物触点进行转化，并结合品牌会员日打造会员直播专场，利用京东直投进行站外老客召回。同时品牌也在传播素材上加强会员专属权益，唤醒老客复购。

华美互通经由前期数据分析发现，具有较高和高 CLV 标签的会员，转化效果显著，对于促销优惠敏感，针对领券和满减更容易下单转化。于是品牌定制专属会员优惠权益，在店铺私域进行专场直播宣传会员权益，并通过数坊圈选会员＊CLV 标签拆分人群，进行站内和站外召回的精准触达，提升品牌转化率和 ROI。

4. 营销成效：雀巢咖啡品牌通过会员专属权益传播，提升老客转化效率，也同时定位出老客的高价值人群标签。品牌通过站外召回大量老客，新加入会员老客比日常增长 28%，带动用户黏性（C）指标提升，同时效率（E）指标也有了 6% 的增长。

三、京东 ACME iStar+MAP 品牌智胜营销方法论精益化成长路径

为了实现个性化的增长诉求，品牌需先认知自我做"定位"，再利用资源能力谈"成长"。ACME iStar+MAP 方法论不仅为品牌提供发展理念和理论，更可以为不同成长阶段的品牌在成长定位、能力评估、策略匹配方面提供具体指导，实现"以生态助力品牌成长"的初衷。

（一）品牌成长定位（M）：精准定位助力成长

通常，品牌在做定位时需同时考虑多种因素，如宏观的自身增长态势、市场占有率，微观的产品、价格、渠道、用户忠诚度等。通过针对品牌挑战的内外部访谈、行业研究、过往经验总结与归纳分析，京东与埃森哲发现品牌自身增长状态和所处行业竞争态势是品牌定位的两个决

定性要素。

首先，品牌自身的增长状态代表品牌现阶段的实际业务表现，也决定了未来的业务目标及为此需要投入的资源。其次，品牌所处行业竞争态势决定了品牌在特定行业环境中应如何引领全局或实现突围。

因此，本方法论在品牌个体与行业总体相结合组成的二象限上绘制出品牌成长地图，并提供科学的判断标准做横纵轴的拆分，在地图上划分成长定位。在这张地图上，品牌对自己的现状和未来发展方向一目了然。

1. 绘制成长地图

为保证品牌成长地图的科学性与实用性，本方法论运用京东的数据优势设计了成长地图绘制方法。

该地图选用品牌×三级类目的 GMV 增速定义成长阶段（纵轴），品牌×三级类目的人群渗透率作为人群渗透率（横轴）。

在为品牌绘制成长地图时，采用由点及面提供品牌旗下的品类、整个品牌的成长定位的方法，以帮助品牌及品牌×三级类目在地图上明确定位。具体来讲，本方法论一方面以三级类目为"点"，即以品牌×三级类目为颗粒度，在该类目下定位品牌所处位置；另一方面，以品牌整体为"面"，即以品牌旗下品类在品牌中的 GMV 占比做权重，将该品类 GMV 增速和人群渗透率值做加权求和，得出品牌的整体定位值①。

（1）成长阶段（纵轴）衡量品牌增长状态

品牌在京东的增长状态依据品牌入驻时长与业务增长两个条件进行评估，划分为三个成长阶段。我们将入驻小于一年的品牌（品类）定位于入驻初期，之后的成长状态依靠同类目中的平均业务增速决定，划

---

① 品牌自身定位时，将品牌中各品类平均 GMV 增速和人群渗透率分别赋予该品牌中各品类的权重，形成横、纵轴及高、低分界点。

分为成长瓶颈、高速发展两个阶段。

（2）人群渗透率（横轴）衡量品牌竞争位置

品牌在京东域内的行业竞争态势依据人群渗透率进行评估，分为高低两种类型。考虑到不同品类的市场竞争态势差异较大，为了保证成长地图的科学性，本方法论依据不同行业集中度将品类划分为寡占型、集中型、分散型，并为不同行业集中度品类设定渗透率高低的分界点。

2. 锚定品牌定位

在成长地图上，不同的成长阶段和不同人群渗透率交叉组合，可以划分出六大成长定位，即萌新探索、瓶颈突破、潜力激活、新生成长、头部重塑、龙头腾飞。

明确自身成长阶段和人群渗透率后，品牌会得到清晰的成长定位。这些定位决定了品牌目前的定位特征和挑战。

例如，一个入驻京东不足一年的品牌，其人群渗透率经过计算后结果属于低渗透率，则这一品牌被定位为萌新探索阶段。该定位的特点是"新入驻，人群基础和数据积累不足"。

品牌/品类定位	定位特点
萌新探索	新入驻，人群基础和数据积累不足
瓶颈突破	市占率不高，且生意增速放缓
潜力激活	快速成长的年轻品牌，市占率处于起步阶段
新生成长	入驻时间短，但品牌已经具备规模
头部重塑	疲于同质化竞争，且营销方式陷入定式
龙头腾飞	"尖子生"，在新品牌冲击下，寻求保持自身优势

3. 明晰成长路径

品牌还可以在成长地图中寻找未来发展方向。对于品牌来说，这是一个很好的方法来识别其在行业中的表现（渗透与相对增长），以便设计未来的增长路径。例如，10%的增长足够快吗？相对于品类竞争强度，10%的渗透率是高还是低？

品牌可根据自身定位，依循建议选择成长路径，即向高 GMV 增速纵向发展，或向高人群渗透率横向发展。例如，处在瓶颈突破期的品牌既可以横向发展，通过提升用户心智提升人群渗透率，迈向头部重塑期；也可以提升营销效率增加转化率，提升业务增速，跃升到潜力激活阶段。

（二）品牌能力评估（A）：发现短板，明确方向

品牌在明确自身定位之后，需要通过 ACME 能力要素综合、全面地评估自身现阶段营销能力。ACME 模型的各级指标全面覆盖了品、效、人。

ACME 能力要素在进行评估时，既可以从品牌所处的成长定位出发，发现与相同定位的同类优势品牌间的差距，确定短期目标，重点发力；也可以从品牌所处的整个行业品类出发，对比本品牌相较于不同定位下的所有同类品牌，每项要素的优劣，树立长期目标，取长补短，不断成长。

为了使能力评估更加详尽、科学，本方法论将 ACME 要素拆解为三层指标体系。

ACME 要素一级指标——营销能力要素。

一级指标是体现品牌整体营销能力的核心能力要素，即用户心智（Approval）、用户黏性（Cohesive）、品牌共鸣（Moving）和营销效率（Efficiency）。

ACME 要素二级指标——营销效能指标。

为了帮助品牌更细致、全面地评估每类核心能力，我们对四大能力要素进行了拆解：

用户心智包括两个二级指标。在用户运营层面，我们将新客与老客运营进行了拆分，用户心智主要评估新客运营能力。在该项能力要素上需重点考虑品牌的"拉新能力"，以及对品牌人群的"心智培育"能力（4A 正向流转）。

用户黏性包括三个二级指标。用户黏性主要评估老客运营能力，除了对"老客忠诚"的评估维度进行了细化，随着会员运营对品牌维护客户黏性的价值逐步提升，我们将"会员贡献"作为单独的二级指标进行评估，"用户价值"则用来评估品牌对用户全生命周期价值的运营能力。

品牌共鸣包括三个二级指标。品牌共鸣是一个创新的电商营销能力要素，主要体现品牌的长期价值运营能力，分别从"品牌认可""品牌互动"以及"搜索意愿"来体现营销效能。在该能力和指标的设定上，京东也将引入更多全新的维度供品牌更好地评估品牌共鸣。

营销效率包括一个二级指标。因为营销效率是品牌广告投放整体效能的体现，故将"广告投放效率"作为二级指标

ACME 要素三级指标——营销评估指标。

每个二级营销效能指标匹配了多项三级评估指标。京东及埃森哲在指标的筛选上充分考虑评估维度的全面性与科学性，以及品牌方的业务诉求，提取出具有代表性的指标诠释能力要素。其中既包含一些经典指标，如 CVR、ROI、4A 正向流转占比等；也包含过去较少品牌关注但对于品牌成长非常重要的新指标，如搜索品牌词引入的 GMV 占比、同品牌跨类目购买人数比重等。

在评估打分时，本方法论遵循统计学原理，将单一指标表现进行合

成，得到四个能力要素得分。分数越高，代表品牌在行业中的表现越好。未来，ACME 指标体系将顺应营销方法的演变而不断迭代优化，持续助力品牌成长。

1. 对标行业看优劣势

为了帮助品牌获知每项能力要素在行业内的表现，进而明确本品牌在整个行业/品类内的优势与短板，本方法论将品牌单一能力要素的表现在行业内进行排名。品牌可据此找到重点突破方向。品牌得分越高表现越好，例如：100 分代表该品牌在行业中的表现好于 100% 的品牌，50 分代表好于 50% 的品牌。

2. 对标阶段找差距

ACME 中每项要素的重要程度对于不同阶段的品牌各不相同。如处在萌新探索阶段的新入驻品牌需要更加注重效率和心智的提升，以帮助品牌在短期内快速提效，并积累大量用户资产，以便更好地获客和增长。而处在龙头腾飞阶段的成熟企业则更应在共鸣与黏性方面发力，为品牌获得更多的情感认同，同时吸引复购或跨类目购买。

结合每个定位的特征及过往成功经验，本方法论给每个定位的每个要素赋予了不同权重。

品牌在完成定位后，将得到自身的各要素加权评分以及综合得分。品牌可以将自身得分与同行业、同定位下的领先品牌对标，找到自身与行业、阶段领先品牌具体差距，明确侧重要素，并针对性匹配策略打法，实现定位提升。

（三）成长策略匹配（P）：差异化营销实现突破

在与同定位的品牌评估比较 ACME 的表现后，便可以结合品牌所处的定位阶段，及自身的能力要素长/短处，精准定制成长策略。这些成长策略聚焦于每个阶段的特征和痛点，给出具体的指导策略和对应的京东营销工具。基于 ACME 能力要素的策略打法组合拳可以精准助力品牌价值提升和成长目标达成。

1. 萌新探索之心智培养

萌新探索类品牌初入市场，对品牌用户特征的把握不够准确，没有积累人群资产，并且对京东数智化营销策略、京东生态工具玩法等都没有足够的了解。如何成功度过冷启动，在京东上站稳脚跟，搭建起品牌阵地，成为此类品牌最主要的阶段性目标。

在萌新探索阶段，品牌应重点关注营销效率（E）和用户心智（A）两个指标，争取积累稳固的用户基础。

用户心智（A）：品牌应把握好前期的种子人群，利用各种维度进行深度分析，明确品牌潜在用户的特征，进而指导未来的投放方向。

推荐打法：潜客属性洞察。

（1）对品牌目标用户与京东上品牌的新客（近期内实际购买本品的人群）进行多维度分析了解，如基础属性、消费属性、兴趣爱好等。品牌也可以基于 GOAL 营销方法论，结合京东不同的靶向人群分类，分析主力靶群和潜力靶群，从靶群维度进行新客挖掘。

（2）对品牌新客在购买前的行为，即用户前链路行为进行深度洞察。同时可通过在线规则和智能模型，如"拉新场景"与"人群定向"，定位品牌人群的购前行为链路、行为特征等，更好地指导人群全链路渗透。

用户心智（A）：品牌应通过丰富多样的内容尽可能地吸引消费者的注意力，扩大品牌认知，进行种草蓄水，尽可能地拓展潜在人群和A1、A2 人群资产。

推荐打法：内容种草。

（1）通过店铺直播及内容营销进行种草。将京东生态的流量引导、沉淀成为品牌店铺流量，沉淀私域用户。

（2）通过养成、签到、运营类游戏等互动玩法为用户发放产品优惠券、京豆等福利，培养用户养成"玩游戏，优惠购"的购物心智。

营销效率（E）：萌新探索类品牌在未积累成熟高阶的玩法经验之前，可以将营销目标拆解成不同的场景（用户场景、商品场景、活动场景等），分阶段、分场景进行投放。

推荐打法：差异化场景营销。

针对不同的营销场景，制定相匹配的策略组合。从人群、渠道、出价、素材等各方面进行有针对性的择优和匹配，组合成一套差异化的营销策略。同时积极运用智能化工具，降低试错成本，提高投放效率。

萌新探索案例：PMPM 品牌通过差异化场景营销，助力品牌增量

背景：

2020 年 3 月成立的国货护肤品牌 PMPM，独创环球配方公式 X+Y+Z，注重产品成分，定位高质量年轻用户群体，希望借助京东的优势扩大品牌知名度，助力品牌销售增长。新锐品牌入驻初期人群渗透率不高，属于萌新探索阶段，急需扩大品牌人群资产。

举措：

基于新锐美妆品牌"单品打爆+拓展新客"的需求，灵狐科技借势女神节礼赠节点投放，锁定年轻送礼属性人群，配合针对性差异化投放策略：针对目标人群进行分层运营，拆分蓄水计划以及转化计划实现流量闭环来提升品牌增量。

首先，通过数坊对品牌历史人群进行了深入的用户特征分析，将拉新蓄水方向锁定在"年轻群体""高经济水平地区"等。由于目前美妆类目流量池竞争激烈，快车触点的主流媒介场景竞价激烈；萌新品牌调

整投放思路，选择红利新赛道，尝试营销多场景，通过京东创新营销场景突破流量困境，采取"视频推广""互动推广""智能落地页"等多种场景进行潜客触达，低成本引流蓄水，扩充品牌流量池。

同时在女神节投放期间通过商智赋能，动态数据的监控调整，针对海糖单品的蓄水计划进行大量的种草引流曝光，通过展示类资源、互动类资源位进行重点的营销获量。形成蓄水计划触达，转化计划收割的闭环投放。提升了女神节期间海糖单品的曝光率访客量，为品牌尽可能地拓展了潜在人群和 A1、A2 人群资产。

成效：

品牌通过差异化场景营销，在女神节期间精准获量，提升量投放效率、保证营销效果，在女神节期间转化计划较同价位大盘 ROI 高出 120%，提高了营销效率（E）指标。同时针对海糖单品的引流打爆也为品牌成功积累了大量的用户资产，海糖单品日访客较 2 月期间增长 1.58 倍，有效提高了用户心智（A）指标。

2. 瓶颈突破之拓客增长

瓶颈突破类品牌在京东上已经具备一定的能力和规模，但品牌进入相对乏力的经营状态，市占率不高且生意增速放缓。如何突破增长困境，实现进一步增长是该阶段主要目标。

在瓶颈突破阶段，品牌应重点关注用户心智（A）和营销效率（E）两个指标，争取提升业务增速。

用户心智（A）：品牌应通过全渠道拓展触达人群，尽量扩大影响面。同时在站内做好流量承接，重复触达以加深心智培育，提升转化效果。

推荐打法：站内外/线上下营销联动。

（1）站内外/线上下全渠道营销联动。对流量进行追踪回流，实现流量全链路闭环运营，最大化提升拉新效率。

（2）对站外、线下各媒体渠道的特性进行分析。洞察品牌核心 TA 在各渠道的浓度与行为偏好，匹配相应的素材资源，实现人与场的高效匹配。

（3）站内应回流、追踪、承接好站外流量。对核心 TA 进行反复触达与再营销，利用推荐场域持续拉新种草，全方位覆盖用户心智，打造沉浸式营销体验。

（4）运用营销云智能分析和 KOL 推荐能力。通过智能选取 KOL，并用内容营销影响消费者心智，在筹备期站外蓄水。同时通过全链路营销联动形成数据回流，依托京准通和 ECRM 组合实现站内外联动。

用户黏性（C）：品牌在拉新的同时也应对老客进行精细化管理，识别高价值人群进行向上销售，提升用户整体价值与黏性。

推荐打法：高价值向上销售。

（1）通过 CLV（客户生命周期价值）模型和 RFM（Recency-Frequency-Monetary）模型，分析高 CLV、高 Monetary 人群在各触点的互动量和购买转化率，从而挖掘高质量人群集中的触点。

（2）对高质量人群进行深度洞察，挖掘人群偏好和卖点关联行为，进而筛选出核心人群和高端偏好人群。利用人货匹配模型定制化商品推送，结合高质量触点进行触达，实现对高价值用户的高价值产品推荐。

品牌共鸣（M）：瓶颈突破类品牌还应通过优质 KOL 和社交平台，积极与潜在消费者进行互动，利用 KOL 的自身影响力增加品牌信任感、进行蓄水种草。

推荐打法：优质 KOL 社交营销。

（1）根据品牌调性及目标人群特征，选择粉丝重合度高的优质 KOL，借其影响力提升品牌在其粉丝之间的信任感与认同感。

（2）针对 KOL 种草所影响的粉丝群体，在站内进行二次营销，回流、追踪、沉淀形成品牌宝贵的人群资产。

营销效率（E）：瓶颈突破类品牌应重点关注转化率高的搜索类资源投放，适当选择品牌关键词和品类关键词，争取在搜索结果中排名靠前，提升转化效率。

推荐打法：关键词矩阵。

（1）从历史效果和投放选品相关性两个维度挑选关键词，应覆盖品牌关键词、品类关键词、其他类型关键词（行为/场景关键词、长尾关键词、智能推荐词等，如"办公室""便携"等）。

（2）识别、争取低价高效的潜力词（有一定展现量且出价竞争激烈程度较低）和长尾关键词（转化效果好，平均点击成本相对较低），尽量抢占热搜词（搜索量高的词）。

瓶颈突破案例 1：某食品品牌通过关键词投放+商品定向实现双向拓展，助力品牌销售

背景：

2021 年中秋之际，某食品品牌推出中秋主题礼盒，将宫廷饮食文化国潮 IP 与现代人的饮食习惯相结合，希望通过京东在线推广，触达更多潜在人群，拓客增长。该品牌人群渗透率不高且增长放缓，处于瓶颈突破阶段。

举措：

在推广预热阶段，品牌主要定位店铺铁杆人群，使用京东快车精确匹配"月饼礼盒"高相关核心词，锁定目标流量，潜客全触达完成种草。

在增长增量阶段，品牌关注月饼类目的种草人群和购买意向人群，在购物前、购物中和购物后对流量较大的品类热词、CPC 较高的关键

词如"月饼"降低出价，利用低价引流实现潜客触达，完成聚焦转化。

在推广高潮阶段，品牌圈选店铺铁杆人群和购买高潜人群，运用京东快车抢占高加购、高转化、核心品类词排名，实现全力转化。与此同时在整体投放关键词过程中，对商品定向进行精细化操作：一方面选取同价位同类品牌跟投，消费者更容易接受产品，减少消费者的流失；另一方面选取相关联产品跟投，商品 SKU 互相搭配，例如在中秋节期间将月饼产品放在酒类产品附近，增加投放关联性。

成效：

投放过程中，通过对关键词和商品定向进行精细化的操作，根据运营节奏灵活调整投放细节，增加了商品定向的占比，投放 CPC 同比下降 33%，ROI 同比增加 39%，展现同比增加 105%。该品牌在与去年同期相差不多的消耗情况下，流量成本降低，转化上升。

瓶颈突破案例 2：某乳制品品牌与京东合力打造线上下/站内外营销联动模式，投放效果显著提升

背景：

某乳制品品牌希望通过洞察线下人群浓度表现，精准线下广告触达，并打通线上线下数据，实现投放效果的提升。

举措：

品牌首先通过京屏果筛选近 30 天内搜索、加购、未购买的人群以明确目标人群，再通过品牌目标人群覆盖浓度圈选线上、线下媒介营销点位。线上在京东主站及京东其他业态联动；线下把 500 人以上的商圈、小区、写字楼的户外 LED、电梯屏、城市地标户外大屏作为投放目标进行曝光，实现线上线下全场景触达，全域营销共振。

成效：

通过京屏果投放线下广告，对品牌的浏览、搜索、关注具有明显提升作用，尤其对品牌的购买转化作用显著。线上线下全域营销共振带来1800万人次触达量，GMV环比增长214%，实现了流量、GMV和会员量的全面提升。

3. 潜力激活之攻守兼备

潜力激活型品牌多为在市场中快速成长的年轻品牌，虽然有着较高增速，但拥有较低市占率。在攻城略地的同时稳守阵地成为潜力激活品牌的成长关键。

在潜力激活阶段，品牌应重点关注营销效率（E）与用户黏性（C）两个指标，做到攻守兼备。

用户心智（A）：针对用户心智运营，品牌也应该进行精细化圈层划分，对不同的竞争态势进行定制化人群策略，精准定向拉新。

推荐打法：人群圈层运营与拉新。

（1）本品意向人群的渗透引流。相对于其他同类品牌，当用户相对流失时，应更多地通过商品定向在相似商品附近展示曝光，进行心智渗透，引流转化；当用户相对流入时，应更多地通过用户浏览、购物路径上的黄金位置进行展示，巩固人群促转化。

（2）品类人群拉新。除了关注同类品牌的已购人群，还应关注对品类未购人群的引流拉新，有针对性地圈选本品牌关注且未购、其他同类品牌关注且未购等品类新客人群，通过站内核心流量曝光触达，拓展拉新量级。

（3）跨品类人群渗透。通过品牌用户的购物偏好，分析与品牌/品类高关联、高渗透的品类（高购买占比、高TGI），作为跨品类拉新的方向。通过商品定向在搭配商品/高关联产品附近进行展示曝光，精准拉新引流。

用户黏性（C）：潜力激活类品牌在拓展拉新的同时，也要关注已购人群的运营维护，巩固本品人群资产。

推荐打法：老客唤醒、召回。

（1）对老客进行精细化分析运营，包括用户流失路径、同类产品沟通优化、跨品类购买偏好、到店行为及 SKU 偏好等，通过多种媒介、专属权益等触达和唤醒以提升老用户活跃度。

（2）高价值用户促转化。在多渠道之间识别高价值用户，对于摇摆用户定期提醒复购。

品牌共鸣（M）：潜力激活型品牌市场活跃度较好，成长速度较快，可适当尝试破圈，在扩大品牌声量的同时提升品牌认同感。

推荐打法：跨品牌全链路联合营销。

（1）与相关兴趣领域、相似调性的品牌进行联动营销（例如：运动与汽车，化妆品与洋酒），跨越品牌触达的边界，合作提升私域用户的挖掘能力，提升品牌会员与粉丝会员的拉新与转化。

（2）通过品牌联合开卡活动，实现高质量用户的互相引流，提升品牌互动度与认可度。

营销效率（E）：想要做到攻守兼备，品牌应针对不同媒介渠道定制不同的打法策略，均衡发力，通过触点矩阵形成专属的营销和流量生态。

推荐打法：渠道触点矩阵。

（1）结合消费者购物路径，分析用户购前/购中/购后的不同触点偏好和行为特征；根据站内外、线上下不同的渠道特点和历史效果，结合渠道特性输出不同渠道策略和流量标签，形成高效的触达矩阵和流量矩阵。

（2）通过站外直投横跨全媒体以及多靶群组合场景，站外高效蓄水，站内黄金资源曝光承接，促进人群资产高效流转。同时增加自然搜索及曝光的权重，放大流量效应。

潜力激活案例：联想活用换机场景，实现人货场高效匹配

背景：

手机行业竞争激烈，老客占比高，换机人群一向为各品牌核心关注点。联想作为定位于潜力激活的成熟品牌，致力于在手机行业中拓展自身新赛道，因此抢占换机需求人群成为联想手机成长的重要任务。

举措：

联想精细化洞察人货场各色特征，从投前投中投后精细化匹配换机人群策略。

投放前，联想运用数坊、商智与京准通的分析洞察能力从购机时机、购机频次、购机价格与购机偏好四大维度对消费者换机诉求进行洞察，并针对消费者特征对不同换机人群特性进行分析聚类，形成精细化消费人群画像。与此同时从产品卖点、配置优势、目标人群等方面针对不同产品进行洞察，明确产品与消费者的特性匹配。

投放中，联想运用数坊与 DMP 进行高效人货场匹配，针对不同细分人群使用不同营销工具，形成高效触达矩阵。联想同时结合产品生命周期分阶段明确营销侧重点，在上新期打爆声量，重点触达追新人群；在热销期精准触达产品目标人群，促进销量转化；在平稳期运用精细化营销策略，重点触达品类意向人群与偏好人群。联想分析不同渠道特点，根据自身不同阶段营销目标调整渠道权重分配。站外通过京东合约与站外直投进行媒体引流扩大曝光，站内通过京东展位、京东快车与购物触点圈选各阶段内强购物意向人群进行精准触达，形成高效转化。

投放后，联想针对历史投放进行投后渠道、人群效果复盘分析，沉淀历史数据，指导二次营销，实现再营销策略升级。

成效：

联想换机营销活动成功转化换机人群，大幅度提升广告投放效率，活动期对比同期自投，联想 CPA 下降 15%，转化率提升 26%，ROI 提升 15%。

此活动正向影响联想已购用户忠诚度，在用户黏性要素中复购率提升的带动下，用户黏性（C）能力要素整体提升 6%。

4. 新生成长之借势发力

新生成长阶段品牌刚刚入驻京东，拥有较少人群资产基础，然而新生成长基于京东生态外优势，快速在京东上建立阵地，实现较高人群渗透率。因此新生成长应着眼于借势站外能力，保持现有优势，实现高速增长。

在营销要素方面，品牌应侧重于营销效率（E）与用户心智（A），实现借势发力。

用户心智（A）：鉴于品牌已有一定的知名度，应在全域进行心智培育的同时，激励用户在京东上的搜索及浏览行为，提升品牌在京东上的表现与权重，帮助品牌在京东快速成长。

推荐打法：人群圈层运营与拉新。

（1）通过数坊及 DMP 等对品牌新客特征进行深入洞察，并从类目人群、跨类目特性人群及泛兴趣人群等多维度明确拉新方向。

（2）针对品牌爆品及新品提供不同的拉新策略，爆品可在获取类目流量的同时，重点通过跨类目及兴趣场景渗透等方式，吸引跨类目新客；新品通过价位段分析及产品力洞察核心同类品牌，并重点在品类人群上进行新客获取。

（3）通过站内搜索类、推荐类及展示类资源承接，提升品牌在品类间的曝光度与影响力，提升用户搜索购买率。

（4）应用营销云会员通，帮助企业实现全域会员打通、内外会员联动，实现会员体系和规则统一制定。

用户黏性（C）：新生成长的品牌人群基础较好，容易在短时间内积累一定数量的会员，增加高质量会员基础有助于新生成长在后期更好地运营会员及向上销售。

推荐打法：拓展高质量会员盘面。

（1）粉丝转会员。借助数坊分析店铺粉丝，找到有效活跃触点，对高价值部分进行触达，引导粉丝转会员。

（2）4A 非开卡用户转会员。通过消费者资产流转分析、洞察流转人群特征，并利用品牌会员分析找到 4A 不同阶段的非开卡会员进行转化引导。

（3）运用推荐、首焦场域及落地页素材着重宣传品牌入会礼遇，吸引更多优质潜客入会。

（4）优化店铺会员升级活动及会员权益，应用直播、种草视频引流等方式引入兴趣会员。

（5）借助 ECRM 短信在大促、新品上市等活动期，结合活动、入会等利益点，触达品牌非会员人群实现拉新。

品牌共鸣（M）：新生成长的品牌需要通过优秀的素材内容更好地传递品牌价值，并在精准定位的人群中进行推广。

推荐打法：创意素材优化，匹配人群精准投放。

（1）通过潜客特征、潜客心智、商品优势、投放场域等几大维度进行文案、素材内容、利益吸引点的拆解与分析，打造多样的素材库，并组合形成差异化视觉展现形式和海量素材库。

（2）基于人群特点、选品等进行素材测试，再根据结果选择点击、转化表现好的素材进行集中推广。

（3）以用户购买路径为指南，适当地分阶段投放不同创意素材，多渠道高效吸引不同类型的 TA。

（4）匹配投放场景调性，在保证创意性的同时符合商品及品牌调性。

营销效率（E）：新生成长品牌拥有一定的数字营销经验，需要在短期内快速了解、适应京东生态的用户特征及渠道特性，降低试错成本。这类品牌可以考虑将投放分步骤进行，在每个节点上动态优化策略，达到营销效率的最大化。

推荐打法：分节点差异化营销。

（1）渠道测试。筹备期测试渠道触点、选品、搜索关键词等，并提前测试验证不同素材组合，确定主推的素材调性和利益点/主推点。

（2）优先蓄水。预热期分时段拓展人群，着重站外蓄水，引流加购。

（3）潜客转化。高潮期着重关注站内优质触点，全力转化。

（4）二次触达。续卖期通过站外优秀直投点位对已曝光人群进行再营销，实现降本增效。

新生成长案例：YSL 新店入驻，全渠道、节奏式发力，借势快速爆发

背景：

YSL 作为国际知名高端美妆品牌，拥有广大的消费者基础，2021年12月，官方盛大入驻京东，定位为新生成长。如何在入驻初期借势发力，快速熟悉平台和受众，制定恰当的投放策略，迅速积累品牌用户资产池，是 YSL 面临的第一个挑战。

举措：

品牌首先基于营销效率（E）方面的推荐打法，进行分节点差异化

营销：以 2021 年 12 月为开业期，2022 年 2 月为成长期，每个阶段辅以不同的营销侧重和投放策略，循序渐进地实现品牌的生意增长，成为新入驻超品销售第一的品牌。

在入驻期，首先通过搜索品专，锁住黄金流量入口，唤醒生态品牌人群，同时进行主打王牌爆品的测款，并结合圣诞营销节奏，精准转化礼遇人群。YSL 品牌选择上线搜索品专，当用户搜索品牌关键词时，将原单图展示升级超大黄金位置的 5 图轮播，多样图文形式同时进行开店展示、王牌爆品呈现并对圣诞礼遇人群进行限定款触达，吸引用户进店，多维度高效进行品牌人群的唤醒，达成快速起量。

在开业期，站外直投冷启动与站内投放结构调优同步进行，站外蓄水、站内拓圈拉新。以站外直投跟进，通过京腾联盟、京条联盟、京 X 联盟等合作资源投放到各大主流 APP 开屏广告、朋友圈广告、长/短视频广告等，全渠道大规模触达潜在人群，进一步扩大品牌入驻声量的同时，也能高效地识别品牌种子用户，完善用户分析，高速积累 4A 资产。而站内侧重人群分析洞察，了解人群形象及高相关类目与其特征，进行拓圈拉新，更为之后的情人节大促提供了充足的洞察基础，帮助品牌更精准地定位高兴趣、高转化的目标人群。

在成长期，站内外高效联动，精细化运营，成功引爆超品 BIG DAY。站外 YSL 品牌基于开业期的尝试与积累的经验，聚焦高转化点位进行全量覆盖，实现大规模曝光；同时站内借助超级品牌日 IP，依托动态开屏与首页霸屏，品牌锁定了礼赠场景人群，重点抢占礼赠相关搜索关键词，并通过京东快车进行商品定向，对爆款输出单独大图样式承接，提高意向用户的点击和购买意向，实现最大化流量转化。

成效：

YSL 通过一系列投放策略，入驻后快速借势并成功爆发。在短时间内 4A 用户资产积累破 1.8 亿元，A1 环比增速超 80%，入驻初期 4A 总资产环比增速稳定维持在 50%+，提升了品牌心智培育和拉新能力。同时，品牌快速理解了京东各商业化产品的特点及效果，优化了投放策略，重点关注点击/转化好且成本可观的站内外渠道，提升了广告投放效率和营销效率。

5. 头部重塑之价值跃迁

头部重塑类型品牌多为市场中的成熟品牌，虽有着较高市占率，但容易落入增长乏力的困境。因此头部重塑类品牌着重于转型提升，提升品牌增速。

头部重塑品牌应侧重于用户黏性（C）与品牌共鸣（M），实现品牌价值跃迁。

用户心智（A）：头部重塑类品牌通常有一定的知名度，拥有充足的浅互动人群资产，需加强对已有 A1、A2 人群的吸引力和转化力度。

推荐打法：推荐场域渗透。

（1）推荐广告覆盖高兴趣用户的购前、购中、购后全链路流量，实现货找人。让消费者在"逛"的场景下被种草，品牌达成对目标消费者的心智培养。

（2）当培育心智时，通过抢排名流量卡位，增加目标人群大曝光，实现心智教育。

（3）店铺是品牌与用户沟通的重要阵地，通过美观的店铺设计、丰富的选品陈列、流畅的购物体验等，形成品牌"小宇宙"，提升用户对品牌的关注度与好感度，构建品牌在京东上的私域流量池，不断培育用户品牌心智。

用户黏性（C）：处在头部重塑的品牌有大量的注册会员。盘活会员、激发老会员复购，可以帮助品牌快速实现销量增长。

推荐打法：促进会员复购。

（1）新老会员权益分层规划。从新客入会和老客激活两方面入手：a）首复购人群分层，精准触达；b）老会员福利吸引浏览，联合活动促复购；c）会员跨品牌/品类产品推荐，促成转化。

（2）依据用户生命周期的会员复购引导。分析品牌复购周期偏好，制定分渠道触达策略。

（3）会员与货品偏好匹配。高等级会员转化率、客单价较高，应进行精细化管理，进行定制化货品匹配，提升复购。

品牌共鸣（M）：头部重塑类品牌虽然通常有一定的知名度，但不一定有很强的品牌调性或人设，应关注品牌形象建设，引起用户共鸣。

推荐打法：跨界IP联动，扩大声量引爆转化。

（1）借势热点IP共振，选择与品牌调性相符合的优质娱乐IP/热点时事资源，并且通过线上线下的全域曝光，吸引IP粉丝群体，助力品牌在潜在兴趣人群之中进行传播，提升知名度，扩大品牌影响力。

（2）紧密联动"大屏"与"小屏"，做好IP曝光与广告、直播间等转化场景之间的承接，提高品牌的后链路转化能力。

品牌共鸣（M）：头部重塑的品牌多为知名品牌，想在众多知名品牌中脱颖而出，需要与用户建立更深的情感连接，以强化品牌的价值主张。

推荐打法：情感式内容营销。

（1）通过多种媒介形式，将品牌价值主张、商品亮点生活化、场景化地体现在传播素材中，与消费者产生情感共鸣和深层次价值观互动。

（2）洞察目标消费者心智，将目标TA认可的关注点与品牌主张进行联结，并在素材推广中对目标TA进行同理传递，提升消费者深度情感共鸣。

（3）凭借优质资源与线上线下流量场的信息交集，通过智能化的投放周期选择，在各场景中有效形成品牌的社交氛围，为品牌积累忠实的受众拥趸。

营销效率（E）：头部重塑类品牌通常已熟练使用不同投放渠道与手段，需要精细化调整资源，探索效率最大化和结果最优化的人群—渠道—资源组合。

推荐打法：精细化动态调优。

（1）时段策略。根据品牌、京东用户的购物特征和活跃时段，有针对性地保障流量集中、历史转化效果优的黄金时段进行品牌的有效曝光，做精细化溢价调整。

（2）流量策略。根据目标人群所处的购物路径阶段，动态实时调整流量运营策略：购物前追加流量包，助力拉新引流；购物中追加流量包，提升转化效率；购物后追加流量包，延长购物路径。

（3）人群控调。投中实时监测转化率和投产比（人群消耗与产出金额），根据目标人群的行为、所处的购物路径阶段、品牌投放的目标，对人群包进行交并差处理，对高转化率的人群进行提价或追投，对低转化率的人群进行降价或过滤，规避无效靶群与无效流量。

（4）预算策略。科学分配预算，实时监控预算消耗情况，对表现好的时段和投放计划及时补充预算，避免提前撞线，错过关键的营收点。

头部重塑案例：站外互动蓄水，站内激励转化，助力汤臣倍健"双十一"拉新转化双增长

汤臣倍健作为膳食营养补充剂行业的头部品牌，人群渗透率排名靠前，近年在京东上仍追求更高的突破，定位在头部重塑阶段。

背景：

"双十一"作为全年最重要的大促节点之一，竞争一向十分激烈。如何在膳食营养补充剂行业中保持龙头位置，吸引到更多新客，拉动GMV 的增长，同时兼顾品牌升级，是汤臣倍健2021 年"双十一"期间的主要诉求。

举措：

品牌通过数坊识别、圈选了同类品牌/跨品类/高意向搜索人群作为本次大促的重点人群，通过分析发现目标 TA 主要集中于 26—35 岁之间且具有一定消费能力的年轻群体。结合时下年轻人爱个性、爱互动、爱追星等特点，汤臣倍健以定制礼盒/赠品+年轻化互动+明星营销，打造了"科学营养 营在主场"的"双十一"营销事件，通过站外蓄水引流，站内激励转化相结合的方式实现大促期间的增长。

兴趣洞察分析：

站外投放以 Yep 系列指定产品代言人蔡徐坤为核心，首先在全网引爆话题，扩大活动声量，通过京腾计划将明星资源投放到朋友圈广告，积极与粉丝用户进行互动、提升品牌形象的同时，为店铺后续大促爆发做提前蓄水。与此同时，将不同素材组合、多种媒体形式的物料进行站内外不同渠道间的有机联动，吸引粉丝自发分享传播，提高话题热度。

站内投放则以承接站外流量，集中收割促进转化为目标，从 10 月中旬通过京东营销工具开始对数坊、DMP 圈选的主要目标人群进行持续的活动信息触达，通过店铺直播与用户进行实时互动，通过总裁现身直播间等丰富的店播模式，吸引用户进入直播间，在站内完成从曝光、种草到购买的转化。除此之外，汤臣倍健还通过数坊进行了品牌会员的精细化分析和运营，通过会员分析洞察，结合日常更吸引会员的优惠券，为品牌会员设计了专属的明星周边礼品/复购礼品/新会员礼品等多重会员专属权益；通过数坊增长策略，识别与品牌会员最贴近的高关联品类，以及相关品类内的高价值潜在客户，实现高效的品牌会员拉新。

成效：

通过京腾计划投放的朋友圈广告总曝光达 3329 万次，曝光完成率高达 166%，较品牌前一个大促提升了 62%；点击互动率达 1.69%。在高点击、高互动的同时，本次投放曝光溢出 1329 万次，是前次大促的 3200+倍，在用户中形成了强烈的主动分享、自发传播效应，大幅提升了品牌互动率；互动评论内容中 89%为正向及中性评论，提升了品牌认可度，塑造了强烈的品牌共鸣（M），在本次投放中，有 3.3 万个用户将广告分享在朋友圈，有 4200+的用户将广告分享在好友对话框，额外的品牌曝光共计 1800+万次。

通过京东直投投放的站外广告，能够有效洞察用户回流京东生态的状态，便于品牌进行后续投放复盘及分析，指导优化未来投放。本次数坊追踪到的回流成交人数达 7400+人，预估品牌曝光 ROI 为 1.9，对比前次大促提升近 100%，同时也为品牌积累了宝贵的数字资产，完善了数坊内的品牌用户洞察。

针对会员的深入运营和专属权益提高了品牌会员的贡献度，唤醒了沉睡会员 13%，品牌会员对大促期间 GMV 贡献占比 45%+，提升了用户黏性 400%，会员互动数对比日常增长 30%。

汤臣倍健此次投放线上/下品牌总曝光达到 12.5 亿，大促当天京东销售行业排名 TOP1，销售同比增长 83%，完成率高达 140.1%；针对会员的专属拉新营销 ROI 高达 33，带来 500w+的 GMV，圆满实现了此次"双十一"的营销诉求。

6. 龙头腾飞之场域拓宽

龙头腾飞类型品牌通常在行业中发展较好，在拥有较高市占率的同时有着强劲的增长。对于龙头腾飞品牌来说，在行业中保持优势且维持高速增长成为品牌核心关注点。

因此，龙头腾飞品牌应重点关注品牌共鸣（M）与用户黏性（C），在已有领先基础上拓宽场域，引领行业。

用户心智（A）：龙头腾飞类品牌拥有较强人群基础与成熟的营销渠道，可以通过多渠道组合优化人群流转效率，获取新客。

推荐打法：渠道组合拉新。

（1）站外公域种草拉新。选择较大颗粒度的用户特征、行为标签以扩大投放人群量级，覆盖更多拉新人群。同时在素材中突出新人专享等特色活动，增强活动转化效果。

（2）站外互动渠道。运用新颖互动玩法影响用户心智，同时发放优惠券、京豆等奖励促活拉新。

（3）站内承接展位拉新。在站内黄金资源位置承接站外回流的用户，素材中尽量突出新客权益、爆款/促销 SKU、直播元素等，把握更多注意力，并适当过滤老客以精细化定义新客，实现高效触达多层级新客。

（4）站内搜索渠道。根据 SKU 所处类目，选择适当的品类关键词并争取排名靠前。选择在相似品、搭配品附近进行投放，精准获取优质流量，提高拉新效率。

（5）站内触点渠道。利用用户转化链路上的不同触点和特性，匹配新颖、有利益点商品，如促销、爆品等进行拉新，实现高效引流拉新。

用户黏性（C）：龙头腾飞类品牌人群渗透率较高，有较多的会员资产，但需要精细化会员运营，挖掘更多高价值会员以提升会员贡献度。

推荐打法：会员价值提升。

（1）对广告触达用户/购买人群进行 RFM 洞察分层。依据购买时长、购买频次、购买金额三个维度区分出高价值用户、潜力用户、沉睡/流失用户。通过 CLV 分层模型，挖掘和输出能够为品牌带来长期投入回报的高价值用户、中等价值用户，定制品牌用户、会员底层运营策略和沟通方式。

（2）对品牌粉丝、会员、关注人群等私域人群资产进行分析洞察。基于复购周期偏好、地域差异、触达手段等进行分层精细运营。

（3）高级会员的深层洞察与经营。基于高级会员具备的深层属性、货品偏好等，通过品牌会员针对性定制活动内容。

（4）PLUS 会员作为京东付费会员，成交量、客单价和转化率均高于非 PLUS 会员。将 PLUS 会员作为高价值人群，与品牌会员做交集，识别出品牌高价值人群进行重点营销触达。

（5）通过营销云实现统一的用户资产管理。融合品牌人群资产与京东品牌会员，基于标签数据集和模型实现人群透视分析和用户洞察。

品牌共鸣（M）：龙头腾飞类品牌应通过与消费者间持续有效的互动着力维护、提升消费者与品牌间的共鸣，提升品牌与消费者的私人关系。

推荐打法：共鸣式互动营销。

结合市场需求、同类品牌调研、品牌调性和商品特点，设计定制化互动游戏，并在互动游戏中展示产品及卖点，增强用户的参与感和互动感，结合高黏性种子流量以及站内外大额流量和媒介资源，强化品牌共鸣力。互动游戏包含养成类（价值提升）、打卡类（复购）、裂变类

（拉新）、抽奖类（推爆品）等。

通过明星、KOL、KOC 等渠道，积极与品牌用户进行沟通互动，及时获取市场趋势及消费者反馈，并相应地改进产品设计、营销方向/内容等，让消费者参与到品牌成长中，提升"陪伴感"和"参与感"。

营销效率（E）：龙头腾飞类品牌通常在数字营销方面成熟度较高，可通过各种高阶玩法进行精细化运营，从每一个细节上实现降本增效。

推荐打法：序列化投放。

（1）通过人群定向流转、渠道顺序推荐、资源触点匹配、曝光频次控制等组合的实时、动态策略来实现有次序的投放，达成人群的精准触达和有效转化。

（2）对触达频次转化率做分析，对触达频次到顶且未转化人群不再触达。

（3）实时过滤已转化人群，提高投放效率，降低成本。

龙头腾飞案例 1：来客有礼助攻 OPPO 抢占互动营销快车道，强势占领 Z 世代用户心智

背景：

OPPO 作为手机行业的龙头品牌，人群渗透率排名前列，且近年在京东增长势头强劲，定位在龙头腾飞阶段。OPPO K9 全新上市瞄准年轻群体，在京东来客有礼的助攻下，与目标人群高度匹配的知名国漫 IP 联合打造以寻宝为主题的跨次元互动营销活动，实现破圈增长。

举措：

通过在游戏中插入预约、加购、关注等任务组件，在潜移默化中增强用户对新品的消费意愿，将产品特性融入游戏场景：65W 极速快充、轻薄机身、90Hz 电竞高刷屏、高通骁龙 768G 等新品亮点转化为妙趣横生的游戏成就，在互动中不断强化用户对新品的认知，巧妙实现了新品

软种草。与此同时，以大奖激励用户做任务、攒经验、开宝箱，帮助新品快速提升人气，实现了 IP 合作中资源和价值最大限度的互换。

与此同时，来客有礼联动公域私域，站内提供高黏性高活跃互动种子流量，站外利用京东直投广告投放平台，并由店铺私域配合露出，承接流量转化，为新品增加了上百万的商品权重，新增店铺粉丝近 70 万，不仅实现了新品出圈，更带动销售转化，为品牌创造了新的增长点。

寻宝游戏还拥有极高的裂变属性并加持用户黏性，有近 90 万用户通过裂变分享进入。寻宝游戏上线仅一周，就取得了引单金额超百万的好成绩，不仅一击打破圈层，更扩大了品牌声量，助力品牌建立 Z 世代的玩购心智。

成效：

OPPO K9 与国漫 IP 的联合营销活动，帮助品牌突破流量红利转变为存量时代的现实，有效吸引目标客群——年轻群体，活动初期 A2 流入流出比即增长 15%+，正向流转率增长 5%，店铺新增粉丝增加近 70 万，90 万用户通过裂变分享进入，正向影响 OPPO 的各能力要素。

龙头腾飞案例 2：序列化渠道触达，帮助 Swisse 实现精细化会员价值提升

背景：

Swisse 作为维生素品类中的头部品牌，人群渗透率和 GMV 增速均处于行业前列，定位于龙头腾飞阶段。京东通过深度数据分析发现，在保健品品类中，品牌会员的人均 ARPU 通常显著高于普通用户，且会员等级越高，用户价值也越高——因此高效的会员运营是保持品牌生意增长动力的重要手段。Swisse 通过分析数坊中的会员资产结构，发现品牌用户中的会员规模小，未购会员占比高，且高等级会员占比低。品牌需要找

到促进会员购买、提升会员老客活跃度及复购率，提升会员等级的方法。

举措：

为了激励未购会员转化，Swisse 借助数坊深度分析、识别已购会员的特征和购买偏好，使用品牌品类偏好分析模型找出会员偏好的高相关品类，再对近期浏览过高相关品类的未购会员进行触达，提升会员转化率；使用同类品牌流入流出模型分析不同产品下消费者从同类品牌转而购买 Swisse 的情况，找出净流入高的同类品牌，对近期浏览过这些品牌的未购会员进行触达曝光，进一步促进未购会员的转化，提升会员价值。

为了提升会员活跃度和复购率，Swisse 在 RFM 模型的帮助下将会员老客按照活跃度、消费均额、购买频次进行精细化分层，结合已购会员所偏好的品类与产品、渠道组合与营销触点，针对不同分层下的会员老客进行专属沟通文案触达，层层递进，促进会员老客复购和价值提升。

在深入分层运营品牌会员的同时，Swisse 也在探索不同的投放渠道组合，通过序列化投放争取营销效率的最大化。品牌将会员偏好的触点分成单渠道触达和双渠道组合两种投放模式，对曝光、浏览、购买转化率等进行分析，最终选择了曝光量高的京东展位和转化率高的组合——"展位曝光一次，触点重复触达"作为投放重点。

效果：

通过深入分层运作和序列化触点矩阵，Swisse 的用户黏性（s）指标提升显著：与 2020 年同期活动相比，Swisse 新入会会员、首次购买会员均翻倍，会员活跃人数增长近 3 倍；同时，会员购买转化率提升至 13%，整体会员复购率提升至 43%，高级会员复购率同比增长 44%，在各层级会员中提升最为明显。整体运营层面，与非会员相比，ROI 提升 220%。

四、方法论启示

无论是积极应对消费行为改变，还是实现营销的降本增效，或是深耕品牌价值，品牌方都需要从自身的增长态势和所处行业环境出发，通过清晰定位、科学评估、个性化策略匹配实现增长。ACME iStar+MAP 品牌智胜营销方法论为品牌打造了差异化营销增长的核心竞争力，京东将助力品牌踏上用户深度运营、品牌效果双增的成长新征途。

ACME 覆盖品、效、人的综合评估模型是京东已有的 4A 用户评估模型的升级；iStar 方法论较 4E 更强化洞察及战略开发，是执行链路层面的升级；MAP 则依托升级后的 iStar 执行链路，为品牌细化京东场域内的执行动作。

4A 是对品牌消费者资产——人的层面的度量。在 ACME iStar+MAP 方法论中，4A 作为心智培养的具体指标，与拉新能力一起构成用户心智（Approval）能力要素的下级指标。除了心智（A）外，本方法论还补充了更全面的人（黏性，C）、品（共鸣，M）、效（效率，E）方面的度量，升级为 ACME 评估模型。

iStar 是对 4E 营销链路的升级。较原 4E 的营销循环，iStar 强化品牌对战略与策略层面关注，将原 E1 的开发执行策略更明确地引导到营销洞察、营销战略与营销策略方向上。

依托升级后的 iStar 执行链路，MAP 细化京东场域内品牌的执行动作。在升级后的 iStar 营销链路中，每一个步骤均可下钻到成长定位（M）、能力评估（A）、策略匹配（P）方面，形成滚动向前的循环矩阵。

无论是 ACME iStar+MAP 方法论，还是 4A 模型或 iStar 模型，每个方法论既有分别适用的应用场景，更可以配合使用。京东将为品牌方量体裁衣，推荐合适的方法论和营销工具组合，将营销战略与战术融为一体，形成品牌商强有力的竞争优势，实现 1+1>2 的效果。

埃森哲认为，品牌的"智胜"关键是智慧成长，即通过看阶段、看行业找准自身定位，进而匹配差异化发展战略。品牌商应意识到"营销有法，但无定法，贵在得法"。ACME iStar+MAP 品牌智胜营销方法论提供的成长策略和营销打法供品牌方根据自身特点灵活选择，并可敏捷执行。在追求"得法"的过程中，京东和埃森哲将永远是品牌商可以依靠的伙伴和同行者。

五、未来愿景

京东商业提升事业部（以下简称商提）隶属于京东零售营销与商业化中心，致力于通过技术持续创新和方法论迭代双轮驱动，实现营销提效。商提自 2014 年成立以来，先后推出京准通、京东商智、数坊、黑珑、京屏果、京东营销云等多个数智化营销平台，助力京东品牌商家实现精准化营销、精细化运营，探索零售新商机。

秉承前沿营销方法论，商提不断探索创新，构建京东营销 360 度体系。以 4A 消费者资产管理模型为基础，关注从认知（Aware）、吸引（Appeal），到行动（Act）、拥护（Advocate）的消费心智和行为表现进化路径，全时、全维度打造一站式用户营销解决方案，驱动商业营销可持续增长。

商提拥有互联网广告业内顶尖的产品技术专家和营销服务团队，数十篇广告技术领域的论文被业界顶会收录。依托强大的技术实力和高效的执行力，商提正在成为品牌数智化营销的转型和升级的首选合作伙伴。

　　未来，京东仍将持续迭代营销方法论。京东营销方法论将延续品牌合作共建的原则，更贴合行业特点进行分品类的方法论定制，并细化、明确基于上新等重点场景的营销策略和打法，将京东营销方法论迭代为能够为品牌方提供 360 度价值提升的更完善的营销方法论。

附录：ACME 与策略打法、京东生态的工具对应表

营销能力要素	营销效能指标	策略打法总结	工具
A 用户心智	拉新能力	潜客属性洞察	京准通-DMP 营销方略 数坊
		人群圈层 运营与拉新	京准通-京东快车 京准通-购物触点 京准通-京东展位 京准通-京东直投 京准通-DMP
		渠道组合拉新	京准通-京东快车 京准通-购物触点 京准通-京东展位 京准通-京东直投 来客有礼
		站内外/线 上下营销联动	营销云 京准通-京东直投 京屏果 京准通-京东展位
		推荐场域渗透	京准通-购物触点
		内容种草	店播通 来客有礼

营销能力要素	营销效能指标	策略打法总结	工具
C 用户黏性	会员贡献	拓展高质量 会员盘面	数坊–分布与流转 京准通–购物触点 京准通–京东展位 京东直播 ECRM 短信 营销云
		会员价值提升	数坊–RFM 营销云
		促进会员复购	数坊–触点分析 京准通–DMP
		老客唤醒、召回	数坊–RFM 京准通–购物触点 京准通–京东快车 营销云
		高价值向上 销售	数坊–RFM CLV 京准通–购物触点 京准通–京东快车

续表

营销能力要素	营销效能指标	策略打法总结	工具
M 品牌共鸣	品牌认可	创意素材优化，匹配人群精准投放	京准通-DMP 数坊 京准通-京东展位 京准通-购物触点 京准通-站外直投 京准通-优投实验室 营销云
		跨品牌全链路联合营销	数坊 营销云
		跨界 IP 联动，扩大声量引爆转化	京屏果 站内合约 站外合约 店播通
		优质 KOL 社交营销	营销云 京准通-DMP
		情感式内容营销	京准通-京东直投 站外合约 京屏果
		共鸣式互动营销	来客有礼
		搜索拉新	京准通-京东直投 京准通-腰带店铺 京准通-京选店铺 京准通-搜索品牌专区

营销能力要素	营销效能指标	策略打法总结	工具
E 营销效率	广告投放效率	渠道触点矩阵	营销方略-购物路径分析 京准通-数据中心 京准通-DMP 京准通-京东直投 京准通-京东快车 京准通-京东展位 京屏果
		序列化投放	营销方略-序列化投放
		关键词矩阵	京准通-京东快车 行业大盘-关键词分析
		差异化 场景营销	京准通-京速推 营销方略 营销云
		精细化动态 调优	京准通-京东快车 京准通-购物触点 京准通-智能出价 营销方略
		分节点 差异化营销	京准通-京速推 京准通-京东直投 京准通-京东展位 京准通-购物触点 京准通-京东快车

第十三章 元宇宙趋势下营销的数字化升级

一、行业热度：元宇宙网络热度高涨，中国网民对虚拟生态兴趣浓厚

扑面而来的技术升级掀起了元宇宙浪潮，在国家语言资源监测与研究中心发布的"2021年度十大网络用语"中，"元宇宙"得以入选。也因此，2021年被称为元宇宙元年。

由于中国网民对新鲜事物接受程度较大，对新事物的产生也会有想要"预知"的情绪，这让元宇宙概念在2021年被马克·扎克伯格提出时迅速席卷中国。根据艾媒咨询，受访中国网民都有听说过元宇宙，其中近五成的网民是"比较了解"。其中83%的受访用户对元宇宙持积极态度，76%的用户期待在未来12个月内能够与元宇宙相关的品牌或平台进行沟通或互动，更加速了"元宇宙"概念的普及。

根据清华大学发布的《元宇宙发展研究报告2.0版》，把元宇宙定义为"整合多种新技术产生的下一代互联网应用和社会形态，它基于扩展现实技术和数字孪生实现时空拓展性，基于AI和物联网实现虚拟

人、自然人和机器人的人机融生性，基于区块链、Web3.0、数字藏品/NFT等实现经济增值性。在社交系统、生产系统、经济系统上虚实共生，每个用户可进行世界编辑、内容生产和数字资产自所有"。尽管元宇宙在中国才刚刚有了定义，但以沉浸感、低延迟、随时随地性、丰富多样性、虚拟身份、虚拟朋友等为显著特征的元宇宙功能非常强大，应用领域十分广泛，它所释放的下一波数字颠覆的潜力似乎也越来越明显。据 *VICE Insights* 数据显示，约有82%的受访用户已经通过不同方式购买了虚拟商品。约有1/3的用户购买了虚拟时装，并计划加大后续的消费支出，一些人在虚拟潮流品上的支出甚至超过了线下实体潮品的消费额度。互联网的升维，将人类的信息获取和创造以前所未有的生动体验在虚拟与现实之间构筑连接。

二、技术规模：中国元宇宙技术储备逐渐完备，全面支撑中国元宇宙行业发展

元宇宙以5G、物联网、区块链、虚拟货币等为底层技术支撑，依靠智能可穿戴、AI算力、神经设备等前端设备平台。相比营销理念的变化，随着元宇宙技术要素走向成熟和完备，逐渐夯实数字世界的后端基建，技术的升级突破更加推动了营销的发展。

根据艾媒咨询数据显示，从2017年到2021年，中国区块链支出增长约12.8倍，作为元宇宙认证机制支撑产业，为元宇宙独立的经济系统构建提供有效的支撑。

随着中国VR/AR终端硬件出货量的快速增长，VR/AR终端硬件市场规模也在不断扩大。2021年中国VR终端硬件市场规模为136.4亿元，AR终端硬件市场规模为208.8亿元，为元宇宙提供了可融合的用

户交流交互方式。

2021 年，中国云计算产业规模达 2109.5 亿元，各领域的技术高速发展为元宇宙行业提供全面的技术支持。而 VR、AR、AI 作为元宇宙的技术基础也将迎来高速增长期，为元宇宙提供了可延展的基础技术支持。

（一）万物皆入口：数字世界与现实世界的分界逐渐消失

·VR、AR 打开了品牌营销的第三空间，突破视觉与内容限制；

·区块链完成品牌营销追本溯源；

·云计算为品牌营销搭建了桥梁场景。

互联网对于品牌来说并非新事物，无论是数据单向展示的 Web1.0 时代，还是数字内容共建的 Web2.0 时代，互联网通过感官体验将时空升维，打通了现实与虚拟世界的持续性连接，存在于品牌的运营生态当中，品牌一直在通过互联网实现品牌展示、内容运营、客户触达这三个目标。元宇宙是三维空间，人成为真正的主角，以自己的主观视角展开，既是创作者也是使用者。实体经济和虚拟经济迎来高度的融合，数字世界与现实世界的分界逐渐消失，万物皆是虚拟世界的入口，皆在虚拟现实中共生。

（二）由实入虚：元宇宙的真实性+关联性，人人兼为创作者和使用者

·营销导向性转变——不受现实条件和时间空间因素的限制，用户具备更大主导性。

60.7%的消费者在购物时会货比三家，选择最优解；56.1%的消费者会通过产品详情页和评论全方位了解产品信息；53.4%的消费者在购物前会通过社交媒体平台观看种草内容，因此，元宇宙可以提供消费者需要的信息和选择，让他们感觉自己处于主导地位。

·传播触达的方式多元化——元宇宙作为去中心化的数字空间，从技术层面革新品牌的表达方式。营销广告不再是手机/PC屏幕上的图文与视频，而是变得灵活性更强、创新性更高，与用户更近。

·用户体验增强——元宇宙现场性、灵活的互动方式让用户身临其境，观感更真实。

·用户关系拉近——消费者不再是被动的品牌信息接受者，而且品牌创造元宇宙的一部分。

数字化时代，消费者与品牌的关系正在被重新定义，双向交互成了企业连接和对话用户的新模式，无论是通过消费者反馈进行产品改进、邀请消费者参与研发，或者针对个性化需求进行产品定制，都为与用户共创品牌打开了新的想象空间。

（三）以虚强实：虚拟技术的叠加拓宽了营销新边界

随着人类创造技术和掌控技术的提升，元宇宙打开的是消费者对于全感官的、沉浸式的、开放网络的、随时随地连接虚拟与现实的未来的想象。同时成为贯穿数字营销的爆点。在全新互联网时代的背景下，各行各业都将迎来叙事表达和用户的新关系构筑，营销也不例外，商业模式将先进技术一步迎来进化，从"人、货、场"的传统模式，升维成为更广阔的元宇宙场域。元宇宙的出现，从"人"上带来了虚拟人、虚拟分身、虚拟宠物等元素，帮助品牌与用户重新建立情感连接。数字藏品的出现，通过非同质化的认证，形成独一无二的数字化物品，从"货"上升级品牌价值、品牌形象等有形的数字资产，帮助品牌价值重新表达。当所有技术、IP、内容层面有了全面革新体验时，新一代场景自然建立，"场"的概念颠覆传统，结合所升维"人、货、场"全新的商业模式也油然而生。

三、虚拟人——从主观上帮助品牌与消费者构建情感连接

"人"是虚拟人，相当于虚拟世界的 NPC，既包含第三方的虚拟偶像 IP，又包含品牌自建的人格化形象。

市场概况：根据市场研究机构量子位《虚拟数字人深度产业报告》指出，2021 年，虚拟人带动市场规模为 1074.9 亿元。预测到 2030 年，我国虚拟数字人整体市场规模将达到 2700 亿元。

其实无论是清华首个 AI 虚拟学生华智冰通过一则十几秒的短视频获得超过 2500 万播放量并在抖音和微博等多个平台突然走红，还是 AYAYI 在小红书发布的首条笔记就获 11 万赞、1.4 万收藏、4 万+留言，都足以看出虚拟人在中国市场上掀起的巨大波澜。

根据《2022 中国消费趋势报告》显示，有 35.9% 的消费者认为虚拟偶像能积极促进企业的正面形象。更多品牌也因此意识到，通过虚拟偶像可以将品牌本身拟人化，进而帮助品牌与年轻消费者之间建立起更有情感、更有温度的沟通桥梁。

基于此，华扬联众旗下子公司与其战略合作伙伴上汽通用五菱，共同为 2023 款 KiWi EV 打造的超写实数字代言人兼智驾伙伴 Lil KiWi 正式亮相。2023 款 KiWi EV "是智感潮奢单品"定位，Lil KiWi 拥有 MetaHuman 版和 Q 版的一体双面形象，以虚拟 IP 驱动，实现数字时尚营销和产品智能应用的双重赋能。形象风格上，华扬联众将 Lil KiWi 定义为"超写实数字人"，以极近模拟真实人物的设计搭配独特的科技感穿搭，赋予虚拟 IP "智感潮奢"觉醒。而作为 2023 款 KiWi EV 的全新代言人，Lil KiWi 不仅能切换多重造型，更具有丰富的语言、面部表情和肢体动作表达能力，满足多元化商业场景传播需求。作为可成长可进化

的智驾伙伴，依托于上汽通用五菱的智能网联技术实力，Lil KiWi 将与 KiWi EV 用户共同生长，共同完成未来智能汽车的迭代进化。

　　总之，从一招鲜的形象创新到持之以恒的有效运营。越来越多品牌选择去发挥虚拟偶像的价值，在品牌直播间，以虚拟偶像加明星/网红的阵容出镜直播，但能够长期运营并在用户心智中占据一席之地的品牌仍属少数。如屈臣氏、欧莱雅等品牌，均赋予虚拟形象代言人以更多的功能，通过"服务属性"驱动用户认知虚拟形象，进而认知品牌。不过，无论是由专业机构运营的虚拟人账号还是由品牌自主创作的虚拟代言人，在国内都面临运营难题，营销市场缺乏标杆和模板，品牌运营处于探索期。

　　Z 世代既是喜爱并拥抱虚拟人的主力客群，但更是品位高要求多的"挑剔"客户。他们成长过程中，早已与二次元歌姬、迪士尼、漫威等文娱 IP 人物形象等有了深度的接触，为新兴的虚拟代言人树立了严格的对照标准。因此，虚拟偶像本身能成为一个带着品牌属性的网红 IP，能成为绑定品牌的独立流量和资产，但一招鲜的创新之后，如何通过高质量的日常运营，让虚拟人的人设能够长期树立，对用户和粉丝的吸引力能够长期维持，从而持续有效地对品牌输出价值，这是从品牌方到运营机构等全行业需要直面挑战并探索有效解决方案的问题。

四、数字藏品——从意义上赋予品牌内容价值

　　"货"是数字藏品，相当于虚拟世界的道具，兼具收藏价值/社交价值的同时，还作为特殊权益的"兑换券"。

（一）市场概况

　　新颖时尚的概念、全新的社交、悦己需求……数字藏品正逐渐从小

众市场"破圈",成为当下最火爆的行业之一。2021年除了被称为元宇宙元年,更被称为"数字藏品元年"。据统计,2021年,我国共计发售数字藏品约456万份,总发行价值约1.5亿元。根据数据领域研究平台头豹研究院测算,2026年,我国数字藏品市场规模将达300亿元。

数字藏品正在加速发展,作为新的营销增长点,越来越多的品牌开始拥抱数字藏品,并迅速入局。

(二)案例

5月28日,华扬联众联合"飞鹤5·28中国宝宝日"打造了首款专属NFT数字藏品《宝宝日——闪光耀星梦》,并于腾讯幻核平台限量首发——528枚基于致信链打造的独家藏品,也是带有中国妈妈祝福的数字艺术品,上线当天即吸引近400万线上关注,超11万消费者参与在线申领。本次NFT数字藏品的创作,邀请了前沿的加密数字艺术家宋婷女士及众多中国父母共同完成。作品由两部分构成,一部分是由艺术家宋婷手绘的艺术油画:站在星球顶端的宝宝伸手摘下那颗象征"永恒和美"的星;另一部分是艺术家与父母共创:将事先征集的父母对宝宝的成长祝福通过ASCII代码加密成二进制密钥,以此更改像素RGB的最后一位数值,将祝福键入画面,赋予藏品内容、社交、艺术三重价值,这无形中创造了年轻消费群体独家的情绪向往。以技术之力激活场景为中国宝宝镌刻独家记忆,华扬联众认为关键点在于如何用好新媒体和新技术,创新与消费者建立交互及共情的渠道。结合当下新青年父母更加信奉的平等亲子关系、鼓励彼此尊重,同样也关注与宝宝共成长,华扬联众联合飞鹤发布全新的品牌宣言"点滴成长,让未来闪光",并首次以消费者共创的NFT数字藏品记录方式,将中国父母的成长祝福镌刻成为宝宝的独家记忆。让飞鹤中国宝宝日在延续5年之后,重塑新生代父母多样的育儿观念，并真正契合中国年轻一代的沟通关系。

当众多品牌主排队搭车，浅尝数字藏品发行带来的营销新热度，他们也许并未预期一个母婴品牌的数字藏品首秀，会在母婴用户群得到妈妈们的极高关注和参与。华扬联众与飞鹤的合作，让一个母婴品牌的故事以更具启迪的方式，打动了众多年轻妈妈，为品牌拓展了用户互动体验形式，从而更加深刻地建立共鸣、达成有效的销售增长。

除此之外，新华社等官方媒体、央企都纷纷乘着数字藏品的风潮跨界而来，三星堆博物馆、四川博物馆、成都博物馆等众多文化博物馆也陆续推出多款文博类数字藏品，并在社交平台掀起一股热潮，不仅将传统文化融入了年轻一代，同时激活了年轻一代的兴趣与热情。

华扬联众旗下新画幅文创是秦陵博物院文创联合开发单位、官方电商平台独家运营机构，拥有其文创数字藏品发行授权，双方共同发行首批基于秦始皇兵马俑文物形象再次创作的数字藏品"秦兵马俑之兼葭潮团"。作为秦始皇帝陵博物院官方正式授权发布的首款文创数字藏品，"兼葭潮团"源自双方联合出品的原创 IP"兼葭十二士"——兼葭勇士化身时尚型男，不仅以三维设计创意性集结中国传统文化与当下风潮，打造几何化的酷炫造型、靓丽的潮流衣甲，全方位再现秦风传统，为千年前的人物重铸灵魂；更是首次开发数字藏品的三阶合成玩法，拥有五款普通款藏品可一键合成隐藏款，两款隐藏款藏品又可获得超稀有"终极神秘款"创新的玩法充分调动了消费者的参与积极性，以独特的收藏仪式感，让秦始皇帝陵博物院中的兼葭勇士们焕发出新的国潮生命力。

（三）总结：从营销噱头到以虚促实的体验型产品

对于品牌来说，数字藏品提供了很多的营销机会让品牌来售卖新的东西，触达新的用户，同时以全新的方式提升品牌曝光度，拉近与用户的距离。在营销、技术、产品体验、授权、代理商、合作伙伴等各领域的合作中，创新会自然而然产生。数字藏品本身是 IP 的强化剂，通过与实体经济融合，能有效赋能品牌价值和消费，这也会重新定义每个领域在数字时代的角色与定位。但这场创新大潮中，用户活跃度低，分布平台散，再加上数字藏品的社交性和流通性差，媒体关注度有限，各大品牌如何在数字藏品市场在种种高光时刻喧嚣过后，避免迅速被抛弃、被遗忘，拓展出新的用户群体，找到破圈发展的新增长曲线，同样也很迫切。

面对平台、流通等诸多限制，更应当以完整的产品化思维去规划品牌的数字藏品，让数字藏品既能够独立成为用户进行完整品牌体验闭环的介质，更能够实现以虚促实，成为协同带动实体产品销售的业务增长引擎，这也是将数字藏品对品牌的价值最大化所面临的艰巨挑战。

五、虚拟空间——从叙事上构建品牌数字生态

"场"是虚拟空间，相当于虚拟世界的舞台，除了包含搭建场景的"背景板"，还提供消费者的虚拟化身（avatar）系统，使得每位用户成为登台演出的主角。

（一）市场概况

· 68% 的用户对品牌开展元宇宙营销活动感兴趣；

· 超过 70% 的用户参与过至少一次元宇宙营销活动；

· 67% 的受访者认为关注/参与元宇宙营销活动后，"非常明显/明显加深"了对品牌的印象。

这也意味着未来用户需要的广告不再是简单的屏幕上的音视频呈现，而是更具沉浸性与感官体验，与品牌的互动交流方式也更为丰富。同样，这就意味着品牌需要更关注自身能为消费者创造什么样的消费体验，而非只是传达商业主张。

（二）案例

阿迪达斯与 TMELAND 合作，以明星演唱会这个虚拟的场景作为切入点。用户不仅可以通过小程序自行"捏脸"，打造虚拟分身，这个分身还能够直接进入演唱会现场，实时互动——不仅能现场看演出、社交，还能参观展览、跳转小程序直接购物，覆盖多个场景。而台上的明星也以虚拟人的 IP 形象现身演唱。

在国内市场，阿迪达斯作为服装行业第一个打造虚拟空间互动的品牌，享受到了市场的红利，奠定自己的领导地位，同时也在激烈的行业竞争中取得了众多成效，据腾讯营销洞察（TMI）统计，当天累计在线130 万、峰值 70 万—80 万拉新 13 万左右用户，年轻用户。18–25 岁，占比 70% 左右。全周期腾讯生态过千万的点击量，亿级曝光。

新场景的出现除了让品牌具备很高的社交声量和传播度，强化品牌形象，更拉新了大量年轻群体会员，沉淀了用户资产，为长期的会员运营奠定了基础。相信，未来会有更多品牌尝试与实体会员权益相结合，通过演唱会、发布会现场空投的形式解锁品牌特权。

（三）总结：从流量私域到虚拟场域的能力升维

对于品牌而言，创建和定制虚拟零售空间的能力具有不可思议的潜力。品牌以自建虚拟社区空间的形式经营用户群体，充足的留白，让场景中的故事具备连续性和多样性，通过消费者在社区这个空间中的创造、社交行为与用户建立强情感联系，通过提供强烈的真实感和沉浸感，个性定制，基于不同群体的特性，对针对性的内容改编及升级。此外，品牌虚拟空间下的庞大框架，让消费者通过叙事的方式进行开发可拓展；成为品牌内容、体验的积极参与者与创造者，而非仅仅是信息的扩散者。

从 Web 2.0 时代强调的构筑品牌专属的流量私域，到 Web 3.0 时代的围绕沉浸体验构筑的虚拟场域，其实是从根本上重新定义了品牌与消费者的关系，这需要品牌方具备远超之前的强大能力，统领技术、内容、用户关系管理、社区及社群运维等全向的综合性构建能力。尽管如阿迪达斯、古驰等具备强大品牌吸引力的社群归属感的一线品牌，其虚拟空间的消费群体仍局限于少部分的 Z 世代及 Alpha 世代。这也让众多品牌对于入局虚拟空间产生顾虑，对于如何搭载新技术在虚拟空间中拓宽消费者群体并以独特的方式令其进一步参与其中，探索仍应继续。

正如构建一个完整的体系不光需要生产力还需要生产关系一样，元宇宙营销的三大元素并不是孤立存在的，人、货、场之间存在着紧密的配合关系：由于虚拟人的出现，使得虚拟空间不再是一个冷冰冰的背景。而数字藏品的交易和流动，又创造出了一个世界必备的经济体系，产生了社交效应：最终虚拟人还能够产生粉丝经济。围绕偶像的"虚拟周边"让数字藏品的价值进一步延伸。各个元素两两组合，甚至三者共同作用，在虚拟的时空形成了以消费者为中心的营销体系，塑造人与人之间、人与品牌之间的温度感。

六、华扬联众观点：虚实融生，探索虚拟世界里的真实价值

元宇宙既有接近现实世界的真实感，又有超越现实世界的未来感，

在模糊虚实的边界内，发展的可续性和生态的开放度，让现实世界有了持续扩展的基础，而虚拟世界不断地更新完善、生长迭代，更能让品牌与消费者都在其中获得真实价值。

（一）社交价值：为消费者之间建立社群的链接，如虚拟的俱乐部、社群

用户在虚拟世界中高频次地使用某品牌，会在一定程度上增强其在现实世界中消费该品牌的可能性。元宇宙中的品牌具备更强的炫耀展示属性，因为虚拟社交的场景更多，与现实生活中的人相比出场将更频繁，这是一个循环往复的过程。

（二）体验价值：在虚拟世界提供更加便捷的售前、售中、售后服务，如新品发布会，导购提供咨询服务

正如我们所看到的，品牌可以设计虚拟购物体验，以极大的效果展示他们的故事，让品牌、设计师和营销人员能够快速、轻松地更新或重新创建系列、虚拟产品展示和室内装饰，允许对其虚拟零售空间的所有方面进行全面的创造性控制。在元宇宙中，网上购物变得更加互动，更加有趣，更加吸引人。顾客可以试穿任何东西，从新的唇膏颜色到新的靴子，看看它们在现实世界中会是什么样子。以一种有趣的方式与产品打交道使消费者超越了典型的电子商务交易；它形成了一种独一无二的个性化、包容性的互动，培养了对品牌更深的亲和力。鉴于如此丰富的零售经验，消费者更倾向于在情感层面认同一个品牌。当他们在一个身临其境的虚拟环境中连接到一个品牌故事时，购物者自己就成了故事的一部分——那些将自己的自我形象与品牌形象联系在一起的顾客正在走向真正的品牌忠诚度。他们创造了自己的品牌。

（三）经济价值：营造更加真实、立体的购物体验，如在 3D 空间中试穿服装

虚拟世界可以将所有权的概念转变为实际价值，无论是数字藏品中涵盖的消费权益还是虚拟世界的品牌资产或产品，都是虚拟世界里的真实价值。

虚拟商店可以通过 API（开发者数据平台）无缝集成到零售商现有的在线属性和元平台中，而在线店面则直接集成到零售商现有的电子商务解决方案中，这有利于直接结账和在线库存管理。此外，品牌还可以使用来自其虚拟零售空间的数据来精确跟踪用户活动和分析流量。这使得营销人员能够确定哪些产品最受欢迎，优化产品定位，并最终提高转化率。沉浸式虚拟现实体验激励顾客花更多时间在网上购物，这反映出更多的参与和品牌忠诚度，并导致在线销售额增加。

（四）娱乐价值：提供虚拟化的娱乐设施，与消费者"玩"到一起

如虚拟音乐会、游戏、剧本杀虚拟偶像、时尚走秀等，每个人都希望有丰富的自我，一个在虚拟世界穿梭，一个在现实世界游走，元宇宙打开的是消费者对于全感官的、沉浸式的、开放网络的、随时随地连接虚拟与现实的未来的想象。

元宇宙会将资产数字化，营销元宇宙是一个将品牌数字化后再返回实体化的过程。

七、未来展望：元宇宙是品牌数字化转型的持续路径

当前，尽管底层技术日益完善但不够成熟，不足以构建完全深度的沉浸式虚拟世界。品牌正在选择现有媒介和终端的基础上，基于特定消

费场景应用虚拟世界的元素进行营销活动，从而为消费者提供全新的互动式体验，作为现实场景的延伸。

随着底层技术相对成熟，品牌会逐渐构建出沉浸式的元宇宙且开放商业化活动，品牌需要在这些现有的元宇宙里取得一席之地，建立一个引人注目的存在，会全方位与消费者发生链接；未来，当底层技术已经可以大规模应用，且虚拟世界的用户时长很高时，品牌可以构建起自己专属的虚拟空间，并联动线下真实场景，形成真正意义上的虚实融生，让消费者感受全域、沉浸式的品牌互动。届时，品牌与消费者的关系将会被彻底颠覆。每个品牌都可以打造一个独立空间就如"迪士尼乐园"或者"王者荣耀游戏"一样，用高度沉浸式的体验重塑品牌与消费者的关系，一步步构建出独立且完整的元宇宙世界。因此，对于整个行业而言，元宇宙营销不是短期概念而是战略数字化转型升级的持续路径。现在我们正朝着元宇宙前进，未来也会比我们想象中更早到来。

第十四章　中国数字媒介生态解读

一、后疫情时代的媒介生态发展

（一）中国经济基本面长期向好

2021 年是与疫情常态化不断斗争的一年，根据国家统计局发布的数据显示，2021 年第一季度 GDP 增速达到 18.3%，下半年疫情多轮反复使内控外防压力不断增加，直接影响经济整体复苏势头，经济态势呈现先高后低，但 2021 年整体来看，虽有波澜还是实现 8.1% 的强劲复苏。

2022 年第一季度 GDP 在疫情、美联储加息、俄乌战争等问题的夹击下仍保持了 4.8% 的增长，虽给全年 5.5% 的 GDP 增速目标带来了些许压力，但中国经济韧性犹在，2022 年第一季度的居民人均可支配和收入水平同比增长 6.3%，经济仍将处于恢复状态，逐渐回归正常轨道。长期来看，国家统一大市场的政策进一步促进国内经济的畅通，经济长期向好基本面没有改变。

疫情加快了各行各业的数字化进程，尤其在新冠肺炎疫情期间，在线教育、在线医疗、居家办公、电子商务等数字经济与各行各业积极融合，体现出了极大的应变性能，方便人们衣食住行的同时也改变人们的生活方式，这种潜移默化的影响不仅改变市场环境，更为经济复苏赋能，加速整体经济的循环。

数字媒介是疫情期间最具韧性的媒介，能够快速地根据经济环境应变，为未来经济及媒介市场的复苏发展奠定基础。数字媒介花费占媒介总花费的80%+，拥有较大的基数，在经济环境下行的时期互联网广告依旧是品牌主广告预算布局比例最大的媒介。秒针系统《2022年中国数字营销趋势报告》显示，2022年中国市场营销投资的信心依然正向。超过半数的广告主认为2022年中国营销投资给予了正向的信心。只待疫情散去，经济恢复，消费崛起，数字媒介引领投资新趋势。

（二）数字媒介生态，短视频+直播+社媒热度不减

移动互联网普及率不断提升，根据QuestMobile数据显示，中国移动互联网用户规模在2021年6月达到11.64亿，比去年同期增长了962万，虽然增速放缓，但整体趋于稳定的大体量态势。从秒针系统《2022年中国数字营销趋势报告》中可以看到，移动互联网广告仍然是广告主在营销投资中最愿意增加投资的媒介类型。

短视频和直播不论在体量上还是覆盖人群质量方面，都在赶超电视台和视频网站制作的节目。尤其疫情期间，首先，"云业务"的发展促进短视频和直播的创新，"云演出""云演唱会""云话剧"层出不穷。其次，3D、元宇宙等技术也在不断被应用到短视频和直播当中。最后，短视频和直播不仅提供了娱乐、健身、烹饪等诸多生活娱乐的信息，也在为工作、学习提供提升效率的指导，正逐渐成为行业、业态和企业的基础，越来越多品牌以及个人自建短视频和直播矩阵。根据CNNIC数

据显示，截至 2021 年 12 月，在网民中，短视频和直播用户使用率分别为 90.5% 和 68.2%，用户规模分别达 9.34 亿和 7.03 亿，同期增长率分别为 7.0% 和 14.0%，短视频增速放缓，逐渐成熟，直播保持较高的增长率。

社交各大媒体平台积极运作，升级内容种草板块，提升种草质量及效率。抖音拟推出的"图文种草"功能，增强细节回顾等方面性能，意在提升种草效率。得物视频 MCN 激励计划、潮流主场计划等吸引 KOL 创作优质社区内容进行种草。小红书提升种草质量，治理假冒类笔记，或将推出踩坑榜。微博提供更多仲裁板块入口（品牌挚友、潮物等），淘宝提升种草板块的重要性，放大引流入口（逛逛），发力抢用户关系私域种草（淘友圈），通过优质 KOL 种草内容及真实 UGC 使用反馈的互补增加种草效率。京东全面升级内容种草板块（逛）。

2022 年 1—4 月，各大广告主受疫情影响缩减营销费用，广告流量整体下滑的趋势下，短视频+直播和社交媒体仍颇受青睐，尤其短视频+直播的广告流量较去年同期仍有小幅度增长。

（三）元宇宙，下一个生态级营销场景

元宇宙从 20 世纪 90 年代发展至今，由科幻概念逐渐演变成一套完整的传播生态系统，被称为"下一代互联网"或"互联网的终极形态"。随着元宇宙的发展、进化，当下的媒介载体和社会环境可能产生冲突，媒介面临转换时刻，构建一个新的媒介体系。

无论传统行业还是科技巨头，均纷纷准备布局元宇宙。中国的数字行业巨头已经在积极投资建立自己的元宇宙生态系统，2021 年字节跳动对 Roblox 的中国对手——重启世界（Reworld）投资 5830 万美元。2020 年，腾讯对 Roblox 投资 1.5 亿美元。2022 年，阿里巴巴对国内增

强现实玻璃制造商 Nreal 投资 6000 万美元，百度对美国 VR/AR/MR 公司 8i 投资 2700 万美元。在未来，这些投资领域都有可能成为元宇宙相关广告收入的中心地带。

秒针系统《2022 年中国数字营销趋势报告》显示，未来 5 年将会有 78%品牌主应用元宇宙营销。同时消费者对元宇宙认知也已趋向成熟，2022 年"秒针网民元宇宙认知调研"结果有效验证了这一点，已有三成网民认知元宇宙，上线市场更有 39%的认知度，虚拟与现实融合对中国消费者已产生强大的吸引力。这也意味着营销开始进入"元宇宙"时代。

在元宇宙世界中，品牌可以与用户进行更全方位的交互，从平面到立体、从单维到多维、从统一化到个性化，颠覆传统营销，掀起一场新的营销革命，品牌营销将不受物理条件和时间空间因素的限制。消费者也可以身临其境地感知品牌，有虚拟的品牌朋友时刻陪伴，虚拟逛街、虚拟购物、虚拟旅行、虚拟驾车、参观虚拟牧场、参观生产线……

元宇宙虽处于发展初期，不过在营销层面，已经衍生出不少新的实践场景。目前虚拟人、虚拟空间和数字藏品是最典型的三大实践场景。而虚拟人是品牌目前在元宇宙中实践经验最成熟的场景，比如打造高知名度的虚拟偶像，进行品牌代言，如虚拟偶像 AYAYI，在微博、抖音和小红书均有账号开通，同时有大批的粉量关注，仅微博的粉丝量就已达 56.5 万，而且与众多品牌合作代言。再如打造品牌自有虚拟代言人，传播品牌形象，如五芳斋的五糯糯以五芳食坊主理人的身份，与 Z 世代一起分享好吃、好玩、好看的时令美食，为老字号注入新活力，还有在数字展厅中虚拟人提供迎宾导引等服务，增强与消费者的互动，提升服务体验。

除虚拟人外，还有虚拟空间，品牌可以在游戏等公共的虚拟空间中进行品牌植入，提升品牌曝光度，品牌也可以打造自有的虚拟空间，构建元宇宙私域。如希壤的领克体验店，建筑外观延续了领克设计风格，将个性、科技与城市主义融合，内部设计也复刻了领克线上展厅。在领克乐园中，用户可以沉浸在虚拟世界的展厅里，体验看车、预约试驾、购车等多重体验，细节做得相当逼真，整个过程不乏改变车身颜色、打开车门和行李箱、感受内饰等即时互动。

数字藏品也已成品牌营销标配。从快消品到奢侈品，都在借助数字藏品的全新体验、酷炫形式，为品牌形象带来更多的活力。比如北京2022 年冬奥会时，伊利推出"冠军闪耀 2022"数字藏品，限量 2022+17 枚，其隐藏款是首个个人定制数字藏品，把用户名字与 4 位世界冠军的签名永久保存在元宇宙中。数字藏品不仅使伊利的奥运品质与创新精神触达更多年轻消费者，还帮助品牌与消费者建立更长久的情感连接。

元宇宙营销服务生态已初步构建，目前已覆盖 NFT 数字藏品、虚拟数字人、虚拟空间、虚实结合和技术终端 5 大领域，14 个细分赛道200+营销服务商，未来元宇宙营销将受到品牌热捧，迎来新概念、新技术形态带来的流量红利。

二、数字媒介的赛道和终端的流量之争

新冠肺炎疫情后的"新常态"下，媒介环境空前复杂。不断发展和变革的媒介，从内容生产、受众习惯、传播方式等多个维度，重构着营销生态。媒介生态在流量类型、流量终端、流量形式、流量巨头等方面也发生着变化。优质的流量类型、流量终端及流量形式显现：短视频+直播仍将保持长期热点的媒介形式；社交用户规模及时长的增长，成

为值得关注的赛道；疫情的隔离和封控促进了本地生活和电商赛道的发展。

为了帮助行业更好地解读当前数字媒介的格局，《中国数字媒介生态地图》2022版在2022年8月发布。2022版《中国数字媒介生态地图》覆盖13个赛道42个媒介二级分类500个媒体。

从用户流量角度，2021年1—4月和2022年1—4月同期对比基本持平，略有下降3%。说明用户侧流量红利见顶，可应用于商业化营销的媒介生态中，流量大盘格局稳定。

虽然流量大盘整体稳定，但媒体间的流量转移是常态，市场中仍存在增长机会，2022年1—4月均活跃用户流量同比增长超过10%的媒体有85个，相比2021年75个增加了10个，分布在视频媒体4个，音频媒介5个，短视频+直播5个，融媒体1个，综合资讯6个，本地生活10个，垂媒10个，应用工具29个，社交7个，搜索1个，电商7个。生态中已达到初步规模，即同比月活增长绝对值超过100万人的媒体为80个，对比2021年54个增加了26个，分布在视频媒体4个，音频媒体5个，短视频+直播6个，综合资讯2个，本地生活12个，垂媒9个，应用工具26个，社交8个，搜索1个，电商7个。已经具有较大规模（同比月活增长绝对值超过500万人）。最值得广告主关注的增长媒体也有44个，相对去年32个增加了12个，分布在视频媒体3个，音频媒体4个，短视频+直播4个，综合资讯2个，本地生活6个，垂媒1个，应用工具16个，社交6个，电商2个。

根据秒针系统媒介智库数据，可测量数字广告总流量2021年到2022年呈现下降趋势，2021年较2020年基本持平，仅同比上涨2%，而2022年1—4月同比下降21%。1月因年节较多，多数广告投放的策略都不会错过，回溯2020年以及2022年，每一年的2月为广告淡季。

3 月疫情卷土重来，导致广告流量同比下降。疫情导致宏观市场低迷对中小广告主造成压力，广告主虽对市场持有正向的信心和期待，但营销投资策略呈现出前所未有的理性和谨慎。

（一）数字媒介分类流量因"疫"而变

1. 分赛道：电商、社交和本地生活赛道实现用户规模和使用时长双增长

2022 年 1—4 月用户的总流量趋于稳定，竞争在于媒介分赛道之间如何在疫情发生的特殊时期获取更多的流量。《中国数字媒介生态地图 2022 版解读报告》中将流量达到一定规模，并且有成熟的商业化模式的 500 个媒体划分为视频赛道、音频赛道、短视频+直播赛道、融媒体赛道、综合资讯赛道、智能硬件赛道、本地生活赛道、垂媒赛道、应用工具赛道、社交赛道、搜索赛道、智能户外赛道、电商赛道 13 个媒介赛道。

除去特殊资源的融媒体、智能硬件和智能户外，2022 年 1—4 月数字媒介 10 大赛道的用户流量同期对比下降 3%。即使有疫情往复的影响，用户侧总体流量仍旧趋于稳定。分赛道用户流量中，本地生活、电商、社交赛道与去年同期相比，用户规模呈上升态势。

2. 分终端：品牌对流量的选择更加慎重，OTT 家庭场景持续增长

根据《中国数字媒介生态地图 2022 版解读报告》中数据显示，可测量数字广告总流量 2021 年较 2020 年基本持平，仅同比上涨 2%，而 2022 年 1—4 月同比下降 21%。在疫情影响的特殊时期，品牌主对预算的紧缩，在媒介流量类型的选择上也有着新的变化——OTT 家庭场景受到品牌主的青睐，持续增加广告流量占比。

2022 年 PC 终端数字广告占比 6%，Mobile 占比 73%，OTT 占比

21%，PC 和 Mobile 相较去年占比趋于稳定，略有下降，流量缓步向 OTT 转移。

PC：更多被受众用于工作场景，流量体量继续下降，在流量形式没有新突破的情况下，很难获得广告主的青睐来争夺更多预算份额，同时还要面对平板和手机对于用户工作场景时间的侵蚀。

Mobile：用户数和流量总量在当前达到市场天花板，在未来五年的挑战和机会是 5G 终端的替换，如果 5G 能带来更强大的用户使用场景，Mobile 端在用户数无法突破的情况下，将获得更多的用户使用时长。

OTT：主打"家庭场景"，在 4K/8K 的赋能下有更强的受众感知，在流量形式上有大量创新，带给用户更大的触动力，未来用户数和流量仍有上升空间。

DOOH：疫情后户外媒体加快数字化进程，并且在广告的监播、受众测量、效果评估层面都实现数字化。户外是典型场景式营销资源，基于户外流量现状表现，从营销策略上看，以下场景是户外投资的最佳场景：建认知，补 Reach，建形象，带销售，做影响（搞定渠道/资本/竞品），打市场（突破下沉/局部市场）。

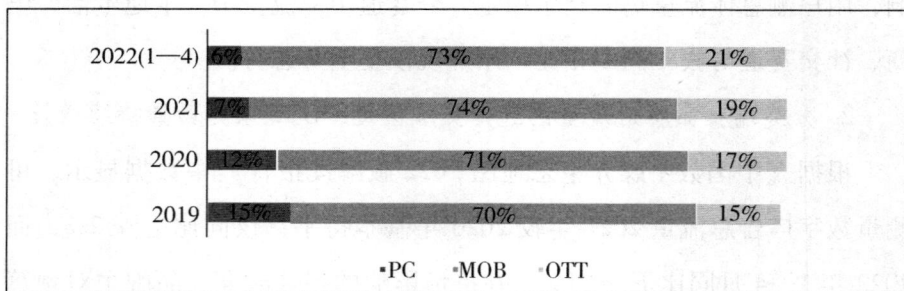

图 14-1 2019—2022 年数字广告流量各终端占比

数据来源：秒针系统媒介智库广告数据

（二）重点赛道的流量解析

短视频+直播赛道：《中国数字媒介生态地图2022版解读报告》数据显示，2022年1—4月短视频+直播已占数字流量的20%，并呈逐年增长的趋势。2022年1—4月流量同比增长8%。用户流量侧，2022年4月活跃用户规模开始回温，使用时长较去年同期略有上升。短视频已占据短视频+直播赛道活跃用户规模的93%，同时使用时长占据99%，成为该赛道的主导媒体类型。

抖音、快手、西瓜视频、好看视频和腾讯微视位居短视频赛道TOP 5，从月度活跃用户规模上看，抖音和快手的活跃用户规模领先，但较去年同期相比，抖音的用户量基本持平，快手上涨8%，西瓜视频上涨15%；从用户的使用时长上看，仅头部的短视频媒体，抖音和快手的使用时长略有上涨，其他短视频媒体用户的使用时长均有不同程度的同比下降。

社交赛道：经过多年发展和市场培育，用户对于社交媒介已经高度依赖，有接近100%的渗透率和极高的用户使用时长，例如微信常年保持用户使用时长的市场第一，是以社交为底层同时内容、电商等不同圈层领域或形式深度结合的赛道，活跃用户规模与去年同期基本持平，但受疫情对2022年初的影响，使用时长较去年同期有较大增幅。

即时通信：占据了大部分的用户流量及88%的使用时长。腾讯系应用在即时通信市场中占据绝对的垄断地位，微信的综合性、平台性力量持续强盛。企业微信对比2021年同期增长显著，活跃用户规模同比增长24%，使用时长同比增长42%。

微博：新浪微博作为微博类产品的核心代表，其广场型社交媒体价值不容忽视，活跃用户规模和使用时长均略有上升。

购物分享：小红书活跃用户规模增长迅猛，对比 2021 年 1—4 月增长 37%，用户规模上涨的同时，用户黏性增加，使用时长同比上升 71%。

内容社交：知乎与豆瓣围绕各自受众圈层以开放的内容生态与社交关系构建，打造了浓郁的社区氛围。对比 2021 年同期，知乎和豆瓣的活跃用户规模基本持平，豆瓣的用户使用时长有所增加。

其他社交：Soul 和最右用户量和用户黏性涨势迅猛。

本地生活赛道：疫情的不确定性，使本地生活板块较 2021 年 1—4 月同期对比，活跃用户规模在 1—2 月时上涨 8%。使用时长对比去年同期也在提升，尤其 2 月使用时长同比上涨 23%。其中，生活服务占据更多用户流量，不论是活跃用户规模还是使用时长。

交通出行：交管 12123、滴滴出行、哈啰出行、平安好车主和嘀嗒出行位居交通出行赛道 TOP 5，滴滴出行用户量和使用时长均较去年同期下滑，哈啰出行用户规模和使用时长较去年同期实现双增长，同时平安好车主的用户规模也较去年同期上涨 10%。

生活服务：支付宝活跃用户规模位居生活服务赛道榜首，其次是美团、大众点评、饿了么和 58 同城，同时从使用时长上看，鉴于 2022 年 1—4 月的疫情影响，民生类 APP 的使用时长整体呈现同比上升趋势，仅饿了么使用时长与去年持平，其他的媒体使用时长均有不同程度的上涨。

电商赛道：2022 年 1—4 月电商活跃用户数量呈增长态势，尤其 1 月和 2 月活跃用户增长率最高。用户使用时长也呈增长态势，尤其 2 月用户使用时长增长率最高，高达 43%。传统电商依然是电商赛道最主要的平台，活跃用户规模占整体用户规模的 94%，使用时长占整体用户使用时长的 95%。

传统电商：淘宝、拼多多和京东依然是传统电商赛道的 TOP 3 媒体。淘宝蝉联传统电商活跃用户最高的平台，但其 2022 年 1—4 月的平均月活与 2021 年 1—4 月平均月活持平，趋于成熟期，活跃用户增量有限，使用时长同比增长 10%。拼多多是 TOP5 电商媒介中月活增量最高的媒介，用户规模同比增长 10%，使用时长同比增长 54%。京东对比去年同期，用户规模同比下降 1%，使用时长同比增长 48%。

生鲜电商：2020 年疫情为生鲜行业提供了发展机遇，用户在生鲜平台的消费更加趋于日常化。盒马、多点、每日优鲜、京东到家和叮咚买菜是生鲜赛道的活跃用户量 TOP 5 媒介。盒马超过多点用户规模和使用时长位居生鲜电商第一名，并且呈现高速增长态势，2022 年 1—4 月对比去年同期，盒马用户规模同比增长 27%，使用时长同比增长 55%，用户黏性远高于其他生鲜平台。多点活跃用户数量和用户规模对比去年同期双双下降。每日优鲜自建 APP 渠道，商品直采比例 80%、生鲜直采比例 93%，远远领先同行，2022 年 1—4 月对比去年同期活跃用户数增长 18%，用户使用时长增长 117%。京东到家用户规模同比下降 8%，使用时长同比下降 3%，且是 TOP5 生鲜电商中最低的，用户黏性相对不足。叮咚买菜用户规模对比去年同期增长 17%，但使用尝试下降 5%。

其他电商：淘特、闲鱼、转转、欢太商城和微店是其他电商的活跃用户量 TOP 5 媒介。淘特高居其他电商媒介类别的榜首，用户规模和使用时长对比去年同期双双呈现高增长的态势，月活同期增长 53%，使用时长同期增长 159%。闲鱼对比 2021 年同期活跃用户规模下降 16%，使用时长对比去年同期增长 7%。转转活跃用户和使用时长对比去年同期呈现高增长，用户规模对比去年同期增长 19%，使用时长对比去年同期增长 43%。欢太商城是 OPPO 的官方商城，用户规模同期增长 23%，用户黏性较差，同比下降 4%。微店对比去年同期用户规模下降 13%，但使用时长同期增长 19%。

（三）流量巨头现状解读

《中国数字媒介生态地图 2022 版解读报告》盘点了腾讯、阿里、百度、字节、搜狐、新浪和快手 7 个用户数量最大的集团/媒体，2022 年 1—4 月同比 2021 年，各集团在用户流量上整体呈下降趋势，虽然字节和快手保持用户规模增长，但增幅都没超过 10%，说明各集团在流量上实现较大突破已经较为困难。巨头间竞争开始从"跑马圈地"到"阵地战"。从用户黏性上看，腾讯集团、阿里、字节、新浪和快手有所增加，尤其是腾讯，使用时长同比增长 11%。

腾讯：2022 年 1—4 月腾讯整体流量下降，但使用时长同比去年有所上升，用户黏性提高。微信作为移动互联网基础设施平台具备极高的用户渗透率，也带动腾讯系媒体体现出一定的协同效应，主要媒体用户重合度颇高。用户对腾讯系头部媒体使用的分化程度不高，微信为腾讯系媒体贡献了过半的用户使用时长，也是由于微信对用户时间的超高占有，导致腾讯系中尾部媒体的时长占有较低，但在绝对值上仍颇为可观。

阿里：整体流量规模略有下降，但使用时长较去年同期同比上升。支付宝和淘宝拥有极高的用户渗透率，淘宝用户黏性表现也很突出，UC 浏览器、优酷视频和掌阅虽然整体用户规模占比不高，但用户黏性较强。阿里系头部媒体类型丰富，覆盖了本地生活、电商、地图工具、在线视频、浏览器多赛道。

百度：整体流量规模对比 2021 年 1—4 月稳中有降，用户使用黏性下降，同时在时长方面体现了较高的集中度，爱奇艺时长占比超六成、百度时长占比约两成，腰尾部媒体虽然拥有较高用户数量比重，但工具属性较强，在百度体系内瓜分到的流量较少。

字节跳动：整体流量仍保持增长，但用户使用时长已经趋于稳定，2022年1—4月使用时间与2021年同期基本持平。抖音、今日头条是字节跳动两大王牌媒体平台，分别主打短视频、图文媒介形态，其他主要媒体也集中在影像化内容服务方向。时长占有率方面，抖音短视频占比超六成，其次是今日头条和西瓜视频，其他媒体时长贡献不显著。

三、数字广告流量使用现状

（一）数字广告流量使用趋势概览

2022年上半年受疫情反复的影响，广告主的营销费用也受到了不同程度的影响，根据秒针系统发布的《中国数字媒介生态地图2022版解读报告》显示，2022年1—4月的数字广告流量总量较2021年同期下降21%。

不同行业的广告主在不同媒介类型的预算分配也出现很大变化，下表14-1是根据秒针系统媒介智库广告数据进行整理的，11个可监测的流量赛道的数字流量同比增长情况，需要强调的是融媒体无法用impression进行测量，而智能户外、社交、搜索和电商端尚有大量数字广告形式不可监测。同样为了保护广告主的隐私，变化比率没有直接用数字，而是用符号表示。

表 14-1　八大行业 2022 年 1-4 月广告流量使用与前一年同比情况

11赛道	2022(1-4)同比%	八大行业2022(1-4) vs 2021(1-4)同比							
		美妆个护	食品饮料	交通工具	零售及服务	IT产品	医药保健	服装服饰	母婴用品
视频	-30%	=	•	=	•••		••		•••
短视频+直播	8%	•	•	=	•	••	=	•••	=
综合资讯	-29%	••	••	••	•	=	••		
垂媒	7%	•	•	=	•	=	••		
社交	-42%	•••	••	•••	•		••		•
智能硬件	-8%	•	••	•	•		••	=	
应用工具	-40%	•	•••	•			••		
音频	-33%	•	•••	•			••		•••
搜索	-40%	•	•••	••	•	=			•
本地生活	35%	•••	=	•••	•	•••			
电商	26%	•			•••	•••			•••

数据来源：秒针系统媒介智库广告数据
数据说明：数字广告曝光流量。在具体行业的变化比率，为了保护广告主隐私隐色标记表示
✓ 稳定 =（-10%到10%）
✓ 降低 •（-10%到-30%）•• （-30%到-50%）••• （超过-50%）
✓ 提升 • （+10%到+30%）•• （+30%到+50%）••• （超过+50%）

　　从上表中可监测的流量赛道同比的流量变化趋势数据，可以看到除本地生活和电商有比较显著的流量增长外，仅短视频+直播和垂媒有小幅度的流量增长，视频、综合资讯、社交、应用工具、音频和搜索的流量均有较大比例下滑，仅智能硬件流量下降比例较低。

　　美妆个护、食品饮料、交通工具、零售及服务、IT 产品、医药保健、服装服饰和母婴用品是 2022 年 1—4 月流量 TOP 8 行业，八大行业在各个流量赛道的布局和流量使用上，较 2021 年 1—4 月同期调整比例较大，各大行业均在部分赛道上有较大比例的流量缩减。

　　下面根据秒针系统发布的《中国数字媒介生态地图 2022 版解读报告》中的数据，对八大行业数字流量赛道使用和广告形式使用现状，及变化趋势进一步解析。

（二）八大行业流量使用现状解析

　　美妆个护行业：2022 年 1—4 月的数字广告流量相较于 2021 年同期下降 22%。流量总量排名前五的流量赛道分别是短视频+直播、视频、

社交、智能硬件和综合资讯；短视频+直播和视频广告占据了数字流量的 64%，短视频+直播已经成为美妆个护行业使用流量最多的赛道，较 2021 年 1—4 月仍保持增长，增长比例在 10%—30% 之间；视频流量使用较为稳定，社交流量使用下滑比较显著，下降超过 50%，但在智能硬件和综合资讯的流量使用上有所增加。除 TOP 5 的赛道外仅电商略有上升，垂媒、应用工具、音频、搜索和本地生活均下滑，尤其是应用工具和本地生活下降超过 50%。从广告形式上看，视频贴片、信息流和开机/开屏仍然是美妆个护行业最主要使用的广告形式，但在整体流量下滑的背景之下，各广告形式流量锐减，尤其是视频贴片和开机/开屏，信息流使用量下滑最少。

食品饮料行业：2022 年 1—4 月数字流量相较于 2021 年同期下降 22%。流量总量排名前五的流量赛道分别是视频、智能硬件、短视频+直播、社交和综合资讯；其中，视频占据了数字流量的 56%，仍是食品饮料行业最热衷的媒体赛道；但对比 2021 年同期略有下降，下降比例在 10%—30% 之间。智能硬件和短视频+直播的使用略有所增加，社交和综合资讯流量同比下滑。除 TOP 5 的流量赛道外，食品饮料行业仅在本地生活赛道的使用上较为稳定，应用工具、音频和搜索均呈下降趋势，尤其是应用工具和搜索下降超过 50%，音频下降也在 30%—50% 之间。从广告形式上看，视频贴片流量虽然整体下滑，但依然是食品饮料行业最主要使用的广告形式，信息流广告使用量最为稳定，在其他主流广告形式流量使用都下滑的背景下，信息流的流量使用基本与去年同期持平。

交通工具行业：2022 年 1—4 月数字广告流量相较于 2021 年同期下降 10%，流量总量排名前五的流量赛道分别为垂媒、短视频+直播、综合资讯、视频和社交；垂媒、短视频+直播和综合资讯占据了数字流量的 65%，相较于 2021 年 1—4 月同期，垂媒、短视频+直播和视频的广告流量较为稳定，综合资讯有所下降，下降比例在 30%—50%，社交媒体略有上升。除 TOP 5 的赛道外，本地生活和应用工具都有所上涨，尤其是本地生活上涨超过 50%；智能硬件、音频和搜索均有所下降，下降比例均在 30%—50% 之间。从广告形式上看，交通工具行业最主要使用的广告形式 TOP 3 分别是信息流广告、Banner 广告和开机/开屏广告，在整体流量下降的背景下，信息流和开机/开屏使用量的下降比例基本与交通工具行业整体流量下降比例趋同，但在 Banner 广告和视频贴片广告的使用量上下降较为显著，超过 30% 的下滑，转向使用其他的广告形式。

零售及服务行业：2022 年 1—4 月数字广告流量相较于 2021 年同期下降 30%，流量总量排名前五的流量赛与 2021 年一致，分别是视频、智能硬件、短视频+直播、音频和综合资讯。视频虽然仍位居流量占比首位，但较去年同期下降较为显著，下降超过 50%，除在音频赛道流量有少量提升，提升比例在 10%—30% 之间外，智能硬件、短视频+直播和综合资讯流量均有所下滑。除 TOP 5 的赛道外，社交、搜索、本地生活和电商的流量也呈下降趋势，电商的下降比例最高，超过 50%，但较 2021 年 1—4 月，零售与服务行业在垂媒上的流量显著提升，提升比例超过 50%。从广告形式上看，零售及服务行业最主要使用的广告形式 TOP 3 分别是开机/开屏、Banner 广告和视频贴片广告，值得一提的是，视频贴片广告 2021 年 1—4 月位居零售及服务行业广告使用量首位，而今年显著下滑，已被开机/开屏和 Banner 的广告的使用量赶超，同时较去年同期相比，Banner 广告流量在整体流量大幅下滑的背景下，呈现正增长。

IT 产品行业：2022 年 1—4 月数字流量相较于 2021 年同期下降

23%，流量总量排名前五的流量赛道分别是视频、短视频+直播、综合资讯、垂媒和社交；视频、短视频+直播和综合资讯是最受青睐的赛道，占据了数字流量的 70%。但视频和短视频+直播对比去年流量下降，视频下降在 10%—30% 之间，短视频+直播下降在 30%—50% 之间。综合资讯和垂媒与去年基本持平，社交流量下降在 10%—30% 之间。除 TOP5 的赛道外，仅音频赛道下降超过 50%，搜索较为平稳，同时智能硬件、应用工具、本地生活和电商均显著提升，提升比例均超过 50%。从广告形式上看，IT 产品行业最主要使用的广告形式 TOP 3 分别是信息流、视频贴片和开机/开屏广告，相较于去年同期，开机/开屏广告流量下滑最为显著，已从去年使用量榜首下滑到第三的位置，同时信息流和视频贴片的使用量也有所下降，仅在其他的广告形式上增加了流量使用。

医药保健行业：2022 年 1—4 月数字流量相较于 2021 年同期下降 27%，流量总量排名前五的流量赛道分别是视频、垂媒、短视频+直播、社交和智能硬件；视频占据了数字流量的 68%，是医药保健行业最喜欢的赛道，但较去年同期下降 30%—50%，同时智能硬件流量也显著下降，下降比例超过 50%，显著提升在垂媒和社交的流量使用，提升比较均超过 50%，短视频+直播的使用较为平衡；除 TOP 5 的赛道外，音频和搜索的流量有所提升，音频提升比例在 30%—50% 之间，搜索提升超过 50%，综合资讯、应用工具和本地生活均下降超过 50%。从广告形式上看，视频贴片流量虽然较 2021 年 1—4 月同期显著下滑，但依然是医药保健行业最青睐的广告形式，流量下降的广告形式还有开机/开屏广告。2022 年 1—4 月同比增长的广告形式是信息流、Banner 和其他。

服装服饰行业：2022 年 1—4 月数字流量相较于 2021 年同期上升 36%，是八大行业中唯一正向增长的行业。流量总量排名前五的流量赛道分别是短视频+直播、视频、智能硬件、垂媒和综合资讯；短视频+直播和视频广告是重点投放赛道，合计占整体数字流量的 51%。TOP 5 的赛道中短视频+直播、视频和垂媒的流量均有所提升，尤其是短视频+直播和垂媒均提升超过 50%，视频提升也在 10%—30% 之间，智能硬件较为平稳，仅综合资讯流量下滑，下降比例在 30%—50% 之间。除 TOP5 的赛道外，服装服饰行业在使用社交、搜索和本地生活的流量上也有所提升，社交提升比例在 10%—30% 之间，搜索和本地生活的提升比例在 30%—50% 之间。应用工具和音频流量有所下滑，应用工具下降比例在 30%—50% 之间，音频下降比例在 10%—30% 之间。从广告形式上看，服装服饰行业最主要使用的流量是开机/开屏和信息流广告，在开机/开屏广告的使用量上基本与去年持平，而信息流广告流量较去年同期显著增长超 100%，同时 Banner 广告流量也有超 50% 的增长。

母婴用品行业：2022 年 1—4 月数字流量相较于 2021 年同期下降 40%，与去年的快速回温趋势不同，今年母婴用品行业是八大行业中下降最为明显的行业。2022 年 1—4 月流量总量排名前五的流量大类分别是视频、短视频+直播、垂媒、智能硬件和社交；短视频+直播、垂媒和视频占整体数字流量的 77%，相较于 2021 年同期短视频+直播和垂媒的占比基本持平，其他赛道流量均呈现下降趋势，视频赛道虽仍居流量首位，但流量下降显著，下降比例超过 50%。此外，综合资讯、音频、本地生活和电商下降比例也超过了 50%，搜索下降比例在 30%—50% 之间，社交、智能硬件和应用工具下降的比例略低，在 10%—30% 之间。从广告形式上看，母婴用品行业大比例缩减了使用视频贴片广告，在信息流广告的使用上基本与去年持平，开机/开屏、Banner 和其他广告形式也均有不同比例的下滑。

第十五章 互联网视野下的体育营销

伴随国家经济结构转型与产业升级，体育产业作为新兴国家发展战略，也承载着实现"两个一百年"奋斗目标，实现中华民族伟大复兴中国梦的重要历史使命。从 2014 年的国发 46 号文、2016 年的《体育发展"十三五"规划》到 2019 年的《体育强国建设纲要》，一系列利好政策文件的出台，为中国体育产业的蓬勃发展打开了历史性的机遇之门。随着"建设体育强国"明确写入"十四五"规划纲要，中国体育产业步入黄金发展时期。

自 2015 年李克强总理在政府工作报告中首次提出"互联网+"的概念，互联网与相关产业的融合发展就引起了社会各界的高度重视。体育产业作为朝阳产业，其发展态势与互联网产业发展是密不可分的。作为互联网的进一步实践成果，"互联网+"可以带动体育行业的生命力，为其改革、创新、发展提供广阔的网络平台。打造新的互联网体育平台，将按照互联网的方式带来全新的体育体验。

《体育发展"十三五"规划》明确指出"调整体育产业结构"，"引导和支持'互联网+体育'发展，鼓励开发以移动互联网为主体的体育生活云平台及体育电商交易平台"。"互联网+体育产业"逐渐成为新时代体育产业发展的主流模式，如何借助互联网深化体育产业化改革更是成为体育界的热议之题。

一方面，政策春风与大众市场对体育内容的强劲需求推动行业持续增长；另一方面，巨头企业与资本入场，流媒体时代的到来，体育产业竞争格局已然发生重构。新的体育竞争市场不仅对行业从业者的规划与发展提出了新的要求，同时也使得体育营销模式创新成为提高企业核心竞争力的主要方式之一。

体育营销是体育产业的重要活动内容之一，随着信息技术的不断革新与发展，传统的体育营销模式已经不能适用于当前行业发展现状，信息技术逐渐成为体育营销的主要力量。互联网是体育营销的一大利器，是创造营销新契机、增加体育市场占有率的强大工具之一。当前，体育营销面临着如下三个方面的挑战和转变：

- 体育营销格局与内容创造模式已被改变；
- 数字资产重塑了体育营销的产业链价值；
- 体育营销模式与边界被拓展。

一、互联网新时代下体育营销格局与内容创造模式已被改变

多样的内容形式、激烈的媒体竞争、丰富的技术支持以及多变的消费行为将继续分化体育媒体行业的市场份额。在愈趋复杂的市场环境下，越来越多的体育媒体平台在寻求整合。这预示着行业生态整合及内容获取渠道拓宽将成为体育媒体发展领域必然的趋势。

（一）流媒体时代影响体育内容发行模式的变革

在当下新媒体时代，体育行业面临着的挑战之一是：如何在流媒体

时代复制媒体经济的成功。流媒体的盛行预示着新经济的到来，其通过不断吸引新客以弥补流失客户的方式重新确定客户终生价值。而行业从业者（主要是转播商）则被迫从根本上改变其业务模式。

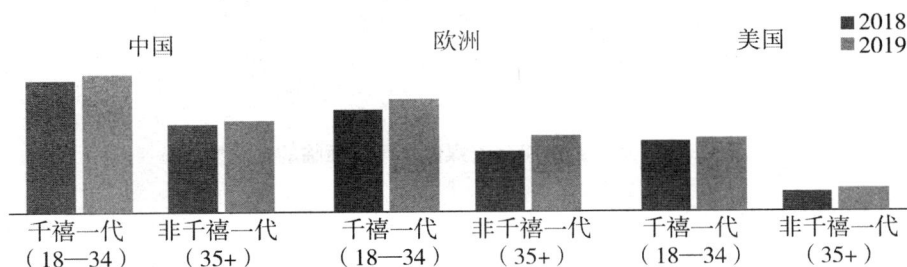

图 15-1 不同国家/地区体育内容流媒体消费者人群比例

数据来源：普华永道

在过去的十年中，流媒体订阅服务用户数量的激增与细分的媒体渠道格局导致优质体育内容的发现机制面临挑战，同时也使得整个体育媒体生态系统的完整性被割裂。再加之年轻体育粉丝消费习惯的变化，导致体育直播收视率总体下降。简而言之，旧的内容发行模式已经难以满足粉丝，特别是年轻粉丝，在观看内容、方式和时间方面的需求。

由于技术问题（如延迟）、内容储备价值有限或季节性波动等问题，将体育内容转变为流媒体平台的优质资产的过程不乏挑战。然而，体育内容依然具有固有的优势特质，例如：能够聚集众多观众意味着其蕴含着巨大的广告市场潜力，或促进包括关联行业（如电商零售行业）在内的整个生态系统的发展。

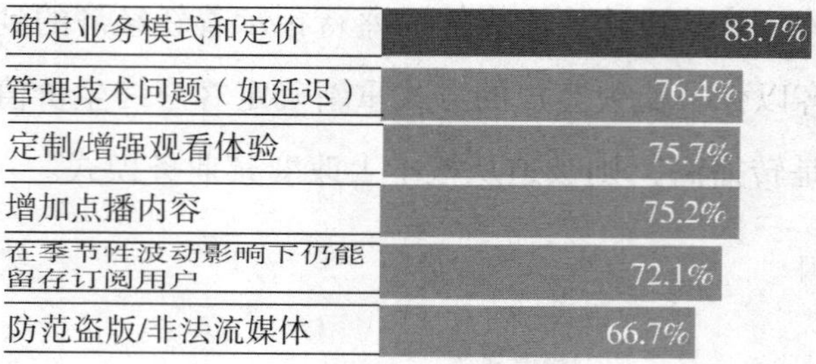

确定业务模式和定价	83.7%
管理技术问题（如延迟）	76.4%
定制/增强观看体验	75.7%
增加点播内容	75.2%
在季节性波动影响下仍能留存订阅用户	72.1%
防范盗版/非法流媒体	66.7%

图 15-2　从有线过渡到流媒体发行所面临的主要挑战

数据来源：普华永道

为使体育内容适应流媒体服务的特质，重新建立利润丰厚的版权市场，体育行业的内容所有者应采取相应的措施，如合并版权以扩大规模，创建点播内容特许经营权或丰富视频资源。

（二）视频集锦（短视频）与付费点播的流行影响体育内容的生产模式

众多媒体公司希望通过购买优质体育内容提高收视率，但能够负担直播权费用的公司却很少。视频集锦无须付费，随点随看，逐渐受到千禧一代的欢迎。越来越多的体育媒体公司被视频集锦这一形式所吸引，并肯定其商业价值。

版权所有者在品牌和合作伙伴（大多数直播内容都有付费门槛）的双重曝光压力下已不堪重负。因此，预期视频锦集将会加速发展，可能成为"免费内容"的下一个风口。

同时，流媒体巨头对市场的渗透正在改变用户的观看习惯，推动内容点播占领市场。尽管体育直播深受新冠肺炎疫情影响，但体育运动本身具有较强的叙事能力，其对激励人心的优质内容的强大传播力（以短视频或长视频的形式）并不会消失。体育传媒从业者可以借助点播不断丰富内容储备，在提高使用率、降低客户流失率的同时，尽可能提高版权所有者的 IP 曝光度。

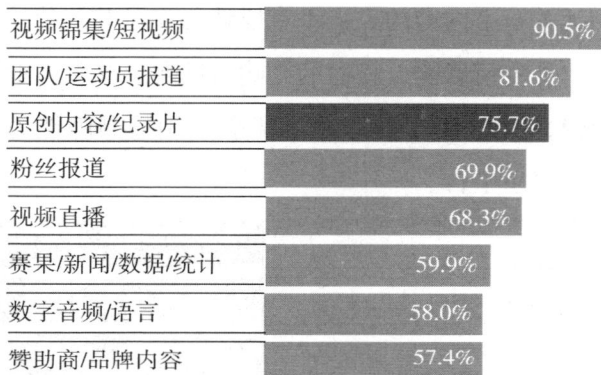

内容类型	百分比
视频锦集/短视频	90.5%
团队/运动员报道	81.6%
原创内容/纪录片	75.7%
粉丝报道	69.9%
视频直播	68.3%
赛果/新闻/数据/统计	59.9%
数字音频/语言	58.0%
赞助商/品牌内容	57.4%

图 15-3 体育内容消费的预期增长（按内容类型）

数据来源：普华永道

数据显示，过去 5 年间，千禧一代观看视频锦集的时间增加了 103%，每周为 5 小时 43 分钟。与观看体育直播的时间基本持平。图 15-3 清晰展示了短视频消费的增长，这种模式更能有效地吸引注意力持续时间较短的年轻粉丝。

更值得关注的是，视频锦集同样受到非千禧一代的欢迎。与 2015 年相比，这一年龄群体观看视频锦集的平均时长增加了 2 小时，增长率高达 138%。

IRIS（Intelligent Research in Sponsorship）数据显示，体育内容消费正朝着流媒体方向发展。这一趋势在 OTT 方表现得最为明显（从 2015 年至 2020 年，增长 205%），进一步巩固了视频锦集的战略重要性。

由于供（体育运动的强大内容产出能力）需（OTT 产品需求的增长）关系清晰，预期体育点播产业将加速发展，而优质 IP 版权所有者将从中获利。

体育组织长期以来依赖赛事情怀吸引观众。这一依赖性体现在赛事相关的话题量会呈现明显的峰谷变化。当新冠肺炎疫情席卷而来时，不受危机影响、无关赛事内容的点播垂直媒体彰显了其价值。

笔者认为，受疫情影响，直播的影响力渐弱，体育行业迫切需要减少对直播的依赖，围绕 IP（而非现场赛事）塑造品牌能力，转变为综合数字化媒体和娱乐平台。

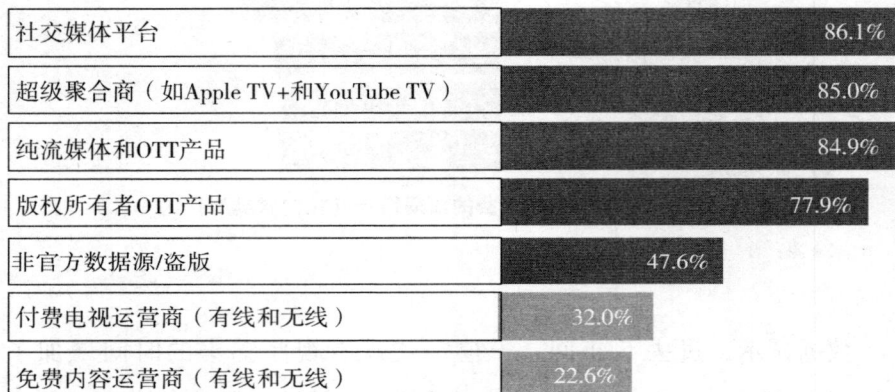

图 15-4　体育内容消费的预期增长（按渠道类型）

数据来源：普华永道

在未来发展中，体育组织可借助"全天候在线"、全渠道、衍生 IP 产品等方式留住观众，减少对体育直播的依赖。体育内容制作商需要学习掌握全渠道发行和多平台投放，充分利用技术制作内容，方能将着力点从赛事成功转移为 IP。

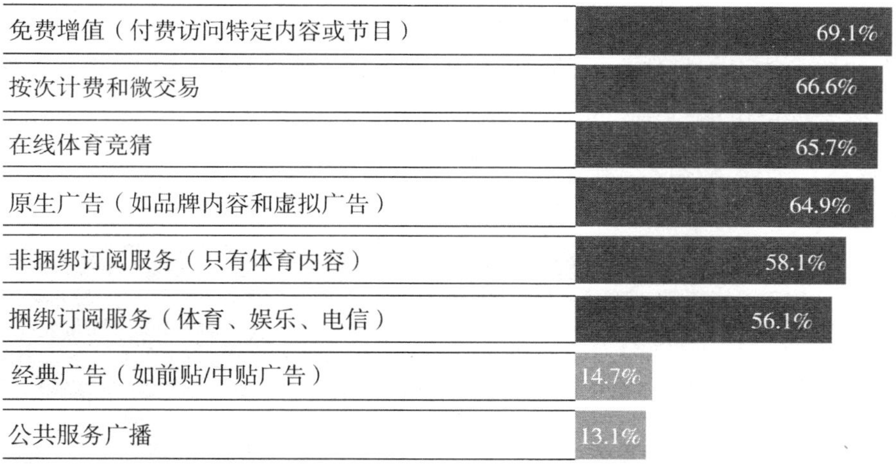

免费增值（付费访问特定内容或节目）	69.1%
按次计费和微交易	66.6%
在线体育竞猜	65.7%
原生广告（如品牌内容和虚拟广告）	64.9%
非捆绑订阅服务（只有体育内容）	58.1%
捆绑订阅服务（体育、娱乐、电信）	56.1%
经典广告（如前贴/中贴广告）	14.7%
公共服务广播	13.1%

图 15-5　体育媒体业务模式预期增长

数据来源：普华永道

（三）互联网"超级聚合平台"将引领体育媒体与版权市场的"整合时代"

体育媒体市场曾被电视巨头统治，他们提供模式固定且带有强制性质的捆绑服务，但也提供了丰富的体育内容。现如今，体育媒体市场已发展为一个高度细分的市场。内容分发渠道的乱象对行业造成了直接影响，用户对此深感不满，他们必须为众多的渠道支付更高的费用，否则只能放弃观看或者选择盗版。纵观体育和娱乐行业，所谓的"流媒体之争"实际上是平台和用户的灾难，广播公司付出了巨大的市场成本，消费者也付出了高昂的订阅费用。

尽管体育版权模式过于结构化，无法立刻接受类似 Spotify 的价值主张，但市场动态依然朝着整合方向发展，其中代理运营交易、平台整合和超级聚合商等方式尤其受到关注。相比独家版权，内容持有人越来越认可整合的价值。联系更加紧密的数字资产空间也有助于生态系统的整合。

417

事实上，平台聚合商应具备提供技术流畅、经济实惠产品的商业能力和技术能力，打造全新的收入模型，而非一味围绕流量苦苦挣扎。版权所有者可以通过进一步细分授权，从根本上将（细分）发行市场和（整合）消费市场区分开来。

图 15-6　体育媒体业务模式预期增长

二、数字资产重塑体育营销价值链

体育行业与数字化的融合不断加快，版权购买者的整合趋势与流媒体服务的兴起改变了传统的商业模式，也使体育内容的分发变得愈加纷繁复杂；产业数字化，包括粉丝大数据和 NFT 应用等，从另一个维度对体育行业正在产生深远的影响。行业从业者们的思维模式正在从被动式的版权授权向主动式的版权营销与其他模式的商业资产运营转变。

（一）数字资产影响体育营销方式：体育营销数字化

数字化体育营销指的是通过剖析数据而获得营销竞争优势的一种手

段，在互联网新媒体时代数据已成为营销决策的宝贵资源，通过分析体育营销过程中新媒体平台上受众的反馈数据可获得"用户画像"，为制订严谨、科学、可行的营销方案提供依据，以免营销脱离实际，保障体育营销与市场需求无缝衔接。

在体育行业价值链的有效支撑下，数据能为成功的体育营销活动设计与推行指明方向，体育品牌与产品自然向受众群体渗透，在此前提下追加忠实用户及潜在消费者的数量，加之服务数据、成本数据、质量数据等内容的深度分析，为营销决策优化给予支持，继而提升互联网新媒体时代体育营销数字化水平。

而与其他行业稍显不同的是，体育行业目前正处于一种令人着迷的矛盾状态，即其本质上虽然是经营消费业务，但模式却主要是 B2B，在其产品和目标市场之间形成了一道无形障碍。

随着数字化变现从业务数量向业务深度转变，版权所有者获取真正的增值可能来自提高每位粉丝的价值，而不仅仅是扩大粉丝规模。通过收集消费者在整个消费旅程中的行为特征，丰富统计数据，同时为消费者创造价值。

利用消费者行为数据资产也是实现行业 D2C 商业模式的有效途径：具有指导性价值的消费者数据可指导产品的研发与优化方向，而产品的市场表现可进一步丰富消费者数据库。

另外，消费者数据不仅具有指引相关营销活动的价值，其本身就是短期合作伙伴和广告商青睐的数字化资产，可以为所有者带来相应的资产回报，而不仅局限于其增量价值。

（二）数字资产创造更多体育行业盈利机会

尽管在近几年体育行业的从业者们一直把提升观众的数字化体验视

为首要任务，但迄今为止鲜有成功案例：很少有体育组织能够在持续获取新观众的同时留住大量已有粉丝。但数字资产能够释放无限增长的想象空间，这一点从人们对于短视频和点播内容不断增长的需求便可窥见。

新冠肺炎疫情带走了现场观众和大型赛事，当前体育消费的行业趋势是从线下消费逐渐向数字消费过渡，这意味着体育消费者对非实时内容的兴趣日益增长。这一情况迫使版权所有者加大创新力度，重塑并提升数字媒体粉丝体验。体育内容持有者也在加速布局数字资产，催生了多种多样的（兼顾质量与实用性）增值服务。数字资产也的确能够降低体育行业对现场体育活动的依赖，使收入来源更多样化。

如今，体育组织身处矛盾境地：尽管未来体育似乎毫无疑问会向数字化过渡，但他们的收入大部分仍来自传统渠道。由于增量服务和曝光度的行业回报日益减少，版权所有者对库存内容的估值往往远超长期合作伙伴的支付意愿。因此，如果独家版权对买卖双方来说都过于昂贵，那么似乎只能靠开发全新价值主张来实现行业增长，例如向更广泛的买家和合作伙伴开放数据、内容和其他类型的产品资产。

因此，当前版权所有者面临的不仅仅是转型，而是一场革命：将体育商业模式重塑为多元化、"永远在线"的商业平台。

曾几何时，OTT 供应商被誉为体育广播公司的救世主，许多版权所有者希望结合纯线上的播放方式和年轻化的品牌战略，有效地吸引并留住年轻观众，并拓展多元化的营收模式。

表 15-1   OTT 创新模式应用场景与创收方式

层级	应用场景	主要功能	创收方式
数据	识别	· OTT 供应商能够精准识别用户，进而丰富粉丝体验 · 平台可凭借运营有方、数据驱动的战略，在监控功能关联性的同时，选择最优的内容，提供个性化体验	使用第一手数据，打造强大的广告生态系统，实现有序的规模运营
沉浸感	消费	· 新冠肺炎疫情让人们无法进入体育馆观看比赛，沉浸式媒体体验需求由此而生（通过多屏或增强现实实现） · 在 5G 技术的推动下，市场上涌现了许多基于 AR 和 VR 技术的解决方案。虚拟与现实的结合为用户带去更为深刻的体验，属于 OTT 的高光时刻至此来临	提供按次计费的 VR 游戏服务或植入数字广告
互动性	参与	· OTT 模式极具潜力，其有望打破传统的线性播放模式，利用视频媒体提供全新的社交选择，或能开创内容共创的全新业态 · 围绕体育参与式文化开发多种功能，让粉丝之间（粉丝与偶像之间）的联系更为紧密	通过赛程中的在线聊天发布品牌内容，提供付费服务，让粉丝与名人"共同观看"赛事
个性化	浏览	· 在先进的数据基础架构的支持下，个性化内容呈现指数级增长（正迎合了用户偏好的多样性） · 个性化清晰地展示了用户的需求，并提供了充分的探索空间	利用流媒体向用户精准投放虚拟广告
游戏化	游戏娱乐	· 基于奇幻联赛持续增长的观赛人数与观众对体育竞猜的热情，体育赛事游戏化是当下粉丝变现的最佳途径 · OTT 运营商正为了提升用户留存率而努力，而游戏内的奖励机制恰好是留住用户的重要方式	在缴纳费用后，玩家可以公开或私下在游戏内向他人发起挑战，其他玩家能对游戏结果进行竞猜下注

尽管很多行业从业者启用了数字化平台来改善与优化用户体验，但在 OTT 运营方面仍缺乏经验。笔者认为体育消费的未来在于用户体验，这与 OTT 市场观众偏好市场研究结果相契合（如图 15-7）。

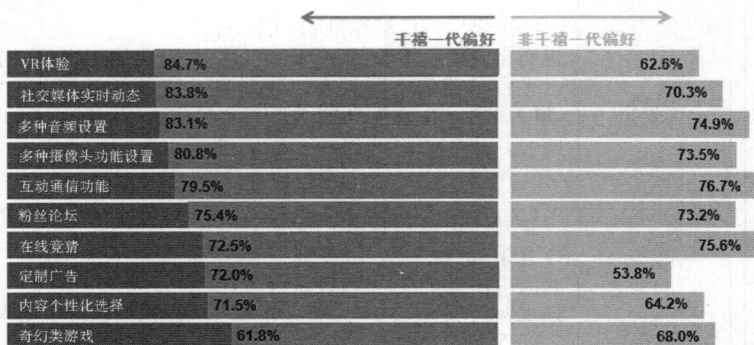

数据来源：普华永道分析，IRIS Intel ligence｜o2/2020. CAWL《市场分析》根据：对体育感兴趣的网民.T2B—千禧一代：18至34岁（n=4,612）;非千禧一代:35至65岁（n=16,655）

图 15-7　OTT 模式下的用户体验偏好

增强用户体验需要清晰详尽数字资产发展的计划与同技术供应商密切深入的合作，同时直面粉丝的营销方式也能带来全新的创收机会。

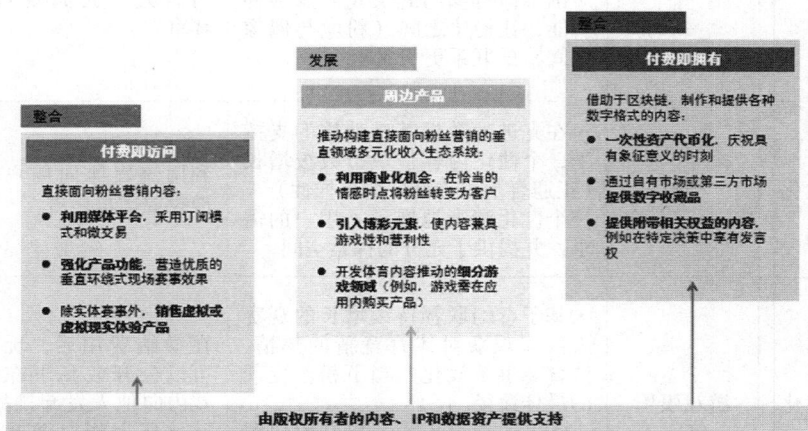

图 15-8　直接面向粉丝营销内容的盈利框架

　　为最大限度发挥数字化这一潜力，版权所有者必须提高其数字资产打包、增值和商业化的能力，而不是仅仅将其视为间接提高盈利的工具。

　　以 FC Rapid 足球俱乐部的 D2C 商业模式为例：其创造性地利用社交媒体实现了 D2C 盈利。FC Rapid 是位于罗马尼亚布加勒斯特的足球俱乐部，效力于该国的顶级联赛 Liga I（罗马尼亚足球甲级联赛）。六年前，该俱乐部申请破产。为了在足球领域重展雄风，FC Rapid 需要建立全新的营销机制吸引新球迷，活跃现有球迷，促进收入增长。

　　为了实现这一目标，俱乐部另辟蹊径，大量依赖社交媒体。最值得关注的是，FC Rapid 自 2020 年 9 月以来一直利用 Facebook 的粉丝订阅产品，直接从粉丝群体获得经常性收入。粉丝只需每月支付 4.99 美元订阅费即可解锁一系列内容，包括每周球员播客、现场观看训练课程和友谊赛现场直播。

　　除上述内容外，订阅用户还能获得与俱乐部互动的独家机会。例如，FC Rapid 推出了一档名为 "for subscribers, by subscribers" 的节目，球迷可以现场参加节目，并向俱乐部管理人员和球员提问。FC Rapid 还为订阅用户提供线下体验产品，例如向特定粉丝寄送独家定制的球衣。

　　迄今为止，大多数行业从业者仍将关注点与努力都倾注于保护版权授权收入以及为合作伙伴提供新的数字化服务。但更重要的是，模块化的产品创新（例如以打造体育 IP 为核心）相较于传统的赛事具有更高的价值潜力，有望为行业带来指数级增长。然而，如果缺乏真正的变革愿景，不能将思维方式从"如何更好地服务于我们的合作伙伴"转变为"如何最大限度地实现资产价值转化"，这种潜力就无法实现。

（三）小结

从传统的角度来看，体育行业的商业价值本质上来源于现场的比赛内容，但新冠肺炎疫情的发生削弱了这一传统形式的价值，倒逼体育行业在内容与形式上的转型与创新。这一新趋势也推动着体育行业从业实体开始制定赛事以外的内容策略，为多渠道、多平台的内容产出铺平道路。

众多独家媒体版权的交易价值承压于有线电视式微、盗版增多以及观众细分程度加深等现象。这一潜在威胁所带来的问题值得被讨论，即版权所有者应如何保护专有权。

笔者预测短期内行业内将会采用更为多样化的内容分发模式，以加速市场的流动性。如何提升粉丝体验是行业内的热门话题，但与体育相关的数字化平台尚未找到行之有效的办法。技术进步推动了沉浸式解决方案的主流化，然而更精准地了解细分人群的消费偏好，才能使这一方案的设计与落地更好地满足用户的实际需要。

总的来说，体育媒体市场的发展正趋于复杂化。目前体育运动的消费形式逐渐呈多样化发展，这标志着现场赛事垄断体育行业的局面即将终结。内容购买者数量的激增正在催生一个越来越难以被内容分销商所掌控的生态系统，这预示着曾经被电视巨头所垄断的单一市场正走向全新的新媒体多元化格局。

三、数字化进程拓展了体育营销的模式与边界
——电子竞技

电子竞技行业的产生与发展，无疑是数字化时代体育产业边界拓展

最具代表性的产物。电子竞技行业的日益火爆，也从另一方面拓展了体育营销的边界，是传统体育内容在新时代传播的重要抓手。

当前体育产业开始逐渐拥抱流媒体时代，这不仅意味着从业者开始尝试新的消费者互动形式和开发新的直面消费者的商业模式，还意味着体育公司通过探索整个电子竞技产业以寻找新的商业灵感。尤其是在那些有着共同特点的方面，电子竞技值得传统体育项目借鉴的经验有很多。

虽然电竞领域目前的商业成果参差不齐，但毫无疑问，该领域值得长期投入。电子竞技所创造的价值是多方面的，包括吸引新的粉丝与合作伙伴，以及创造新的收入来源。然而，亟待解决的难题是如何产出优质的内容以及制定有效的（变现）策略。此外，手机游戏可能为体育组织带去新的机遇。

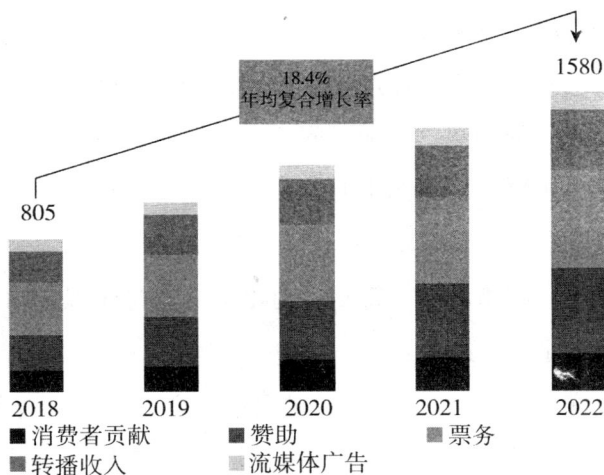

图15-9　全球电子竞技产业收入

数据来源：普华永道

　　过去两到三年间，体育组织在电子竞技领域的参与度大幅提高。外界对于电子竞技的态度从充满怀疑变为主动接受和了解。虽然以往也有很多体育实体通过虚拟赛事来娱乐受众，但是新冠肺炎疫情的发生进一步放大了这一潜在趋势。就体育与视频游戏在这一特殊的时期碰撞出火花，催生出了许多前景广阔的应用场景。目前传统体育与电子竞技的分歧已经基本弥合：体育组织现在需要考虑的是，如何才能更好地抓住电子竞技的机遇，制定长期计划，实现可持续增长。

　　封城抗疫期间体育赛事几近空白，游戏业悄然兴起，各大体育实体也纷纷开始投资于各类电竞活动，以期继续吸引观众的注意力。借助IRIS所开展的市场分析，我们针对这一前所未有的情况开展了相关调查。结果如我们所料：疫情高峰时，模拟运动类电竞的消费量爆发式上涨，其观看时数几乎达到了平时的三倍。同时，动作、奇幻和射击类电竞也实现了约50%的大幅增长。

　　值得一提的是，作为媒体产品，游戏似乎正在因新冠肺炎疫情的发生而呈现愈加流行的趋势。毫无疑问，危机前后的数据对比图也显示了游戏消费量在危机爆发后普遍上升。当然，这一趋势是否会长期持续还需等待时间验证。

　　有意思的是，在将动作、奇幻和射击类电竞与模拟运动类电竞相比较后，我们发现了以下现象：

　　首先，仅在2020年的第1周，排名前100的动作，奇幻和射击游戏产生了5亿小时的观看时间，远超模拟运动的500万观看时长。

　　其次，动作、奇幻和射击类电竞每小时直播的观看时数平均超过180小时，而模拟运动仅为23小时（仅为前者的1/8左右）。这表明模拟运动类电竞还不是成熟的媒体产品。

　　最后，一旦现场体育赛事恢复，尽管模拟运动类电竞的直播时数仍处于高水平，但其观看时数会大幅减少。因此，虽然有受众广泛的优势，但要达到真实赛事的高收视率，模拟运动还有很长的路要走。

（一）电子竞技推动多层次竞争生态系统的到来

鉴于电竞行业尚处于早期发展阶段，因此想要快速取得投资收益尚不现实，这就要求体育组织对此具备充足的耐性和韧性。要实现长期稳定的投资回报，电子竞技作为现场赛事的虚拟变体，应视为各体育生态系统内的一个全新项目。

电子竞技作为一类新型运动项目被认可将有助于明确其定位，并推动电子竞技在其特有生态系统内发展，这亦有助于推动 T20 板球、FIBA 3×3 和 Hockey 5s 等新体育比赛形式的发展。

为简化版图以及定制专门的开发计划，版权所有者应将模拟电竞（如 FIFA 电子世界杯）与混合电竞相区分，后者仅指代应用了数字渲染的真实电竞（如 Digital Swiss 5）。

展望未来，我们预计虚拟运动项目的增设将推动产生多层次的行业生态系统，其中的各项体育运动都将具备相对应的模拟运动或混合运动模式。最终，各分支体育项目将发挥不同的功能，为整个体育行业的发展作出独有贡献。

显然，这一生态系统的形成和成熟还将花费大量时间。我们预计，体育运动虚拟化的最大受益者不会是寻求即时回报的投资者，而是那些眼光长远、能够开发独立产品和垂直领域的版权所有者。

随着游戏业的发展、产品的改进、媒体报道的增加以及技术的进步，模拟运动电子竞技终将成为一大主流收视产品。并且值得引起我们注意的是，这些游戏在年轻运动员的成长过程中也扮演了重要角色，这将构成虚拟运动与传统运动之间的天然桥梁。因此，我们认为模拟运动电子竞技将是吸引游戏玩家和非游戏玩家的重大机遇，并由此实现游戏直播收视的大众化。

体育运动多层次竞争生态系统

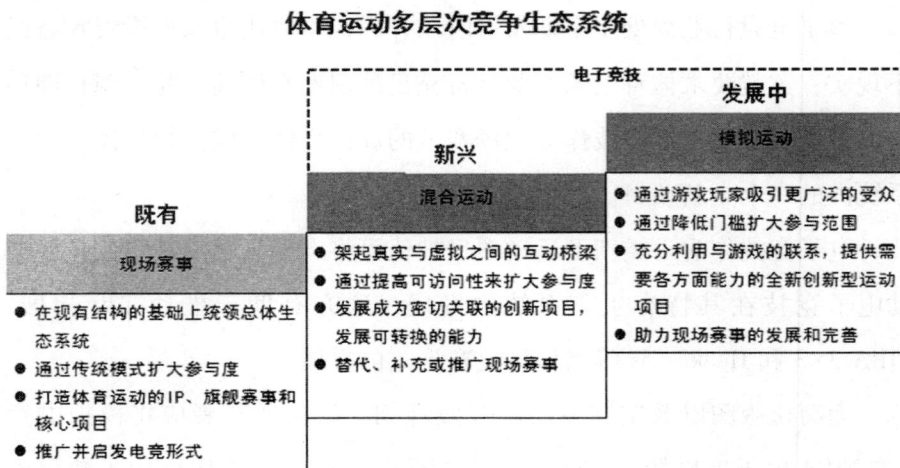

图15-10　体育运动多层竞争生态系统

当然任何事物都具有两面性。一方面模拟运动作为媒体产品存在结构性劣势（与现场赛事互相蚕食市场），另一方面也说明一旦模拟运动得以普及，其潜力将得以充分发挥。

（二）电子竞技可以帮助体育行业吸粉和留粉

建设新的电子竞技垂直领域无疑将创造众多机遇，吸引更多的受众和商业伙伴，并最终形成新的收入来源。笔者认为，潜在机遇的到来还需投入大量的时间和精力，尤其是考虑到有效变现策略的制定问题。重要的是，电子竞技已展现了其在吸粉和留粉方面的价值。疫情之下体育赛事停摆，电子竞技通过其跨平台的内容产出能力，填补了粉丝对于体育内容的消费需求。

电子竞技（以及其他所有运动）倡导享受过程，这是电竞的初衷。规则的引入为游戏过程营造了文化氛围和添加了竞争属性。正如我们所知，体育的内涵不仅仅是游戏和比赛，我们通过各类联赛和锦标赛搭建了体育的基础架构，由此为全球粉丝提供绝佳体验。电子竞技也不例外，其目的同样是帮助人们释放最大潜力。虽然电竞行业已趋于专业化，但"电竞的宗旨"却从未改变，即要创造一个能够帮助每个人发挥最大潜能的世界。

虽然（传统）体育组织在尝试接受电子竞技及其受众方面不乏成功典范，但若想要取得成功，还有很长一段路要走。游戏和电子竞技发展势头强劲，企业若无法认清现状并参与其中，必将在之后的竞争中处于劣势。如今，年轻一代的数字用户空前地难以捉摸，而参与电子竞技则可帮助企业吸引这些难以打动的受众。

创立电子竞技本身并不等同于建立起了其与体育赛事的关联性。强大的内容产出能力可以使运动员、团队和赛事在电子竞技中各得其所，这是电竞成功的基础。笔者认为，要恰当选择比赛形式并建立强大的电竞平台（被列为第三大挑战），版权所有者必须与现有利益相关者（包括游戏合作伙伴）深入合作、共同创造。显而易见，上述模型的实现要保证财务上的可持续性。由于目前尚不清楚体育行业的传统收入来源在电竞领域是否仍能发挥作用，因此体育组织应尝试设计专门针对电子竞技的变现模型。

（三）手机游戏也将成为未来游戏和电子竞技策略的关键部分

虽然控制游戏的 IP 能够使体育组织通过游戏和电竞生态系统创造巨大价值，但考虑到大型游戏开发所需的大量资金和技术资源，体育组织很难绕过发行商的所有权来实现这一点。手机游戏的优势在于入行门槛较低，其游戏开发和发行成本都明显偏低。对于体育组织而言，想利用现有 IP 为其创建新的数字资产并扩大其数字受众，手机游戏确实是绝佳的机会。目前，体育运动打入手机游戏领域步履缓慢，但是鉴于该行业的规模和发展趋势，手机游戏绝对是一个值得探索的领域。

智能手机在全球持续渗透、5G 的重大发展以及即将到来的云游戏平台都表明移动游戏的发展利好。具体来说，微型游戏能够使 IP 所有者多方面受益，特别是在粉丝参与、数据收集、游戏内广告和微交易支付方面。

当前手游市场已相当饱和，制作爆款游戏的难度很大。因此，在游戏形式和概念方面对产品组合进行多方面尝试，会是风险管理的有效办法。从中期来看，笔者预计手机游戏开发商与体育组织之间的深入合作将催生新的商业模式。

（四）小结

总的来说，新冠肺炎疫情的突如其来显著推动了虚拟娱乐的加速发展，也为模拟运动电子竞技的发展创造了机遇。传统体育组织需要完全自行负责其电竞策略的开发和执行，在其他游戏取得胜利并锁定消费者之前先发制人。

版权所有者应该摒弃仅将电子竞技视作吸引粉丝参与的思想，而是应将其视作具有自己的规则、粉丝、偶像和文化的真正体育项目。这类型的模式开发类似于开发新产品或新品牌，要将其视为一个长期过程的一部分。混合运动的问世终结了关于电子竞技物理实质的长期争论，同时增强了虚拟运动在体育领域的合法性和潜力。

考虑到影响传统体育媒体市场的相关趋势，版权所有者必须勇于尝试，主动创新，发展多样化的内容形式，以建立自己的营收生态系统。若模拟运动电子竞技不能快速体现其财务模式上的优越性，那么在多样化和快速发展的市场环境下必将难以生存。因此，体育行业必须鼓足勇气打破界限和教条，在创造力和财务模式上完全实现解放。于我们而言，这是电子竞技取得成功的唯一途径。

第十六章　中国市场的企业营销数字化
转型之路

一、企业为何需要做营销数字化转型

（一）数字化是中国企业必须践行的变革趋势

由社交媒体、人工智能、物联网、移动设备和大数据等技术引发的数字化浪潮，带来了深刻的社会变革，极大地改变了人们的生活和工作方式，作为社会重要组成部分的企业，也在这一发展背景下被裹挟着向数字化迈进。

数字化，是人类进入互联网时代后，企业需要面临的一项长期变革。数字化转型，是围绕数据的企业经营流程的转变，覆盖了企业外部顾客、内部员工，以及后端供应链等各部门，其目标是塑造新的体验，提升企业的整体竞争力。

数字化的变革是面对所有企业的，既包括大企业，也包括中小企业。对于大企业而言，所有的流程都必须进行数字化转型；对于中小企业而言，数字在营销领域的获客、客户管理、产品研发、库存管理等环节都带来机会。

数字化不仅关系到 TO C 企业，也关系到 TO B 企业。TO C 企业在数字化转型中，借助数字化用户运营手段，提升运营效率和消费者体验，如通过会员体系打造，CRM 提升企业运营效率，通过个性化推荐提升消费者体验，提升获客能力；TO B 企业在整体经营活动中，需要有大量客户管理，基于客户的销售是通过对顾客的获取分类，个性化和敏捷式的接触和沟通的管理模式，因此 TO B 企业也需要数字化。

2022 年的今天，数字化已经不只是某个企业，或者某个行业的趋势，而是整个国家经济发展，产业变革的战略选择和必然趋势。2022 年 1 月 16 日《求是》杂志中，发表习近平总书记《不断做强做优做大我国数字经济》的文章。文章中指出，发展数字经济是把握新一轮科技革命和产业变革新机遇的战略选择。

近年来，互联网、大数据、云计算、人工智能、区块链等技术加速创新，日益融入经济社会发展各领域全过程，各国竞相制定数字经济发展战略、出台鼓励政策，数字经济发展速度之快、辐射范围之广、影响程度之深前所未有，正在成为重组全球要素资源、重塑全球经济结构、改变全球竞争格局的关键力量。

特别是 2020 年初新冠肺炎疫情暴发以来的三年中，数字技术、数字经济在支持抗击新冠肺炎疫情、恢复生产生活方面发挥了重要作用，同时也成为企业在疫情压力之下生存和发展的重要动力，可以说，疫情加速了中国企业数字化的进程，不但驱动已然开始数字化企业的进程更快速，而且推进很多没有开始数字化的企业也启动了数字化转型的战略。

因此，对于企业来说，实现自身的数字化转型，对外是拥抱国家政策红利，适应、引领数字化浪潮的顺势行动，对内则是提高企业自身的经营效率、沉淀企业的数字化资产的实效之举。可以说，2022 年，只要是在中国市场发展的企业，数字化是必须践行的变革。

（二）数字化转型能帮助企业获得竞争优势

我们都知道企业的数字化是必然趋势，但数字化到底能为企业带来什么？真实的市场研究的数据表明，数字化最大价值，是使企业在竞争中获得经营和财务指标上的优势。

全球知名的咨询公司埃森哲对大量的中国企业进行了深入研究，在其发布的《可持续发展进行时跨越数字化分水岭——2021 埃森哲中国企业数字转型指数》报告中，我们看到，从业务转型的程度出发，过去三年新业务营业收入在总营收中的占比，转型成效显著的领军企业达到 16%，比上年大幅提高 5 个百分点，领军企业的数字化转型所涉及的业务持续扩大，带来的结果是，这些转型领军企业的数字化优势持续扩大，埃森哲中国企业数字转型指数在 2021 年达到 84，其他企业仅 54，高于的差距优势达到 35。数字化优势在企业的经营表现上，加倍转化为更显著的财务优势，上述的领军企业对比其他企业的营收增速，在疫情前期即 2016—2019 年为 1.4 倍，而疫情后的 2020 年扩大到 3.7 倍。

（三）营销是数字化转型的最佳突破口和切入口

对企业来说，数字化是个复杂而庞大的体系，生产、销售、服务等都会被涵盖，但显然，数字化不可能是全面开展、一蹴而就，在企业的所有领域盲目推进数字化也存在一定风险，那么需要从何处开始启动呢？

从数字化的条件、环境及成效各方面来看，营销数字化是企业数字化最容易切入，也是最能够快速获得积极反馈的入口。不管是面对的客户、使用的渠道和工具，还是依赖的数据技术，营销数字化都更具优势。

首先，营销的消费者和渠道数字化已非常成熟，中国企业如今面对的是全球最庞大的数字社会。中国互联网络信息中心最新发布的数据显示，截至2021年6月，中国网民规模达10.11亿，整体互联网普及率已经达到71.6%，且以青少年、青年和中年为主。数字化的消费者，通过数字化的终端，使用数字化的媒介沟通、购物、支付、看视频、接收咨询和表达自我，营销的内容和介质均已数字化、在线化。

其次，营销是企业中直接消费者的关键环节，在这一领域进行数字化，可以直接促进消费者的购买，因此营销是最容易"看到效果"的数字化领域，基于营销开始数字化转型，易于推进，成功率高，更能给企业建立信心，中国成熟强大的电商体系为营销数字化提供了"基盘"，电商+社交种草+私域运营是很多新锐品牌兴起的数字化三板斧。疫情后增长的压力，让企业对投入都较为审慎，对投资回报的要求也更高。相比其他职能部门，距离消费者最近的营销端，最容易形成数字化闭环，同时也最容易出成效，进而振奋企业数字化的信心。

数字化必然应该有更多的数据来支持完成，而在营销领域中，数据的获取更为容易和丰富，营销前链路的广告投放、社交投放、用户运营等环节所产生的数据，是企业与消费者接触的一手数据，都能通过测量来采集，其数据维度多，质量、量级较高，可实时反馈，还能和后端电商平台的转化数据打通，可快速构建可测量、可优化的数字化闭环，而且营销有着非常成熟的分析模型和理论，匹配了数字时代的数据和分析工具，成为营销数字化转型的天然优势。

从营销切入数字化，更容易赋能后端生产链和供应链，例如增加与消费者端的沟通和分析，指导后端的产品生产和创新，使产品、渠道更加匹配适应消费需求。

除此之外，营销数字化还具有测量生态完善、业务流及数据流易梳理、数据和技术工具成熟、数据分析人才充足等优势，对自带数字化基因的新兴品牌而言，营销数字化助力品牌崛起已经经过验证；对不具备数字基因的成熟品牌而言，营销数字化将是其企业数字化转型的最佳切入口。营销数字化能力可以更容易地拓展到其他的数字化领域，为企业累积人才，构筑数字化能力，建立数字化思维。

（四）中国新消费品牌走出以营销数字化为核心的新增长道路

在中国，近年涌现了大量的新锐品牌，这些品牌在营销上不同于以前大众传播时代的品牌，探索出了一条以营销数字化为核心的新增长道路。

大众传播时代的品牌的营销是大生产、大传播模式，先生产大量的产品，通过渠道的全面铺货占领货架，让所有消费者都买得到，再通过拍摄精美的广告片，投放在大覆盖的媒体，比如电视媒体，占领消费者的心智，让消费者记住，从而在有需求时产生购买。过去的 20 年中，众多品牌以此方式获得成功，但所需的成长时间也较长，以快消行业为例，以前一个饮料品牌从 0 达到 10 亿的规模，往往需要 10 年甚至更长的时间。现在数字时代的新消费品牌打破这种模式，涌现大量线上崛起的品牌，这些品牌以数字化营销的方式飞速发展。例如，2016 年成立的王饱饱，在 2019 年、2020 年卫冕天猫"双十一"麦片品类 TOP 1；2018 年成立的钟薛高，2020 年天猫"双十一"冰品类销量第一。近年各种国货新品爆款屡见不鲜，越来越多品牌从 0 到 1 的速度不断加快。同时，我们注意到，新品牌从成立到上市的时间比传统品牌大幅缩短。秒针系统 2021 年发布的新锐品牌 TOP 50 榜单中有 11 个上市品牌，从创立到上市平均只用 5 年时间，完美日记甚至只用了 3 年。

可以说，正是这些新兴消费品牌的积极探索，为中国企业的营销数字化提供了案例、积累了经验、开辟了道路，使中国营销数字化有了体系化、理论化发展的基础，也使其他尚未启动营销数字化转型或者不知道如何实施转型的企业有了可学习的范式。

二、企业营销数字化转型的目标

企业的任何战略都需要先有明确的目标，数字化也不例外，企业一旦确定要实施营销数字化转型，也需要明确目标，那么营销数字化转型要以什么作为目标呢？这是很多企业遇到的第一个挑战。

我们总结了多个中国市场领先企业在营销数字化道路上的探索经验，归纳出三个营销数字化应该达成的目标，即敏捷反馈、提升效率、沉淀资产。

（一）营销数字化提升效率的目标

营销数字化最本质的目标，是要帮助企业提升营销的效率，那么数字化时代的营销效率是指什么？可以总结为三种效率，即规模化的效率、精准化的效率、流程化的效率。

规模化的效率，是最容易理解的效率，即营销数字化如何能帮助企业用更少的营销投入，接触和影响到更大规模的目标消费者。这也是自大众传播时代以来营销的主要目标，那时营销投放在电视、电台、户外、纸媒的广告，其目标都是要用较低成本，选择或组合媒介资源，达到触达到最多目标人群的目标。在数字化时代，营销的媒介范围不断扩大，不但有数字化的互联网媒体，还在进一步延伸到物联网、智能设备、元宇宙等场景中。无论营销场景如何变化，规模化效率对营销仍然非常重要，企业需要通过数字化的技术和方法，不断提升优化规模化效率。即把广告和内容触达更多的目标消费者，影响和占领他们的心智，驱动品牌的增长。提升规模效率，企业一般需要具有更高的媒介洞察和分析的能力，充分了解媒介市场中的媒体表现，把握新的流量机会和红利，能科学地制作媒介策略，根据自身情况评估选择媒体，并能应用数字化的营销工具产品来选择资源、分配预算甚至制作排期。

精准化效率，是指如何在营销中更为精准地影响消费者，并激发他们的转化行为，在非数字化的传统媒体中，真正具有行动和转化意义的精准化效率是不存在的，营销只能在规模化效率中用年龄、市场、性别粗颗粒度来定义不同特征的目标消费者，并且在用信息触达他们之后就结束了。数字化时代，技术的发展使营销可以在触达后激发消费者的行为，精准化的效率的提升可以使营销更直接驱动生意和销售的增长。企业可以通过数据能力的建设，如建设一方 DMP 或使用二方、三方 DMP，以程序化投放的方式、效果广告的采买和及时优化，使营销的精准化效率不断提升。

流程化效率，是指在营销数字化中，更多地用数字化的流程和方式，取代或优化人工流程，这里面包括：一是营销的流程的数字化，实现数据资产的沉淀，例如，通过数字化营销管理系统的建设，把营销的计划（如广告排期）；执行数据统一整合地管理起来，成为企业可复用的数据资产；再如，采用广告监测、广告效果评估等方式，监控营销执行的质量和流程，并自动留存沉淀数据资产。二是营销决策的智能化，即以前营销中人工决策的工作，更多地通过智能的工具和产品来支持，如排期的制作、KOL 的选择、内容的优化等工作，引入数字化的工具来替代或辅助。

以上的三种效率，基本可以代表数字化时代营销所需要提升的效率目标。

（二）营销数字化敏捷反馈的目标

当下竞争激烈的市场环境中，营销要获得成功，敏捷是必要条件，因此，营销数字化的第二个目标是通过数字化让营销更为敏捷，包括洞察更敏捷、创新更敏捷、行动更敏捷。

营销的洞察敏捷，是指企业在洞察消费者和市场过程中，数字化让企业更快速敏捷地捕获市场变化。以前的营销洞察，一般通过数据分析或受众调研进行，通常耗时都较长。营销活动开始前，往往要提前1—2个月进行分析和调研；活动结束后，又要1—2个月才能拿到效果分析的结果。整个营销的洞察，分析过程往往要3—6个月，数字化使营销的洞察可以以数字化的手段进行，比如实时的大数据、智能的非人工分析，因此，洞察更敏捷成为可能。

营销的创新敏捷，与洞察相似，以前的营销中的创新主要依赖于营销人员的经验，这样不管是创意内容的创新还是媒介策略的创新（发现新的媒体机会、流量红利），都需要一个较长的研究和决策周期，营销数字化使企业在决策时可以应用数字的工具，依托数字化的流程，从而大大地缩短创新的周期，使营销创新上可以更快速。

营销的行动敏捷，指企业内因为数字化，数据和信息流转速度增加。从而使企业的营销反应速度更快、行动更敏捷，无论是流程上的行动，如排期计划的审批、上传，还是投放执行中的优化行动，如内容创意的更换、投放计划的更改优化等，在数字化投放环境中都可以实时完成。

（三）营销数字化沉淀资产的目标

从前的营销，与消费者触达和沟通之后，营销即结束后，再次营销，很难再找到同一个消费者，每次营销活动所能沉淀的主要是相关人员的经验，把这种经验反馈到下一次营销中对计划和策略进行优化。数字化时代，营销的数据可以联通，可寻址，每次营销都产生海量数据，使数据和消费者都成为营销可用的资产，因此，沉淀资产是营销数字化的重要目标。

营销数字化过程中，要沉淀的最重要资产是数据资产，即是否能把营销相关的数据都进行采集、治理、沉淀？例如，广告投放上是否有第三方监测？社媒投放上是否有数据采集？采集后的数据是否有清洗、治理、标准化等过程？是否有标准的统一的平台存储、管理数据？此外，营销数字化还需要沉淀的是用户资产，通过营销活动把用户引导到企业品牌自身的阵地中（即私域），使用户成为未来可持续接触、影响、运营的资产，这已是许多企业在营销中的重要考核目标。

三、营销数字化转型的实施路径

明确了营销数字化转型的目标，接下来的问题是如何实施？众所周知，数字时代的营销领域非常广泛，不同企业的侧重也不尽相同，有的企业营销主要是投放广告，有的企业营销主要是做社交媒体，还有些企业的营销会聚焦在电商平台上，无论什么类型的企业，营销都需要生产出优质的内容。营销数字化的路径如何划分？企业又如何根据路径实施？

明略集团秒针系统在 2021 年推出了《营销数字化转型登山图》，为企业的实施提供了指导和建议，本图对应企业直面消费者的营销领域，建议营销数字化转型可以从 5 条路径分 3 个阶段有序地开展。这 5 条路径分别是广告、内容、社交、电商、用户运营。在 5 个领域之下，则是营销数字化的底层能力，即数字与技术能力和组织架构的支持。

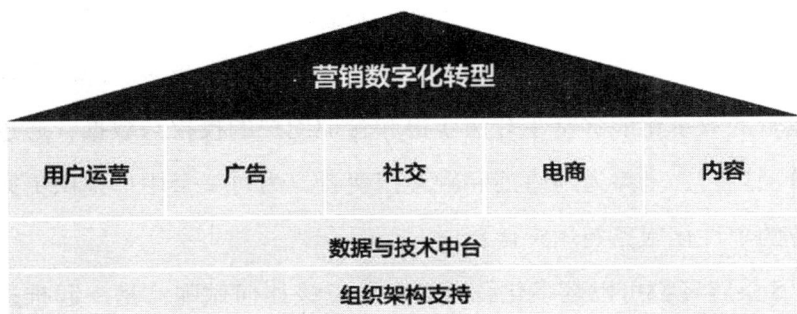

图 16-1　营销数字化转型

广告：作为付费的大众传播，广告费用是营销投资中比例最高的。广告的数字化首先是广告投放模式的数字化，包括投放数字化的媒体、采用数字化交易方式和投放方式；其次是广告数字化所涉及的投放中数据的资产化、流程的在线化、决策的智能化。

社交：社媒营销，社媒的逻辑，更多的是企业在社媒平台发布内容，通过与消费者深度互动的方式，搭建起品牌和消费者有效的沟通途径。社交营销数字化的核心，涵盖自有社交媒体数字化运营、达人及社媒平台数字化运营及消费者数据数字化洞察。

内容：内容运营的数字化可以优化内容洞察及其生产效率，并提升优质内容的分发效率，提高整体内容营销的效果，并通过跨渠道管理品牌消费者体验，强化品牌资产。

电商：企业销售的线上渠道，天然具有数字化属性，为企业在电商内精准定向、提供个性化体验，乃至重定向人群，提升转化效果提供数据支持，并可通过会员打通的方式接入品牌自有的消费者数字资产体系，为其他领域的营销提供数据赋能，并反哺给跨电商平台运营工具，提升电商整体运营效率。

用户运营：用户运营作为直连消费者的关键环节，尤其是在个人信息数据合规与监管日趋严格的今天，已经受到越来越多品牌的重视。用户运营的数字化能够基于合法获得和管理用户的授权与数据，通过精细化分层运营，全渠道地直连和触达消费者，为每一个用户提供更完善更到位的个性化服务与用户体验。

5 条路径都可以数字化，那么企业应该如何做呢？是一起推进，还是逐个突破？在这点上，并没有标准答案，可行的建议是根据自身情况"量力而行"，"先易后难"。企业要首先梳理自身的营销基本情况，判断出哪个业务领域的投资最高、经验最丰富、业务最成熟、数据最多，以及目标企业在本路径上的所处阶段（基础、进阶，还是领先的状态），之后再决策应该从哪个领域切入。如果企业有足够的资源和投入的决心，在多个路径上同时推进数字化进程，也是可以的。

（一）营销数字化的中台和组织支持

企业要在不同业务群间实现数据的互联互通，对数据价值进行最大化挖掘，需要整合各业务群的数据，建立集团层面的"数据中台"，统一管理和应用数据。

如果用一句话形容数据中台在营销中的作用，就是"赋予市场部在数字营销领域的微观操作能力"。今天，广告主数字营销的投入越来越大，但同时流量红利越来越稀薄，导致粗放式营销的效率越来越低，广告主在遇见数字营销的瓶颈后，需要利用数据驱动整个营销闭环，提升营销效率。

数据中台落地的主要场景包括：程序化广告投放闭环、贯穿业务全链的客户洞察体系、客户体验和消费者转换路径的优化、业务对接的营销考核体系、行业个性化营销场景和大型互联网企业的营销资源互换等。

数据中台不只是支援性和事务性部门，而是整个企业数字化的神经中枢，以数字力量与前台并肩作战。虽然前台是直接与终端用户进行交互的应用层，但企业需要有中台的思维，中台可以让企业数据高速流转与应用。

与此同时，营销数字化转型的成功不仅需要数据和技术的变革，同时还需要企业组织能力的支持。只有适应组织结构，才能适应数字化的要求，才能协同业务、数据与技术能力，一起为企业的数字化转型赋能。

（二）广告数字化

1. 广告营销数字化的重要性

广告投放是企业规模化增长必备的营销手段。传统媒体时代，对很多企业而言，营销就约等于广告，广告费用是营销投资中比例最高的费用。因此，广告的数字化也同样是营销数字化中最重要、最基础的能力。广告业务的数字化可以帮助品牌实现三个重要的目标，即增强投放效果、提升投放效率，及累积广告资产。

2. 广告营销数字化覆盖的业务领域

广告的数字化包括投放模式的数字化和交易方式的数字化，这是广告数字化的基础条件，此外最重要的是广告数字化涉及的投放数据的资产化、流程的在线化及决策的智能化。

投放模式的数字化：区别于传统广告的撒网式投放，数字广告在投放过程中可以采用程序化、精准人群定向等方式进行广告投放，通过这些方式实现精准有效的目标人群触达。

交易方式的数字化：不同于传统广告按"时间或资源的次数刊出"结算，数字化广告主要以 CPM、CPA 交易结算。

数据资产化：广告数字化还包括数据的累积，即广告投放过程中数据的资产化。"数据是石油"，数字营销更是离不开数据。广告模式、广告流程、广告决策都需要以数据为基础，通过一方或多方数据对接和回传，进行数据留存，从而实现数据资产的累积。

广告投放流程的在线化和广告投放决策的智能化，即通过在线流程完成广告投放，用智能决策代替或优化人工决策。随着数字化广告在投放过程的数据积累和技术发展，目前广告的数字化在排期智能、线上线下打通、以增长为导向的规模化人群精准、智能预算分配、全域智能预算分配等方面仍有大量优化空间。

3. 不同阶段企业广告营销的目标和行动指导

企业在广告数字化不同阶段的目标、衡量指标均不相同。

广告数字化基础阶段的企业，应以"数字化的媒介投放与监测"作为目标。在数字广告投放过程中，先要确保广告可以被监测，广告主才能按真实流量和效果进行结算（如按 CPM 展示量、CPC 点击量、CPL 商机线索量等结算），以及能基于数据对广告的流量品质和效果进行验证。这是因为目前中国的数字广告生态环境复杂，存在着大量流量造假、无效流量等现象，需要独立于广告主和媒体的监测方完成流量反作弊工作，构建互信的媒介生态，保障广告投放的真实性。基础阶段，可以作为关键结果进行衡量的标准有：数字广告占整体广告费用的比例、数字广告流量中的可监测流量比例、数字广告监测中数据回传比例、数字广告流量中真实流量的占比，以及广告投放中可以进行效果验证的费用或流量的比例。

广告数字化的进阶阶段应以实现"数据积累与流程自动化"为目

标，基础阶段的数字投放与监测，为数据资产的累积提供了条件。在对数字广告进行监测时，要注意不断提升数据回传和留存的比例，并将多方（第一方/第二方/第三方）数据打通，构建完整的数据能力闭环。同时，在整个路径中，流程在线化的比例需要不断提升，流程在线化比例越高，效率越高，进阶阶段可以作为关键结果衡量的标准有：数据资产的数量、数据资产的质量指标，程序化投放能力，数据资产的跨平台打通比例、广告投放关键流程的在线化比例。

广告数字化的领先阶段以实现"规模化精准与决策自动化"为目标，结合 DMP 和第三方工具，根据广告的目标受众，科学地选择媒体平台和广告投放方式，并对预算进行科学合理的分配，智能化、自动化的制作排期，整个过程中可对人群和排期进行自动、实时优化，全流程地实现规模化和自动化，提升目标受众的覆盖规模和比例。领先阶段，可作为关键结果的衡量标准，包括：媒介选择的智能化程度、预算分配的智能化程度、排期制作的智能化程度等。

4. 广告营销数字化领先企业的案例

领先企业通过广告数字化，可以实现数据资产的信息化和透明化，全面提升媒介运营效率。以下是某国际快消企业通过智能排期工具实现媒介资产全面的数字化的案例。

面对日趋复杂的市场环境，传统的媒介计划流程烦琐。A 品牌作为国际快消企业，每年有大量的数字广告投放需求，其数字投放的主要目标是以触达为核心，扩大广告触达受众。近年来，A 品牌的广告投放面临着成本逐年上升、效果却难提升、流程高度依赖代理和人工等问题。为降本增效，A 品牌建设在线广告投放管理系统，开发智能排期工具，在投放前、投放中、投放后，进行全程透明化的监控洞察，指导媒介策略制定。

投放前借助 AI 优化模型制定媒介预算，同时实现财务系统对接、预算线上审批和媒介资源的统一管理，完成了投放排期的一站式制作和统一下发；投放中，对接监测系统，实时对比计划及实际投放情况，实时预警并调整媒介计划；投放后，数据实时呈现，对效果进行分析，发现优化点，为下次投放提供洞察，形成完整闭环。投放前、中、后的全流程自动化和数字化工具搭建之后，A 品牌媒介运营效率全面提升，Cost Per Reach 降低了 10%—15%，整个媒介运营周期缩短了 70%。

（三）社媒数字化

1. 社媒营销的重要价值

秒针营销科学院在 2021 年上半年研究了近 1000 个本土新锐品牌，发现头部新锐品牌 80% 的营销重点都聚焦到社交营销，以著名本土品牌花西子为例，通过以用户为中心的社交营销，完成了从"网红"到"长红"品牌的转变，在短短 3 年创收 10 亿元，同样的还有 Ubras、Wonderlab、橘朵等新锐品牌。

社交营销已经是中国市场中企业营销的最重要的手段，对企业来说，社媒具有三个重要价值：管理用户体验、获取用户洞察、促进生意增长。

社交营销可以跨渠道地构建起品牌和用户直接沟通的桥梁，一方面帮助品牌更好地向用户传递品牌故事、品牌价值观和理念、产品特色及创始人愿景；另一方面，社交营销可以帮助品牌更快速地获得用户关于营销活动、产品使用的反馈，帮助品牌统一管理用户体验。

如今的媒体用户，尤其是年轻人，普遍习惯在社交平台上发表自己关于产品、品牌、品类等的意见。相对于传统小样本调研，社媒平台具有覆盖面广、深入垂类圈层和实时采集数据的优势。使用合理的工具，品牌可以更敏捷地获取用户相关的内容，获得目标用户人群特征、产品偏好、内容偏好和预期等相关用户洞察，反向赋能品牌营销活动策划和新品研发。

相较于传统的广告，社交营销同时具备"口碑传播"的可信度和"病毒传播"的敏捷度和覆盖广度，社交营销往往具有"四两拨千斤"的效果，运用合理的策略，可通过较少的投入催生较大的化学反应。社交营销可以兼顾品牌广告和效果广告两种作用，目前可统称为种草效率。从完美日记、元气森林、三顿半、王饱饱的成长路径中不难发现，社交营销在带动生意指数级增长方面的作用不容忽视。

根据著名咨询公司 Harris Pall 全球调研数据，46%的企业高管预计他们公司的社交媒体营销预算将在未来三年内增加多达100%。如何更敏捷、高效地进行社交营销，是社交营销数字化需要解决的核心问题。

2. 社媒营销的基本逻辑和重要指标

根据秒针营销科学院的观察，社媒营销驱动企业增长的底层逻辑与广告不同。企业在社媒的投资先是生产大量内容，如微信公众号中的文章、微博、短视频等，这些内容产生声量，并吸引消费者与之互动行为，如转发、评论、点赞、分享等。这些互动行为起到种草的作用，最终为品牌贡献了三个层面的效果：第一，是转化的购买行为，因为社媒上的转化购买往往是在电商平台发生，可以称之为跨域转化；第二，是产生特定内容与品牌的绑定，例如，东方美妆绑定花西子；第三，最重要的是社媒营销为品牌产生大量的粉丝，这些粉丝汇集到品牌的社媒账号，或被导流到私域中，成为品牌可运营、可增长的资产。

下面的社媒营销号角图，描述了社媒营销的基本逻辑及效果，在社媒营销运行中，反映声量的 SOB（声音份额）、SOE（互动量份额）是社媒营销重要的管理指标，转化 ROI、品牌关联度、粉丝数量是社媒营销执行衡量的重要指标。

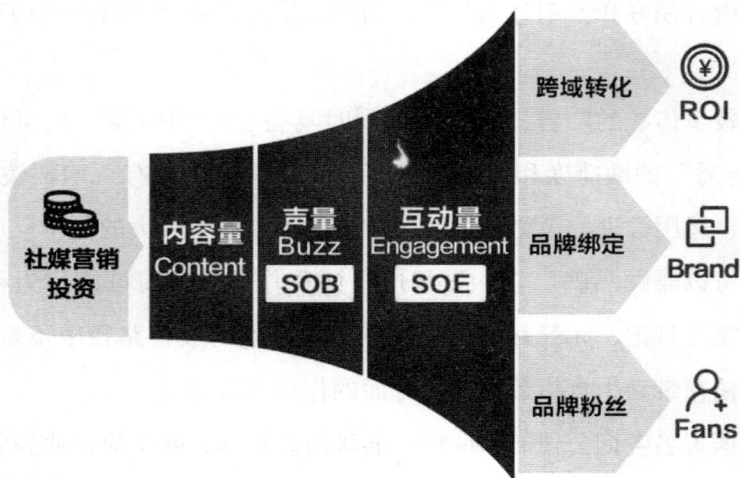

图 16-2　社交营销号角图

3. 社媒营销覆盖的业务领域：自有媒体、达人营销、社媒洞察

社交营销的数字化，主要覆盖三个业务领域：自有社交媒体的数字化运营、达人及社媒平台的数字化运营、社媒用户数据的数字化洞察。

·自有社交媒体账号数字化运营指在不同的社交平台上，品牌通过自有的官方账号来创造内容及开展相关营销活动；

·达人营销数字化运营即 KOL 的应用，是社交营销中至关重要的因素，如何快速选择合适的达人，如何在不同营销周期选择对应的达人组合进行病毒营销、如何了解达人对品牌生意增长的贡献、如何自动化进行达人采买等问题，是该部分关注的主要问题；

·用户数据数字化洞察，指社交营销产生大量的用户生产内容（UGC）、专业生产内容（PGC）和品牌相关内容，这些内容可快速为品牌提供敏捷的效果指导及反馈。全量、敏捷地采集相关数据，是社交营销的基础。

4. 不同阶段企业社媒营销的目标和行动指导

社交营销数字化处于基础阶段的企业，首要目标是实现"全量的社交营销数据采集和测量"。社交营销中，通常的互动方式，是品牌主导，通过社交媒体账号、指定合作明星账号或者达人账号进行相关营销活动的推广。用户看到相关营销广告或内容后，通常会与明星、达人产生一定的互动。社媒的数据采集，需重点关注以下几类数据：品牌发帖内容及数量；达人发帖内容及数量、品牌发帖后用户的互动行为，如转发、评论、点赞和收藏（不同社媒平台互动数据定义可能不同）；达人发帖后用户的互动行为，如转发、评论、点赞和收藏（不同社媒平台互动数据定义可能不同）；用户在指定内容下的互动行为，指定内容形式可以是文字、图片或视频、用户相关的发帖内容。通过对上述数据清洗、整理和计算，可获得社交营销相关的效果反馈。

社交营销数字化处于进阶阶段的企业，目标是实现从社交营销策略指定、达人筛选及采买，到效果数据回流等流程的自动化。依靠基础阶段的社交数据积累，品牌可基于每个活动的效果数据，积累平台的规模效率曲线（涵盖平台内部不同的采买形式）、达人效率曲线和内容相关的效率曲线，储存数据的地方可称为社交营销数据银行。社交营销数据银行可更好地为后续年度、季度、月度等活动的策略制定和采买提供方向。该阶段通过构建从策略制定、流量采买到效果回流的闭环，可提升社交营销的敏捷性，促进生意增长。

社交营销数字化处于领先阶段的企业，目标是实现"敏捷的规模化分发和决策自动化"。本阶段企业的核心能力是实现自动化分发与决策。

（四）内容数字化

1. 内容数字化的定义和价值

营销内容的数字化与其他章节中的广告、社交营销、电商运营和用户运营等是交叉关系。在数字化的环境中，我们将广告、社交营销、电商运营和用户运营定义为营销方式，内容则是贯穿各营销方式的横向能力，可以通过不同的营销方式快速地分发出去。在品牌类广告环境下，内容即品牌分发的视频贴片广告、静态广告和展示类广告等；在效果类广告环境下，内容即品牌分发的促销广告和信息流广告等；在社媒达人营销环境下，内容即品牌请达人制作的相关素材，如帖子、短视频、种草文章等。

在不同的营销形式分发中，内容出现的形式可能各有不同。在消费者认知加速（认知加速指内容和传播的碎片化让消费者的认知碎片化，这个现象叫认知加速。过去一分钟只能看一百个字，今天一分钟可以看很多视频，刷剧都是倍速播放，消费者对慢的容忍度越来越低）和媒体渠道分发效率日益提高的情况下，分发渠道可以通过增加费用解决，内容本身成为影响消费者决策的关键要素。当前营销环境中，内容管理和运营本身已经成为提升营销效率的制约因素之一。

数字化的内容运营和管理为品牌提供了三层营销价值：优化内容洞察和内容生产的效率；提升优质内容分发效率和营销效果；跨渠道管理品牌消费者体验，强化品牌资产。

优化内容洞察和内容生产的效率：作为直接影响消费者决策的关键要素，如何寻找目标消费者喜爱的内容一直是营销圈里的大命题。随着信息爆炸，我们此前经过统计，消费者一天预计至少会被150+则广告内容触达（涵盖硬广内容、社媒内容、户外内容、电子邮件内容、APP

用户推送信息等）。如何在众多的内容中，第一时间吸引消费者眼球，影响消费者心智，能够引发病毒式营销和二次传播，成为众多品牌内容生产的目标。为达成此目标：如何通过内容洞察，寻找当下热门内容，支持内容生产，生产出更具影响力、转化效果更好的内容，成为营销成功关键。也是内容运营管理的数字化的核心价值。

提升优质内容分发效率，提高整体内容营销效果：当内容生产出来后，剩下的就是分发效率问题。由于内容本身横跨各个营销触点，在传统的作业模式下，大量依赖于人工在不同的营销触点进行上传和下载。传统的内容作业流程如下：品牌首先制定年度主创意方向和核心传播内容理念，其次制定全年传播节奏和关键营销活动。在不同的传播节奏和营销活动中，由对应的项目团队分别向不同代理公司下发需求文件，以及采集相关内容素材再手动上传至不同的分发触点。在实际操作的案例中，仅"双十一"的项目，某个美妆品牌所涉及的硬广内容素材就高达 7000 个。如果算上其他各种营销内容，保守统计内容素材会超过 15000。在传统的分发模式下，需要人工从不同的渠道上传这些素材。因此，如果通过数字化的方式进行自动化分发，则可以极大程度缩短运营周期，提高敏捷度。

跨渠道管理品牌消费者体验，强化品牌资产：许多品牌主在营销方面都会遇到一个问题——在复杂多元的媒体环境中，如何确保品牌调性的一致？统一消费者对品牌的认知，强化品牌形象和品牌资产建设。跨渠道的内容管理，是此问题的最优解。由于大品牌主内部组织架构复杂，以及营销目标多元（品牌类和效果类、短视频和直播等），在极端的情况下，出现过达人所生产的品牌内容格调不高、涉俗甚至违规等情况，影响到品牌调性。在数字化的内容运营和管理体系下，可以实现品牌内容输出调性的一致性，确保消费者跨渠道品牌体验的一致性。

2. 内容营销数字化的内容

内容运营数字化包括，将内容的采集及分析、内容结构化治理、内容跨渠道个性化分发自动化和内容策略自动化这四个阶段数字化。

内容采集及分析阶段主要目标是快速敏捷地采集跨渠道/跨形式的内容。所采集内容包括品牌自有生产内容和市场内容。当庞杂的内容被采集后，需进行系统化的治理，治理流程包括清洗、关联，把内容与对应的营销活动信息进行绑定，为后续的内容结构化分析做准备。当然，未经治理的内容数据，也可以进行简易的效果分析，如社交营销领域的内容声量分析与洞察，就是从消费者的角度看指定内容的效果（但是内容本身未被系统化采集下来）。

内容结构化治理是指，将内容中的不同元素通过结构化和非结构化的数据治理，以标签的形式记录下来。比如，在一个元气森林的图片广告中，可能涵盖标题、产品特性描述、产品设计、产品大小、代言人、代言人形象和互动姿势、背景色系、字体大小等众多元素。内容结构化的目标，是将一个完整的内容剥离成元素颗粒度后，和相关的效果数据进行归因分析，寻找到潜在效果最好的元素，进一步优化内容洞察以及为后续自动化分发进行准备。

内容跨渠道的个性化且自动化分发涵盖两个维度，个性化和相关性：

个性化指对应不同的特征人群，推送更具吸引力的内容。可以从以下三个层面来进行交叉考量：

场景：希望消费者出现在什么场景情况下时，就推送相关品牌内容，建立产品和场景的强相关性。

时间：希望在消费者生命周期的哪些重要时刻，就推送相关针对性内容，加强效果转化。常见的如在传统 CRM 领域里，在消费者生日的时候品牌会定制化推送促销短信等。

人群：希望触达什么样的目标人群，比如触达年轻精致女性等这类型人群标签。

由于营销渠道多元化，品牌一般通过 API 或系统对接的方式，统一快速对接多个分发渠道，通过设定一定的分发机制，根据营销活动目标一键自动化执行内容分发。

内容策略自动化。在内容数据采集和治理、内容数据结构化、内容个性化自动化分发后，品牌将持续性采集大量的元素级内容的效果数据。基于这些效果数据，品牌即可进行内容数字化策略制定。传统的内容策略是由创意公司或调研公司提供消费者洞察后，再进行制作。在数字化时代，消费者所有信息都会在网上有记录和追踪，在一个完善的内容追踪体系中，品牌将可以用更快速的方式来制定内容策略。包括整体品牌内容策略、分营销触点、分营销周期、分人群的内容策略。

3. 不同阶段企业内容营销数字化的目标和行动指导

内容运营数字化的基础阶段企业目标，是采集所有内容相关的数据，并对内容和效果数据进行初步的关联度分析，以此增加内容洞察的敏捷性和准确度。

内容运营数字化的进阶阶段，要实现数字化内容管理及优化，即通过数字化的方式，对内容及其效果数据进行统一储存、审核、测试、预判和基于数据建立敏捷优化闭环。

领先阶段内容运营管理数字化，需要重点上线内容数据治理、全域分发自动化和个性化。通过结构化解析，建立内容元素级效果数据库，对内容进行进一步精细化管理；同时由于内容涉及广告、社交、用户运营、电商等多个营销渠道，跨渠道的、针对不同人群个性化的、自动化分发高相关性内容是该阶段核心需要实现的方向。

（五）电商数字化

1. 电商数字化的价值

当今中国的市场环境中，电商运营数字化的重要性不可替代。其具有四大价值点。

（1）充分挖掘和应用平台的能力，拉近品牌与更多消费者距离：电商对于消费者而言，早已不只是购买场，也是认知场和决策场。品牌布局电商需要做到广而深，"广"需要多电商平台布局，不仅布局头部电商，同时需要兼顾新兴电商形式，如社交电商、内容电商等；"深"需要利用好平台能力，如电商直播，拉近品牌与消费者的距离，重定向及个性化推荐优化消费者站内个性化体验。

（2）打破电商围墙，电商数据赋能企业，建立配套数字化体系。电商数据为品牌的多业务场景提供赋能：各电商平台会员账号打通连接到品牌第一方数据 CDP，积累消费者数字资产，电商成为"直连消费者"和获取消费者画像的数据来源之一。同时，消费者的购买频次、购买偏好也为品牌的库存管理提供依据，数据的应用甚至能延伸到供应链管理等方面。电商数据能力赋能到品牌，建立起配套的消费者数字资产体系。

（3）提供统一的工具和方法，实现跨电商运营效率的提升。自有消费者数字资产可为品牌跨电商运营助力，A/B 测试、消费者洞察等工具和方法，可为不同属性的平台及人群特性匹配"商品"提供依据，提升电商选品及打造"爆品"的效率及成功率。内容制作上，品牌可规模化制作、跨平台分发，提升品牌/产品的宣传效率。统一的品牌活动，可维护品牌调性，践行品牌营销策略，提升电商的运营效率。

（4）为"品效协同"提供数据支持。电商站内运营数据，可在单平台内实现分层级的转化率分析，全面评估整体效果并为之后的持续优化提供数据支持。另外，效果评估时，会面临站外向站内引流，及用户多平台跳转后购买的情况，导致效果很难准确归因和验证，最后成交的平台往往被认为贡献最大，前期广告引流或自然流量等的贡献会被低估，电商数字化可为效果归因提供数据支持。

2. 电商数字化包括的内容

电商运营的数字化是从电商站内本身的数据累积和应用，并持续优化为始，拓展到打通其他平台/线下数据，描绘出消费者"全息画像"，积累消费者数字资产，满足消费者个性化体验，提升转化率，并循环优化的过程。

消费者行为数据为电商数字化运营带来更清晰的消费者洞察，如阿里的 FAST 指标体系和 AIPL 模型，可以从可运营的消费者 AIPL 总量、消费者关系流转力、粉丝（会员）总量、粉丝（会员）活跃度等维度量化品牌的运营效果，这样就具有了可量化、可对比、可优化的属性。

通过会员打通积累品牌自有的消费者数字资产，是品牌整体消费者运营的基础。越了解自己的消费者，就越可以实现消费者的激活和增值，同时品牌拥有的消费者数字资产的多少，也直接反映其直面消费者的能力，拥有越庞大的消费者资产体系，就拥有越多的直面消费者的机会，也就可以拥有越低的获客成本。整体运营的好处还表现在产品上架、产品描述、宣传材料制作、活动策略制定的关键流程的一致性上，既可节约人力成本，也可保持品牌调性的一致性。

3. 不同阶段企业电商营销数字化的目标和行动指导

电商数字化基础阶段的企业，以实现"数字化技术应用与效果评估"为目标，聚焦电商站内的平台运营，沉淀消费者数字画像，指导本平台内活动的重定向，以提升活动的转化效果，并对活动效果进行评估和分析，形成电商站内运营的良性循环，持续优化。

电商数字化的进阶阶段的企业，以实现"数据积累与会员打通"为目标，沉淀消费者全路径的数字资产，达成会员体系的一体化运营，覆盖消费者完整生命周期旅程，并进行 A/B 测试，选择最优的策略/内容，在重定向的基础上，实现消费者站内的个性化服务与体验，并对购买转化数据进行分析。

领先阶段企业的电商数字化运营，以实现"品效协同"为目标。在进阶基础之上，通过对购买转化数据进行分析，结合消费者数字资产，反哺电商运营，实现电商运营的智能化。运营的智能化数据之后再回流到消费者数字资产中，最终实现智能化消费者洞察及资产积累。过程中，智能化运营需要兼顾消费者的个性化体验及活动转化效果，以在持续的智能化过程中，逐步实现"品效协同"。

（六）用户运营数字化

1. 用户运营数字化的重要性

传统营销中，营销的线路简单线性，即从广告投放触达到购买转化。数字化时代营销从原来的两个节点，细分成非线性的多个步骤，包括触达、会员、互动、转化、服务、复购以及口碑传播等。数字技术的不断变革，不仅使数据来源变得多样，平台渠道变得碎片，而且用户的需求也变得越来越个性化，这让品牌、平台与用户之间的关系正在不断地发生变化。过去，触达用户即可提升增长。今天，在触达用户的基础上，还要增强与用户的互动，才能满足用户个性化的需求。因此，不少品牌纷纷意识到连接用户的重要性。通过直连用户的方式，与其进行更深入的沟通，提升与用户的互动能力，才能使品牌在用户与市场环境双双数字化的背景下，获得更高效的增长。

今天，数字化的用户运营越来越受重视，贯穿于整体营销中，主要有以下三点原因：

第一，用户资产是品牌的核心竞争力。目前，数据的合规与监管日趋严格。从欧盟的《一般数据保护条例》（GDPR），到美国的《加州用户隐私法案》（CCPA），再到2021年颁布的《中华人民共和国个人信息保护法》，全球范围内个人信息数据的保护不断增强。各个平台都在强化对和用户信息密切关联的自有用户流量的保护。这一背景下，对品牌而言，想和过去一样触达用户会变得越来越困难。因此，越来越多的品牌开始通过合法渠道获取用户授权，紧密连接用户。加速建立自己的用户流量池，积累和经营自己的用户资产，已经成了品牌直连用户的当务之急。

第二，全渠道运营才能实现增长。今天，用户触点碎片化。无论是APP、小程序或者短视频，还是线下、电商或者社交网站，用户的触点和数据存在于多平台上。对品牌而言，只有打破渠道壁垒，打通数据，通过以用户为核心的运营，直连用户，才能高效地实现全渠道增长。

第三，个性化服务可以更好地挖掘用户价值。过去，标准化产品及服务为很多品牌降低了人力、采购及服务等管理成本，但在今天，随着产品和服务日趋丰富，用户选择逐渐广泛，标准化已经满足不了用户的个性化需求和体验。相对于标准化服务，个性化服务能力是最大限度挖掘用户价值的关键。同时，通过合理的数字化用户运营，可以获取大量的用户数据。通过这些用户数据了解用户需求，又可以反哺品牌的个性化服务能力，形成个性化用户运营—用户数据—优化个性化用户运营的良性循环。

用户运营的数字化，涵盖用户的数字化以及运营的数字化。用户的数字化指基于多层次与多维度的用户数据资产，精准、完整地描述用户，对其做细致入微的洞察，甚至做到比用户还要了解自己，从而挖掘更多的用户需求，构建有针对性的个性化服务能力，并形成用户与品牌的长期连接。运营的数字化指通过一系列自动化工具、数据分析以及优化算法，高效地在全渠道与用户沟通，迅速地抓住用户诉求，敏捷地做出策略与规划调整，从而带来更大的转化与增长。

2. 不同阶段企业用户运营数字化的目标和行动指导

用户运营数字化的初级阶段中，企业的目标是建立基础的运营体系。其中包括运营渠道的建设，并通过活动监测架构来建立数据回溯机制。需要进行会员体系打造、用户运营渠道建设、用户运营电商引流、单渠道运营自动化、营销活动效果评估、拉新裂变。

用户运营数字化进阶阶段，需在基础的用户运营体系之上，通过不断积累数据资产，形成数据驱动、不断迭代优化的用户运营良性闭环。要开始做社交客户关系管理、用户标签精准化、忠诚度管理、价值预测模型、A/B 测试、个性化营销活动、全生命周期管理、全渠道用户运营自动化。

领先阶段的企业用户运营要打破不同渠道间的壁垒，真正达到以用户为中心，建立以用户为中心的营销活动体系，统一全渠道用户体验管理。达到直连消费者的终极目标。即品牌在各个渠道，为每个消费者提供一对一平等的个性化服务和体验，包括信息、服务和沟通。

四、营销数字化转型中的挑战和应对

（一）营销数字化转型过程中的主要挑战

得益于经济中数字化的大趋势，近年很多企业把营销数字化转型设定为企业发展的战略目标，然而我们看到，固然有部分领先企业在实践中转型成功，带来增长实效，也有相当的企业投入了大量人力、财力、物力，却收效甚微，甚至适得其反，不但没有促进业务，反而造成浪费，一些为"数字化"而"数字化"制作的策略、建设的平台，最终因为不适用，无用处而被弃用，上述种种情况，也说明营销数字化转型是个复杂的过程，其间有不少弯路和陷阱，我们总结企业数字化转型四个最常见的挑战是：路线不清晰、缺乏战略核心、技术迭代风险、数据政策风险。

缺乏战略核心：体现为在营销数字化转型的过程中，运营模式多变、组织架构不适应、短期和长期战略目标冲突。

路线不清晰：体现为营销数字化转型的目标模糊、路线不明、关键成果无法定义。

技术迭代风险：体现在营销数字化的方案落地耗时，数据治理困难，IT 技术保守封闭。造成系统落地后，无法满足应用需求或无法适应新技术迭代要求。

数据政策风险：2021 年《个人信息保护法》正式实施，使营销的数据获取更困难，数据质量受限，法律法规明确要求：数据获取强化个人同意，需要充分知情、自愿，明确同意；转移处理个人信息、处理敏感个人信息，需要取得个人的"单独同意"。这使企业在营销数字化实施中，必须考虑长远。

（二）企业落地营销数字化的应对之法

面对前文所述的种种挑战，企业管理者必须认识到，营销数字化是一个自上而下推送的、持久的、复杂的战略规划，企业要想在营销数字化转型上获得成功，首先做的是在意识形态层面达成共识，制定战略目标、行动计划，自上而下地推动，确保公司能从组织、人力、财力各方面都保障有资源的配合，从某种程度上说，营销数字化是一个 CEO 工程，单独一个部门或几个中层干部是无法推动和完成的。

在达成共识，获得资源之后，具体到实施上，需要制定完整的战略、明确的目标，有清晰可落地的实施路径，根据企业自身的实际情况，选择不同的优先级，从业务成熟度高、营销数据完备、人才技术条件充分的领域开始启动，逐步分步推进和实现。

当企业自身不足以独立完成时，借助外部合作伙伴的力量也是必要的可行方法，在市场中选择与营销数据化相关的服务支持公司共同完成。例如，咨询服务公司可以协助企业制定营销数字化的目标和策略，技术服务公司可以帮助企业搭建与营销相关的数字化平台和产品，数据服务公司可以帮助企业更好地采集、沉淀数据资产。

秒针系统在 2021 年发布的《中国数字营销生态图》，在 16 大赛道中，汇集收录了 600 家企业，这些企业都是在数字营销生态中的玩家，提供平台、服务、数据、工具等层面的服务与支持，企业可以通过此类图谱，选择匹配的合作伙伴，共同携手完成营销数字化的转型。

第四部分

未来篇

第十七章 数字技术革命时代中国传媒生态的重构与互联网营销的新路径

互联网开启了人类的数字文明时代。以 5G、大数据、人工智能、AR/VR/MR 等高速率、高容量、低延时、智能化、沉浸式技术革命所带来的媒介格局变迁和范式转型，正在引发社会媒介化改革，并给人类发展带来新的自由度。从最初的 Web1.0 时代到如今的 Web 3.0 时代，信息传播的原有运作目标和总体逻辑都发生了广度和深度上的变革。数字技术成为一项"换道行驶"的技术，整个社会的连接模式和场景形态都发生了巨大的变化。技术驱动下，新闻传播领域——从学科到实践——正在经历从以"传者为中心"到以"用户为中心"的改变，从"学科导向"到"问题导向"的变迁，从科层制社会到分布式社会以及从"认知时代"到"体验时代"的转型。

如果说互联网上半场的发力点在于搭建人与人、人与信息、人与物之间的连接桥梁，而下半场的着眼点则在于实现人与实践场景的连接，泛众化传播和复杂系统中的全新表达逻辑是协同模式和权力再造。在此过程中，技术突破拓展了媒介场域的边界和影响，传播各个要素的协同也造就了传媒业的全新业态；同时，技术为社会各场域中的行动者的实践活动提供了底层基础，为外部社会环境提供了媒介化改造和网络营销模式的转型空间。此外，在数字技术革命的作用下，社会解析的颗粒度更细，数据和算法成为制导力量，人脑机制的全息化成为精细探索的循证工具，未来传播范式正在面临突破和转型。因此，数字时代传播实践范式转型的着手处在于整合理论逻辑、实践逻辑、问题逻辑，观照传播领域中助力格局变迁、引领现阶段实践发展的关键问题，在技术与人的关系中，重新发现人的主体性价值。

一、数字技术革命引发媒介演变的内部革命

（一）"新媒介"与"媒介化"社会：新的连接、边界和标准的构建

在传播格局变迁与实践发展"范式革命"背景下，重新理解媒介格局、理解新媒介技术成为面向未来传播的互联网营销的基础、框架以及操作路径。传统意义上，我们理解的媒介是信息传播的载体，是一种可感知的、中介性的物理器具，但是在技术革命引发的传播生态大变革的背景下，媒介的概念已经泛化为连接人的感知经验和外部世界的"连接者"，它不仅指代某种器物本身，而且是由其关联起来的全部关系、观念、情感和意义的综合。麦克卢汉认为，每一种新技术的诞生都会创造出与之相匹配的环境，"环境不仅是容器，而且是使内容完全改变的过程。新媒介即新环境"。从"媒介是人体的延伸"到"媒介即讯息"的论断，媒介既作为感知环境，同时也是一种符号环境。这正如彼得斯对媒介本质的判断：媒介不仅仅是信息流动的载体，也是观念、物质以及能量的"传送带"。信息传播通过重新塑造媒介、人和环境这三者之间的关系而直接作用于社会形态的变迁，其中起着关键作用的媒介成为划分时代的重要依据和核心命题，重要表现之一就是以介质为基

准的划分标尺已经难以丈量多维的媒介形态。

在媒介化时代，"去中心化""去二元论""再组织化"是媒介实践范式的核心概念。早在 Web1.0 时代，马克·波斯特就提出了传播的"互动"是人类进入"第二媒介时代"的重要特征；在社会发展到 Web2.0 时代后，有学者进一步提出了第三媒介时代的概念，认为在信息高度智能化、网络化和泛在化的背景下，沉浸式传播在社会生态中起着主导性作用，它将传播系统从一个信息提供方变为一个全方位的服务者。在此背景之下，媒介"空间"的概念进一步泛化，社会媒介化的概念扩展到日常生活的方方面面，媒介实践的范式也因此改变。媒介化社会的权力关系进一步弥散化，并重新诠释了媒介用户主体性和社会秩序内在要求。传统由主流新闻机构所构建的金字塔形媒介生态已经被多元化媒介生态所解构，当下的社会生态呈现一种扁平的并联式模型。正如布尔迪厄在场域理论中对个体与社会之间的关联模式的阐述，"社会行动者与世界之间的关系，并不是一个主体（或意识）与一个客体之间的关系，而是社会建构的知觉或评判原则（即惯习）与决定惯习之间的'本体论契合'"。"媒介化"与"中介化"作为一种传播的研究路径，对以往重视传播效率或效果的信息传递层面的研究起到了纠偏作用，新闻传播研究的着眼点也从内部生产扩大到整个社会关系网络之间相互连接的格局，从更加宏观的视角探讨各传播要素之间相互作用的关系。

（二）"圈层"与"破圈"：对于传播空间与群体自组织的反思

互联网作为一种信息技术，从传播工具、渠道、媒介、平台进化为基础性社会要素，在本质上改变了人与人连接的场景与方式，引发社会网络关系、社会资源分配规则和权力分布格局的变化。智能传播时代，平台媒体结构与信息分发的特性，极易形成固定的平台"圈层"。在人文领域，圈层"特指人类社会中的分类化动态场域"，传播学视域下的圈层具有"空间圈层化、结构圈层化和信息圈层化"的特征。社交媒体的圈层传播，以交往分享机制和关系黏度为驱动力，具有凝聚社会共识，参与社会治理的社会价值，释放出强大的社会影响力，构建着社会政治及文化图景。

在网络社会不断发展的背景下，互联网从发展伊始就具有自组织特性。自组织理论中的不稳定原理表明，自组织是稳定性与不稳定性的统一，新结构的出现要以原有结构失去稳定性为前提，或者以破坏系统与环境的稳定平衡为前提。互联网发展的上半场已经搭建了人的社会关系、内容以及物联网这三者联通的网络，下半场则要在可以随时随地进行信息交流的基础上，进一步实现场景的适配要求。"破圈"的实现也意味着某种新结构的产生，或者新系统的成长与运行，突破封闭、实现开放。互联网带来的新的信息技术范式极其富有弹性，并且具有重构组织的能力。随着新媒体平台对分散个体的专业重塑及组织化管理，传播空间、圈层都面临自组织的反思，传播内容生产体现出"再组织化"的趋势。

（三）空间场景与知觉场景：人与人、人与机器连接模式的升维

技术的发展深刻变革了社会关系的连接方式和场景架构。在智能技术革命的推动下，传播场景向着立体、叠加和拟真实方向发展。在移动互联网时代，场景越来越成为人的需求以及市场价值的承载平台。场景分析的最终目标是供特定场景下的适配信息或服务，移动传播的本质是基于场景的服务，即对场景的感知及信息适配，而5G、大数据及人工智能技术正是为这种适配提供了技术支持。正如梅罗维茨在媒介场景理

论中的描述，"对人们交往的性质起决定作用的并不是物质本身，而是信息流动的模式"，即场景的概念已经突破了人们身处的物理空间，它也包括媒介信息所营造的行为与心理的环境氛围。在原有媒介形态之外，还有更多的物体成为媒介。与此同时，人与媒介的关系也将发生深层次变革，人成为广泛意义上的媒介。

传统概念下的人际传播强调的是两个能动的个体之间的信息以及精神交流，强调的是身体在场或是表情、肢体符号以及语言词汇的编码与解码。但是机器的实体化、拟人化以及智能化的发展趋势实现了技术中介性的人际传播，极大地拓展了人际传播的范畴，将完全外化的信息主体应用于各种交互场景，让人与机器之间的交流更具备在场感，人与机器的深度融合共生已经成为不可逆的趋势。从新华社的虚拟主播"曲小萌"到清华大学的虚拟学生"华智冰"，机器已经成为传播过程中除了人类之外的又一主体，从信息感知的清晰度和真实性方面实现传播的主体缺场到主体在场的转变。但是技术在提高人类感知世界、传递信息能力的同时，对人类生活的介入和控制也在不断增强。在未来，以生物学意义上的身体为基础形成的"技术身体"及机器人共同成为传播活动主体，外部的信息代理人和把关人彻底消失，这是一种崭新的"类身体媒介"的传播场景，需要我们重新思考媒介伦理问题。

二、数字技术革命引发社会环境的格局变迁

（一）生态型平台媒介的崛起，人类行为与自由度的拓展

数字化时代，万物皆媒，多元的传播主体和多样的分发渠道在新的传播系统中和谐共生，共同构成了生态型的平台。平台是经济学意义上

的"多边市场"，也是人类学视域中的"转型式中介"。与传统媒体平台的不同之处在于，生态型平台不仅仅是一种提供信息传播的载体，还是一种具备价值属性的功能性媒介，能够为传播场域上的各类行动者提供各种各样的一站式服务。生态型平台的崛起，替代了传统媒体连接"信息与受众"的角色，例如算法重新定义了信息权力的分配，媒介与媒介之间的界限不再泾渭分明，各种传播要素的多样化、深度协同促进了媒介融合往更加纵深的方向发展。

学者胡泳认为，生态型媒介平台是一种"可重新编程的全球性基础设施，通过系统化的数据过程加以组织，包括数据收集、算法处理、金钱化以及数据流通，能够促进用户与互补者之间的个性化互动"。生态型媒介平台的崛起消弭了媒介的既有边界，也改变了用户数字参与方式，拓展了人类行为的边界。詹金斯认为融合文化实践改变了内容的生产者和消费者之间的传统边界，平台技术中介影响着人和人之间的社会交往和精神交往。增加了公众对社会资源和权力的支配和调用，对于公众来说，这既是一种平台赋予和主动选择的结果，也是人的行为空间的自由扩展。

（二）微粒化、分布式社会下人本逻辑的回归与重构

数字技术革命之下，传播领域的发展方向正在被重新改写，而人在传播过程中的地位也面临重构。"微粒化社会"正给人带来一种新的连接方式和组合的自由度，个体之间可以产生自由的连接，同时产生多样化的互动。在智能化传播时代，结合机器学习和数据分析等技术强化人类智能，可以实现人的从感官到意识层面的强化模拟。媒介也已经超出了人体层面的延伸，更成为人的意识以及精神层面的全面延伸。关于技术与人之间的关系，如果仅仅以传统新闻业的思维来运用人工智能，那么只是把这项技术当成了技能的替代品，其对"人类思维"模拟的层面并未能体现。

回归人本逻辑，以人的向度为向度，尊重人的基本需要，应成为数字化、智能化时代媒介格局变迁的价值基点。媒体形态让人类主体在现实和虚拟空间中获得存在感、缓解疏离感和焦虑感，尊重人们在信息交往过程中的主体地位，促进社会传播的活力和人类社会实践探索的自由度和可能性，将成为5G时代新闻传播研究的重中之重。从单向信息传输的人机传播（human-machine communication）到双向信息流动的人机交互（human-machine interaction），人与机器之间的交往充分调用了人类的多感官体验和具身性主体意识，身体实践已经成了人机交互模式的表征。智能技术造成的内向传播与沉浸体验体现了以人的意志或身体为转向的传播方式，而智能技术所创造的具身体验的最终形态将是一个外化于人类身体与精神，却反向引发人类具身体验的传播模式。

（三）从去组织化到再组织化的社会结构和行为变迁

数字技术革命下的社会结构的变迁和社会行为的改变需要用动态的视角来观察或审视。在技术所构建的关系网络中，公众在内容生产和传播的过程中自发地协同和合作，个体的力量在这个过程中聚合、放大，社会阶层中的相对无权者也因此得到话语权和行动权。这种变化也让研究者们形成一种共识，即新传播技术所带来的最大的改变是"个体的崛起与组织的下沉"。社交媒体"无组织的组织力量"使得处于社会中分散状态的微粒个体以一种非官方化的形式聚合在一起，对于个人为基本社会传播单位的赋权与"激活"是互联网对于社会最大的重构。与传统传播组织形式相比，这种去组织化的连接方式为个体行动提供了更大的自由度和应用场景。

从组织化到去组织化，是我国社会转型与分化的一个重要时代特征。旧有的社会体制和结构丧失了其聚合公众的功能，用户赋权之下的行动网络越发呈现出弥散化的特征。在这种背景下，新闻的生产模式也发生了改变。随着技术的发展，组织化新闻在向"协作性新闻策展"的方向演进，这种新闻生产模式也是一种开放、多节点、动态的个体化实践，众多的节点通过互动和再生产、再诠释和再传播，不断将新的资源代入原有的社会实践中。个体自发的内容生产行为本质上是一种无组织或者去组织化的参与，人们共同围绕特定内容展开认同建构，在场景中使用相关符号生成话题聚集，因文化认同卷入场景形成群体效应，与其他生产要素展开互动。

三、数字技术革命时代新闻传播格局变迁的研究范式转型与未来媒介的进化逻辑

媒介格局的演进是在技术、社会与人的交互作用中进行的，未来媒介的进化逻辑也将在多种传播要素的共同作用之下塑造良好的媒介生态。数字技术革命将"物"纳入传播系统，改变了人们对媒介形态的基本认知，为"新范式"的出现与"旧范式"的转型创造了机遇，也为媒介与人之间的相互作用提供了更多的可能性。与此同时，数字技术革命还将一种"新的尺度"引入传播活动之中，为媒介创新实践、价值判断以及思维模式设立了基本规则和研究范式，为媒介格局发展与范式转型确立了相对明确的方向与目标。

（一）数字化在场延伸了人的主体性参与，助推研究对象以人为本的转型

数字技术革命对于传媒业来说既是一种进化也是一场革命，而对于

身处其中的个体来说则是增加了在另外一个空间中行动的可能性。AR/VR/MR、人工智能以及物联网等新技术正在从不同的维度重塑人类与世界的相处模式和交流经验，个体在多维的时空层级中所交流的不仅仅是思想，还有各种主动或者被动产生的"感官数据"。因此，人的数字化在场以及行为的数据化是数字技术革命时代非常重要的特征，数字技术革命不仅仅可以将当下空间中的信息编码传输，还可以赋予另外一个时空"共同在场"的功能。如果说文字的诞生是媒介技术对感官系统的第一次分割，让视觉系统脱离了感官的整体性，那么智能媒体的发展让分离的媒介重新聚合，智能媒介在某种程度上已经发展成为人类的电子器官。也就是说，一个遥远的主体可以通过数据的远距离、高速率的传输转换为终端层面的"身体在场"。互联网平台上"关系传播"的特质日益彰显，媒介信息的传播路径越来越依赖群体之间的人际关系网络，以研究社会连接关系为核心的社会网络分析则成为传播学领域用户洞察的又一个新兴范式，其基本观点认为个人或者群体圈层的社会联系共同构成了一个"网络"，而社会就是这些网络所构成的总系统。数字技术革命时代，传播实践模式亟待从"社会功能"主义转向"人文关怀"的实践范式。

（二）数字技术革命带来新的生态交互入口，带来洞察方法瞬时、全息的转型

网络传播体系和传播模式的改变，直接带来的是形成信息传播出现平台级"新入口"。移动互联网时代形成了个人移动媒体的各大入口，数字技术革命时代也将在一定程度上遵循这个基本规律和逻辑形成交互的新生态口。特别是5G和人工智能、物联网、云计算、虚拟现实等技术的共同作用，将会改变传统的电视媒体、广播媒体、手机媒体从网络到终端到服务都自成体系、各自为战、相对独立、相互割离的现有特征。新一代信息技术条件下，人与入口的交互方式则会产生颠覆性改变，人工智能技术和传感器技术使得人脸识别、语音识别、体感交互都会成为"新入口"形成的机会，人的感官与思维成为各种"传感器"全息投射的对象。在数字技术革命时代，传播信息更加迅疾化、场景更加碎片化。在人与人之间连接与同步性、多通道大众传播等领域丰富了传播学的研究成果及其实践应用样式，拓展了传播效果研究在时间和空间层面的深度和精度。"瞬时效果—中期效果—长期效果"的研究框架转向，更加适宜对于传播效果进行多层面多阶段的统合分析。因此，瞬时传播效果和反馈的状态，以及受众的瞬时信息加工机制、随着媒介技术和内容呈现而"流动"（flow）的生理心理特征和认知规律，都是转型时期用户洞察及传播效果所首先需要观照的问题。

（三）数据算力赋权微粒化社会，引入计算科学研究新的网络话语和结构

数字化技术的进步让普通民众处在一个不断被赋能和赋权的社会进程中。大数据智能算法的应用，使传媒业态和格局发生了巨大的变化。媒体和受众之间的关系发生变革，受众不再是大众传媒时代信息的被动接收者，而是由"受"变成了"用"和"传"，由"众"变成了"户"，由作为被动的解码者转变成了集解码者与编码者于一身的个体用户，主动参与传播过程。信息社会化让技术民主的趋势加快，为社会上的相对无权者提供了话语渠道，普通个体的话语权得到前所未有的激活和彰显，也带来社会整体话语生态的变迁。算法根据用户的需求与个性推送新闻，使用户自身在一定程度上成为自己的议程设置者，打破了媒体对传播主导权的垄断。话语形态作为不同主体在不断的内容生产过程中所形成的一种动态系统，在多元主体的加入后，改变了社会话语组织模式，也在舆论场上带来了多方意见的空前崛起。在此背景下，传统的测量模式以及调查方法更加难以同和如此错综复杂的社会生态，亟须引入计算科学、社会网络分析等新的测量手段以及方式，研究微粒化、分布式虚拟空间的结构特征和话语表达，为网络营销及相关问题提供解决之道。

四、数字技术革命时代互联网营销架构的重构及其重点

数字技术革命被认为是一场划时代的跨越，带来传播领域的巨大变化。数字技术为现实社会以及虚拟网络空间中的传播机制和传播效应带来了新的挑战，也带来了物联网、移动互联、人工智能、云计算、流媒体视频等技术的新发展，将深刻改写传播领域以及社会发展基本逻辑；其不是一项"弯道超车"的技术，而是一项"换道行驶"的技术。传播实践已经站在全新的拐点上，面对着"换道发展"的新未来。

因此，关注数字技术革命下传播领域内外的革命性改变，全面地把握社会传播生态系统与权力格局的变迁态势，系统审视数字技术革命下网络营销模式的转型变革中亟须突破的关键问题和基本应对思路，应该成为未来传播和网络营销模式重构的关键。

（一）全社会的"媒介化"

媒介化理论视角认为，媒介可以与其他社会范畴相互建构，作用于人类社会形态的媒介形式，其意义远胜于内容。这一学术视角强调了媒介逻辑对社会的建构作用，也强调了媒介与社会的相互形塑，人作为居间主体，其实践具有能动性，因此可以通过宏观和中观形态与实践的分

析对媒介化进行解构，探究行动场域中不同社会角色之间社会交往和关系的变动模式，包括个人与组织、个人与媒介、社会与媒介关系的变革，从实践视角分析媒介化能够为我们搭建经验材料分析的理论基础，更好地帮助我们把握媒介化研究的微观、中观、宏观层级变化，以便在此基础上构建全新的网络营销模式。

（二）"型态"与社会实践的结合

数字新媒介技术开辟出的新的社会行动方式和组织起的新的社会交往关系，包括个人与组织、个人与媒介、社会与媒介关系的变革，全面勾勒描述新媒介逻辑对社会实践的形塑。未来的传播学研究必须超越传统的媒介效果研究范式，将媒介与个体借由行动空间串联起来，将社会学相关概念融入社会的媒介化进程中网络营销的洞察视野。以"型态"与社会实践的视角展开研究，结合最新的研究框架与更为贴合的理论工具，将复杂现象理论化，以期在该领域对媒介化进程中网络营销的实践模式及效果变现有所助益。

（三）媒介与市场变迁的"互构"

在过往的网络营销的实践脉络中，媒介或是被置于社会发展的关键节点——媒介以其自身的"偏向"结构市场形态，或是被理解为承担既定营销功能的一种"工具形式"，这种将"媒介"与"市场"相分离的研究忽略媒介的作用过程，变成单纯考察媒介与市场之间的决定/非决定关联的实践范式。我们认为，应该借鉴 SCOT（技术的社会建构）路径，同时对媒介演进基本逻辑与实现机制作探究，不仅研究科技物本身，也研究科技物的发展过程，摒弃科技决定论，也反省社会决定论，同时观照媒介对市场的影响及市场对媒介的租用，思考媒介与市场之间相互形塑（mutual shaping）、相互生产（coproduction）的"互构"关系。

（四）媒介影响市场结构的"制度化"

"制度化"的研究视角，即将媒介的形式视为一种独立的制度化力量，强调媒介作为市场现实框架的组成要件。制度视角致力于阐释特定情形下市场结构如何扮演市场交换的资源，以及市场结构如何通过能动性得以再生产和变化。这也是所谓媒介逻辑的作用规则。媒介逻辑被用来描述媒介所具有的制度的、审美的、技术的独特样式及特质，包括媒介分配物质和符号资源的方式，以及借助正式和非正式规则运作的方式，从而研究媒介如何影响更为广泛的文化和市场。